KERRY GREENWOOD

TOD EINES DIRIGENTEN

MISS FISHERS MYSTERIÖSE MORDFÄLLE

Roman

Aus dem australischen Englisch von
Regina Rawlinson und
Sabine Lohmann

INSEL VERLAG

Originaltitel: *Murder and Mendelssohn*
Allen & Unwin, Crows Nest, Australia

Erste Auflage 2022
insel taschenbuch 4923
Deutsche Erstausgabe

Umschlaggestaltung: zero-media.net, München
Umschlagfoto: Essie Davis als Miss Phryne Fisher in
Miss Fisher's Murder Mysteries, © Ben King,
Every Cloud Productions, Yarraville
Satz: Satz-Offizin Hümmer GmbH, Waldbüttelbrunn
Druck: CPI books GmbH, Leck
Dieses Buch wurde klimaneutral produziert:
ClimatePartner.com/14438-2110-1001.
Printed in Germany
ISBN 978-3-458-68223-3

www.insel-verlag.de

Tod eines Dirigenten

I

Wie von der Kraft der heiligen Weisen
Die Sphären sich zu drehn anfingen,
Um ihren Schöpfer GOTT zu preisen
Und ihm sein himmlisch Lob zu singen;
So lässt, wenn diese Welt vergeht
Und vor dem Herrn und Richter steht,
Trompetenton die Welt erbeben:
Das Leben stirbt, die Toten leben,
Auf wird Musik den Himmel heben.

John Dryden
Ode auf den Tag der heiligen Cäcilie

Das Jahr 1929, ein lauer Sommermorgen in St. Kilda. Eingehüllt in eine Wolke aus betörenden Düften, saß die Ehrenwerte Miss Phryne Fisher in ihrer jasminumrankten Gartenlaube. Sie trug einen Morgenmantel aus blassgrüner Seide, bestickt mit goldenen Phönixen, dem Symbol der chinesischen Kaiserin. Auf den weiten Flügelärmeln zogen flammende Perlen wie Kometen ihre Bahn. Das lackschwarze, zum adretten Pagenkopf geschnittene Haar umrahmte ihr Gesicht, während sie sich über ihre Lektüre beugte. Sie knabberte an einem Croissant und trank dazu eine Tasse Café au Lait. Mit ihren rosa Wangen, den roten

Lippen und den grünen Augen sah sie wie eine kolorierte französische Modezeichnung aus.

Stolz wie die Katzengöttin Bastet thronte der schwarze Kater Ember vor ihr auf dem Tisch, in Erwartung der Leckerbissen, die für ein so wunderschönes, braves Geschöpf, wie er es war, mit Sicherheit abfallen mussten, vor allem nachdem er, dieser Ausbund an Geduld, noch nicht einmal eine Pfote nach dem kross gebratenen Frühstücksspeck ausgestreckt hatte. Für den Fall allerdings, dass die ihm gebührende Opfergabe noch sehr viel länger auf sich warten lassen würde, hatte er längst Maßnahmen zur tätigen Selbsthilfe erwogen.

Man wäre nicht überrascht gewesen, hätte man Phryne eine *Vogue* lesen sehen – oder den neuesten französischen Skandalroman –, dabei ihren von den Ausschweifungen der vergangenen Nacht gezeichneten Liebhaber hin und wieder mit einer geistreichen, launigen Bemerkung über das Buch unterhaltend. Was sie tatsächlich las, passte ganz und gar nicht in dieses Bild: Es war ein Obduktionsbericht. Auch bei ihrem Tischgenossen handelte es sich nicht um einen feurigen Galan, sondern um einen übernächtigten Polizeibeamten, der sich Mrs Butlers Frühstück schmecken ließ und als Mittel gegen den Schlafmangel große Mengen an starkem Schwarztee in sich hineinschüttete.

Phrynes Vertraute Dot saß dabei und bestickte die Tischwäsche für ihre Aussteuer mit Waratah-Blüten. Nachdem sie fest entschlossen war, sich in absehbarer Zeit mit Detective Sergeant Hugh Collins zu vermählen, wollte sie für jenen Freudentag gewappnet sein. Tinker und Jane hatten sich ein schattiges Plätzchen gesucht und spielten Schach. Ruth half Mrs Butler in der Küche beim Erbsenschälen und erörterte mit ihr die besten Zubereitungsarten für Ananas. Unter dem Tisch lag die schwarz-weiße Schäferhündin Molly, den Kopf auf die Füße des Inspectors gebettet, felsenfest davon überzeugt, dass er ihr ein Häppchen Speck abgeben würde, bevor seine Zehen einschliefen. Mit diesem Trick hatte sie noch immer Erfolg gehabt, und falls er einmal nicht funktionierte, kannte sie noch einen anderen. Männlichen Gästen legte Molly den Kopf in den Schoß und ließ andeutungsweise das Gebiss hervorblitzen, worauf sich das gewünschte Ergebnis in der Regel wie von selbst einstellte.

Begleitet von den leisen Geräuschen nützlichen Tuns, machte Mr Butler es sich in seinem weichen Sessel bequem, um sich ein Tässchen Kaffee zu gönnen, das er sich mit dem Servieren des Frühstücks redlich verdient hatte. Zum Glück konnte er nicht hören, worum sich das Gespräch im Garten drehte.

»Schön.« Phryne legte den Bericht weg und schenkte ihrem Lieblingspolizisten Tee nach, lakritzschwarz, wie er ihn am liebsten mochte, und so viel Tannin enthaltend, dass man damit einen Waschkessel Strümpfe hätte färben können. Er rührte einen Schuss Milch und drei Stück Würfelzucker hinein. Generationen von Teeliebhabern drehten sich im Grabe um. »Interessante Lektüre. Jemand hat einem Dirigenten einen Schwung Notenblätter in den Rachen gestopft, den *Elias* von Mendelssohn. Und er ist daran erstickt.«

»Genau«, sagte der Inspector.

»Kommt mir sogar für eine Musikkritik ein kleines bisschen übertrieben vor«, bemerkte Phryne. »Der Polizeiarzt hat den Leichnam sachkundig obduziert. Es wurden Blut- und Urinproben entnommen, der Mageninhalt analysiert. Es deuten keinerlei Anzeichen auf einen Kampf hin, weder Kratzer noch Schrammen, lediglich Blutergüsse auf den Schultern, die darauf schließen lassen, dass der Mörder auf ihm kniete, während er ihn erstickte. Die Abdrücke dürften von Kniescheiben stammen. Und warum hat er sich nicht gewehrt?« Sie hob die Augenbrauen. »Weil er genügend Opiate im Blut hatte, um ein kleineres Nashorn außer Gefecht zu setzen. Beziehungsweise, um ihn selbst zu töten. Weshalb man sich die Erstickung mittels Noten hätte sparen können. Barock, ja, schon fast Rokoko. Sie haben es mit einem extravaganten Täter zu tun, mein lieber Jack, mit einem Mörder, der etwas beweisen wollte.«

»Gut«, sagte Jack. »Aber was? Ich habe von Musik nicht den leisesten Schimmer. Und auch der dazugehörige Menschenschlag ist mir ein Rätsel. Da dachte ich mir …« Er verstummte und stärkte sich mit einem Schluck Teerwassertee.

Phryne lächelte. Weil sie wusste, wie sehr es Jack Robinson widerstrebte, sie inoffiziell um ihre unnachahmliche Mithilfe zu bitten, sprang sie ihm bei.

»Ich war schon immer eine große Mendelssohn-Freundin«, sagte sie. »Wer führt den *Elias* denn auf?«

»Der Melbourne Harmony Choir, begleitet vom Occasional Orchestra. Ein Laienchor, aber mit einem professionellen Dirigenten und verstärkt durch professionelle Solisten«, las Jack ihr aus seinen Notizen vor. »Der Tote –

Hedley Tregennis, 45 Jahre alt, geboren in Richmond, von seiner Frau getrennt lebend, keine Kinder. Stand in dem Ruf, ein lauter, beleidigender und aufbrausender Mensch zu sein.«

»Das trifft auf die meisten Dirigenten zu.«

»Das ist ja genau meine Rede. Für mich ist das eine fremde Welt. Heute Abend findet im Gemeindesaal der Scots Church eine Chorprobe statt, vor dem öffentlichen Lichtbildvortrag. Könnten Sie mich dahin begleiten? Ihnen fallen bestimmt ganz andere Sachen auf als mir. Aber seien Sie gewarnt«, fügte er nervös hinzu, als er das verräterische Glitzern in ihren grünen Augen sah. »Kommen Sie mir bloß nicht auf die Idee, es wäre Ihr Fall. Das können Sie sich gleich aus dem Kopf schlagen.«

»Aber nein, wie käme ich denn darauf?«, gurrte Phryne. »Um wie viel Uhr geht es los? Soll ich Sie abholen?«

»Fährt Mr Butler?«, fragte der Inspector. Miss Fisher fuhr wie eine Dämonin. Er musste die ganze Zeit die Augen zusammenkneifen, um ihre vielen Verkehrsverstöße nicht zu bemerken, und wenn er mit geschlossenen Augen in einem fahrenden Auto saß, wurde ihm übel.

»Ja, in der Collins Street kann man doch nirgends parken.«

»Gut. Dann um halb sechs auf dem Revier.«

»Worum geht es denn bei dem Lichtbildvortrag?«, fragte sie, während er erst Molly und dann Ember ein paar Stückchen Speck zusteckte. Er wischte sich noch schnell mit der Serviette über den Mund und stand auf, bereit, erneut in die Welt hinauszutreten.

»Gehalten wird er von einem gewissen Rupert Sheffield«, antwortete er. »Und das Thema lautet ›Die Wissenschaft der Deduktion‹. Da kann ich ihn gleich um Hilfe bitten.« Damit verabschiedete er sich, Mrs Butler im Vorbeigehen noch ein Dankeschön in die Küche zurufend.

Unerklärlicherweise fühlte Phryne sich in ihrem Stolz getroffen. Die Wissenschaft der Deduktion? Was die Deduktion anging, konnte es die Ehrenwerte Miss Phryne Fisher jederzeit mit einem Mann namens Rupert Sheffield aufnehmen.

Lächerlich. Sie schüttelte sich wie eine gekränkte Katze und verspeiste mit weiß blitzenden Zähnen den Rest ihres Croissants.

»Haben wir einen Fall, Chefin?«, fragte Tinker. Wie ein struppiger kleiner Terrier hatte sich der Fischerjunge so lange an Phryne gehängt und sich nützlich gemacht, bis sie nicht mehr auf ihn verzichten wollte. Außerdem war er ein lieber, kluger Junge. Und ein begeisterter Sexton-Blake-Leser. Er passte gut in ihre kleine Familie. Ihre Adoptivtochter Jane brachte ihm Schach bei, während sich Ruth, die andere angenommene Tochter, über seinen unbändigen Appetit freute, den nicht einmal leicht misslungene kulinarische Experimente dämpfen konnten. Mr und Mrs Butler waren froh, dass die Küche regelmäßig mit frischem Fisch versorgt wurde, und Dot fand es beruhigend, dass im Gartenhaus jemand schlief. Molly begleitete Tinker gern zum Angeln, und Ember duldete ihn mit der ihm eigenen amüsierten Herablassung. Der Kater interessierte sich ausschließlich für die Familienmitglieder Phryne, Ruth und Jane, über die er seine schützende Pfote hielt. Andere Menschen kamen höchstens dann in den Genuss seiner Beachtung, wenn sie ihm essbare Gaben darbrachten. Dass Tinker stillschweigend von ihm toleriert wurde, verdankte sich auch der Tatsache, dass er mit Fisch nicht knauserte.

Kurzum, der Junge war vom gesamten Haushalt mit so viel Wohlwollen aufgenommen worden, dass er sich vollkommen natürlich hineingefügt hatte. Er bewunderte Phryne zutiefst, und genau wie Dot machte er sich ständig Sorgen um sie. Für jemanden, der gerade einmal einen Meter fünfzig maß und in einem mit Wasser vollgesogenen Soldatenmantel keine 50 Kilogramm auf die Waage gebracht hätte, war sie ihm viel zu wagemutig. Andererseits kann die Gefahr bei einer Chorprobe und einem Lichtbildvortrag wohl als überschaubar bezeichnet werden.

Tinker konzentrierte sich wieder auf die Ausführungen seiner heißgeliebten Chefin, die ihre Truppen hinsichtlich des merkwürdigen Mordes auf den neuesten Stand brachte.

Oder bestand doch ein gewisses Risiko? Wie so oft suchte er in seiner Sorge Dots Blick. Auch ihr schien bei der Sache nicht wohl zu sein.

»Irgendwelche Ideen?«, fragte Phryne in die Runde.

»Der Täter muss sehr wütend gewesen sein«, antwortete Jane.

»Wie kommst du auf Wut?«

»Weil ihm Mr Tregennis' Tod nicht gereicht hat«, analysierte Jane, die einmal Ärztin werden wollte. »An der Überdosis wäre er sowieso gestorben. Wahrscheinlich war er kaum noch am Leben, als man ihm die Notenblätter in den Rachen gestopft hat.«

»Sieht ganz so aus«, sagte Phryne.

»Das Morphium hätte genügt, um ihn zu beseitigen«, stellte Tinker mit der ganzen Abgebrühtheit eines Vierzehnjährigen fest. »Aber der Mörder wollte es ihm so richtig heimzahlen.«

»Wenn der Mörder ihn leiden sehen wollte, hat er das Pferd von hinten aufgezäumt«, sagte Dot. »Der arme Mann kann nicht mehr viel gespürt haben.«

»Ja. Seltsam, nicht wahr?«, warf Phryne ein. »Ihn auf so brutale Weise mit den Noten zu ersticken, deutet, wie meine verehrte Kollegin so richtig erkannt hat, auf Wut hin. Andererseits trat der Tod, wie meine andere verehrte Kollegin bemerkt hat, friedvoll und schmerzlos ein. Das Opfer hat weder Abwehrverletzungen noch Blutergüsse davongetragen. Es gibt keinerlei Anzeichen eines Kampfes. Woraus wir schließen …?«

Jane überlegte laut. »Hm, dass der Mörder entweder wahnsinnig ist, von heftigen Gefühlswallungen getrieben …«

»Oder?«

»Dass er ein schwächlicher Kerl ist«, sagte Tinker. »Jedenfalls nicht stark genug, um das Opfer zu Boden zu drücken und zu ersticken, ohne es vorher zu betäuben.«

Phryne las weiter aus ihren Notizen vor. Die Akte hatte Jack leider wieder an sich genommen. »Also, der Mageninhalt verrät, dass der Mann kurz vor seinem Tod einen exklusiven Imbiss verzehrt hat. Ein halbes Dutzend frischer Austern, ein, zwei Scheiben Räucherlachs, ein kleines Stück Stilton und salzige Kräcker.«

»Exklusiv ist richtig«, bestätigte Ruth. »Dafür hätte man

ein hübsches Sümmchen hinblättern müssen. Stilton ist ein Importkäse, Austern darf man nur bei einem seriösen Fischhändler seines Vertrauens erwerben, und Räucherlachs kommt aus Schottland.«

»Ja, eine ausgesprochen erlesene Henkersmahlzeit. Getrunken hat er dazu anscheinend …«

»Champagner?«, riet Ruth, die genau wusste, welcher Wein zu welcher Speise passte. Mr Butler war ihr auf diesem Gebiet ein hervorragender Lehrmeister.

»Nein, merkwürdigerweise war es ein süßer Dessertwein. Muskateller vielleicht oder ein Tokajer«, antwortete Phryne. »Teuer, aber langweilig, wie ich finde, und zu süß.«

»Ich möchte wetten, dass er sich wunderbar dazu eignen würde, den Geschmack des Gifts zu überdecken«, stellte Dot fest. »Wie wenn man bittere Medizin in Sirup mischt.«

»Darauf bin ich nie reingefallen«, sagte Phryne grimmig bei der Erinnerung an die Hustensäfte aus Kindertagen. Besonders verabscheut hatte sie Buckley's Canadiol Mixture, die nach geschmolzenen Weihnachtsbäumen schmeckte. »Aber damit könntest du durchaus recht haben, liebe Dot. Wahrscheinlich war Mr Tregennis eine Naschkatze mit Vorliebe für Süßes, und sein Mörder wusste das. Statt ihm nach der Probe zu seinem Amuse-Bouche einen leichten, trockenen Sekt zu kredenzen, serviert er ihm ein klebriges Gesöff, damit er das Gift nicht schmeckt. Morphium ist nämlich extrem bitter. Man kann es nur mit einem von Natur aus bitteren Getränk oder Essen kaschieren. Merk dir das für deinen nächsten Giftmord.«

»Vor einem halben Jahr hätten Sie mich mit dieser Bemerkung noch schockieren können, Miss«, sagte Dot.

Phryne strahlte. »Du hat dich wirklich großartig herausgemacht, Liebes. Bravo.«

Weil Dot sich nicht sicher war, ob sie das Kompliment als Beweis für ihre zunehmende Weltgewandtheit nehmen sollte oder ob es nicht vielleicht doch nur ein Zeichen für ihren sittlichen Verfall war, nahm sie sich vor, es zu gegebener Zeit zu beichten. Der Priester war ein alter Mann. Er würde es verkraften.

»Das Opfer lag im Dirigentenzimmer auf dem Fußboden. Der Mann war schon einige Zeit tot, als die Putzfrau ihn fand. Sie kam um sechs Uhr morgens herein, um zu fegen. Zuletzt von allen lebend gesehen wurde er, als er nach einer besonders nervenaufreibenden Probe die Tür der Garderobe hinter sich zuknallte. Anscheinend war er so ein jähzorniger Tyrann, dass man auf die Idee kommen könnte, der ganze Chor hätte sich verabredet, ihn gemeinsam aus dem Weg zu räumen.«

Sie blickte in die Runde. Alle hingen aufmerksam an ihren Lippen.

»Von Geschirr, einem Glas oder Besteck im Dirigentenzimmer keine Spur«, fuhr sie fort. »Wer auch immer ihm das Essen brachte, hat keine Beweise zurückgelassen. Bei der polizeilichen Durchsuchung wurde kein Abschiedsbrief gefunden. Auch sonst hat sie nichts Nützliches wie beispielsweise verräterische Visitenkarten, Streichholzheftchen, ausländische Münzen, fremdartige Schriftzeichen an der Wand oder Schuppen von seltenen Giftschlangen zutage gefördert.«

»Ach.« Tinker war enttäuscht.

»Die Chormitglieder verließen geschlossen den Saal und fuhren mit der Straßenbahn nach Carlton, wo sie in einer nicht lizenzierten Kneipe einkehrten und bis mindestens drei Uhr morgens unanständige Lieder schmetterten.«

»Aber sie hatten einander doch sicher nicht die ganze Zeit im Blick«, wandte Dot ein. »Der eine oder andere musste bestimmt mal das stille Örtchen aufsuchen oder hat kurz draußen frische Luft geschnappt. Jeder von ihnen hätte die Gelegenheit gehabt, noch einmal zurückzugehen und Mr Tregennis zu vergiften.«

Phryne stimmte ihr zu. »Wie wahr, Dot. Deshalb möchte Jack Robinson, dass ich die Sänger genauer unter die Lupe nehme, um zu sehen, ob mir etwas Verdächtiges an ihnen auffällt.«

»Woher kam das Essen?«, fragte Ruth, die sich darüber schon die ganze Zeit den Kopf zerbrach. »So etwas kauft man nicht eben mal nebenbei an einer Würstchenbude. Das ist teures Restaurantessen.«

»Auch das ist ein Rätsel, das unsere überarbeitete Polizei gerade zu lösen versucht.« Phryne blätterte in ihren Notizen. »Noch Fragen?«

»Irgendwelche Anzeichen dafür, dass er … Damenbesuch hatte?«, fragte Dot, deren Entschluss, die Beichte abzulegen, immer dringlicher wurde. »Keine Lippenstiftflecken oder Ähnliches?«

»Ich werde deine unschuldigen Ohren nicht mit den grausen Einzelheiten peinigen, Dot, aber es steht fest, dass er zumindest einige Tage lang keinen … eheähnlichen Verkehr gepflegt hatte. Die Einzige, die mich fragen darf, woher ich das weiß, ist Jane, aber nur, wenn sie im Anatomiebuch vorher das Wort Bläschendrüse nachgeschlagen hat. Und auch nur unter vier Augen. Keinen Lippenstift, keine Schminke, keine Knutschflecke oder sonstige Unappetitlichkeiten, dafür aber einige lange blonde Haare auf dem Jackett. Die ersten Blondinen werden bereits durch die polizeiliche Mangel gedreht.«

»Weil es sich um ein intimes Souper handelte, wie es im *Larousse Gastronomique* beschrieben wird«, fügte Ruth hinzu. »Austern, Räucherlachs, Wein. Auch wenn es der falsche Wein ist.« Sie quälte sich. Wer sich Räucherlachs leisten konnte, hätte wissen müssen, dass man dazu Champagner trank.

»Vielleicht war es eine Tat aus enttäuschter Liebe«, sagte Jane.

»Aber wozu dann die Umstände mit den Noten?«, fragte Tinker.

Phryne klopfte ihm auf die Schulter.

»Wir brauchen mehr Fakten, wie Sherlock Holmes sagen würde. Deshalb werde ich uns heute Abend welche beschaffen. Und zwar allein, meine Süßen. Wenn ich wieder da bin, besprechen wir alles. Einverstanden?«

Tinker antwortete für alle. »Wie Sie meinen, Chefin.«

»Gut. Ich danke euch.« Phryne lächelte. »Ihr habt euch sehr achtbar geschlagen. Die Wissenschaft der Deduktion, pah! Dass ich nicht lache«, grummelte sie noch in sich hinein, während sie ins Haus entschwebte, um ein Bad zu nehmen und sich anzukleiden.

»Es ist doch bloß eine Chorprobe«, sagte Jane zu Tinker. »Was soll ihr bei einer Chorprobe schon groß passieren?«

»Unsere Miss Fisher wäre nicht mal im Himmel sicher«, sagte Dot und bekreuzigte sich.

2

Alles hat einmal ein Ende,
nur die Musik währet ewig.
Darum lasst uns fröhlich singen,
denn die Jugend kehrt nie wieder.

Traditioneller Kanon

Weil Phryne die Treppe zum Gemeindesaal der Scots Church nur zu gut kannte, trug sie, da sie sich zwei Tage zuvor beim Charleston-Tanzen leicht den Knöchel verdreht hatte, heute flache Halbschuhe. Um den Chor mit ihrer Erscheinung nicht zu überwältigen, hatte sie sich für ein Jackenkleid in gedecktem Türkis und einen farblich darauf abgestimmten Hut entschieden, dazu eine große Handtasche. Eine speziell eingenähte Tasche im Unterrock enthielt ihre eiserne Notfallausrüstung: Ersatzfeuerzeug, etwas Geld, Zigarettenetui und die kleine Beretta mit dem Perlmuttgriff. Man konnte schließlich nicht wissen, auf welche Krisen man bei einer Chorprobe gefasst sein musste. Mr Butler chauffierte Miss Fisher und ihren Polizisten ruhig und würdevoll in die Stadt, setzte sie an der Ecke Collins und Russell Street ab und fuhr den Wagen anschließend in die Werkstatt, in der er gebaut worden war. Seine Anweisung lautete, erst um neun Uhr wieder vorzufahren. Phryne hatte beschlossen, sich den Lichtbildvortrag anzuhören. Womöglich war er wider Erwarten ja doch lehrreich.

Während sie vorsichtig die Treppe hinaufstieg, ließ sie Jack Robinson an ihren Überlegungen teilhaben. Oben wurden sie bereits von Hugh Collins erwartet.

»Jack, mein Guter, Sie müssen herausfinden, wer ihm das Essen gebracht hat, und ich würde vorschlagen, dass Sie mit Ihren Nachforschungen im Hotel gegenüber anfangen. Es war eine teure Mahlzeit und kam nicht aus einer billigen Suppenküche, wie Ruth so richtig festgestellt hat. Suchen Sie die Geliebte des Dirigenten.«

»Seine Geliebte?«

»Aber ja doch. Diese aphrodisischen Leckereien stellen in gewisser Weise eine Einladung dar. Außerdem müssen Sie die Notenwartin befragen.«

»Warum?«, fragte Jack.

Er hatte noch nicht ausgesprochen, als plötzlich ein Mann den Arm um Phryne schlang und sie an sich zog. Zu seinem Glück musste er nie erfahren, in welch unmittelbarer Gefahr er sich dabei befand, an einer empfindlichen Stelle seiner Anatomie mit ihrem Knie Bekanntschaft zu machen, denn Phryne hatte ihn sofort erkannt.

»John!«, rief sie und drückte ihn fest. »John Wilson, du hier? Wie kann das sein? Augenblick mal eben.« Sie drehte sich in seinen Armen um und sagte zu Jack Robinson: »Die Notenwartin hütet die durchnummerierten Noten des Chors. Sagen Sie ihr, sie soll sich alle zurückgeben lassen. Von irgendwoher müssen die Blätter schließlich gekommen sein. Ich bin gleich wieder bei Ihnen.«

Jack Robinson schüttelte den Kopf, sammelte seinen Sergeant ein und ging schon einmal mit ihm voraus in den Saal. John Wilson lachte leise.

»Phryne, wie sie leibt und lebt! Immer noch die alte?«, fragte er. »Ich nicht. Ich bin nämlich jetzt Dr. John.«

»Wunderbar. Dann hast du nach dem … nach dem Krieg noch zu Ende studiert?«

John Wilson war 1918 als blutjunger Assistenzarzt einberufen worden. Inmitten der Schlacht an der Somme hatte er an vorderster Front einen Verbandsplatz geleitet, bis über die Ellenbogen im Blut, der Tod sein ständiger Begleiter. Gerade zweiundzwanzig Jahre alt, vom Grauen des Krieges erschüttert und gezeichnet, lernte er Phryne kennen, die ihm die Verwundeten herankarrte. Unter Beschuss liegend, hatten sie sich in ihrem Sanitätswagen eines Tages gegenseitig die Kleider vom Leib gerissen und sich, taub vom Lärm der Geschosse, verzweifelt aneinandergeklammert, zwei warme, lebendige Körper, die blind nach einem Notanker tasteten, während die Welt um sie herum in Explosionen und Trümmern versank. Es war nicht das einzige Mal geblieben, dass Phryne ihn zu sich in den Sanitätswagen holte, und er war ihrer Einladung immer gern gefolgt. Aber sie war und blieb die einzige Frau auf der Welt, für die John Wilson sich erwärmen konnte, denn ansonsten schlug sein Herz für Männer. Phryne wirkte auf ihn, als gehörte sie einer ganz eigenen Kategorie an. Wie er es auch drehte und wendete: Sie war eine Ausnahmeerscheinung.

Im November, kurz vor Kriegsende, hatte sich ein Scharfschütze die Zeit damit vertrieben, das Rote Kreuz auf

Johns Zelt ins Visier zu nehmen. Phryne hatte Vollgas gegeben und den Sanitätswagen mit einem halsbrecherischen Manöver zwischen das Zelt und den Angreifer gebracht, sodass John lediglich ein Projektil ins Bein abbekam, statt mehrere Kugeln in Kopf und Herz. Er hatte nämlich direkt hinter dem Roten Kreuz gestanden. Nachdem er von seinen eigenen Krankenträgern ins Feldlazarett gebracht worden war, hatte er Phryne nie mehr wiedergesehen.

Sie sah aus wie früher, höchstens ein klein wenig fülliger als das magere Hühnchen von damals, aber das schwarze Haar und die roten Lippen waren unverändert, genau wie die grünen Augen, die einem direkt in die Seele blickten. Der frische Duft eines Shampoos und des Parfüms Jicky von Guerlain umgab sie. Sie wartete noch immer auf seine Antwort.

»Es hatte ja bloß mein Bein erwischt, Liebes, und nicht meine Hände. Ich komme ganz gut zurecht. Wenn es dich nicht gegeben hätte …« Er drückte sie an sich. »… würde es mich gar nicht mehr geben.«

Phryne küsste ihn auf die Wange. Er roch noch genauso wie beim letzten Kuss. Nach Kaffee und Pfeifentabak, warm und erdig. Anscheinend war er nicht als Arzt tätig, denn sie erschnupperte nicht die leiseste Äthernote. Seine blauen Augen blickten freundlich wie eh und je in die Welt, seine Haut war wettergegerbt, sein militärischer Haarschnitt an den Schläfen grau meliert. Er war breitschultrig und muskulös, und sie hätte nichts dagegen gehabt, John Wilson auch diesmal wieder in ihren Sanitätswagen zu zerren, beziehungsweise in ihr schönes Haus und das bequeme Bett. Nicht gerade der moralische Leitsatz des Tages.

»Was treibst du hier, Liebster?«, fragte sie. »Können wir zusammen essen?«

Er schmunzelte, genau wie damals. Als amüsierte er sich über ihre Energie. Ein stiller, lieber Mensch, ein unerschütterlicher Trostspender, während ihm die jungen Soldaten unter den Händen wegstarben. Aneinandergeschmiegt hatten Phryne und er den Tod der Hoffnung und der Unschuld beweint, und ihre Küsse schmeckten nach dem Pulverdampf. Wie hatte sie ihren Felsen in der Brandung nur aus den Augen verlieren können? Er kehrte nach England an die Universität zurück, sie blieb in Paris. Später war ihr zu Ohren gekommen, dass er mit einem Mann zusammenlebte. Wie hieß er noch gleich? Galahad? Lancelot? Etwas in der Richtung. Und sie war davon ausgegangen, dass er sein Glück gefunden hatte, doch nach seinen dunklen Augenringen zu urteilen, schien es damit vorbei. Sie tätschelte ihm die Wange.

»Wie meinst du das?«, fragte er. »Was treibe ich in Australien? Oder hier auf der Treppe zum Gemeindesaal, wo wir uns gerade zum Gespött der Leute machen?«

»Was hast du doch für eine wunderschöne Stimme«, sagte sie. »So tief und angenehm. Den armen Jungs ging es gleich viel besser, wenn sie dich nur gehört haben. Was ich meine? Ich meine in Australien *und* hier.«

»Ich begleite den Mathematiker Rupert Sheffield, im Krieg Codeknacker in Griechenland. Alles streng geheim. Er ist ein lieber Kerl, bloß ein bisschen vom Pech verfolgt. Wir hatten kaum einen Fuß an Land gesetzt, da wären wir am Hafen um ein Haar von einem vollbeladenen Frachtnetz erschlagen worden. Aber wir sind mit einem blauen Auge davongekommen. Rupert ist in Melbourne, um die Volksbildung zu fördern und die Massen in den Genuss seiner mathematischen Weisheiten kommen zu lassen. Und auf dieser Treppe stehe ich, weil er hier heute Abend einen Vortrag hält und mich gebeten hat, die Laterna magica zu überprüfen. Gestern Abend hat sie zu stark geflackert.«

»*Der* Sheffield? Der über die Wissenschaft der Deduktion referiert? Verstehe. Und seid ihr zwei beide …?«

»Nein«, sagte er hastig. »Durchaus nicht.«

»Und Arthur?« Nun war ihr der ritterliche Name doch noch eingefallen.

»Arthur ist gestorben«, antwortete er gefasst. »Schon vor langer Zeit. Herzversagen. Er hat nicht geahnt, dass er nicht ganz gesund war, und ich habe es auch nicht erkannt.«

»Ach John, du Armer«, sagte sie leise. Ganz kurz nur legte er ihr die Stirn auf die Schulter, dann drückte er wieder den Rücken durch. Das Militärische gewann die Oberhand. Er konnte nicht aus seiner Soldatenhaut.

»Jetzt muss ich mich um den Projektor kümmern«, sagte er. »Hilfst du der Polizei bei den Ermittlungen, Phryne?«

»Ja, aber nur bei den Chormitgliedern. Für meinen Lieblingspolizisten ist das eine fremde Welt, für mich nicht.«

»Madame.« Mit einer Verbeugung hielt er ihr die Tür auf.

»Wie sieht es aus? Kommst zu zum Essen? Dr. MacMillan wohnt auch in Melbourne. Sie würde sich so freuen, dich wiederzusehen.«

»Ich könnte mir nichts Schöneres vorstellen, Phryne, aber ich muss erst Sheffield nach seinen Plänen fragen.«

»Alles klar«, sagte Phryne. John konnte ihr nichts vormachen, auch wenn er selbst die Symptome geflissentlich übersah: Hier lag ein akuter Fall von unerwiderter Liebe vor. »Wir können es auch nach dem Vortrag besprechen, ich wollte ihn mir sowieso anhören.«

»Danke«, murmelte er und drückte ihr einen Kuss auf die Wange.

Erfüllt von gemischten Gefühlen, steuerte Phryne den Teil des Saals an, in dem sich ein ausgewachsener choraler Aufstand abzuspielen schien. Einerseits war ihr alter Freund Dr. Wilson in Melbourne. Andererseits erschien es ihr mehr als unwahrscheinlich, dass sie an die alten Zeiten wieder anknüpfen konnten.

»Verflixt!«, murmelte sie – und stürzte sich ins Getümmel.

Ungefähr dreißig Sängerinnen und Sänger umringten genau eine Notenwartin, die verzweifelt versuchte, die durchnummerierten Noten ihren Benutzern zuzuordnen. Was ihr dabei gar nicht half, waren die Ausreden, man hätte die Noten 1) zu Hause vergessen, 2) in der Garderobe liegenlassen, 3) im Bus verloren oder 4) noch nie welche besessen, auch wenn man die Ausleihe mit seiner Unterschrift bestätigt hatte. Doch, ja, die Unterschrift stimme, aber man könne sich nicht daran erinnern, jemals irgendwelche Noten ausgehändigt bekommen zu haben. Man habe die ganze Zeit bei seinem Nebenmann oder seiner Nebenfrau mit hineingeschaut. Für Phryne als langjährige Chorsängerin war dieses Tohuwabohu nichts Besonderes, Jack Robinson aber stand irritiert davor. Und ein irritierter Polizist wird gern einmal etwas lauter.

»Ruhe!«, brüllte er mit der Stimme, die in den finstersten Ecken von St. Kilda schon so manchem Erzschurken das Blut in den Adern hatte gefrieren lassen und die übelsten Rabauken zur Räson bringen konnte. Dass die Krakeeler daraufhin verstummt wären, konnte man wirklich nicht behaupten, denn schließlich hat jeder Chor mit professionellem Angebrülltwerden Erfahrung, aber immerhin flaute das Gezänk so weit ab, dass sich der Inspector Gehör verschaffen konnte.

»Hedley Tregennis wurde ermordet«, verkündete er. »Bitte etwas mehr Respekt. Ich muss Sie der Reihe nach vernehmen. Wer möchte zuerst?«

Der Mangel an Freiwilligen war unübersehbar. Phryne, die sich einen Platz auf der Bühne gesucht hatte, überflog prüfend die Gesichter und deutete zuletzt mit dem Kopf auf einen strammen blonden Burschen mit blauen Augen. Er war eindeutig der Anführer dieser Truppe. Aller Augen hingen an ihm. Jack winkte ihn zu sich, woraufhin der junge Mann vor Aufregung über seine eigenen Füße fiel und sich von einem fassförmigen Bass wieder auf die Beine helfen lassen musste.

»Name?«, raunzte Robinson.

»Smith«, sagte er. »Matthew. Tenor.«

»Collins, schreiben Sie mit?«, fragte Robinson.

Der Sergeant leckte seinen Kopierstift an und nickte.

»Wann haben Sie Hedley Tregennis zuletzt gesehen?«

»Gestern Abend«, antwortete Matthew Smith. »Er ist stinksauer von der Bühne gestampft und hat gesagt, wir sollen zur Hölle fahren und uns erst heute wieder blicken lassen.« Er zuckte mit den Schultern. »Da haben wir uns natürlich, wie gewünscht, zum Teufel geschert.«

»Wo waren Sie nach der Probe?«

»Ich bin nach Hause gegangen, die meisten anderen waren noch etwas trinken. Es muss wohl ziemlich spät geworden sein.«

»Oder vielmehr ziemlich früh«, bemerkte der Fass-Bass. »Ich war erst um vier wieder zu Hause. Meine Wirtin hat mich ausgesperrt, und ich musste in der Waschküche schlafen. Gott sei Dank haben wir Sommer.«

»Ich lag schon um halb vier im Bett, aber ich wohne ja auch in Carlton, und du musstest ja noch ganz schön weit nach Hause laufen«, bemerkte ein anderer Bass.

»Ja, Tom. Geld für ein Taxi hatte ich nicht mehr. Das habe ich alles verprasst, im Cri …« Er verstummte, als ihm eine kleine Altistin plötzlich den Mund zuhielt.

»Ich interessiere mich nicht für Flüsterkneipen«, sagte Jack Robinson, dessen Geduldsfaden zunehmend dünner wurde. »Ich interessiere mich dafür, wann Sie Hedley Tregennis zum letzten Mal gesehen haben. Aber wenn Sie mir etwas verheimlichen, veranstalte ich im Criterion eine Razzia und Sie sitzen fortan auf dem Trocknen. Stellen Sie sich in einer Reihe vor dem Tisch dort auf und nennen Sie dem Constable Ihren Namen, Ihre Adresse und die Uhrzeit Ihrer letzten Begegnung mit Hedley Tregennis. Wer etwas Auffälliges bemerkt hat, redet mit meinem Sergeant. Ich setze mich da vorne hin und warte, bis mir irgendeiner etwas Interessantes zu sagen hat.«

Er suchte sich einen Stuhl. Phryne blieb, wo sie war, und beobachtete weiter das Geschehen. Robinson war beeindruckt, wie unauffällig sie sich dabei anstellte. Mal betrachtete sie versonnen ihre Fingernägel, mal strich sie sich über das Bein, als ob sie eine Laufmasche ertasten wollte, mal zupfte sie an ihrer Frisur. Sie wirkte wie die Harmlosigkeit in Person, solange man nicht in ihr Blickfeld geriet. Anderenfalls fühlte man sich auf einmal nur noch wie eine Ansammlung minderwertiger Moleküle. Gewogen und für zu leicht befunden. Nachdem die Chormitglieder ihre Angaben gemacht hatten, sammelten sie sich auf der Bühne und sangen sich, kaum dass sie zu viert waren, schon einmal ein. Auf die Melodie von *Bruder Jakob* stimmten sie, angeführt von Tom, einen hinreißenden Nonsens-Kanon an, bis sich nach ein paar Runden plötzlich eine Sopranistin ans Herz griff und mit ausgebildeter Gesangsstimme heulte: »Wie können wir nur so grausam sein?!« Das Lied brach ab.

»Aber was ist denn schon dabei, Julia?«, fragte Matthew Smith. »Wir sind ein Chor, wir können hier nicht weg, und in zwei Wochen findet unser Konzert statt.«

»Der Inspector hat recht, wir sollten mehr Respekt zeigen«, tönte sie.

»Wieso?«, fragte ein hochgewachsener, affektierter Tenor mit seidig glänzenden braunen Haaren und Denkerbrille. »Er hatte doch auch keinen Respekt vor uns. Oder vor dem Werk. Den armen alten Mendelssohn in einem solchen Höllentempo runterzurattern …«

»Aber sollten wir nicht auch an den armen alten Toten denken?«, fragte eine rothaarige Altistin.

»Du hast leicht reden, du studierst ja Medizin, Bones, du siehst sicher jeden zweiten Tag einen Toten«, ereiferte sich Julia, die mager und dunkelhaarig war und spätestens mit vierzig nur noch ein Klappergestell abgeben würde. »Du bist Tote gewöhnt. Aber als er da auf dem Boden lag, wie ein altes Bündel ... wie ein altes Notenbündel. Das geht einem doch an die Nieren!«

»Wer tot ist, ist tot.« Bones zuckte lässig mit den Schultern.

»Du bist ekelhaft!«, rief Julia empört.

Gebannt verfolgte Phryne das kleine Geplänkel. Sie gesellte sich zu den anderen, die in einer Schlange für eine Tasse Tee anstanden, und nahm Julia beiseite.

»Reden Sie mit mir«, sagte sie höflich.

Der jungen Frau stieg die Zornesröte ins Gesicht. »Warum sollte ich, was wollen Sie von mir?«

»Sie haben die Wahl. Mit mir oder mit der Polizei«, sagte Phryne.

Julia reagierte mit einem unwilligen Kopfschütteln, das eher halbherzig ausfiel. Phryne jedenfalls blieb davon unbeeindruckt und hob nur kühl die Augenbrauen. Die Sängerin gab sich geschlagen.

»Na schön, na gut. Aber wer sind Sie denn überhaupt?«

»Ich heiße Phryne Fisher. Kommen Sie, setzen wir uns. So, und jetzt erzählen Sie mir mal, woher Sie wissen, wie der verblichene Hedley Tregennis ausgesehen hat.«

»Das war nur geraten«, antwortete Julia.

»Wie ein altes Notenbündel«, zitierte Phryne gnadenlos. »Er hätte platt auf dem Bauch oder Rücken liegen oder tot im Sessel sitzen können, aber nein. Rein zufällig lag er zusammengerollt auf der Seite. Und Noten waren auch im Spiel. Woher wussten Sie das?«

Wie gehetzt blickte Julia um sich, doch niemand eilte zu ihrer Rettung herbei.

»Weibliche Intuition?«, sagte sie zaghaft.

Phryne lachte. »Verschonen Sie mich. Wann haben Sie den Toten gesehen?«

»Ach, was soll's?«, maulte Julia. »Ich wollte nicht mehr mit in den Pub, ich wollte nach Hause. Als ich auf der Treppe halb unten war, habe ich gemerkt, dass ich mein Notenheft vergessen hatte. Weil ich wusste, dass der Hausmeister erst nach dem Ende des Lichtbildvortrags um zehn Uhr abschließen würde, bin ich noch mal zurück. Hinter die Bühne, ins Dirigentenzimmer.«

»Wieso dahin?«, fragte Phryne.

»Es hat ein Schloss. Deshalb verwahrt die Notenwartin die vergessenen Hefte dort. Noten sind teuer. Sie macht immer einen furchtbaren Aufstand, wenn welche abhandenkommen.«

»Wie wollten Sie denn in das Zimmer reinkommen?«, fragte Phryne. »Haben Sie einen Schlüssel?«

»Nein, aber es hängt einer in der Garderobe. Für den Notfall. Davon weiß keiner was.«

»Bloß dreißig Sängerinnen und Sänger plus Anhang und Anhängsel – und der Pianist«, stellte Phryne fest. Julia biss sich auf die Lippe.

»Ach so, ja. Die auch. Also wir alle. Stimmt. Jedenfalls

habe ich die Tür aufgeschlossen, und da lag er mausetot vor mir, und ich hatte solche Angst, dass ich einfach abgehauen bin.«

»Aber vorher haben Sie noch feinsäuberlich die Tür wieder abgeschlossen«, sagte Phryne, ohne eine Miene zu verziehen.

»Ja.«

»Und Ihre Noten an sich genommen.«

»Äh, ja. Sie lagen auf dem Schreibtisch. Ich musste nicht über ihn drübersteigen oder so«, erklärte Julia. »Und ich muss üben. Ich bin in einem Quartett: ›Heilig, heilig, heilig.‹ Alle trauen mir zu, dass ich es kann.«

»Schön für Sie«, sagte Phryne. Sänger! Und Sängerinnen, natürlich. Sie hatte ganz vergessen, wie diese Künstlerseelen tickten. »Sie schaffen es bestimmt. Und jetzt möchte ich, dass Sie die Augen schließen. Versetzen Sie sich zurück. Sie sind wieder im Dirigentenzimmer. Sie sehen den Toten nicht an, nur das Zimmer. Haben Sie es vor sich?«

»Ja«, hauchte Julia. Sie wäre ideal für eine Hypnose geeignet gewesen.

»Lassen Sie den Blick schweifen. Was sehen Sie?«, soufflierte Phryne mit leiser, sanfter Stimme.

»Schreibtisch, Stuhl, Notenblätter auf dem Tisch, Teekanne, Teetasse. Eine Jacke am Haken an der Tür. Überquellender Papierkorb.«

»Voll Notenpapier?«, fragte Phryne.

»Nein, einfache Briefbögen, mit schwarzer Tinte beschrieben. Das ist eigentlich schon alles. Toter Mann auf dem Fußboden. Mr Tregennis. Schrecklicher Mensch.«

»Inwiefern war er schrecklich?«, hakte Phryne nach.

Die Gelegenheit war zu günstig. Sie durfte sich Julias Trance nicht entgehen lassen.

»Seine Hände«, sagte Julia. »Seine grapschenden Hände. Er hat alle begrapscht. Alle Frauen. Gezwickt und gezwackt und getätschelt. Wie ein Oktopus. Konnte seine hässlichen heißen Flossen nicht bei sich behalten. Er hat rumgebrüllt und mit dem Fuß aufgestampft und uns als Schlampen und Huren beschimpft, wenn wir auch nur einen Ton falsch gesungen haben. Es tut mir nicht leid, dass er tot ist.«

Julia erwachte aus ihrem Dämmerzustand. »Was habe ich Ihnen erzählt?«

»Nichts, worüber Sie sich sorgen müssten«, antwortete Phryne. »Sagen Sie mir, hatte Mr Tregennis vielleicht ein Techtelmechtel im Chor? Eine kleine Freundin?«

Julia verzog angewidert das Gesicht.

»Ausgeschlossen! Mit dem Ekel hätte sich keine von uns eingelassen.«

»Stimmt«, mischte sich die rothaarige Altistin ein. Sie gab Phryne die Hand.

»Annie«, stellte sie sich vor. »Sie sind Phryne Fisher, nicht wahr? Ich kenne Sie vom Sehen. Bei der Detektivarbeit, hm?«

»Ich bin nur hier, um meinem Lieblingspolizisten zu helfen, den Täter zu fassen.«

»Na dann, viel Glück. Wir waren es nämlich nicht. Was nicht heißen soll, dass wir uns jetzt die Augen aus dem Kopf weinen würden. So weit geht die Trauer denn doch nicht. Der Mann war ein Schwein. Was allerdings den Schweinen gegenüber unfair ist. Richten Sie Ihrem Polizisten aus, er soll nach Miss X suchen, der Großen Unbekannten«, schloss sie mit ironisch angehauchtem melodramatischem Pathos.

Phryne schmunzelte. »Und wer könnte diese Unbekannte sein?«

»Keine Ahnung«, rumpelte Annie. »Wenn wir das wüssten, wäre sie ja keine Unbekannte. Sie hat ihn immer nach den Proben besucht. Tommy behauptet zwar, er hätte sie mal gesehen, aber man kann ihm nicht trauen. Er führt andere Leute gern an der Nase herum. Oder auch hinters Licht. Sie kennen die Sorte. Fragen Sie ihn ruhig selber.« Sie lächelte boshaft.

»Glauben Sie, dass er versuchen wird, mich auch hinters Licht zu führen?«, fragte Phryne.

»Nein, wahrscheinlich nicht, aber ich wäre zu gern dabei, wenn Sie ihn in seine Schranken weisen. Tommy ist in letzter Zeit eine ziemliche Nervensäge.«

»Sie überschätzen mich«, sagte Phryne abwehrend. »Ich hetze ihm meinen Polizisten auf den Hals. Das müsste reichen.«

»Danke«, antwortete Annie.

»Zurück zu Ihnen, Julia. Sie haben sich also Ihre Noten genommen und sind nach Hause gegangen. Um wie viel Uhr war das?«, fragte Phryne.

»Ich schätze, so um neun rum«, sagte Julia. »Was für ein Mensch bin ich bloß, ihn einfach so liegen zu lassen?«, jammerte sie.

»Ihm hätte nichts und niemand mehr helfen können«, versicherte Phryne ihr.

Nachdem Annie und Julia sich wieder in die Teeschlange eingereiht hatten, ging Phryne zu Jack Robinson hinüber.

»Er war bereits ungefähr um neun Uhr tot, und das Essenstablett war auch verschwunden. Um acht war die Probe zu Ende und der Lichtbildvortrag fing an. Um halb neun hatten die meisten Chormitglieder den Gemeindesaal verlassen, auch wenn bestimmt noch ein paar zur Toilette mussten und ihre Freunde auf sie gewartet haben. Vom Chor war jedenfalls nach halb neun nur noch eine Sopranistin im Haus. Außerdem der Hausmeister. Der Vortrag endete um zehn, da war Tregennis längst tot.«

»Ich frage Sie lieber nicht, woher Sie das alles wissen«, sagte Jack Robinson.

»Gut. Ich würde es Ihnen sowieso nicht verraten. Ich schlage vor, Sie nehmen sich mal den dunkelhaarigen Kraftmeier da drüben vor. Name: Tommy. Spezialität: Mätzchen. Wenn er Tregennis tot aufgefunden haben sollte, hätte er es womöglich witzig gefunden, ihm die Noten in den Rachen zu stopfen.«

»Ach ja?«, sagte Robinson. »Eine richtige Ulknudel also. Groß und kräftig genug ist er auf jeden Fall. Er wäre körperlich dazu imstande gewesen.«

Phryne nickte. »Hat sich bei Ihren Befragungen etwas Interessantes ergeben?«

»Wer nicht in der Kneipe war, ist brav nach Hause gegangen, manche heim zu Mama und Papa in die teure Villa, die anderen in ihre Studentenbuden. Der Klavierspieler wohnt in der Collins Street 88, der brauchte also bloß um die Ecke ins Bett zu kippen. Bevor er dem Alkohol verfallen ist, muss er ein richtig guter Tastenkünstler gewesen sein. Er sagt, er hätte unter Beecham gespielt. Und er sagt, Tregennis wäre ein Metzger gewesen.«

»Nur musikalisch, Jack, mein Guter. Soll heißen, er hat die Musik verhackstückt. Während Sie Tommy auf den Zahn fühlen, räumen wir anderen jetzt besser die Bühne. Der Vortrag über die Wissenschaft der Deduktion fängt bald an.«

»Könnte sehr nützlich sein«, sagte Jack Robinson abschließend und ging auch schon zu dem jungen Bass hinüber. Phryne schnaubte verächtlich. Die Deduktion war keine Wissenschaft. Sie war eine Kunst, die Phryne meisterhaft beherrschte.

Phryne suchte sich leise einen Platz in der hintersten Reihe. Der Saal war halb voll, keine schlechte Resonanz für ein Sommerwochenende, das die meisten Leute am liebsten am Strand verbrachten. Aber die Melbourner Bildungsbegeisterung kannte offenbar keine Grenzen. Neben der Laterna magica zeichnete sich die Silhouette von John Wilson ab, kompakt und Vertrauen einflößend. Die Stimme des Redners war wunderschön – kultiviert, ohne affektiert zu sein, tief und wohltönend, die englische Satzmelodie zutiefst harmonisch. Ein Klang wie Irish Coffee mit Kakaopulver auf der Sahnehaube.

Der Besitzer der Stimme war ebenfalls nicht zu verachten. Im Gegenteil. Er war eine echte Augenweide.

Großgewachsen und schlank, bewegte er sich elegant wie ein Tänzer, hin und wieder die Hand ausstreckend, um eine Aussage zu unterstreichen oder auf eine an die Wand geworfene Gleichung hinzuweisen. Er hatte dunkle Locken und blasse, wie in Marmor gemeißelte Gesichtszüge. Griechisch? Ja, aber im klassisch griechischen Stil. Markant. Eine herablassende Attitüde, als sei er sich bewusst, dass ihm das Publikum intellektuell nicht das Wasser reichen konnte. Und seine Augen! Solche seltsamen Augen hatte Phryne noch nie gesehen. Scharf und flink, wie die einer Katze, und so wachsam, dass es einen eiskalt überlief. Phryne hätte schwören können, dass sie je nach Lichteinfall lavendel- oder silberfarben schimmerten.

Die Erklärung dafür, dass John Wilson dem Mann verfallen war, lag auf der Hand. Der Inhalt seines Vortrags erschloss sich leider nicht halb so leicht. Wenn Phryne außer einem sporadisch auftretenden Heißhunger auf gedörrte Aprikosen und andere Leckerbissen aus Kindheitstagen eine Schwäche hatte, dann die: Sie war ein Mathemuffel. Liebestrunkene Physikstudenten hatten sich, um von ihr erhört zu werden, redlich, aber in der Regel erfolglos bemüht, sie für ihr Fach zu erwärmen, doch genau wie die Mathematik war für Phryne auch die Physik ein Buch mit sieben Siegeln geblieben – abgesehen von den Newton'schen Gesetzen, weil man sich, wenn man sie nicht beherzigte, leicht eine Kugel einfangen konnte.

Es gelang ihr nicht einmal ansatzweise, Rupert Sheffields Ausführungen zu folgen. Tschebyschow-Polynome und Interpolationsungleichungen waren und blieben ihr ein Rätsel.

Ein letztes Lichtbild, und der Vortrag war zu Ende. Die Zuhörer standen auf, reckten und streckten sich. Nach und nach leerte sich der Saal. Phryne stand noch bei John am Projektor, als der Redner geschmeidig von der Bühne sprang und sich zu ihnen gesellte.

Er bewegte sich wie eine Katze, eine Raubkatze. Wie ein Panther vielleicht. Phryne legte John die Hand auf den Arm. »Stellst du mich deinem Freund vor?«, fragte sie.

Er lächelte. »Aber natürlich. Rupert Sheffield. Die Ehrenwerte Miss Phryne Fisher«, sagte er. »Eine alte Freundin, die ich seit dem Krieg nicht mehr gesehen habe.«

»Enchanté.« Rupert deutete eine Verbeugung an und gab ihr die Hand.

»Ganz meinerseits«, antwortete sie.

»Abgesehen davon, dass Sie wohlhabend sind, eine schwarze Katze besitzen, Jicky von Guerlain benutzen und sich beim Tanzen den Knöchel vertreten haben, weiß ich so gut wie gar nichts über Sie«, sagte er.

Nach dem Motto »Wie du mir, so ich dir« holte Phryne zum Gegenschlag aus. Sie sah ihm in die – tatsächlich – lavendelfarbenen Augen und sagte: »Abgesehen davon, dass Sie in Winchester aufs Internat gegangen sind, in Cambridge studiert und im Krieg als Codeknacker gedient haben, dass Sie Schuhe von Loeb und Anzüge aus der Savile Row tragen – und ich glaube, der Schlips ist von Westford in Soho –, dass Sie Ihre Haare mit Kokosöl pflegen, Rechtshänder und ein Freund meines lieben John Wilson sind, weiß ich auch nicht viel über Sie.«

John gluckste in sich hinein.

Rupert erstarrte und fasste sich an den Kragen. »Nicht von Westford, von Halligen«, korrigierte er.

»Mein Fehler.« Phryne lächelte liebenswürdig.

»Du bist wirklich einzigartig, Liebes«, sagte John.

Phryne konnte ihm nicht widersprechen. »Aber eine Frage hätte ich noch: Darf ich dich für morgen Abend zum Essen einladen?«

»Sie können über John verfügen«, sagte der Adonis gönnerhaft. »Sie genießen das Vorrecht der älteren Bekanntschaft. Ich werde mich anderweitig beschäftigen: mit Nachdenken.« Mit dieser kaum versteckten Spitze stolzierte er davon, wie ein Panther, dem eine Gossenkatze ein unsittliches Angebot gemacht hat.

»Und tschüss.« Phryne konnte sich das Lachen nur mit Mühe verbeißen. »Der dramatische Abgang der beleidigten Leberwurst.« Knallend fiel die Saaltür ins Schloss, und sie prustete los.

»Eigentlich ist er ein ganz patenter Kerl«, brummelte John. »Du darfst ihn nicht foppen, Phryne.«

»Er hat angefangen.«

»Sag mal, Phryne, du warst doch beim Geheimdienst, oder? Nach dem Krieg?«

»Ja, eine Zeitlang. Warum?«

»Mir gefallen diese ... Unfälle gar nicht. Vielleicht hat es jemand auf Rupert abgesehen. Könntest du dich ... ein bisschen umhören?«

»Natürlich.« Sie tätschelte ihm die Wange. »Sieben Uhr, bei mir? Bitte sehr, meine Karte. Und jetzt geh, und tröste deinen Freund. Ich habe nicht vor, dich ihm wegzunehmen, John.«

»Du ... was? Nein, Phryne, da hast du etwas missverstanden«, rief er ihr nach. Sie war schon im Hinausgehen.

»Wäre nicht das erste Mal«, antwortete sie, die Hand

auf der Klinke des Bühnenausgangs. »Ich muss weiter, einen Chor durch die Mangel drehen.«

Schon war sie entschwebt. Leicht atemlos, wie schon immer, wenn er mit Phryne auf Tuchfühlung gewesen war, packte John die Lichtbilder zusammen. Ihm kam der Gedanke, dass Rupert Sheffield in ihr womöglich zum ersten Mal im Leben einen ebenbürtigen Gegner gefunden hatte.

Und er musste ebenfalls laut lachen.

Jack Robinson hatte seine liebe Mühe mit dem Chor. Sängerinnen und Sänger liefen auf und ab. Sie redeten ununterbrochen. Sie wollten nach Hause. Sie schmollten.

»Es ist wie Katzen hüten, mein lieber Jack.« Phryne tätschelte ihm den Arm. »Passen Sie auf.«

Sie kletterte auf einen Stuhl, womit sie die männlichen Blicke auf sich – beziehungsweise auf ihre zierlichen Fesseln – zog, und klatschte zweimal in die Hände. Im Nu kehrte Stille ein.

»Wer noch in der Kneipe war, nimmt jemanden bei der Hand, von dem er weiß, dass er ebenfalls dort war, und stellt sich rechts auf. Aber nur, wenn dieser Mensch zusammen mit Ihnen dort eingetroffen ist. Dazu singen Sie bitte vierstimmig die Nonsens-Version von *Bruder Jakob*. Sopran, Alt, Tenor und Bass«, sagte sie.

Lammfromm folgten sie ihren Anweisungen und stellten sich händchenhaltend rechts auf.

Jack Robinson kam das Geträller ziemlich albern vor, aber es erfüllte seinen Zweck. Bald hatte sich mehr als der halbe Chor fröhlich singend zu einer Gruppe zusammengefunden. Die elf Mitglieder, die noch vor ihm standen, hatten sich am fraglichen Abend brav nach Hause begeben. Neben der unvergleichlichen Julia waren das die Sopranistin Jenny Leaper, die Altistin Helen Burke und Tabitha Willis, eine lebensstrotzende junge Frau mit schwarzen Locken, die so viel gesundes Wohlbefinden ausstrahlte, dass Phryne gar nicht anders konnte, als sie anzulächeln. Hätte man ihr den Kopf auf die Schulter gelegt, wäre jede Migräne verflogen. Natürlich war sie ebenfalls Altistin. Die zweite Sopranistin, Chloe McMahon, war von Statur und Umfang her wie für Wagner gemacht. Ihr fehlte nur ein gepanzertes Mieder und ein gehörnter Helm. Eine imposante Erscheinung. Der Rest waren Männer, Tenöre und Bässe, sowie der Pianist. Was die Wahrscheinlichkeit, dass es sich bei ihnen um die große Unbekannte handelte, doch erheblich schmälerte. Zwar gab es nichts, was es nicht gab, und die Geschmäcker waren verschieden, aber bei den Opfern von Mr Tregennis' Übergriffen hatte es sich ausschließlich um weibliche Chormitglieder gehandelt. Damit sich der Inspektor ungestört der Befragung der Damen widmen konnte, entführte sie kurzerhand die Herren. Jack Robinson warf ihr einen grollenden Blick zu, worauf Sie ihn mit einem Kusshändchen bedachte.

»Nun denn.« Sie setzte sich auf einen Tisch und ließ die Beine baumeln, wobei ihre seidenen Strümpfe erneut aufs Schönste zur Geltung kamen. »Was können Sie mir über das bedauernswerte Ereignis sagen?«

»Definieren Sie bedauernswert«, sagte ein magerer Knabe mit viel zu langen Haaren, der einen Stapel Notizen in der Hand hielt.

»Ach, halt die Klappe, Len«, knurrte Matthew, der sanfte Blonde mit dem Anflug eines Bartes. Wenn er mal richtig erwachsen war, würde er höchst überzeugend den Weihnachtsmann spielen können, ohne sich ausstopfen zu müssen. Zum Anbeißen. Phryne hatte eine Vorliebe für Männer, die zu einer gewissen Leibesfülle neigten. Und sei es nur als Kontrast zum knusprig knackigen Lin Chung, der leider, leider geschäftlich in Hongkong zu tun hatte. Sie riss sich zusammen. Jack wäre nicht sehr begeistert, wenn sie die Verdächtigen verführte.

»Stellen Sie sich bitte vor«, sagte sie. Sie traten der Reihe nach vor und schüttelten ihr die Hand: Leonard, Tenor und Nervensäge, der Knabe mit den Notizen; Oliver, ein weiterer wohlbeleibter Bass mit roten Haaren und wunderbarem Lächeln; ein großer, pomadiger Medizinstudent, von dem sie nur den Spitznamen Bones erfuhr; und ein eindeutiger Gigolo namens Luigi, der ihre Hand erst gar nicht mehr loslassen wollte, sich dann lange darüber beugte, um ihr einen Handkuss zu geben, ihr ein routiniertes Lächeln schenkte und nach Haarwasser duftete. Sie gönnte ihm einen glutvollen Blick. Er warf sich gockelhaft in die Brust. Dabei beließ es Phryne.

»Erzählen Sie mir von Ihrem Chorleiter«, forderte sie das kleine Trüppchen auf.

»Warum reden Sie nur mit uns und nicht mit den anderen?«, fragte Len misstrauisch.

»Weil ihr kein Alibi habt, Kinder. Ihr hättet heimlich wieder zurückgehen und ihn … zu Tode bringen können. Zeigt mir mal eure Noten.«

Nachdem die Sänger ihre Notenhefte aus Taschen und

Tornistern hervorgekramt hatten, blätterte Phryne sie durch. Nirgendwo fehlten Seiten.

»Gut. Dann also weiter im Text.«

»Er war kein sehr netter Mensch«, sagte Matthew.

»Er war ein Schwein«, korrigierte ihn Oliver, vor Zorn rot anlaufend. »Er konnte seine Flossen nicht von den Sängerinnen lassen. Die eine oder andere wollte den Chor seinetwegen schon verlassen.«

»Ich war ja dafür, ihn zur Rede zu stellen«, sagte Matthew. »Aber die anderen waren dagegen.«

»Weil er nicht viel gekostet hat«, sagte Bones, der Medizinstudent. »Wir sind ja nur ein halbprofessioneller Chor. Wenn wir das Orchester bezahlt haben, bleibt für den Dirigenten nicht mehr viel übrig.«

»Arbeiten Sie im Krankenhaus?«, fragte Phryne ihn.

»Noch nicht. So was wie mich lässt man noch nicht auf die Kranken los, nicht einmal in der kostenlosen Armensprechstunde«, antwortete er. »Warum?«

»Drogen«, antwortete Phryne kryptisch.

»Ach was!«, rief Oliver. »Er wurde vergiftet?«

»Unter anderem. Werden im Chor Drogen konsumiert?«

»Von uns? Wie sollten wir uns so was leisten können? Außerdem schaden Drogen der Stimme«, antwortete Matthew. »Kann sein, wir trinken manchmal zu viel …«

»Beziehungsweise meistens …«, sagte Oliver.

»Wenn sich die Gelegenheit bietet«, warf Leonard ein.

»Oder wenn uns einer einen ausgibt«, stimmte Bones ihm zu.

»Aber Drogen nehmen wir nicht«, schloss Matthew.

Anscheinend waren Fugen ansteckend. Genau wie das

mehrstimmige Singen. Der Rest des Chors trällerte noch immer den Nonsens-Kanon rauf und runter.

»Und was wissen Sie über die große Unbekannte?«, fragte Phryne.

»Tommy behauptet, er hätte sie gesehen«, sagte Matthew.

»Aber Sie kaufen ihm das nicht ab?«, fragte Phryne.

Die jungen Männer sahen sie erstaunt an.

»Woher wissen Sie das? Ach, egal. Machen wir weiter. Ich will nicht schon wieder im Morgengrauen nach Hause kommen und im Waschhaus schlafen müssen«, grummelte Len. »Nein, wir kaufen es ihm nicht ab. Wir waren alle neugierig, was die Frau anging. Ich bin sogar selber eines Abends länger geblieben, um einen Blick auf sie zu erhaschen. Aber Fehlanzeige. Können wir jetzt gehen?«

»Wer übernimmt die Chorleitung, bis Sie einen neuen Dirigenten gefunden haben?«, fragte Phryne.

»Sieht ganz so aus, als ob es an mir hängen bleibt«, antwortete Matthew.

»Sie wollen kein Dirigent sein?«

»Nein«, sagte Matthew. »Ich möchte Diplomat werden. Ich studiere Sprachen.«

»Hier meine Karte.« Phryne teilte sie aus. »Rufen Sie mich an, wenn Ihnen noch etwas einfällt, was Sie einem Polizisten lieber ein wenig … gefiltert erzählen möchten.«

Sie lächelte in die Herrenrunde und begab sich zurück zu den Damen, derer Jack Robinson so gar nicht Herr wurde. Anscheinend waren sie nicht in der Lage, nacheinander zu antworten oder bei einem Thema zu bleiben, ohne abzuschweifen.

»Hier entlang, Ladys.« Phryne nahm Cloe bei der perlweißen, kindlichen Hand. Die anderen folgten, wie auf einer Schnur aufgezogen.

Phryne ließ die Sängerinnen im Halbkreis Aufstellung nehmen und sah ihnen der Reihe nach ins Gesicht. »Ihr habt zehn Minuten Zeit, mir alles über die geheimnisvolle Unbekannte zu erzählen, immer schön jede für sich. Wenn nicht, übergebe ich euch wieder dem armen Inspector, der euch dann über Nacht einsperren wird. Sein Geduldsfaden ist schon so gut wie durchgewetzt. Haben wir uns verstanden? Danach können wir alle nach Hause.«

»Na schön.« Die Altistin Tabitha schüttelte ihre dunklen Locken. »Die Unbekannte war keine von uns.«

»Gut«, sagte Phryne. Sie wusste genau, wie eng Sangesschwestern miteinander verbunden waren. Es wäre fast unmöglich gewesen, ein Geheimnis zu bewahren. »Und wer ist sie?«

»Das wissen wir nicht genau«, antwortete Chloe mit ihrer sahneweichen Stimme. »Tommy will sie angeblich gesehen haben, aber …«

»Das kaufen Sie ihm nicht ab. Ich weiß. Gibt es sonst noch Anhaltspunkte?«

»Sie muss groß sein«, sagte Julia. »Ich habe sie mal durch den Korridor gehen hören, und da trug sie flache Schuhe.«

»Und deswegen war sie groß?«, fragte Tabitha zweifelnd.

»Ja, Tab. Du weißt doch, dass er es nicht mochte, wenn eine Frau größer war als er, und dass er eine Vorliebe für hohe Absätze hatte«, erläuterte Julia. Phryne ließ sich die Erklärung durch den Kopf gehen. Irgendwie ergaben die

Argumente schon einen Sinn. Einen ganz eigenen Julia-Sinn.

»Sie hat ihm Essen gebracht«, sagte Helen. »Am nächsten Tag hat es im Dirigentenzimmer danach gerochen. Nach teurem Essen. Meine Mutter kocht nämlich sehr gut, müssen Sie wissen.«

»Restaurantessen«, warf Jenny ein, ein kleines, energisches Persönchen. »Aber wir haben nichts davon abbekommen.«

»Und er hat sehr heimlich mit ihr getan«, ergänzte Chloe.

»Ich könnte mir vorstellen, dass sie Musikerin ist«, sagte Tabitha.

»Weshalb?«, fragte Phryne.

»Wenn sie abends da gewesen war, lag am nächsten Morgen immer die Orchesterpartitur auf dem Schreibtisch.« Tabitha dachte kurz nach. »Bei einer Sängerin wären es die Noten für ihre Stimme gewesen.«

»Und Tommy hat gesagt, sie hätte schwarze Haare«, ergänzte Chloe. »Aber das kaufen wir ihm nicht …«

»Okay, meine Damen. Die Notenhefte raus.«

Nirgends fehlte auch nur eine Seite. Dafür entdeckte Phryne beim Durchblättern ein paar gelungene Karikaturen von einem Schwein im Anzug, das einen Dirigentenstab schwenkte. Vielleicht von Miss Willis? Phryne überprüfte den Namen, der mit Bleistift auf das Deckblatt geschrieben war. Richtig geraten. Sie warf einen Blick auf Miss Willis; die grinste.

»Bitte sehr.« Phryne verteilte Visitenkarten. »Rufen Sie mich an, wenn Sie etwas loswerden wollen, ohne dass die

Polizei erfährt, von wem die Information stammt. Wir verstehen uns?« Ein forschender Blick in die Runde. Allgemeines Kopfnicken.

Sie durften gehen, genau wie der Rest des Chors, der auch schon, einen neuen Kanon anstimmend, hinausströmte.

Phryne gesellte sich wieder zu Jack. »Die geheimnisvolle Unbekannte«, sagte sie, »war entweder schwarzhaarig oder blond, wahrscheinlich größer als der Dirigent, vielleicht Musikerin. Sie hat ihm nach der Probe Essen gebracht. Mehr konnte ich beim besten Willen nicht herauskriegen, Jack, mein Guter.«

»Immerhin mehr als ich«, knurrte Jack. »Fahren Sie nach Hause?«

»Aber pronto.« Damit entschwebte sie auch schon in die Collins Street, wo Mr Butler geduldig auf sie wartete.

Er ließ den Hispano-Suiza anrollen. »Hatten Sie einen anregenden Abend, Miss Fisher?«

»Mehr als anregend.« Phryne lehnte sich in das weiche Polster zurück. »Ich habe einen alten Freund wiedergefunden, mir einen unverständlichen Vortrag angehört und mit einem ganzen Chor geplaudert.«

»Und dazu noch der kleine Mord …«, vervollständigte Mr Butler gemütlich die Liste. »Zu Hause bekommen Sie erst einmal einen schönen Cocktail.«

Phryne lächelte. »Mr Butler, Sie sind eine Zierde Ihres Berufsstandes.«

3

Gibts Leidenschaft, die bei Musik nicht kam und wich?

John Dryden
Ode auf den Tag der heiligen Cäcilie

Bei einem späten Abendessen ließ Phryne ihre kleine Wahlfamilie an den Erkenntnissen, die sie inzwischen über den ermordeten Chorleiter gewonnen hatte, teilhaben. Sehr viel Appetit hatten die anderen zwar nicht mehr, nachdem sie zur spätnachmittäglichen Teatime bestens verköstigt worden waren – Mrs Butler tolerierte keinen Hunger –, aber um halb zehn konnten sie doch schon wieder ein paar Bissen vertragen. Obwohl sich die Mädchen sehr erwachsen fühlten, weil sie so spät noch auf waren, machte sich um halb elf allgemeines Gähnen breit.

»Ab ins Bett«, befahl Dot.

»Miss Phryne? Kann ich mir den mathematischen Lichtbildvortrag auch ansehen?«, fragte Jane.

»Selbstverständlich. Morgen Abend, wenn du willst. Möchtest du Ruth mitnehmen?«

»Nein«, sagte Jane. »Sie würde sich nur langweilen. Kommst du mit, Tinker?«

»Wenn du mich dabeihaben willst«, antwortete der Junge. Er spielte gern den männlichen Begleiter, den tapferen

Beschützer. Was nicht heißen soll, dass Phrynes Kinder durch die Ganoven der Stadt in Gefahr gewesen wären. Schließlich war Miss Fisher eine Größe ihres Fachs, deren Taten sich in der Unterwelt herumgesprochen hatten. Und wenn sich tatsächlich einmal ein leichtsinniger Halunke mit ihr anlegte, sorgte sein Schicksal im verruchten Stadtteil Little Lon noch tagelang für Gesprächsstoff. Es wurde gemunkelt, dass es einige sehr wohlgenährte Haie gab, die ihr den zerlegten Gegner buchstäblich aus der Hand fraßen. Andererseits konnte man natürlich immer einem Hallodri, Holzkopf oder heimatlosen Zecher über den Weg laufen, der ein junges Mädchen, das allein durch die Straßen ging, als Freiwild betrachtete. Nicht so, wenn sie den tapferen Ritter Tinker an ihrer Seite hatte. Als schmächtiges Kerlchen in einer Hafenstadt unter Rabauken aufgewachsen, machte ihm in Sachen Boxen, Hauen und Stechen, Treten, Kneifen und Nüsseknacken so leicht keiner etwas vor. Möglicherweise war der Vortrag ja sogar interessant. Tinker hatte bei sich eine Naturbegabung für die Mathematik entdeckt, die ihm eine ganz neue Sicht auf die Welt eröffnete. Und weil die Chefin für ihre alten Freunde ein Abendessen schmiss, würde er sowieso in die Küche verbannt werden. Wenn er Jane begleitete, konnten sie vor dem Vortrag in der Little Bourke Street chinesisch essen gehen – Lin Chungs Familie betrieb mehrere Restaurants – und nach dem Vortrag im Dunkeln mit dem Taxi heimfahren. Tinker konnte immer noch nicht richtig glauben, dass er einfach einen Wagen anhalten und sich vornehm nach Hause kutschieren lassen durfte. Jane fuhr auch gern Taxi. Ruth würde es genießen, Mrs Butler ganz für sich allein zu haben, um sie nach ihren Koch- und Küchengeheimnissen auszufragen, ohne dass Jane und er dauernd das Thema wechseln wollten. Es konnten alle mit ihrem Abend zufrieden sein, freute sich Tinker.

Phryne schlief die Nacht durch und träumte von Mendelssohn. George Bernard Shaw hatte sich fies über ihn geäußert, und was er komponierte, war ja auch tatsächlich das musikalische Äquivalent von Zuckerwatte. Trotzdem konnte man einige Choräle im *Elias* nur als grandios bezeichnen. »Denn er hat seinen Engeln befohlen über dir, dass sie dich behüten auf all deinen Wegen«, zum Beispiel. *»Greift die Propheten Baals, dass ihrer keiner entrinne, führt sie hinab an den Bach, und schlachtet sie daselbst!«*, schmetternd, begab sie sich am Morgen die Treppe hinunter, um zu frühstücken.

»Guten Morgen, Dot, herrlicher Tag heute … Wo sind denn alle?«, fragte sie. Das Haus war seltsam still. Im Wohnzimmer traf sie nur Ember und Dot an. Dot stickte, und Ember lauerte nur auf die Gelegenheit, ein paar Hexenstiche beizutragen.

»Schwimmen gegangen. Den vermaledeiten Hund haben sie mitgenommen«, antwortete Dot. »Stellen Sie sich vor, Molly hat den armen Ember angebellt!«

»Was hat Ember ihr denn getan?« Phryne wusste, wovon sie sprach.

»Das kann ich auch nicht sagen. Bis wir in die Küche gelaufen kamen, war schon alles vorbei.« Phryne musterte Ember genau. Seine herablassende Miene war selbst für einen schwarzen Kater ungemein arrogant.

»Denk nicht mehr daran, Dot. Wahrscheinlich hat Ember angefangen. Ist doch meistens so. Ich muss in die Stadt, ein Telegramm abschicken. Brauchst du auch etwas?«

»Warum geben Sie es nicht einfach telefonisch auf, Miss?«, fragte Dot.

»Bei diesem Telegramm geht das nicht«, sagte Phryne. »Ich muss es persönlich auf dem Postamt aufgeben. Hast du Lust auf einen Spaziergang?«

»O ja. Gern.«

»Wenn du möchtest, können wir bei Coles zu Mittag essen«, sagte Phryne. Für die aus ärmlichen Verhältnissen stammende Dot stellte Coles Cafeteria den Gipfel des Luxus dar, und obwohl sie inzwischen ein Himbeer- und Champagnersorbet kennengelernt hatte, das – man glaubt es kaum – mit frischen Früchten zubereitet wurde, aß sie bis heute lieber limettengrünen Wackelpudding mit Kunstsahne – ein Dessert, das nie mit einer echten Limette in Berührung gekommen war. Oder mit einer echten Kuh. Aber Phryne nahm das Leben, wie es kam. Nach einem Lunch bei Coles würde sie die köstliche Speisenfolge, die Mrs Butler für das Essen mit Dr. MacMillan und Dr. Wilson geplant hatte, umso mehr würdigen können. Schon zu dieser frühen Stunde stieg ihr der Duft nach Kartoffeln und Lauch in die Nase: eine Vichyssoise. Köstlich. Da Phryne die beiden Gäste des Abends aus Frankreich kannte, hatte Mrs Butler sich für ein französisches Menü entschieden. Perfekt.

Während Phryne ein violettes Kostüm und eine taubengraue Bluse anzog, musste sie an die Augen dieses enervierenden Patrons Rupert Sheffield denken. Eine solche

Augenfarbe hatte sie noch nie gesehen. Was für ein Gefühl es wohl sein mochte, sich in sie zu versenken?

Aber diese Gefahr bestand wohl eher nicht. Wenn Phryne eine Menschen-, beziehungsweise Männerkennerin war – und sie konnte aus einem reichen Erfahrungsschatz schöpfen –, war der Mann gefühlskalt. Und vielleicht auch noch unberührt. Nicht an Frauen interessiert und womöglich allem Geschlechtlichen abhold. Deswegen leider auch für den armen John Wilson unerreichbar, der ihm doch so treu ergeben war.

Mit einem missbilligenden Schnalzen rückte sie ihren Sonnenhut etwas kecker zurecht, griff sich Tasche und Handschuhe, steckte den Entwurf ihrer verschlüsselten Nachricht ein und verließ mit Dot das Haus. Mr Butler chauffierte die beiden Frauen elegant in die Stadt und setzte sie vor der Hauptpost ab, dem einzigen Ort in Melbourne, wo man ein chiffriertes Telegramm aufgeben konnte.

Die Post stammte aus der Melbourner Gründerzeit, als ein Amtsgebäude stattlich oder zumindest mit Türmchen versehen sein musste – und vom Mauerwerk her so aufwändig wie die kleinste der drei Pyramiden in Gizeh. Phryne mochte es sehr. Es blitzte und blinkte vor Sauberkeit und duftete nach Bienenwachs und Klebstoff. Alles wuselte geschäftig durcheinander, damit die Post pünktlich ausgeliefert werden konnte und lebenswichtige Botschaften ans Ziel kamen. Geschäfts- und Liebebriefe, Nachrichten über Schiffsunglücke, Mitteilungen über das Eintreffen von Fracht. Ob günstige Angebote, offene Schulden oder im Dunkel der Nacht niedergeschriebene Geheimnisse – diesen Hallen war nichts Menschliches fremd. An der einen Wand reihte sich ein Schalter an den anderen, gegenüber befanden sich die Kabinen. Über einer davon prangte der Schriftzug CHIFFRIERSTELLE, passend zur sonstigen Pracht des Gebäudes in zwar strengen, aber vergoldeten Lettern.

»Chiffrierstelle?«, fragte Dot, etwas außer Atmen nach der steilen Treppe.

»Ich bin besorgt wegen des Umgangs, den mein alter Freund John Wilson pflegt«, erklärte Phryne. »Rupert Sheffield war in Griechenland beim Geheimdienst, stand also unter dem Befehl meines Freundes Compton Mackenzie. Ein beeindruckender Mann, der einer Schauspielerdynastie entstammt. Obwohl er nur ein einziges Thema kennt, nämlich sich selbst, war er ein ausgezeichneter Sektionsleiter von messerscharfem Verstand. Nach seiner Pensionierung hat er eine Hebriden-Insel gekauft. Ich möchte mich bei ihm nach …«

»Mr Sheffield erkundigen. Ist er gefährlich? Hätten wir Jane und Tinker besser nicht zu ihm gelassen?«, fragte Dot besorgt.

»Nein, ich glaube nicht, dass er gefährlich ist«, sagte Phryne nachdenklich. Ihr war noch immer nicht klar, was sie von Sheffield halten sollte. »Aber es könnte sein, dass er die Gefahr anzieht. Ich weiß es nicht, Dot, aber es kann nicht schaden, sich über ihn zu informieren. John Wilson hat mich darum gebeten. Er ist beunruhigt. Also tue ich ihm den Gefallen. Und ich kann Compton nicht einfach ein Telegramm in Klarschrift schicken. Man weiß ja nie, es könnte sich um eine verdeckte Operation handeln. Hoffentlich erinnert er sich noch an den alphanumerischen Code. Er dürfte inzwischen veraltet sein.«

»Na, dann viel Glück«, sagte Dot. Sie ging zu einer Vitrine, in der Briefmarken aus aller Herren Länder ausgestellt waren. Was für hübsche bunte Motive.

»Bestimmungsort?«, fragte der Verschlüsselungsbeamte, ein schmächtiger Knabe, der aussah wie aus Seife geschnitzt. Ob er das Gebäude je verließ, ob er je an die Sonne kam? Vielleicht mussten die Verschlüsselungsbeamten im Keller hausen und sich von Kleber, alten Briefmarken und verlorengegangenen Päckchen ernähren. Das wäre natürlich eine Erklärung dafür, warum in der Adventszeit auf dem Postweg so viele Sendungen mit Weihnachtskuchen verschwanden.

»Die Insel Barra, Äußere Hebriden, Schottland, Vereinigtes Königreich«, antwortete Phryne und nahm Platz.

Er schob ihr ein Formular hin. Nachdem sie es mit engelsgleicher Geduld ausgefüllt hatte, fuhr er gründlich mit den Rolllöscher über die feuchte Tinte. Anschließend las er sich Phrynes Einträge durch, stempelte erst die Vorder- und dann die Rückseite des Formulars ab und ließ sich ihren Entwurf aushändigen.

»Mr Compton Mackenzie?«, fragte er.

»Kein anderer.« Phryne probierte ihr Glück mit einem Lächeln. Es verpuffte. Noch ein junger Mann, der gegen ihre Reize immun war. Wirkte sie nicht mehr auf das andere Geschlecht?

»Sie sind die Ehrenwerte Miss Phryne Fisher?«, fragte er.

»Jawohl.« Sie reichte ihm ihren Pass. Er inspizierte ihn

gründlich und verglich ihr Gesicht mit der Fotografie. Ein sehr vorsichtiger junger Mann. Es konnte nicht mehr lange dauern, bis Phryne die Beherrschung verlor und ihm mit dem dicken roten Postamthandbuch eins überzog. Ob sich das königliche Siegel wohl in seine Wange einprägen würde?

Kurz bevor es zu einem derartigen Übergriff kam, gab der junge Mann ihr den Pass zurück.

»Zwei Shilling und Sixpence«, sagte er. Phryne zahlte.

Mit flinkem Finger telegrafierte er die Nachricht. Seine Hände waren hurtig und ausdrucksstark, ganz anders als der Rest seiner traurigen Gestalt. Ehe man bis drei oder auch vier zählen konnte, befand sich das Telegramm auf dem Weg um die halbe Welt. Phryne fragte sich, wie Compton wohl reagieren würde, wenn er nach all den Jahren wieder von ihr hörte, und sie freute sich schon auf die Antwort.

Nach dem Besuch auf dem Postamt bummelten die beiden Frauen noch ein wenig durch die Stadt. Dot wollte wie üblich ins Warenhaus Georges, obwohl sie dort nie etwas kaufte. Und danach stand noch der Lunch in Coles Cafeteria auf dem Programm.

Georges dürfte auf jeden Fall amüsant werden.

Phryne und Dot kehrten beladen heim: mit einem Armvoll Einkaufstüten (Phryne), mit einem kleinen Bündel Stickgarn (Dot), der Befriedigung über einen sinnvoll genutzten Vormittag (Dot) und leichtem Sodbrennen (Phryne, die zum Mittagessen gern etwas anderes zu sich nahm als eine Scheibe Orange, eine Scheibe Tomate, eine Scheibe

Rote Bete aus der Dose, eine Scheibe Zwiebel, eine transparente Scheibe Schinken und ein Salatblatt mit Mayonnaise). Beim nächsten Mal würde sie aufs Essen verzichten und nur dem ausgezeichneten Tee zusprechen. Die Salatsoße hätte sich wunderbar als Schneckengift geeignet. Phryne war sie auch nicht gut bekommen. Außerdem war es ein brütend heißer Tag geworden. Zeit für ein kühles Bad im Meer, gefolgt von einem duftenden Bad in der Wanne. Danach dann faules Nichtstun, versüßt durch einen Schmöker aus der Stadtbücherei, dessen Ausleihfrist bald ablief.

Doch wie schrieb der schottische Dichter Robert Burns so schön? »Der beste Plan, ob Maus, ob Mann, geht oftmals ganz daneben.« Und das galt leider auch für Phryne, obwohl sie keiner der beiden Gattungen angehörte. Kaum hatte sie nämlich das Haus betreten, musste sie feststellen, dass sie Besuch hatte. Wie Mr Butler ihr mitteilte, wurde sie im kleinen Salon von drei Limonade trinkenden Chormitgliedern erwartet, die auf dem Klavier klimperten.

»Dann halten sie es auch noch ein bisschen länger ohne mich aus, Mr Butler. Ich muss baden, mich umziehen und ein Magenmittel nehmen.«

»Ich bringe Ihnen die Arznei sofort nach oben, Miss Fisher.«

Sie begab sich hinauf in ihre Gemächer. Nach einem erfrischenden Bad schlüpfte sie in einen bequemen Hausmantel aus violetter Seide mit einem Drachenmuster, trank ihr Magenmittel (begleitet von Mr Butlers mitfühlendem Kommentar: »Coles Cafeteria, Miss Fisher?«) und schwebte in den kleinen Salon ein, wo drei Stimmen ein Sanctus improvisierten, weil es zum vierstimmigen Satz nicht reichte.

»*Sa-a-a-a-an-ctus*«, sang ein Bass.

»*S-a-a-a-anctus*«, sang ein Tenor.

»*S-a-a-a-anctus*«, sang eine Altistin.

»*Dominus Deus Sabaoth*«, schloss Phryne. »Ich liebe gregorianische Choräle. Einen Denkcocktail, Mr Butler, wenn Sie so gut wären. Darf ich Ihnen auch etwas anbieten?«, fragte sie ihre Gäste.

»Das ist eine überflüssige Frage«, antwortete der Tenor – Matthew, der Weihnachtsmann.

»Überflüssig wie ein Kropf«, pflichtete ihm die schwarzhaarige Altistin Tabitha bei.

»Aber ausgesprochen großzügig«, sagte Oliver, der wie ein Fass gebaute Rotschopf. »Danke!«

Mr Butler servierte eine Runde Gin-Tonic. Erst als alle einen Schluck getrunken hatten, fragte Phryne: »Gibt es einen Grund für diesen musikalischen Besuch?«

»Ja«, antwortete Matthew, hingerissen von Phrynes Hausmantel und den zierlichen nackten Füßen in den Sandalen. Phryne war erleichtert. Sie konnte sich ihrer Anziehungskraft also doch noch gewiss sein. Der junge Mann hatte Lippen, die geradezu danach verlangten, geküsst zu werden, aber leider durfte sie wohl auch keinen Verdächtigen verführen.

»Und der wäre?«, fragte Phryne.

»Die geheimnisvolle Unbekannte«, sagte Tabitha. »Ich habe Julia, die dumme Gans, gezwungen, mir alles zu erzählen, woran sie sich in Bezug auf den toten Mr Tregennis erinnern kann. Er hatte Notenblätter im Hals, stimmt's?«, fragte sie.

»Ja, das ist richtig«, antwortete Phryne. Der heutige Denkcocktail war zitronig und sauer, durchzogen von geschabtem Eis. Köstlich.

»Und deswegen denkt der Polyp, wir wären es gewesen«, rumpelte Oliver mit seiner tiefen Bassstimme.

»Volltreffer«, bestätigte Phryne.

»Der Polyp hat unsere Noten eingesammelt«, sagte Tabitha.

»Der Polizeibeamte heißt Detective Inspector Jack Robinson«, stellte Phryne nachdrücklich fest. »Und er hätte gestern Abend den ganzen Chor einfach festnehmen können. Ein bisschen Höflichkeit kann also nicht schaden. Außerdem ist er ein Freund von mir.«

»'tschuldigung«, sagte Tabitha lässig. »Wir stehen ein bisschen neben uns. Jedenfalls fehlen zwei Notensätze. Für Singstimmen, um genau zu sein. Hatte er … Noten für den Chor im … Hals?«

»Das kann ich herausfinden«, antwortete Phryne. »Wissen Sie, ob er etwas geschrieben hat? Wissen Sie vielleicht, ob er Tagebuch geführt oder viele Briefe verfasst hat? Julia hat ausgesagt, dass sein Papierkorb von zerrissenen Zetteln überquoll. Als Mr Tregennis gefunden wurde, war der Korb leer.«

»Nicht, dass ich wüsste.« Tabitha sah ihre Chorbrüder fragend an und erntete von beiden nur ein Kopfschütteln.

»Eine Teekanne samt Tasse, die sie gesehen hat, waren später ebenfalls verschwunden. Fällt Ihnen dazu etwas ein?«, fragte Phryne.

»Er hatte seine eigene Kanne und seine eigene Tasse«, antwortete Matthew. »Dass er auf unseren Tee lieber verzichtet hat, konnte man verstehen. Bei der Brühe, die aus der Maschine kommt, fühlte es sich so an, als ob sich Kupfer auf den Zähnen ablagert. Ich habe sogar schon versucht, den Wassertank auszuscheuern, aber dafür bräuchte man wohl einen Sandstrahler. Oder eine Spitzhacke. Tregennis hatte eine Kanne aus Edelstahl, und seine Tasse war von Coles, aus dickem Porzellan mit einem blauen Rand. Die Sachen sind weg?«

»Ja.«

»Seltsam«, sagte Matthew.

Tabitha riss das Gespräch wieder an sich.

»Jedenfalls gehören die fehlenden Noten Oliver und Chloe. Aber wir waren es nicht.«

»Nein?«, fragte Phryne.

»Nein, wir sind wirklich unschuldig«, versicherte ihr Matthew. »Er war ein fieser Kerl, der definitiv eine Tracht Prügel verdient gehabt hätte, aber doch nicht den Tod. Dafür, dass er die Sopranistinnen betatscht und die Tenöre gemein behandelt hat? Das ist nichts Ungewöhnliches. Für Chloe gibt es im Leben eigentlich nur die Musik, alles andere kümmert sie nicht. Sie träumt davon, einmal den kompletten Ring-Zyklus zu singen, und sie hätte sogar das Zeug dazu. Tregennis' Anzüglichkeiten gegenüber den Sopranistinnen hat sie überhaupt nicht mitbekommen. Sie weiß, wie gut sie ist. Außerdem hat er sie nur ganz selten angefasst.«

»Wo waren die Noten, als sie verschwanden?«, fragte Phryne.

»Meine hab ich zuletzt auf dem Klavier gesehen«, rumpelte Oliver. »Aber weil ich eilig wegmusste, zu meinem Vater ins Büro, habe ich nicht mehr daran gedacht. Das war vor zwei Wochen. Seitdem sind sie futsch.«

»Haben Sie es der Notenwartin gemeldet?«, fragte Phryne.

»Nein, sie hätte mir eine Geldstrafe aufgebrummt, und ich bin zurzeit total abgebrannt«, gestand Oliver. Er wurde rot bis in die Haarwurzeln.

»Chloe hatte ihre Noten auf einen Stuhl gelegt. Und darauf ihren Strohhut«, erzählte Tabitha. »Später war dann zwar der Hut noch da, aber die Noten nicht. Sie hat sich weiter nichts dabei gedacht, weil es bei den Noten immer mal wieder zu Verwechslungen kommt. Wir dürfen höchstens etwas mit Bleistift hineinschreiben. Wer die betreffenden Seiten aus seinem Heft rausgerissen hat, hat vielleicht Chloes Noten gestohlen, ihre Anmerkungen ausradiert und sie als seine eigenen ausgegeben.«

»Möglich wäre es, aber nur wenn wir davon ausgehen, dass es sich bei dem Notendieb um ein Chormitglied handelt. Und dass dieser Mensch auch der Mörder ist. Aber das können wir nicht wissen. Außerdem haben Sie mir ja gerade versichert, dass der Chor unschuldig ist. Es ist ein kapitaler Fehler«, zitierte Phryne aus einer Geschichte von Conan Doyle, »zu theoretisieren, ehe man im Besitz aller Fakten ist.« In jüngster Zeit ging ihr die Wissenschaft der Deduktion nicht mehr aus dem Sinn. »Bis jetzt wissen wir nur, dass jemand die Noten gestohlen hat. Erzählen Sie mir, was Sie über die geheimnisvolle Unbekannte herausbekommen haben.«

»Wir glauben nicht, dass sie Sängerin ist. Schon eher eine Violinistin. Jenny hat im Dirigentenzimmer einen Geigenbogen gesehen – und nicht nur einmal.«

»Wie gut kennen Sie Ihr Orchester?«, fragte Phryne.

»Die Musiker verkehren nicht mit uns«, antwortete Matthew. »Sie sind schließlich Profis und wir bloß Amateure.«

»Und wie steht es mit Ihrem Korrepetitor?«

Sie rissen erstaunt die Augen auf.

»Professor Szabo?«, brummte Oliver. »Ist ein lieber alter Herr. Er war früher mal ein ganz großer Pianist.«

»Bevor er an der Flasche hing?«, fragte Phryne. Sie waren baff ob ihrer Scharfsinnigkeit.

»Ja, der arme Kerl. Aber er ist gut genug für uns und begleitet uns gern bei den Proben. Er haust in einem Kämmerchen in einer hässlichen Mietskaserne und freut sich, wenn er mal unter Leute kommt.«

Offenbar hatte Matthew eine Schwäche für Professor Szabo – und wahrscheinlich überhaupt für alle Kranken und Lädierten. Sicher pflegte er zu Hause eine ganze Schar verwaister Kätzchen und einen dreibeinigen Hund. Es hätte Phryne nicht überrascht, wenn auch ein paar lahme Enten dabei gewesen wären.

»Erzählen Sie mir etwas von sich. Gehen Sie alle noch zur Uni?«

»Ja«, antwortete Tabitha. »Ich studiere Tiermedizin. Das heißt, ich muss Matthews gesammeltes Viehzeug behandeln. Matt studiert Sprachen, Oliver Wirtschaft. Sein Vater ist ein Kapitalist. Was man Oliver nicht anmerkt. Er ist so arm wie eine Kirchenmaus.«

»Also wirklich, Tab«, murmelte Oliver.

»Und sein Bruder ist ein berühmter Schauspieler«, fügte Tabitha hinzu. »Oliver wohnt bei seinem Vater in Kew. Ich wohne bei meinen Eltern in Yarraville. Matthew wohnt bei einer bösen alten Hexe – seiner Großmutter – in Carlton. Wir studieren alle an der University of Melbourne. Reicht Ihnen das, oder möchten Sie noch mehr hören?«

»Auf jeden Fall«, flötete Phryne. »Aber fürs Erste dürfte es genug sein.«

Mr Butler trat ein. »Detective Inspector Robinson, Miss Fisher.«

»Hilfe!«, stöhnte Tabitha.

»Danke, Mr Butler. Ich werde mich gleich um ihn kümmern. Könnten Sie ihn ins Wohnzimmer bringen und diese jungen Menschen durch die Küche nach draußen führen? Nachdem sie mir ihre Namen und Anschriften aufgeschrieben haben. Trinkt aus, Kinder«, sagte Phryne. »Ich habe keine Lust, in eine französische Farce zu geraten: Tür auf, Tür zu. Könnten Sie, Mr Butler, Mr Robinson dann auch gleich ein paar Sandwiches bringen, wenn Sie schon einmal in der Küche sind? Falls beim Mittagessen – das vermutlich besser war als meins – welche übriggeblieben sind.« Sie verabschiedete sich mit einem »Au revoir« und segelte in des Butlers Kielwasser hinaus.

Die Sangesgeschwister wechselten einen Blick.

»Manometer«, sagte Oliver.

Dem hatten die beiden anderen nichts hinzuzufügen.

»Mein lieber Jack! Ist Ihnen heiß?«, fragte sie, als sie sich zu ihrem Lieblingspolizisten setzte, der sich mit dem Taschentuch den Schweiß von der Stirn wischte.

»Die Wissenschaft der Deduktion in Aktion, ja?«, blaffte er. Phryne war baff. Jack blaffte sie nie grundlos an!

»Was haben Sie denn?«, fragte sie und tätschelte ihm die taschentuchlose Hand.

»Sie müssen entschuldigen, Phryne.« Er hielt ihre Hand fest. »Der englische Snob hat's verdient, und Sie kriegen es ab. Ich hätte nicht übel Lust, ihm eine vor den Latz zu knallen.«

»Sagen Sie bloß, Rupert Sheffield hat Ihnen bei den Ermittlungen geholfen?« Phryne schmunzelte in sich hinein. Schließlich hatte Jack sich diese Heimsuchung selbst zuzuschreiben.

»Geholfen? Rumstolziert ist er, gestichelt hat er! Uns wissen lassen, dass wir Idioten sind!«

»Das kenne ich«, sagte Phryne erfreut. »Die klügsten Köpfe sind oft die größten Rüpel. Und Taktgefühl besitzen sie auch nicht«, fügte sie hinzu. »Aber jetzt sehen Sie doch erst mal, was Mr Butler da für Sie hat: ein großes Glas Mineralwasser, ein Fläschchen Bier und eine Auswahl an leckeren Schnittchen. Bei Ihnen ist das Mittagessen doch bestimmt ausgefallen.«

»Danke, und noch mal: Entschuldigung«, sagte Robinson. Er leerte das Wasserglas in einem Zug und machte sich dann wie halbverhungert und -verdurstet über das Bier und die Sandwiches her. Während er noch mit Kauen beschäftigt war, machte er Phryne auf eine Akte aufmerksam, die auf dem Tisch lag. Sie blätterte darin, bis er das Tablett so gründlich wie ein Mähdrescher von allem Essbaren befreit hatte. Mr Butler, dem er mit seiner Begeisterung beinahe das Lüpfen einer Augenbraue abgenötigt hätte, nahm das leere Tablett an sich und brachte es voll wieder zurück. Sicher, in dem neumodischen amerikanischen Kühlgerät blieben Speisereste schön frisch und saftig, aber wenn der Appetit des Inspectors anhielt, würde Mr Butler womöglich doch noch Mrs Butler aus ihrem Nachmittagsschläfchen wecken müssen, damit sie für weiteren Verpflegungsnachschub sorgte – was dem häuslichen Frieden nicht gerade zuträglich wäre. Mrs Butler schätzte ihre Ruhe, und sie hatte sie sich verdient.

Zum Glück verlangsamte sich Jack Robinsons Essenstempo bereits, als das zweite Tablett erst zur Hälfte geleert war.

»Dann hatten Sie also auch kein Frühstück?«, fragte Phryne.

»Wir wissen überhaupt nicht, was wir an Ihnen haben«, sagte Robinson, während seine Hand über den Sandwiches hin und her wanderte. Ei oder Schinken, das war hier die Frage. Und die Antwort lautete: sowohl als auch. Momentan war er mit komplexen Entscheidungen überfordert. Nach der Begegnung mit Rupert Sheffield lag sein Selbstvertrauen völlig darnieder.

»Nein?« Phryne nahm sich ein Krabbenschnittchen. Ihr Magen hatte sich wieder beruhigt.

»Nein«, sagte Jack. »Sie sind genauso gut wie dieser … Fatzke. Mindestens so klug. Wenn nicht sogar klüger. Aber deswegen behandeln Sie mich noch lange nicht wie einen Dorftrottel.«

»Und warum nicht? Weil ich Sie mag. Und weil Sie kein Dorftrottel sind. Den Gedanken können Sie mal ganz schnell ad acta legen. Lassen Sie sich von keiner aufgeblasenen oberschlauen Schaufensterpuppe etwas anderes einreden. Ist ihm etwas aufgefallen, was ich übersehen habe?«

»Hat auf die Noten hingewiesen«, sagte Jack. »Auf die verschwundene Teekanne und die Tasse, das verschwundene Tablett, die geheimnisvolle Unbekannte. Eigentlich nichts Neues also. Er hat es bloß so aufgebauscht.«

»Schön. Fassen wir mal unsere Erkenntnisse zusammen, während Sie sich Ihr Bierchen genehmigen. Die Notenblätter im Hals des Dirigenten stammen tatsächlich aus den Chornoten von Mendelssohns *Elias*. Sie sind gemeinfrei, jeder kann sie kaufen. Sie haben vielleicht gar nichts mit unserem Harmony Choir zu tun. Abhandengekommen sind die Notenhefte von Cloe McMahon und von dem Rothaarigen, Oliver. Sie scheinen beide kein Motiv gehabt zu haben, den Chorleiter zu töten. Erstens sind sie kein Liebespaar, und zweitens wurde Miss McMahon ohnehin nur höchst selten zur Zielscheibe von Mr Tregennis' Übergriffen. Matthew, der Freund der beiden, hätte dem Opfer gern eine Tracht Prügel verabreicht, aber ich hatte den Eindruck, dass ihn dieser Impuls nicht gerade selten überkommt.«

»Ja«, seufzte Robinson wohlig, durch das Bier, die Schnittchen und Miss Fishers ebenso dekorative wie tröstliche Gesellschaft gestärkt. »Die Fälle mag ich am liebsten: bei denen das Opfer praktisch darum gebettelt hat, ermordet zu werden. Dann muss es mir nämlich nicht leidtun.«

»Jack, mein Guter, ich weiß genau, was Sie meinen.« Phryne strahlte ihren Lieblingspolizisten an. Zum ersten Mal seit Rupert Sheffield in sein Leben getreten war, lächelte auch Jack Robinson.

Phryne fuhr fort. »Die beschriebenen und zerrissenen Blätter wurden von einem Altpapierhändler abgeholt, und Sie teilen meine Meinung, dass wir sie nicht noch einmal zu Gesicht bekommen werden. Es war sehr weitsichtig von Ihnen, die Wohnung des Chorleiters abzusperren. Ich schätze, dass Sie bei der Durchsuchung Liebesbriefe finden. Er muss entweder einen Liebesbrief geschrieben haben oder einen Brief, mit dem er eine Liebesbeziehung beenden wollte. Davon bin ich überzeugt. Derlei Entwürfe landen nämlich gern im Papierkorb. Anders als die Erstfassung eines Briefs an die Bank oder an einen Gläubiger. Und bei diesem Mord habe ich das starke Gefühl, dass ein persönliches Motiv dahintersteckt. Meinen Sie nicht auch? Ein Täter – oder eine Täterin? – aus dem engsten Umfeld.«

»Aber die Noten?«

»Die waren vielleicht nur ein nachträglicher Einfall. Oder sie stammen von einem zweiten Täter.«

»Bitte nicht«, stöhnte Robinson.

»Wissen wir schon, woher das Essen kam?«, fragte Phryne.

»Ich ermittle noch.« Jack rappelte sich mit Mühe zum Stehen hoch.

»Hat vielleicht zufällig irgendjemand aus dem Fenster gesehen und beobachtet, dass eine Frau den Gemeindesaal betreten hat? Oder auch ein Mann, wer weiß? Die geheimnisvolle Unbekannte soll ja schwarzhaarig sein, aber an seiner Jacke hingen blonde Haare.«

»Das hat sich aufgeklärt. Das Opfer hatte versucht, Miss Chloe zu … umarmen. Als er sie gepackt hat, sind ihre Haare auf seine Jacke geraten. Sie hat ihn gegen das Schienbein getreten und sich losgerissen. Das erklärt auch den Bluterguss an seinem Bein.«

»Abscheulicher Mensch!«

»Ganz recht«, sagte Jack. »Ich danke Ihnen.« Er schüttelte ihr die Hand. »Sie waren so … nett. Und wir wissen Sie sehr wohl zu würdigen! Danke«, betonte er noch einmal. Mr Butler hielt ihm die Haustür auf.

Phryne ließ sich einen zweiten Cocktail bringen. Jack hatte die Akte auf dem Tisch liegen lassen. Sie wollte sie noch einmal durchlesen, bevor er ihr Fehlen bemerkte und sie abholen ließ. Wie leicht man doch Akten und Noten verlegte! Aber jetzt erst mal ein leckeres Gläschen und dann ein Nickerchen. Die Gäste, die sie zum Abendessen erwartete, waren alte Freunde, und es versprach, eine lange Nacht zu werden. Sie nahm ihr Glas und die Akte mit nach oben und streckte sich auf der prächtigen Couch aus, wo sie nippte und las, bis ihr die Augen zufielen.

4

Es muss so sein, dass manche Geister willig
In jene unermessne Schwärze weichen oder …
Uralte Landschaften, die, endlos neu gegeben,
Die Hölle und den Himmel selbst hervorgebracht.

Wallace Stevens
For an Old Woman in a Wig

Ruth hatte Tinker und Jane, die in die Stadt wollten, noch zur Bahn gebracht und war jetzt wieder in der Küche, wo Mrs Butler letzte Hand an die französischen Gerichte legte. Sie hatte ein wunderbares Menü geplant, köstlich und leicht, wie es das schwül-warme Wetter verlangte. Eine kalte Lauchsuppe, kleine Teigschiffchen, die mit Huhn oder Fisch in einer weißen Sauce gefüllt waren, eine große Schüssel grüner Salat, kaltes Roastbeef mit – je nach Geschmack – Meerrettich oder Portweingelee, kaltes Brathähnchen mit Zwiebel-Salbei-Füllung, eine Auswahl knackig frischer Gemüse, jeweils mit der dazugehörigen Sauce. Einen Obstsalat. Eine Biskuitroulade mit Orangenmarmelade, gezuckerten Orangenspalten und Crème Chantilly, eben erst mit Hilfe eines feuchten Geschirrtuchs gerollt, als gäbe es keine kulinarischen Unfälle auf der Welt. Dazu Käse und Obst, Kaffee oder Tee. Ember, der sein

Futter längst bekommen hatte, schleckte Ruth einen Rest Sahne vom Finger. Molly war nach dem Füttern in den Garten verbannt worden, damit keiner über sie stolperte. Sie ging nämlich davon aus, dass man eine Köchin nur lange genug aus dem Konzept bringen musste, bis sie etwas fallen ließ. Womit sie genau richtig lag. Alles in allem hatte sie ein Teigschiffchen, etwas Hühnerhaut und einen Happen Kabeljaurogen abgestaubt. Aber zuletzt war Mrs Butler ein leerer Topf aus der Hand gefallen, der Molly nur um Haaresbreite verfehlte. Auf den Schrecken hatte man sie mit einem großen Knochen besänftigt und aus der Küche ausgesperrt. Mrs Butler bat Ruth, das Roggenbrot zu schneiden, das zur Suppe gereicht werden sollte. Das Mädchen tauchte das große Messer in heißes Wasser und säbelte die Scheiben mit höchster Konzentration herunter.

»Gut«, sagte die Köchin. Sie massierte sich das Kreuz. »Du warst mir wirklich eine große Hilfe, Schatz. Ich glaube, das wäre dann alles. Machst du mir noch den Kaffee-Perkolator voll? Und probier mal ein Schiffchen. Bei diesem Wetter weiß ich nie, wie der Teig wird.«

Ruth knabberte. »Blättrig, leicht und knusprig«, verkündete sie. »Wie könnte es anders sein?«

»Das amerikanische Kühlgerät ist aber auch so nützlich«, sagte Mrs Butler. »Nicht nur wegen der Getränke, sondern auch, damit man bei der schwülen Hitze ein echtes Buttergebäck hinkriegt! Wollen wir uns ein bisschen hinsetzen und etwas Erfrischendes trinken? Mr Butler soll uns einen Radler mischen.«

Ruth, die sich mit einem Mal sehr erwachsen fühlte,

band sich die Schürze ab und begleitete Mrs Butler in den Garten. Die Orchideen standen in voller Blüte, und den Duft des Jasmins konnte man fast auf der Zunge schmecken. Bald brachte Mr Butler ein Tablett mit drei vor Kälte beschlagenen, klirrenden Gläsern mit einem golden leuchtenden Getränk. Dot legte ihr Bibliotheksbuch weg.

»Ah, wie herrlich.« Sie nahm sich ein Glas. »Vielen, vielen Dank. Es wird immer heißer«, fügte sie hinzu.

»Und dein Aspirin, Mrs B«, sagte Mr Butler.

»Bei Gewitter bekomme ich jedes Mal Kopfschmerzen«, erklärte Mrs Butler. Sie spülte die Tabletten, die er ihr gab, mit dem ersten Schluck Radler hinunter.

»Ich glaube auch, dass wir ein Gewitter kriegen«, sagte Dot. »Wenn Ember in den Kleiderschrank flüchtet, wissen wir es genau.«

»Er kann Blitze und Donner einfach nicht ertragen. Nicht wahr, mein kleiner Schatz?«, gurrte Ruth. Ember, der auf dem schmiedeeisernen Tisch saß, ließ sich gnädig die unangenehm kribbelnden Schnurhaare von ihr streicheln. Nicht mehr lange, und er würde sich in den stabilen Mahagonischrank retten müssen, bis das Unwetter vorbei war.

»Hoffentlich passiert Jane nichts«, sagte Ruth.

»Sie hat Tinker bei sich«, meinte Mrs Butler gelassen. »Auf ihn ist Verlass. Und er weiß, dass Mr Lins Leutchen ein Auge auf sie haben. Anscheinend halten sie das für ihre Pflicht. Außerdem kennt Tinker den Weg nach Hause. Er ist clever. Wenn es hart auf hart kommt, kann er bestimmt sehr ungemütlich werden. Die beiden haben Geld für ein Taxi. Das Schlimmste, was sie heute Abend zu befürchten haben, ist, dass sie sich langweilen und nass werden.«

»Wie wahr«, sagte Dot.

»Und weil die Gäste ein Buffet bekommen, können wir drei gemütlich in der Küche essen«, sagte Ruth. So gern sie Jane hatte und so gut sie mit Tinker auskam, freute sie sich doch auf den Abend im kleinen Kreis. Und Dot interessierte sich ebenfalls fürs Kochen.

Mit frohem Herzen und mehligen Zöpfen süffelte Ruth den ersten »Erwachsenen«-Radler ihres Lebens.

Phryne wachte früh genug auf, dass die Zeit sogar für ein zweites Bad reichte. In noch seidigere Seide gewandet, nahm sie den Obduktionsbericht mit nach unten. Schließlich erwartete sie zwei Mediziner zum Essen. Mr Butler zeigte ihr das noch mit einem Musselintuch abgedeckte Buffet und goss ihr einen Champagnercocktail ein. Genau die richtige Mischung aus sauer und süß.

»Der Glen Sporran, Eis und Sodawasser stehen auf dem Sideboard, Miss. Und was wird der Herr trinken?«

»Ausgezeichnet. Damit wäre schon einmal für meine liebe Dr. MacMillan gesorgt. Was John Wilson trinkt, kann ich Ihnen wirklich nicht sagen.«

»Dann ist der Gentleman nur ein flüchtiger Bekannter, Miss Fisher?«

»Nein, ich kenne ihn in- und auswendig. Aber auf dem Schlachtfeld trinkt man eben, was man kriegen kann. Unter anderem einen Pastis des Grauens, der – da würde ich jede Wette eingehen – aus in Wundalkohol eingelegten Lakritzbonbons hergestellt war. Genauso schauerlich war auch der Brandy der britischen Army. Es gibt nichts Schlimmeres.«

Als Mr Butler sich vor Entsetzen schüttelte, hielt sie inne.

»Was auch immer der Gentleman bevorzugt, Miss Fisher, wir haben es im Haus. Einen exquisiten Rot- oder Weißwein, Süßwein, trockenen Wein, Schaumwein, Bier und auch Brandy – allerdings nicht das Zeug von der Army. Abscheulich. Ich habe es selbst gekostet.«

»Tatsächlich?« Phryne war überrascht. Dass Mr Butler sich für Selbstkasteiungen erwärmen konnte, war ihr neu. Er schürzte auf dezente Butlerart angewidert die Lippen.

»Eine Schande. Man dürfte ihn überhaupt nicht Brandy nennen. Die Bezeichnung ›Spiritus mit einem Löffel Melasse pro Flasche‹ trifft es besser. Ein Lakritzgetränk haben wir allerdings nicht vorrätig. Ob Ihrem Bekannten wohl auch ein echter Pastis munden würde? Ich werde vorsichtshalber eine Flasche herausstellen.«

»Ihr Weinkeller macht Ihnen alle Ehre, Mr Butler.« Wenn sie nur an den Champagner dachte … Es gab nicht viele Situationen, die der Göttertrank nicht verbessern konnte. Wie hatte es noch der kleine dunkelhaarige Unteroffizier, der vom Empire träumte, so treffend ausgedrückt? »Einen Sieg feiert man mit Champagner, eine Niederlage ertränkt man darin.«

Phryne musste daran denken, was John Wilson in einer eisigen Nacht an der Westfront zu ihr gesagt hatte: »Ich brauche dich.« Sie brauchten einander, um sich gegenseitig vor dem Kältetod zu bewahren. Und sie überstanden die Nacht, erwachten am nächsten Morgen von Läusen zerbissen, aber lebendig. Dieses Glück hatten nicht alle Soldaten. Viele waren in ihren Stellungen erfroren, zusammengerollt, wo sie lagen, in den Schoß von Mutter Erde zurückgekehrt. Sie erinnerte sich an ihr erstes Bad nach dem Fronteinsatz im Pariser Hotel Splendide, ein kochend heißes Desinfektionsbad, um die Kleider- und Kopfläuse abzutöten, gefolgt von einem heilenden Bad gegen die unzähligen Bisse der kleinen Blutsauger. Zuletzt dann noch ein stark duftendes Bad gegen den Gestank von Leichen, Sprengstoff und Schlamm.

Phryne nippte an ihrem Cocktail. Es war herrlich, am Leben – und in Australien zu sein, wo man vor solchen Gräueln sicher war.

Nachdem Dr. MacMillan hereingeführt worden war, begann sie sofort, sich Schicht um Schicht zu entblättern. Phryne, die das Schauspiel fasziniert verfolgte, fragte sich, wie weit dieser plötzliche Entkleidungsdrang die Freundin wohl führen würde. Bei Bluse, Hose und nackten Füßen ließ sie es schließlich bewenden.

»Soll ich dir vielleicht ein Hauskleid leihen, Elizabeth?«, fragte Phryne. »Du hast die freie Auswahl. Seide? Baumwolle?«

»Nein, danke. Ich brauche nur ein Glas Sodawasser und einen dreifachen Whisky«, antwortete die Ärztin. »Was für ein furchtbarer Fußmarsch. Man kommt sich vor wie in den Tropen. Und ich merke, dass ein Gewitter im Anzug ist: Mir dröhnt schon der Schädel.«

Wie aus dem Nichts stand plötzlich Mr Butler neben ihr, in der Hand ein Tablett mit einem großen Glas Wasser, einem dreifachen Whisky auf Eis und einem Briefchen Aspirin. Dr. MacMillan machte große Augen.

»Danke«, sagte sie und nahm alles an sich. »Sie sind ein wandelndes Wunder.«

»Mrs Butler leidet bei Gewitter ebenfalls an Kopfschmerzen«, erläuterte er seine Deduktionen. »Bei diesem Wetter habe ich immer Aspirin dabei. Darf ich nachfüllen?«, fragte er, da sich ihr Whisky bereits verflüchtigt hatte.

»Sie dürfen!« Dr. MacMillan fügte auf Gälisch »*Moran taing agus beannachdan leat*« hinzu und nahm einen Schluck von ihrem zweiten Drink.

»Und? Was macht die Kunst, Frau Doktor?«, fragte Phryne.

»Ach, alles wie immer. Frauen, die sterben wollen, Mitarbeiter, die krankfeiern. Und ein Masernausbruch«, sagte die Ärztin. Sie machte ein nachdenkliches Gesicht. »Seit du mir von John Wilson erzählt hast, sind viele Erinnerungen zurückgekommen, die ich … verloren glaubte.«

»Das geht mir genauso. Seit ich ihm begegnet bin, geht mir die Schlacht an der Somme nicht mehr aus dem Sinn.«

»Aye«, sagte Elizabeth. »Ob er mich wohl immer noch Lisbet nennt? Weil seine Mutter Elizabeth hieß und er mich nicht als eine Liz sieht?« Sie nahm noch einen Schluck. »Er war ein sehr anständiger Kerl. Genau wie dieser Whisky. Sehr anständig.« Sie wechselte das Thema. »Was ich dich schon immer mal fragen wollte, wo kommt er eigentlich her?«

»Er wird auf der Insel Mull nach einem Geheimrezept gebrannt. Ausschließlich für mich und das Gentlemen's Studio in der Carnaby Street«, sagte Phryne.

»Man schmeckt den Torf«, sagte Dr. MacMillan.

»So habe ich Compton Mackenzie wiedergefunden«, erklärte Phryne. »Er ist nach Barra gezogen und spielt da den Highland-Lord.«

Elizabeth lachte. »Ich kenne ihn ja nicht persönlich, aber man erzählt sich von ihm, dass er in seinen Rollen immer völlig aufgegangen ist. Egal, welche er spielen musste.«

»Das stimmt tatsächlich. Ich vermute, er ist der schottischste aller möglichen Schotten, obwohl er aus West Hartlepool stammt. Ich habe ihm gerade ein verschlüsseltes Telegramm geschickt.«

»Ach ja, Phryne? Warum das denn?«

»Er hat damals den Nachrichtendienst in Athen geleitet, und der komische Kauz, der zurzeit unseren John Wilson begleitet, war ebenfalls dort im Einsatz. Ich habe mich bei Mackenzie nach ihm erkundigt.«

»Wie heißt denn der Kauz?«

»Rupert Sheffield. Er kann mich nicht leiden: Antipathie auf den ersten Blick.«

»Nur von seiner oder auch von deiner Seite?« Dr. MacMillan war ein sehr hellsichtiger Mensch.

»Tja, wenn ich das wüsste«, antwortete Phryne bedächtig, während ihr der stets aufmerksame Mr Butler einen zweiten Champagnercocktail reichte. »Er ist ein ausgesprochen schöner Mann, aber von einer fremdartigen Schönheit, wie ein Engel oder ein Dämon.«

»Erdenfern?« Auch Elizabeth MacMillan stammte aus den Highlands.

»Ja, und das macht mir Angst. Diese Alles-oder-nichts-Einstellung, die ohne Rücksicht auf Verluste alles auf eine Karte setzt, ist doch nichts weiter als der Mut der Verzweiflung. Wie bei den Männern, die sich im Krieg an vorderster Front in den Kampf stürzen und dafür Tapferkeitsmedaillen bekommen, weil es ihnen gleichgültig ist, ob sie leben oder sterben. Und manche reißen sogar andere Menschen mit in den Tod. Das gefällt mir nicht. Angeblich ist Sheffield hier, um einen Lichtbildvortrag über die Wissenschaft der Deduktion zu halten. Außerdem hat er meinen Lieblingspolizisten beleidigt.«

»Den guten Jack Robinson?«

»Keinen anderen.«

»Ich habe noch nie von dem Mann gehört«, sagte die Ärztin. »Aber ich war auch noch eine Zeitlang in Frankreich und erst danach wieder zu Hause in Schottland. Und dich habe ich ja auch erst während der Grippeepidemie kennengelernt. Aber John Wilson kannte ich. Er war damals noch kein fertiger Arzt – hat er die Ausbildung zu Ende gemacht?« Phryne nickte. »Das wundert mich nicht. Ich habe die Patienten von seinem Verbandsplatz überstellt bekommen. Sie waren gut versorgt, obwohl er sie teilweise bei Laternenlicht zusammenflicken musste. Er hat sogar Notamputationen durchgeführt. Von seinen Verwundeten haben die meisten überlebt, was sein Können beweist, und die meisten haben ihm gedankt, was für sein Mitgefühl spricht. Sein zerschossenes Bein habe ich selbst operiert. Ein Heimatschuss, nachdem ein deutscher Scharfschütze sein Rotkreuzzelt ins Visier genommen hatte.«

»Dass ich es überhaupt bis zu Ihnen in Lazarett geschafft habe, liebe Lisbet, verdanke ich nur Phryne, weil sie ihren Sanitätswagen zwischen mich und besagten Scharfschützen gefahren hat«, ertönte es von der Tür. »Unter

Einsatz ihres unersetzlichen Lebens, wie ich hinzufügen möchte.«

»John Wilson.« Elizabeth MacMillan sprang auf und umarmte ihn. »Ich wollte immer schon wissen, was aus Ihnen geworden ist. Sie haben nie geschrieben. Ich hatte Angst … ich hatte Angst. Und jetzt sind Sie hier!«

»Jetzt bin ich hier.« Er gab ihr ein Küsschen auf die Wange. »Und Sie sehen noch genauso aus wie damals. Die kurzen Haare, die Hosen.«

»Hat sich das böse Mädchen mit ihrem Sanitätswagen tatsächlich einem Scharfschützen in die Schussbahn gestellt?«, fragte Elizabeth.

»Aber ja. Hat ihm den Spaß verdorben und mir das Leben gerettet.«

»Erwischt hat er dich trotzdem«, sagte Phryne. »Der Plan hat nicht funktioniert. Dabei habe ich das Gaspedal bis zum Boden durchgetreten. Er hat dich getroffen.«

»Aber nicht getötet!« John zog sie an sich. Sie küsste ihn herzlich auf den Mund. Er schmeckte müde und verzagt.

»Sie war schon immer ein Wildfang«, sagte Elizabeth. »Kennen Sie die Geschichte, wie sie während der Grippeepidemie am Strand einer Hebriden-Insel ein Flugzeug gelandet hat? Aber jetzt setzen Sie sich erst mal. Was trinken Sie?«

»Was hättet ihr denn da?«, fragte John. Er hinkte zu einem Stuhl und lehnte seinen Gehstock dagegen. Es gelang ihm nicht ganz, einen Seufzer der Erleichterung zu unterdrücken, als er sein verwundetes Bein entlasten konnte.

»Wie ich den bewundernswerten Mr Butler kenne, alles, was Ihr Herz begehrt«, antwortete Elizabeth.

»Alles? Tatsächlich?«, fragte John.

Phryne sah ihm an, dass er Schmerzen hatte, chronische Schmerzen. Das verrieten ihr die Fältchen um seine Augen, die vorsichtigen Bewegungen. John war ein Stoiker. Wahrscheinlich hatte er noch während des Transports in Elizabeth' Feldlazarett die Krankenträger mit seinen Witzen zum Lachen gebracht. Er brauchte Zerstreuung, Ablenkung. Das ließ sich einrichten.

»Ja, tatsächlich«, versicherte Phryne ihm. »Was er nicht im Weinkeller hat, muss erst noch erfunden werden. Wein? Bier? Cider? Brandy? Gin? Dr. Macs Glen Sporran Whisky? Du brauchst es nur zu sagen, mein Lieber. Ich trinke gerade einen Champagnercocktail und werde wohl gleich auf Wein umsteigen, weil er besser zum kalten Buffet passt.«

»Pastis?«, fragte John mit hoffnungsvollem Unterton in der Stimme.

Mr Butler gönnte sich ein Lächeln. »Sir.« Er holte die Flasche, ein Glas mit Eiswürfeln und einen kleinen Krug Wasser.

John konnte sein Glück kaum fassen. »Unglaublich.« Er goss sich ein und verdünnte den Alkohol mit Wasser, bis die Flüssigkeit im Glas milchweiß leuchtete, und kostete. Viel, viel besser als Wundalkohol mit Lakritzbonbons. »Ich habe heute den ganzen Tag an Frankreich gedacht«, bekannte er. Phryne und Dr. MacMillan lachten.

»Das ging uns auch so«, sagte Phryne. »Seit wir uns begegnet sind. Und jetzt bekommen wir auch noch ein französisches Abendessen. Mrs Butler ist eine Perle unter den Köchinnen. Noch ein Gläschen? Oder hast du Hunger?«

»Wie ein Wolf.«

»Wie ein Löwe«, kam es von Dr. Mac.

»Dann wird jetzt gegessen«, sagte Phryne. »Alles nur vom Feinsten. Erinnerst du dich an Gascon, der das Gebäck verkauft hat? Das ist ein Zitat von ihm.«

»Alles nur vom Feinsten«, wiederholte John. »Viel besser als die Sägemehl-Brioches, die er uns angedreht hat, der Schlawiner.«

»Bleib sitzen, ich hol dir einen Teller«, sagte Phryne. Als John ihr widersprechen wollte, murmelte Mr Butler ihm ins Ohr: »Wenn Sie mir verraten, wonach Ihnen der Sinn steht, würde ich es Ihnen gern servieren.«

»Etwas von allem. Auf jeden Fall von dem Roastbeef mit Gelee«, antwortete John hilflos. Er wohnte in einem guten Hotel, aber ein solches Festmahl wurde einem wohl selbst in den besten Häusern nicht oft geboten. Mr Butler brachte ihm ein Schüsselchen Vichyssoise und einen Teller mit Appetithappen – ein herrlicher Anblick. Er war halb verhungert. Sheffield ließ das Mittagessen immer ausfallen, eine Mahlzeit, für die John eine besondere Vorliebe hatte. Noch dazu hatte der Pastis seinen Appetit angeregt.

Nachdem Elizabeth ein schottisches Tischgebet gesprochen hatte, griff John mit einem »Amen!« zum Besteck. Nach dem köstlichen kalten Lauchsüppchen nahm er sich das rosa gebratene Roastbeef vor, das von derart hoher Qualität war, dass er sich ein dankbares Seufzen verkneifen musste. Phryne nahm sich ein paar Blätterteigschiffchen und plauderte amüsant über ihre häusliche, familiäre und berufliche Situation. John erfuhr, dass sie Privatdetektivin war, drei Kinder adoptiert hatte und für ihn etwas undurchsichtige Verbindungen nach Chinatown besaß. Aber bei einer Neuigkeit wäre ihm vor Überraschung beinahe der Bissen im Hals stecken geblieben.

»Im Ernst, Phryne? Deine Schwester Eliza ist auch in Australien?«

»Alle Außenseiter verschlägt es früher oder später nach Australien«, sagte sie leichthin. »Sie ist ihrer Liebsten hierher gefolgt. Anfangs war es richtig aufregend. Fast so spannend wie in einem von Ruths Liebesromanen, nur mit mehr Säcken und Kanonen – und weniger Rosen. Und mit einem mumifizierten Mann von einer Kirmes. Jetzt haben sich die beiden Frauen der Wohltätigkeit verschrieben und tun gute Werke in St. Kilda. Vater redet kein Wort mehr mit uns.«

»Ich glaube fast, das ist mir zu hoch«, sagte John, nicht im Geringsten geknickt. Er verputzte den letzten Bissen Roastbeef und reichte Mr Butler seinen Teller für einen Nachschlag.

Miss Fishers dienstbarer Geist war beeindruckt, dass die heutigen Gäste einen so gesegneten Appetit mitgebracht hatten. Zum Glück war es ein großzügiges Haus, und es herrschte an nichts Mangel. Zufrieden belud er Johns Teller mit weiteren Köstlichkeiten. Nach dem Pastis hatte sich der Arzt für einen robusten Rotwein zum Essen entschieden. Sehr passend. Mr Butler schenkte ihm nach. Dieser Freund von Miss Fisher war ein Kriegsheld.

Er sollte das Beste bekommen, was Küche und Keller zu bieten hatten. Wer wusste denn, wie viele junge Männer er gerettet hatte? Wofür er beinahe mit seinem eigenen Leben bezahlt hätte. Typisch Miss Fisher, mit einem solchen Trick einen Scharfschützen zu überlisten. Kühn, aber nicht lebensmüde. Die Sanitätswagen waren gepanzert.

Mr Butler beschloss, gleich am nächsten Tag einen neuen Cocktail für sie zu kreieren. Er sollte Phryne heißen. Auf jeden Fall sauer, vielleicht auf Limettensaftbasis. Und dazu Cointreau? Kirschlikör? Noyau? Das bedurfte noch einigen Nachdenkens.

Jetzt aber erst einmal volle Konzentration auf das Abendessen. Der Arzt bestand nur aus Haut und Knochen. Dem musste abgeholfen werden.

»Köstlich«, sagte Dr. MacMillan. »Was ist denn das in den kleinen Sächelchen aus Teig?«

»Huhn mit Sauce blanche und Schnittlauch«, antwortete Phryne. »Nimm dir doch noch eins.«

»Gute Idee.« Dr. MacMillan griff zu. John kostete das Brathähnchen. Er probierte die Karotten in Vichy-Wasser. Er knabberte Selleriestangen mit Frischkäse. Ihm schmeckte alles.

»Ich komme mir vor wie ein Python, dem man einen ganzen Wasserbüffel vorgesetzt hat«, sagte er, als er schließlich Messer und Gabel beiseitelegte. »Nein, Mr Butler. Ich könnte keinen Bissen mehr bewältigen. Vielen herzlichen Dank.«

Mr Butler verbeugte sich und entschwand. Dessert und Kaffee standen bereit. Jetzt konnte er in die Küche gehen, die Hosenträger lockern, die Schuhe ausziehen, sich an den Resten des Mahls gütlich tun und ein paar Gläschen von dem wahrlich sehr süffigen Rotwein genießen. Im Weinkeller lagerten mindestens noch einmal zehn Flaschen davon.

»Du warst ja völlig ausgehungert, John«, sagte Phryne. »Was hast du denn den ganzen Tag getrieben?«

»Sheffield musste ein paar Leute besuchen, und ich habe ihn begleitet. Er läuft wahnsinnig schnell auf seinen langen Stelzen und vergisst dabei gern, was für ein altes Wrack ich bin. Dann ist er mit einem Polizisten aneinandergeraten. Danach standen noch mehr Besuche auf dem Programm. Das Mittagessen ist ausgefallen.«

»Das ist ja momentan der letzte Schrei«, sagte Phryne. Rupert Sheffield lief also zu schnell für einen Kriegsversehrten? Er nahm keine Rücksicht auf einen Invaliden? So einer war er? Der Hund! Rupert sank in ihrer Achtung wie ein ins Meer geworfener Stein.

»Mit dem Polizisten, den du erwähnt hast, arbeite ich gerade an einem interessanten Fall«, sagte sie leichthin. »Nach dem Dessert würde ich dich gern etwas dazu fragen.«

»Ach, stimmt, du bist ja Privatdetektivin. Ich bin schwer beeindruckt, Phryne.« John war rundum zufrieden. Er hatte ein ganz vorzügliches Essen genießen dürfen, in Gesellschaft zweier Menschen, die ihn mochten und schätzten. Ganz anders als bei seinem üblichen Tischgenossen. Er entspannte sich, und die Schmerzen in seinem verwundeten Bein ließen nach. Auch die Frauen merkten, dass es ihm nach und nach immer besser ging, und sie setzen alles daran, dass es so blieb.

»Dieses Wetter«, grummelte Dr. MacMillan. »Man kann sich überhaupt nicht darauf einstellen. In dieser Woche hatten wir es schon warm, kalt, nass, windig und sonnig.«

»Und das alles allein am Mittwoch«, sagte Phryne lachend. »Du wirst dich schon noch daran gewöhnen, Elizabeth. Wenn du dich gleichzeitig mit Regenschirm und Sonnenhut bewaffnest, weißt du, dass du wirklich in Australien angekommen bist.«

»Immer noch viel besser als in London«, sagte John. »Regen, Kälte, Regen. Zwischendurch kommt plötzlich der Frühling durch, so schön, dass es einem das Herz zerreißt, und dann geht auch schon der nächste Schauer nieder.«

»Ja, und an manchen Tagen ist es so warm, dass man vor Hitze fast vergeht, bis man sich fast eine Lungenentzündung einhandelt, weil auf einmal das Wetter umschlägt und man ohne wetterfeste Jacke im Regen steht«, pflichtete Phryne ihm bei. »Noch Wein?«

»Aber nur noch ein Schlückchen.« John ließ seine freundlichen blauen Augen über Phryne und Elizabeth wandern, die kreuzbrav nebeneinander auf der Couch saßen, als könnten sie kein Wässerchen trüben. Wie gern würde er sich weiterhin so einfühlsam von ihnen umsorgen lassen. Zu lange schon hatte niemand mehr auf seine Gefühle Rücksicht genommen. Viel zu lange hatte er nicht mehr so beschaulich mit zwei Menschen beisammengesessen, die ihn aus dem Krieg kannten und trotzdem mochten. Aber es durfte nicht sein. Er drückte den Rücken durch.

»Also dann, meine Damen.« Er lächelte. »Ihr könnt mich

alles fragen, was ihr wissen wollt. Und ich hoffe, andersrum gilt das genauso. Einverstanden?«

»Meinst du wirklich, Schatz?«, fragte Phryne.

»Ja.«

Sie beugte sich vor und klopfte ihm auf die Schulter.

»Ich habe dir den Druckverband angelegt und dich in den Wagen bringen lassen«, sagte sie. »Wir standen alle unter Schock. Ginger hat sogar geweint.«

»Du hast mir einen Kuss gegeben.«

»Das war doch wohl das Mindeste«, sagte Phryne. »Dann wurdest du abtransportiert, und wir sind unter Beschuss geraten. Es war einer der letzten Mörserangriffe des ganzen Krieges. Du bist in Elizabeth' Feldlazarett angekommen. Wie ging es weiter?«

»Das weiß Lisbet besser als ich«, antwortete er. »Ich erinnere mich nur noch, wie die Trage geruckelt hat. Irgendwer hat gebrüllt: ›Unseren Arzt hat's erwischt!‹ Mein Bein hat gebrannt wie Feuer. Erst Tage später bin ich wieder aufgewacht.«

»Ich habe die Kugel rausgeholt«, erzählte Elizabeth. »Sie hatte ziemlich schlimme Verwüstungen angerichtet. Zwar waren die großen Blutgefäße unverletzt, aber das Projektil hatte den Oberschenkelknochen zerschmettert und Muskeln und Sehnen zerfetzt. Ich habe Sie so gut wie möglich wieder zusammengeflickt, das Wundfieber bekämpft …«

»Und an meinem Bett gesessen«, sagte er liebevoll. »Sie haben meine Hand gehalten. Einmal sind Sie sogar eingeschlafen, den Kopf auf meinem Arm. Ich weiß noch, wie die Schwestern auf Zehenspitzen um Sie herumgeschlichen sind. Man hat mir erzählt, dass Sie seit neunundvierzig Stunden auf den Beinen waren und operiert haben. Sie waren im wahrsten Sinne des Wortes blutgetränkt.«

»Aber es war nicht mein Blut.« Elizabeth wischte sich die Augen. »Mein Gott, ja. Ich erinnere mich gut an die beiden Tage. Es kamen vier Transporte herein, einer nach dem anderen. Ich konnte doch nicht sagen, sie sollen mir keine Verwundeten mehr bringen. Die Jungs sind ja gestorben wie die Fliegen.« Sie lachte bitter auf. »Und ich dachte, ich hätte *heute* einen harten Tag gehabt.«

»Eine Frage hat mich nie mehr losgelassen«, sagte John. »Mit dem zertrümmerten Oberschenkelknochen und dem halbwegs gut erhaltenen Stumpf … warum haben Sie nicht amputiert?«

»Weil Sie es waren, mein Junge.« Elizabeth wischte sich mit dem Handrücken die Tränen aus den Augen. »Wenn ich einen retten konnte, dann Sie. Wenn ich nur eine Gliedmaße erhalten konnte, dann Ihre. Außenseiter wie wir müssen zusammenhalten. Sie sollten Ihrem Freund in der Heimat auf zwei Beinen entgegengehen können.«

»Das wusste ich nicht«, sagte John. »Ich danke Ihnen.«

»Beinahe hätte ich es nicht geschafft. Sie schienen mir regelrecht aufs Sterben versessen zu sein.«

»Aber Sie haben das nicht zugelassen«, sagte er sanft.

»Nein. Als wir Sie ins Genesungsheim entlassen haben, wollten Sie zurück an die Uni, Ihr Studium beenden. Hat Ihr Freund nicht auf Sie gewartet?«

John lächelte traurig. »Doch, doch. Wir haben uns zusammen eine Wohnung gesucht und waren drei Jahre lang unzertrennlich. Mein Arthur war ein so lieber, sanfter Junge. Aber dann ist er gestorben, und seitdem konnte ich für niemand anderen mehr Gefühle aufbringen. Nach meiner Promotion war ich am Royal Free Hospital in London tätig. In der Notaufnahme.«

»Aber das hat dich nicht ausgefüllt?«, riet Phryne.

»Nein«, sagte John. Er trank noch einen Schluck Wein. »Es ging mir nicht schlecht, ich hatte ein Zimmer im Ärztewohnheim, aber ich verlor langsam den Verstand. Ich hatte furchtbare Alpträume. Und das vermaledeite Bein hat mich gequält, besonders, wenn ich auf der Station Dienst hatte. Da habe ich beschlossen auszuwandern. Ich dachte an Neuseeland – weit weg von meinen Erinnerungen. Aber dann habe ich eingesehen, was für eine dumme Idee das war. Die Erinnerungen waren ja ein Teil von mir, ich konnte ihnen nicht davonlaufen. Doch ich wollte wenigstens aus dem Wohnheim ausziehen. Rupert Sheffield hatte eine geräumige Zwei-Zimmer-Wohnung, für die er einen Untermieter suchte. So trat er in mein Leben.«

»Aha!«, sagte Phryne. »Ihr lebt zusammen?«

»Wir wohnen zusammen, Phryne. Nicht, was du denkst.«

»Verstehe. Die Sorte kenne ich. Für so jemanden ist der Körper bloß eine Maschine, die den Verstand am Laufen hält.«

»Ja, das Leib-Seele-Problem ist hochinteressant«, sagte Elizabeth und probierte einen Bissen von der Biskuitroulade. Köstlich.

»Er braucht ein Kindermädchen«, fuhr Phryne gnadenlos fort. »Jemanden, der dafür sorgt, dass er gelegentlich isst und schläft. Der besänftigend auf die Menschen einwirkt, die er beleidigt. Er braucht dich, auch wenn ihm das bestimmt nicht bewusst ist. Und ich kann mir nicht vorstellen, dass er dir deine Mühe dankt.«

»Nein, er merkt es nicht.« John errötete leicht. »Aber etwas anderes hätte ich von ihm auch gar nicht erwartet.«

»Außerdem brauchen Sie jemanden, um den Sie sich kümmern können, mein Guter«, sagte Elizabeth. »Das spürt man.«

»Er sieht natürlich auch umwerfend aus«, bemerkte Phryne.

»Und er ist ein Genie«, ergänzte John. »Man kann ihn fast mit Sherlock Holmes vergleichen, der ja schließlich auch ein reales menschliches Vorbild hat. Dr. Joseph Bell, Conan Doyles Mentor an der Edinburgh Medical School.«

»Als ich dort studiert habe, war er immer noch eine Legende.« Elizabeth überlegte, ob sie ein allerletztes Häppchen von der Biskuitroulade schaffen würde.

»Tatsächlich, Lisbet?«, fragte John.

»Aber ja. Alle Professoren haben Anekdoten über ihn erzählt. Beobachtung, das war sein Schlagwort. ›Ganz genau hinsehen. Wozu hat Ihnen der liebe Gott Augen gegeben?‹ Einige seiner Diagnoseseminare gibt es bis heute. Ein Mensch kommt herein, und die Studenten dürfen ihn sich so lange ansehen, wie sie wollen, ihm aber keine Fragen stellen. Als Student hatte mein Professor McIver bei dem betreffenden Probanden eine Alkoholsucht diagnostiziert. Auf Nachfragen von Bell wies er auf die Säufernase, das Zittern, die unkoordinierten Augenbewegungen und so weiter hin. Worauf Bell ihn lobte, er habe vollkommen recht. Allerdings: ›Sie sehen, aber Sie beobachten nicht.‹

Und er forderte ihn auf, dem Mann in die Manteltasche zu schauen. Sie enthielt eine halbleere Flasche billigen Fusels.«

John und Phryne lachten.

»Was kannst du uns über Rupert erzählen?«, fragte Phryne. »Wo kommt er her? Was machen seine Eltern?«

»Also. Schulzeit im Internat in Winchester. Sein Vater ist ein Peer auf Lebenszeit.«

»Wunderbar«, sagte Phryne. »Dann stehe ich im Rang über ihm.«

»Phryne, ich bitte dich!«, rief Elizabeth.

»Entschuldigung«, sagte Phryne. Sie klang nicht sehr überzeugend. Normalerweise war ihr der eher unbedeutende Adelstitel ihres Vaters herzlich gleichgültig, aber dass Rupert Sheffield bei all seinem aristokratischen Getue nicht mit ihr mithalten konnte, erfreute sie ungemein.

»Als Mathematikstudent in Cambridge hat er sich freiwillig zum Nachrichtendienst gemeldet und wurde dann in Griechenland als Codeknacker eingesetzt. Er redet nicht viel darüber.«

»So gehört es sich«, sagte Phryne. »Wie ihr wisst, war ich ebenfalls ein bisschen für den Geheimdienst tätig. Und auch ich habe nie darüber gesprochen. Außerdem war es … unschön.«

»Und mit unschön meinst du …?« Elizabeth' Frage hing im Raum. »Wenn ich es mir recht überlege, will ich es gar nicht wissen. Versprich mir, dass du mir keine Antwort gibst, falls ich dich noch einmal danach frage. Du hast ganz recht, darüber sollte man schweigen.«

Phryne nickte. »Der Krieg hat furchtbare Sachen mit

uns gemacht.« Sie drehte ihr Weinglas zwischen den Fingern.

»Aye, da hast du recht. Ich habe gelernt, was Verzweiflung heißt, und ich habe es nie mehr vergessen.«

»Mich hat der Krieg skrupellos gemacht – und bereit zu töten«, sagte Phryne.

»Das kann ich bestätigen«, erklärte John. »Ich habe selbst gesehen, wie du einen Angreifer mit einem Lächeln auf den Lippen über den Haufen geknallt hast. Ich hätte es auch gemacht, aber du hattest meinen Webley.«

»Du wärst nicht schnell genug gewesen«, sagte Phryne. »Du bist ein grundanständiger Mensch, und du bist Arzt. Ärzte wollen nicht töten. Mir dagegen … mir macht es nichts aus. Wenn es sein muss, um die Menschen zu schützen, für die ich verantwortlich bin.«

»Aber wie hast du den Webley überhaupt in die Finger bekommen?«, wollte John wissen. »Ich war damals so froh und erleichtert, dass ich dich das gar nicht gefragt habe.«

»Ich habe ihn dir heimlich aus dem Halfter gezogen«, sagte sie. »Hinterher habe ich ihn dir wiedergegeben. Ginger hat mir ein paar Tage später einen eigenen Revolver besorgt. Auf deinem Verbandsplatz herrschte kein Mangel an herrenlosen Waffen, John.«

»Das ist wahr.«

»Und der Webley Mark IV ist eine gute, solide Waffe, wenn auch mit seinen fast drei Pfund ein bisschen schwer. Ich musste mit beiden Händen zielen. Und mit .455 ein großes Kaliber. Meine Beretta ist zwar nur eine .22, aber für meine Zwecke hat sie trotzdem genügend Durchschlagskraft. Wobei es sich meistens sowieso bloß um Drohungen handelt.«

»Wahrscheinlich könnte es nicht einmal dein Inspector Robinson so einfach ignorieren, wenn du in Melbourne jemanden umlegen würdest, Phryne«, sagte Elizabeth.

»Stimmt, und deshalb gebe ich mir auch große Mühe, es gar nicht erst so weit kommen zu lassen. Der Ärmste hat auch so schon genug am Hals. Dein Sheffield hat ihm im Gemeindesaal die Flötentöne beigebracht und ihn als Idioten beschimpft.«

»Ich weiß, ich war dabei. Es tut mir so leid. Er hat überhaupt keine Manieren«, sagte John fast schwärmerisch.

»Und doch lautet das Motto seiner Alma Mater: Manieren machen uns zum Menschen«, entgegnete Phryne.

»Das Einzige, was bei ihm von der Uni hängengeblieben ist, sind quadratische Gleichungen und ein ausgeprägtes Modebewusstsein«, sagte John. »Aber jetzt zu Ihnen, Lisbet. Wie hat es Sie hierher ans Ende der Welt verschlagen?«

»Ich war rastlos, konnte nichts mit mir anfangen, und Europa lag in Trümmern«, antwortete Elizabeth. »Das Queen Victoria Hospital hat um Ärztinnen aus der alten Welt geworben. Während der Schiffspassage habe ich Phryne kennengelernt. Sie war auf dem Weg nach Melbourne, um einen mutmaßlichen Giftanschlag aufzuklären. Inzwischen habe ich ein eigenes Häuschen, eine Freundin und viele, viele Rosen.«

»Eine Freundin? Oder eine Partnerin?«, fragte John.

»Sie ist beides.« Elizabeth lächelte. »Sie heißt Marie, ist ebenfalls Schottin und stammt aus Inverness. Sie ist Hausfrau aus Leidenschaft. Ihretwegen habe ich das Haus gekauft. Aber die Rosen züchte ich selber.«

»Drei Veteranen, drei Verrückte«, murmelte John.

Phryne lachte und gab ihm einen Kuss. »Verrückt, aber glücklich. Die Vernunft wird überschätzt. Kommt, ziehen wir in den Salon um. Da warten schon Likörchen, Kaffee und Tee auf uns. Ich hätte Lust auf einen … Ach, mal sehen.«

John war ihnen sehr dankbar, dass sie ihm weder vom Stuhl hochhalfen noch ihm den Gehstock in die Hand drückten. In dem in kühle Grün- und Blautöne gehaltenen Salon ließ er sich auf das aquamarinblaue Sofa sinken. Ein lebensgroßer Akt fesselte seine Aufmerksamkeit: Phryne, die eine Amphore mit Wasser ausgoss.

»Du warst Malermodell?«, fragte er.

»Aber ja. Das Bild heißt *La Source*. Ist sie nicht schön?«

»Zu mager«, warf Dr. MacMillan ein. »In dem Alter hast du nur aus Haut und Knochen bestanden. Ich kann die Rippen zählen.«

»So habe ich dich in Erinnerung«, seufzte John, während Phryne ihm ein kleines Glas Whisky reichte. »Genauso. Nur nicht so sauber. Wir waren damals immer dreckig.«

»Ja, das einzig Saubere an dir waren deine Hände«, neckte Phryne ihn.

»Aber du hast immer gut gerochen«, sagte er. »Heute frage ich mich, wie du das bloß geschafft hast. Wenn ich mein Gesicht in deine Halsbeuge geschmiegt habe, ist mir völlig unerwartet der würzige, blumige Duft in die Nase gestiegen.«

»Die einzigen Kosmetikartikel, die ich in den Krieg mitgenommen habe, waren eine Dose Feuchtigkeitscreme und eine große Flasche Stephanotis. Bis heute eines meiner Lieblingsparfüms. Hier.« Phryne hockte sich auf die Armlehne des Sofas und ließ ihn, hinter einem Haarvorhang verborgen, an ihrer Kehle schnuppern.

John atmete tief ein, überwältigt von sinnlichen Erinnerungen.

»Ja, das ist es«, stammelte er. »Herrlich.«

Phryne nahm sich ein Gläschen Chartreuse mit Eis und setzte sich in einen Sessel. John fragte sich, ob sie den grünen Likör wohl deshalb ausgesucht hatte, weil er so gut zu den Farben im Salon passte. Sie trug einen Hausanzug aus meergrüner Seide. Es hätte ihn nicht überrascht, wenn eine ihrer Ahninnen eine Nixe gewesen wäre. Sicher schwamm sie auch wie ein Fisch.

Das Gespräch drehte sich um Australien – ein einzigartiges Land –, internationale Politik – furchtbar wie immer – und Medizin – Innovationen bei der Infektionsbekämpfung. John und Elizabeth unterhielten sich über Edinburgh, und John schwärmte von Rupert Sheffields herausragender Intelligenz. Beide Mediziner lasen den Obduktionsbericht des verstorbenen Hedley Tregennis.

»Es lässt sich nicht eindeutig sagen, Phryne«, sagte Elizabeth. »Die Opiate wären auf jeden Fall tödlich gewesen.«

»Aber es könnte sich um zwei Täter gehandelt haben, den Giftmörder und den, der ihn mit den Noten erstickt hat«, entgegnete Phryne. »Ich brauche eine Todesursache.«

»Ah, ich verstehe dein Problem. Was meinen Sie, John?«

Mit einem Ruck tauchte er aus seinen Gedanken auf. Wie ausgesprochen dumm von ihm, nicht schon längst nach Phryne gesucht zu haben. Sie war so schön, dass er sie kaum ansehen konnte.

»Punktförmige Einblutungen in den Augen, Lisbet. Verengung der Luftröhre. Ich denke, er ist erstickt, auch wenn Sie recht haben, dass die Überdosis für sich genommen ohnehin zum Tod geführt hätte. Demnach wäre der zweite Täter der eigentliche Mörder.«

»Vom Gesetz her nicht«, sagte Phryne. »Der erste Täter hat das Opfer in einen Zustand verbracht, der dem zweiten Täter die Tötung erst ermöglichte. Wenn sich die beiden Personen kannten, handelt es sich um gemeinschaftlichen Mord. Wenn nicht, muss sich der eine Täter wegen versuchten und der andere wegen vollendeten Mordes verantworten. Ich danke euch für euer fachmännisches Urteil. Das bringt uns weiter.«

Als die handbemalte Lamia-Uhr elf schlug, stand Elizabeth auf. »Es war wirklich schön, Sie wiederzusehen, John«, sagte sie. »Ich lasse mir von Mr Butler ein Taxi rufen. Ich glaube, morgen stehen bei mir ein paar Entbindungen auf dem Programm. Wollen wir das Treffen wiederholen? Kann ich Ihnen meine Rosen zeigen?«

»Natürlich – wir sind noch eine ganze Woche in der Stadt«, antwortete John. »Ich würde mich freuen, Lisbet.«

Mr Butler rief das Taxi. Phryne und John brachten Elizabeth mit ihrem Kleiderbündel noch zur Tür. Die Luft war hitzeschwer. Im Osten grollte es unheilschwanger. John nahm Phrynes Hand. Sie hatte starke Hände, das wusste er noch.

»Ich sollte mich wohl langsam auch auf den Weg machen«, sagte er, ohne dass es dringlich klang.

»Nur, wenn du willst. Dann ruft Mr Butler dir auch einen Wagen. Heute Nacht ist es zu warm, um zu Fuß zu gehen. Außerdem werden unsere Kriminellen bei Hitzewetter immer ganz gereizt und ungemütlich. Du kannst es dir aussuchen. Die Zeiten, in denen ich dich mit Gewalt in meinen Sanitätswagen zerre, sind vorbei.«

»Und wenn ich dich ganz lieb darum bitte?«, fragte er. Phryne küsste ihn auf den Mund. Damit war John Wilsons Schicksal besiegelt.

5

Es muss so sein, dass manche Geister Täler
Und grün geschliffnes Hügelland durchirren, wo sie
Vergessne Erdenbettler finden, auf der Suche
Nach Mädchen, die in den gerafften Schürzen
Rotblaues Knabenkraut nach Hause tragen; Bettler
Mit halbvergessnen Liedern auf den Lippen: »Bleib doch,
Bist du schon fort?« … Des Himmels Gegenstück sind solche
Geister
Zu jenen, die der Hölle Blendwerk heimsucht.

Wallace Stevens
For an Old Woman in a Wig

Tinker mochte chinesisches Essen, auch wenn es nicht immer leicht zu identifizieren war. Nachdem er sich als Kind nie hatte satt essen können, ließ er sich heutzutage alles schmecken, was nicht eindeutig giftig war. Er hatte nicht mit der Wimper gezuckt, als aus der Suppenschüssel, die ihm vorgesetzt wurde, die Hühnerkrallen herausguckten. Die Hühnersuppe war ein Gedicht gewesen. Mrs Hoong vom Goldenen Lotus Café hatte ihre Freude an diesen jungen Menschen, die ihre Küche zu schätzen wussten, obwohl sie keine Chinesen waren. Außerdem gehörten sie zum inneren Kreis um Miss Fisher, die Konkubine von Lin Chung, dem Oberhaupt der Familie Lin. Natürlich ließ sie es nicht zu, dass sie für das Essen bezahlten, aber sie legten ihr immer eine Sixpence-Münze als Trinkgeld unter die Teekanne. Für Mrs Hoong der Beweis für eine sehr gute Kinderstube.

Hätte sie gewusst, in welchen Verhältnissen Tinker und Jane tatsächlich aufgewachsen waren, wäre sie ihrer Meinung trotzdem treu geblieben. Tinker aß auch deshalb gern im Goldenen Lotus, weil die chinesischen Freudenmädchen, die hier in ihren Pausen einkehrten, so schön und fremdartig waren. Wenn sie ihn dabei ertappten, wie er sie anhimmelte, warfen sie ihm lächelnd eine Kusshand zu.

Jane liebte die Pekingente, die gedämpften Teigtaschen mit Schweinfleisch und den einzigartigen Klebreiskuchen im Bananenblatt, der schwarzen Sesam enthielt. Nur Mrs Hoong kannte das Geheimnis seiner Herstellung. Jane, die einige Brocken Kantonesisch aufgeschnappt hatte, konnte ihr angemessen für das köstliche Essen danken.

»*Do jeh, Ayi.*« Sie legte höflich die Hände zusammen.

»Was heißt denn *Ayi*«, fragte Tinker, der sich mit der gleichen Geste bedankte.

»Tante«, antwortete Jane. »Ein herzlicher Ausdruck des Respekts.«

»*Ng-sai ng-goi, biu jie mui*. Gern geschehen, kleiner Vetter, kleine Kusine«, sagte Mrs Hoong. Nachdem sie das übliche Sixpence-Stück unter die Kanne gelegt hatten, gingen sie hinaus auf die dunkle Little Bourke Street, wo die Luft von Geräuschen, Streitereien, Gelächter und Düften vibrierte. So vertraut und doch so exotisch. Jane atmete tief ein, den Geruch von Reiswein, Braten, Auspuffgasen, Stinkwurz, brutzelndem Schweineschmalz, Melonentee, Wäschestärke aus der großen Wäscherei und darunter das süßliche Aroma aus den Opiumpfeifen der alten Männer.

Direkt vor einem vorbeifahrenden Lastwagen wurden sie von zwei angetrunkenen chinesischen Matrosen vom Bürgersteig gerempelt. Tinker packte Jane am Arm, und sie brachten sich mit einem großen Satz in Sicherheit. Einige Meter weiter wurden die beiden Übeltäter von zwei blau gekleideten Männern in den Celestial Way abgedrängt und mit strengen Worten zur Rede gestellt.

»Jan jang dei jou ng-ho chung chong Lum-gar ching-fu Phryne geh siu pun yau.«

»Ein guter Rat: Die Kinder aus dem Haus von Lins Konkubine Phryne werden weder gestoßen noch geschubst oder sonst wie in Gefahr gebracht«, übersetzte Jane.

»Ich wusste gar nicht, dass du so viel Chinesisch verstehst«, sagte Tinker, als die Männer in Blau die Matrosen am Kragen hochhoben und mit den Köpfen aneinanderknallten.

»Eigentlich verstehe ich nur Mr Lin«, antwortete Jane. »Wir müssen uns ein bisschen beeilen; wir wollen doch nicht zu spät zu dem Vortrag kommen.«

Sie verneigten sich höflich vor ihren Rächern und setzten ihren Weg durch die Little Bourke Street fort, bis sie vor dem Imperial Hotel gegen eine Wand aus Essensdüften prallten. Sie bogen in die Collins Street und hatten dann auch bald den Gemeindesaal der Scots Church erreicht. Es war natürlich ein Umweg. Sie hätten ihr Ziel in drei Minuten erreichen können, wenn sie die Abkürzung durch die engen Gassen genommen hätten, aber Jane ging zu gern nach Einbruch der Dunkelheit in der Stadt spazieren. Außerdem wollte Tinker die düsteren Ecken meiden, auch wenn sie Beschützer hatten. Bei Tag stromerte er gern umher, aber bei Nacht blieb er lieber auf den beleuchteten Straßen. Obwohl er es nicht gern zugab, beruhigte es ihn zusätzlich, dass dort Polizisten Streife gingen.

Es war ein schwüler Abend, ein Gewitter lag in der Luft. Tinker war froh, dass er einen Schirm mitgenommen hatte. Er trug auch den Tornister mit dem Notizbuch und den Bleistiften. Wenn er nicht darauf aufpasste, würde Jane ihn mit Sicherheit irgendwo stehenlassen, sobald sie in ihren Theorien versank. Noch einmal umkehren zu müssen, weil sie irgendetwas vergessen hatte, war eine ihrer Spezialitäten gewesen, bevor er in die Familie kam. Seit es ihn gab, schien nichts mehr verlorenzugehen. Er fand alles wieder. Vielleicht war dieses Können ein Relikt seiner Zeit als Strandgutsammler in Queenscliff und auf den Docks. Es machte ihm nichts aus, Janes Begleiter zu spielen. Sie mochte ihn. Und sie unternahm immer interessante Sachen. Einen Besuch in der Medizinischen Sammlung der Universität Melbourne zum Beispiel. Weil sie unendlich klug war, konnte sie sich nicht mit unwichtigem Kleinkram abgeben, weshalb Tinker und Ruth ihr oft den Weg nach Hause erklären oder sie daran erinnern mussten, wo ihr zweiter Schuh abgeblieben war oder dass das Essen auf dem Tisch stand.

Der Vortragssaal war ungefähr zur Hälfte gefüllt, nicht übel für einen brütend heißen Abend mitten in der Woche. Der Redner wurde von einem kleinen, alten Mathematikprofessor von der Universität Cambridge vorgestellt. Jane fragte sich, wie viel stupendes Wissen sich wohl in dem kahlen Schädel verbarg. Tinker fragte sich, warum er mitgekommen war. Obwohl die Einführung akustisch kaum zu verstehen war, gewann Jane den Eindruck, dass Rupert Sheffield ein Wunderknabe war, ein aufstrebendes Genie, ein begnadeter Mathematiker, von dem auf seinem Gebiet noch Großes erwartet werden konnte. Und was bei solchen Gelegenheiten an Lobeshymnen mehr geäußert wurde.

Umso überraschter war sie, als er dann auftrat. Er war hochgewachsen, geschmeidig und äußerst gut gekleidet. Obwohl Jane sich noch nie für Mode interessiert hatte, wusste sie, dass die Anzüge, die manche von Miss Fishers männlichen Besuchern trugen, maßgeschneidert waren. Sie stammten entweder aus der Savile Row oder kamen von dem reizenden alten Schneider Mr Rosenberg, der immer Bonbons für die braven Kinder bereithielt. Rupert Sheffields Anzug war anthrazitfarben, und die Krawatte trug das Wappen einer Privatschule (Miss Fisher wüsste sicher, von welcher). Seine Bewegungen waren so elegant wie die eines Tänzers.

Das Publikum erlag sogleich seiner Stimme. Volltönend, kultiviert, verführerisch. Wahrscheinlich hätte er das Telefonbuch vorlesen können und alle wären ihrem Bann verfallen. Er begann seinen Vortrag über den Prozess der Deduktion, das Prinzip des logischen Schlussfolgerns anhand von Beobachtungen, mit deren Hilfe man die Welt verstehen und erklären könne. »Aus A folgt B.« So weit, so einfach. Das war nun wirklich nichts Neues. Aber Sheffield behauptete, unter Anwendung verschiedener mathematischer Methoden ließe sich jeder Information ein konkreter Wert zuordnen, der je nach Wichtigkeit größer oder kleiner ausfalle, was es dem Beobachter ermögliche, Muster, Parallelen und Verbindungen zu erkennen, die für das laienhafte Auge sonst nicht zu sehen seien.

Janes Misstrauen war augenblicklich geweckt. Er kam ihr wie ein Magier vor, wie der Mann im Tivoli, der seine Assistentin verschwinden und wieder erscheinen ließ, der aus dem Nichts Blumen regnen lassen konnte und in dessen Schüssel mit Milch auf einmal Goldfische schwammen.

Tinker teilte ihre Meinung. »Der Typ könnte einem auch 'ne Brücke verkaufen«, flüsterte er.

Jane nickte und ließ sich von ihm Notizbuch und Bleistift geben.

Rupert Sheffield begann, seine deduktive Methode näher zu erläutern. Schon bei den »nichtlinearen Integralgleichungen« kam der Junge nicht mehr mit, aber als er auch noch mit Tschebyschow-Polynomen, Wurzeln und Knoten traktiert wurde und »ein Fehler gegen null konvergierte«, verabschiedete er sich geistig endgültig von dem Vortrag – woran auch Sheffields demonstrative Triumphgeste nichts mehr ändern konnte. Jane schrieb emsig mit. Tinker fragte sich, ob es bei dieser Veranstaltung vielleicht eine Erfrischungspause geben würde. Wohl eher nicht.

Während er den Blick durch den Saal schweifen ließ, hätte er jederzeit die Tasse Tee, nach der es ihn so gelüstete, darauf verwettet, dass die meisten Zuhörer von dem mathematischen Kauderwelsch auch nicht mehr kapierten als er. Mit Ausnahme von Jane natürlich, die nachdenklich auf ihrem Bleistift herumkaute. Wenn sie nicht regelmäßig von ihrer Schwester versorgt worden wäre, hätte sie sich wohl ausschließlich von Tee und Stiften ernährt. Auf die Dauer wäre ihr das viele Holz bestimmt nicht gut bekommen.

Inzwischen ging es in dem Vortrag um Gitter. Nicht etwa um Fliegen- oder Blumengitter, sondern um eine merkwürdige Art der Beschäftigung mit Fakten. Eigentlich also gar keine Mathematik, sondern Philosophie. Sofort hellte sich Tinkers Stimmung auf. Er war ein Matrosensohn aus Queenscliff. Dass er eine philosophische Vorlesung verstand, konnte nun wirklich keiner von ihm erwarten. Und früher oder später musste die Quälerei ja auch mal ein Ende haben.

Tatsächlich: Irgendwann war der Vortrag vorbei, der Projektor wurde ausgeschaltet, und Jane klappte ihr Notizbuch zu. Sie befand sich in dem euphorischen Zustand, in dem Tinker sie zuletzt erlebt hatte, als sie die simultanen Gleichungen entdeckt hatte. Er schnappte sich den Schirm, steckte die Notizbücher in den Tornister, nahm Janes Hand und hängte sie bei sich ein. So verließen sie den Saal und traten in die warme Sommernacht hinaus.

Während der gesamten Taxifahrt sagte sie kein einziges Wort. Erst als sie zu Hause in der Küche saßen und Ruth ihnen eine Tasse Tee hinstellte, hatte Jane sich so weit wieder gefangen, dass sie etwas von Termen und reflexiven Relationen faseln konnte. Ruth sah Tinker an. Der zuckte mit den Schultern.

»Frag mich nicht. Erst haben wir bei Mrs Hoong gegessen, dann kam der Kerl mit der samtweichen Schmusestimme, und ab da hab ich nur noch Bahnhof verstanden.«

»Alles gut«, sagte Ruth. »Mach dir nichts draus. Sie hat manchmal solche Anwandlungen. Aber sie kriegt sich auch wieder ein. Tee, Janey«, redete sie ihrer Schwester zu. »Orangenplätzchen. Essen. Trinken. Jetzt.«

Jane gehorchte. Eine wunderbare Stille senkte sich herab, ungetrübt durch das Wort »Deduktion«. Nach der zweiten Tasse Tee nahm Tinker sich noch ein Orangenplätzchen. Molly bekam auch eins ab. Es war schon spät, er war müde. Er zog sich in seine Junggesellenbude zurück, um noch in einem Sexton Blake zu schmökern.

In Janes Kopf wirbelten Zahlen und Konzepte als faszinierende Wolke durcheinander. Ruth brachte sie nach oben und ging ebenfalls ins Bett.

»Morgen geht es dir wieder besser«, sagte sie und vertiefte sich in ihren Liebesroman. Jane schloss die Augen, um das mathematische Gitter in seiner ganzen Pracht noch besser vor sich zu sehen.

John Wilson bewältigte die Treppe zu Phrynes Gemächern recht problemlos. Aber natürlich hatte er auch einen Anreiz. Phrynes Duft riechend und ihre Lippen noch schmeckend, dachte er kaum an seine Beinverletzung, während sie vor ihm die Stufen hinaufschwebte, von hinten ein fast ebenso bezaubernder Anblick wie von vorn. In ihrem Boudoir angekommen, konnte er sein Glück kaum fassen. Es erwartete sie nicht nur seidig frische grüne Bettwäsche und ein Servierwagen mit Getränken, sondern auch eine aus einem elektrischen Ventilator und einem Eisblock bestehende Vorrichtung, die den Raum auf eine erträgliche Temperatur heruntergekühlt hatte. Er setzte sich und hätte vor Erleichterung beinahe laut aufgestöhnt.

»Herrlich«, sagte er. Phryne sah in sein ehrliches, liebes Gesicht und seine wunderschönen blauen Augen. Es gab viele gutaussehende Männer – und sie hatte eine Schwäche für sie –, aber John war ein alter Freund, so kostbar wie ein aus der Kinderzeit herübergeretteter Teddybär. Phryne hielt ihr uraltes Plüschtier Lambie noch immer in Ehren. Dass es stellenweise kahl war und überhaupt recht ramponiert aussah, störte sie nicht weiter. Dieser Mann brauchte Liebe, Fürsorge, Trost und Geborgenheit – alles Dinge, die Phryne ihm nur zu gern geben wollte. Außerdem sehnte sie sich danach, wieder einmal einen anderen Menschen im Arm zu halten.

Höchste Zeit also, den Herrn Doktor zu entblättern. Sie kniete sich hin, zog ihm Schuhe und Socken aus, knöpfte sein Hemd auf. Ember, der auf das Gewitter wartete und die Kälte liebte, räumte seinen Posten. Er wusste aus Erfahrung, dass das Bett kein Platz mehr für einen sensiblen Kater war, sobald Phryne anfing, einen Mann auszuziehen. Außerdem lockte der Kleiderschrank. Der Donner kam näher.

»Hallo, Katze«, sagte John. Ember kräuselte verächtlich die Nase und stolzierte zum Schrank. Phryne öffnete ihm die Tür, und er sprang hinein.

»Warum macht er das?«, fragte John. Er hatte das Hemd abgelegt und knöpfte sich die Hose auf.

»Er wurde als kleines Kätzchen während eines Gewitters ausgesetzt«, antwortete Phryne, während sie sich das Oberteil ihres Hausanzugs von den Schultern rutschen ließ. Sie löste das Band der Hose und ließ sie von ihren Hüften gleiten. »Wir glauben, dass er einen seelischen Knacks davongetragen hat. Komm her zu mir«, gurrte sie und breitete die Arme aus.

John ließ sich in ihre Umarmung fallen. Sie duftete betörend. Seine Lippen suchten und fanden die Kuhle an ihrem Hals, den Spalt zwischen ihren Brüsten und den leicht gewölbten Bauch, den er nur hohl und eingefallen kannte. Mit etwas mehr Fleisch auf den Rippen gefiel sie ihm noch mehr. Je mehr es von Phryne gab, desto besser. Seidige, samtige warme Haut, kühl umweht von der parfümierten Luft. Seinem eigenen Begehren so komplett unähnlich, dass sie in ihrer Fremdartigkeit faszinierte. Ihm fielen Namen für sie ein: Kirke, Nixe, Nymphe.

Schnell hatte sie sich ein Bild von seiner gesundheitlichen Verfassung gemacht. Der Oberschenkel mit der Narbe würde möglicherweise sein Gewicht nicht halten können, aber das war auch gar nicht nötig. Mit sanfter Hand drückte sie ihn rücklings aufs Bett und schlüpfte zwischen seine Beine. Sie rieb sich an ihm wie ein verliebtes Tier, während er unter ihrer Berührung erschauerte. Er fand all ihre Lustpunkte wieder. Weil sie die einzige Frau war, mit der er je geschlafen hatte, wusste er noch ganz genau, was sie am meisten erregte. Sie murmelte seinen Namen, John, mein Schatz, John, mein Liebling, als er die richtigen Stellen fand und sie zum Höhepunkt kam. Dann setzte sie sich auf ihn, ohne die Narbe zu berühren. Inmitten der kalten Luft fand er sich in einer feuchtheißen Umarmung wieder, bis die Flammen der Leidenschaft über ihm zusammenschlugen, so überwältigend stark, dass er beinahe ohnmächtig geworden wäre.

»Phryne«, seufzte er.

»Ach, war das schön!« Sie löste sich von ihm und positionierte sich so, dass er den Kopf auf ihre Brust legen konnte. »Viel schöner, wenn keiner auf uns schießt, was?«

»Unendlich viel besser«, antwortete er. Die kleine Brust unter seiner Wange fühlte sich seltsam an. Das Gefühl war mit keinem anderen zu vergleichen. Seine Mutter war eine wohlgepolsterte Frau gewesen, und Phryne war seine einzige weibliche Liebe. Sie war schlank, aber nicht so mager wie in Frankreich, die von Pulverdampf und Rauch geschwärzte Vogelscheuche, die mit erstaunlicher Kraft die Tragen aus dem Sanitätswagen wuchtete. *»Point d'appui«*, hatte sie erklärt. »Man muss nur den richtigen Drehpunkt finden. Dann geht es wie von selbst.« Bei John hatte sie definitiv den richtigen Punkt gefunden. Als sie ihn das erste Mal packte und leidenschaftlich küsste, hatte er kurz überlegt, ihr zu erklären, dass er vom anderen Ufer war und sich nicht für Frauen interessierte, aber dann entschied er sich dagegen, weil sie 1.) sowieso nicht zugehört hätte und weil es 2.) plötzlich gar nicht mehr der Wahrheit entsprach. Zu seinem eigenen Erstaunen hatte er die Uferseite gewechselt. Und nun war es schon wieder passiert – während das Objekt seiner Verehrung im Hotel Windsor schlief – falls er denn schlief – und wahrscheinlich gar nicht bemerkt hatte, dass John noch nicht wieder zurück war.

»Du liebst ihn wirklich, nicht wahr?« Phryne wollte ihn nicht ausfragen, das merkte er. Es war nur liebevolle Neugier.

»Ja«, antwortete er schlicht.

Sie strich ihm über das Haar. »Und er liebt dich nicht?«

»Er liebt niemanden«, erklärte John. »Er hat keine Vorstellung davon, was Liebe bedeutet. Er ist ausschließlich Verstand. Ausschließlich Intellekt.«

»Das gibt es nicht«, widersprach Phryne. »Es sei denn, er wäre kein Mensch. Ich gebe ja zu, er ist schön wie ein Sukkubus, nein, wie ein Inkubus, aber er ist trotzdem ein Mann aus Fleisch und Blut.«

»Ihm ist alles Fleischliche zuwider«, sagte John. »Ich muss ihn regelrecht zum Essen und zum Schlafen zwingen. Wenn er einmal nicht in seine Überlegungen vertieft ist, genießt er die feine Küche und edle Weine. Anderenfalls nimmt er manchmal tagelang gar nichts zu sich. Wenn ich nicht auf ihn aufpassen würde …«

»Wäre er längst ausgebrannt«, beendete Phryne verärgert den Satz für ihn. Sie beobachtete so etwas nicht zum ersten Mal. Die Tyrannei der Schwäche. Das Instrument, mit dessen Hilfe die Herzlosen bekamen, was sie wollten, ohne sich auch nur mit einem Kuss zu revanchieren. »Aber was würde ohne mich aus ihm oder ihr werden?«, lautete der Aufschrei so mancher ausgenutzten Ehefrau, Schwester, Mutter. Der Aufschrei, der ihren Ehemännern, verwitweten Müttern und fürchterlichen Geschwistern galt. Rupert Sheffield hatte dieses Ziel ohne jegliche emotionale Beteiligung erreicht. Ohne die immer wiederkehrende Beteuerung der geschundenen Ehefrau: »Aber er liebt mich doch!« Genial. Verdammt, womöglich war er wirklich so klug, wie John Wilson glaubte.

»Er kann nichts dafür«, sagte John, der fühlte, wie es in ihr brodelte.

Das war der dritte Satz, den man von den Opfern hörte.

»Und was hast du von dieser … Partnerschaft?«, fragte sie. »Das Recht, den ganzen Tag in sein umwerfend schönes Gesicht zu sehen?«

»Nein«, sagte John. »Er braucht mich. Ich halte ihm den Rücken frei. Er hat Feinde, und es hat schon Versuche gegeben, ihn zum Schweigen zu bringen. Er nimmt nämlich nie ein Blatt vor den Mund, wenn er etwas über irgendwen herausgefunden hat. Nie. Und nach Arthurs Tod war mein Leben so öde, Phryne. Als wäre ich in einem grauen Nebel versunken. Aber dann traf ich Sheffield, und alles war wieder hell und klar.«

»Verstehe.« Sie verstand nur zu gut. Eine Nektarfalle, wie beim Sonnentau oder einer anderen fleischfressenden Pflanze. Genial ersonnen, wunderschön anzusehen, gnadenlos tödlich. Und die Fliege wird bei lebendigem Leib verdaut. Aber hübsche Blütenblätter.

»So wie hier, bei dir«, sagte John und fuhr mit schwieligem Finger an ihrem Oberschenkel entlang. »Hell und klar.«

Er küsste die Brust, auf der er ruhte, und wanderte mit dem Mund immer tiefer, verharrte auf ihrem Bauch, spielte mit der Zunge in ihrem Nabel, der geradezu dafür gemacht schien, dass man Wein hineingoss. Kaum zu fassen, dass ihr nicht schon mal ein durchreisender Sultan einen Smaragd oder Rubin für diesen Nabel geboten hatte. Immer weiter glitt er nach unten, bis er den entscheidenden Punkt erreichte und Phryne sich lustvoll aufbäumte. Er vergaß seine Kriegsverletzung, legte sich auf sie und bewegte sich auf und in ihr.

Phryne, deren Verlangen gestillt war, drückte ihn zärtlich an sich, während er sich bebend in einem zweiten Höhepunkt verströmte.

Als er wieder zu Atem gekommen war, meldete sich sein Bein, und er drehte sich keuchend auf den Rücken. Phryne holte ein nasses, kaltes Tuch und wusch ihn mit der präzisen Sorgfalt einer Katzenmutter. Dann streckte sie sich neben ihm aus und seufzte behaglich.

»Ich gehe wohl besser«, murmelte John. Wenn es gewitterte, quälten ihn böse Träume. Es wäre der Gipfel der Unhöflichkeit, sich schreiend und schluchzend im Bett einer Dame zu wälzen.

»Warum?«, fragte Phryne.

»Ich …«, begann er und wollte aufstehen.

Mit fester Hand drückte sie ihn ins Bett zurück. »Er merkt bestimmt nicht, dass du nicht da bist«, sagte sie. »Und wenn doch, tut es ihm vielleicht mal ganz gut zu wissen, dass du ihm nicht immer auf Abruf zur Verfügung stehst. Bleib bei mir. Es liegt ein Unwetter in der Luft. Ich möchte nicht … allein sein. Wenn es blitzt und donnert, kommen die Erinnerungen zurück …«

»Um Gottes Willen, Phryne, natürlich bleibe ich da.«

»Gut. Wenn ich einen Albtraum habe, weckst du mich, und umgekehrt mache ich es genauso. Abgemacht?«

Er nahm ihre Hand und drückte einen Kuss darauf.

»Abgemacht«, sagte er.

Von einer Sekunde auf die andere fielen John die Augen zu, seine Züge entspannten sich, und er schlief fest ein. Phryne betrachtete ihn. Man erfuhr viel über einen Menschen, wenn man ihm beim Schlafen zusah. Das Gesicht, mit dem er der Welt entgegentrat, verschwand, und das zutiefst eigene Gesicht kam zum Vorschein, verletzlich und weich. John war traurig. Wahrscheinlich hatte er seit Arthurs Tod keine körperliche Liebe mehr erfahren und im selbstgewählten, aber unfreiwilligen Zölibat gelebt. Dabei war er noch ein junger Mann, in der Blüte seiner Jahre. Man durfte nicht zulassen, dass seine Leidenschaft verkümmerte. Sie war gern bereit, in dieser Hinsicht für Abhilfe zu sorgen, solange er sich in Melbourne aufhielt. John war ein rücksichtsvoller und entspannter Liebhaber. Nicht gerade aufregend, aber das machte nichts. Wenn Phryne der Sinn nach Aufregung stand, brauchte sie nie lange zu suchen. Meistens fand sie sich sogar ganz von selbst ein.

Sie kuschelte sich in dem kühlen Luftstrom an ihn und versuchte, nicht auf den elektrischen Ventilator zu achten, der alle sieben Minuten ein irritierendes Klacken von sich gab.

Um drei Uhr brach das Gewitter los. Ember in seinem Schrankversteck jaulte vor Angst und Entrüstung. Molly behandelte den Donner wie alles, was sie verunsicherte: Sie verbellte ihn. Phryne hörte das Krachen der Kanonen und roch den Gestank der Schützengräben. Sie gab alles, um aus ihrem störrischen Sanitätswagen mehr Geschwindigkeit herauszuholen und der heranrollenden Feuerwalze zu entkommen. Die Verwundeten stöhnten und schrien, die junge Audrey, die neben ihr saß, sprach ein Gebet. Jedes Ruckeln des Wagens löste lautes Schmerzensgebrüll aus. Sie hatte das alles schon erlebt, dass sie das Lenkrad mit letzter Kraft umklammern und die Gänge mit Gewalt reinhauen musste. Aber diesmal waren alle Anstrengungen vergeblich, sie bekam den Wagen nicht aus der Schussweite. Mit halb verrecktem Motor trat sie die Kupplung durch und schaltete einen Gang runter. Diesmal würden sie alle sterben …

John Wilson, der noch nicht mal ein fertiger Arzt war, hatte die Verzweiflung gepackt. Er stand in einer frischen Blutlache. Sein letzter Patient war ihm unter den Händen weggestorben, während er vergeblich versuchte, zu viele Blutungen mit zu wenig Verbandsmaterial zu stillen, ohne Desinfektionsmittel, ohne Morphium, ohne Hilfe. Die Feuerwalze kam immer näher. Er legte dem toten Soldaten den Kopf auf die zerfetzte Brust und wartete, fast glücklich, fast friedlich bei dem Gedanken ans Sterben, denn der Tod würde die Schmerzen überwinden.

Doch dann … Hände, die um sich schlugen, eine Stimme, die schrie. Der Tote war noch gar nicht tot. John schloss die Arme um den Soldaten, zog ihn fest an sich, redete tröstend auf ihn ein. »Ruhig, ganz ruhig, ich bin ja da«, sagte er zu dem Leichnam. »Ich bleibe bei dir, und bald ist alles gut. Bald holt uns der Tod und uns kann nichts mehr passieren.«

»John?«, fragte der Tote. Und plötzlich war er wach und drückte Phryne Fisher aufs Bett. Er hatte sich während eines Artillerieangriffs auf sie geworfen, um sie mit seinem Körper vor den Granatsplittern zu schützen.

»Geh runter«, quiekte sie und stieß ihn in die Rippen. »Du bist zu schwer.«

»Ich habe geträumt.« Er wälzte sich von ihr und nahm sie in den Arm.

»Ich auch«, sagte sie. Im aktinischen Licht hatte sie riesige Augen, die Pupillen schwarz vor Schock. Sie zitterte. »Feuerwalze?«, fragte John.

»Ja. Diesmal … war ich zu langsam.«

»Ich habe einen Jungen zu viel sterben sehen«, sagte John. Die Tränen liefen ihm über das Gesicht und fielen auf Phrynes Schulter. »Den einen, der zu viel war. Ich war verzweifelt. Ich wusste immer, irgendwann würde ein Toter der eine Tote zu viel sein.«

»Und du würdest dich in den Tod fügen und ebenfalls sterben?«, fragte Phryne, die ihren Mut wiedergefunden hatte.

»Ja«, lautete die schlichte Antwort.

»Damals habe ich verhindert, dass du stirbst, und Elizabeth hat dich auch nicht sterben lassen. Und heute lasse ich es gleich gar nicht mehr zu«, sagte Phryne. »Mein Schatz.« Sie küsste ihn innig. Er schmeckte nach bitteren Tränen.

»Mir ist kalt«, sagte John und ließ sie los. Sie stand auf, um den Ventilator auszuschalten und in Pyjama und Negligé zu schlüpfen. Nach kurzem Kramen förderte sie einen umwerfenden rotseidenen Morgenmantel zutage. Noch immer fröstelig warf er ihn über und wischte sich die Tränen ab.

»Unten, mein liebster John, erwartet uns eine heiße Schokolade aus echtem Kakao. Und meine Familie finden wir bestimmt auch in der Küche«, sagte sie und war schon zur Tür hinaus. John nahm seinen Gehstock und folgte ihr. Vielleicht träumte er ja immer noch.

In der geräumigen Küche lernte er Mrs Butler kennen, die ihm freundlich zunickte, und Jane, Ruth und Tinker, die ihm wie artige Kinder die Hand gaben. Dot begrüßte ihn mit einem Lächeln. Molly, die auf und ab sprang, stellte den Inbegriff des »braven Hundes« dar, überzeugt, das freche Gewitter ganz allein vertrieben zu haben.

Es gab tatsächlich heiße Schokolade. Aus frischer, sahniger Milch, Rohrzucker und Kakaopulver aus einer Blechbüchse mit dem Bild einer Holländerin darauf – süß, heiß und erquickend.

»Miss Phryne ist kriegsgeschädigt«, informierte Jane ihn, nachdem er, umgeben von freundlichen Mienen, im Morgenmantel eines anderen Gentlemans in der warmen Küche Platz genommen hatte. Es war ein prächtiges Kleidungsstück, gewiss, aber nichts, was John als ehemaliger Feldarzt sonst jemals angezogen hätte. Er strich anerkennend darüber. Der Mantel hatte gesteppte Revers und war mit goldenen Drachen bestickt.

»Ach ja?«, sagte er. Er war nicht an Kinder gewöhnt. Dieser blonde Engel beispielsweise hatte Augen wie ein Falke. Sie sah ihm seine Neigungen an der Nasenspitze an und wusste genau, was er in Miss Fishers Bett getrieben hatte. Doch weder das Eine noch das Andere störte sie im Geringsten. Sie verunsicherte ihn.

»Ja, aber Sie doch auch, nicht wahr?«, fuhr Jane fort.

»Wenn es in der Nacht gewittert, gibt es bei uns immer Kakao. Kakao ist irgendwie handfester als Tee.«

»Das stimmt«, pflichtete er ihr bei.

»Die Chefin trinkt ihn mit einem Schuss Rum.« Tinker schwenkte die schwere Flasche Queensland OP. »Möchten Sie auch?«

John hielt ihm den Becher hin, Tinker knauserte nicht mit dem Rum. Der erste Schluck brannte sich durch Johns Erinnerungen hindurch und wärmte ihn bis ins Innerste. Ruth hielt ihm seine Pfeife und den Tabaksbeutel hin. Phryne musste sie über eine Hintertreppe nach oben geschickt haben, die Sachen zu holen. Die Frau dachte an alles.

»Miss Phryne denkt, dass Sie jetzt rauchen möchten«, erklärte sie. »Sie kommt gleich. Sie ist im Garten.«

»Dann leiste ich ihr Gesellschaft.« John nahm Becher und Rauchzeug und ging nach draußen. Phryne stand unter dem Dach der Veranda und betrachtete forschend den Himmel.

»Suchst du nach Leuchtsignalen?«, fragte er. Sie erschrak nicht, sondern lehnte sich an ihn, als wäre er ein Baum. Er empfand das als sehr berührend.

»Ja«, antwortete sie. Er stellte den Kakaobecher auf dem Tischchen ab und stopfte seine Pfeife. Phryne steckte sich eine Zigarette an und gab ihm die Streichholzschachtel. »Man will doch nicht ins Visier von Scharfschützen geraten.«

»Wie wahr«, sagte er.

Sie rauchten in kameradschaftlichem Schweigen. Phryne hatte den ganzen Horizont abgesucht. Es gab keine

Leuchtsignale, mit denen ein Sperrfeuer oder ein Angriff gelenkt wurde. Es waren ohnehin kaum Lichter zu sehen. In der Stille konnte man das Meer hören. John roch regennassen Jasmin und Kakao. Er paffte vor sich hin. Allmählich legte sich die Angst. Sein Herzschlag beruhigte sich, die Atmung wurde gleichmäßiger. Phryne sog die süße Luft in langen Zügen ein.

»Wir werden es nie vergessen, oder?«, sagte sie.

»Nein. Aber wenn man nicht allein ist, kann man es besser ertragen. Du hast mich aus meinem Traum gerissen, Phryne, mein Schatz. Ich hatte mich darin mit dem Tod schon abgefunden. Irgendwann werde ich wirklich darin sterben.«

»Nein!«, widersprach sie ihm heftig. »Es wird sich eine Lösung finden.«

»Wenn einer sie finden kann, dann du.«

Nach einer Weile gingen sie wieder ins Haus. Tinker, der anscheinend in einem Schuppen im Garten wohnte, nahm Molly mit und sagte, er wolle am nächsten Morgen schon in aller Frühe angeln gehen. »Nach einem Unwetter beißen die Fische besonders gut«, erklärte er John. »Wegen dem frischen Regenwasser.«

Der ganze Haushalt verabschiedete sich ins Bett. Nachdem Phryne noch Jane davon überzeugt hatte, John nicht nach seinem verletzten Bein auszufragen, nahm sie ihn wieder mit nach oben. Die Treppe kam ihm ungefähr doppelt so hoch und steil vor wie bei seinem ersten Aufstieg.

Normalerweise fühlte er sich nach einem Kriegstraum wie zerschlagen. Diesmal waren die Nachwirkungen spürbar besser. Auch dafür hatte er Phryne Fisher zu danken.

»Pyjama!« Sie warf ihm einen Flanellschlafanzug in seiner Größe zu. »Komm ins Warme.« Sie sprang ins Bett, zog Decke und Steppdecke hoch. »An das Wetter hier werde ich mich wohl nie gewöhnen. Man kann sich am selben Tag einen Sonnenbrand und Frostbeulen holen, ohne sich großartig von A nach B zu bewegen. Lass mich nicht warten, John«, sagte sie streng. Er zog den Morgenmantel aus und den Pyjama an, schmiegte sich in ihre Arme und schlief wieder ein.

Was für ein durch und durch erstaunlicher Abend.

6

Im salzigsten Wolfsmilchkraut, hörte dann
Das Meer sich entfalten in versunkenen Wolkengestalten?
O! C'était mon extase et mon amour.

Wallace Stevens
Meeresfläche voller Wolken

Dr. John Wilson erwachte im Luxus. Grüne Seidenlaken. Kühles Morgenlicht. Die Ehrenwerte Miss Phryne Fisher zusammengerollt an seiner Seite. Und auf dem Brustkorb einen schwarzen Kater, den Schwanz um die Pfoten drapiert, der mit kritischem Blick auf ihn hinunterstarrte. Gerade zog er die Pfote zurück, mit der er Johns Wange getätschelt hatte. Der hatte den Eindruck, dass er leicht ein Auge verlieren könnte, wenn er nicht reagierte. Schließlich war er ein männlicher Rivale, der Ansprüche auf Miss Fisher geltend machte. Die Pfote auf Phryne Schulter drückte es deutlich aus: *Diese Frau gehört mir!*

»Ist ja gut, alter Junge«, murmelte John. Sein Körper fühlte sich locker und entspannt an. Er beugte sich zu Phryne hinüber und küsste sie auf die Stirn.

»Hm?«, machte sie.

»Es wird schon hell, und deine Katze verlangt nach ihrem Frühstück«, sagte er.

Phryne kam morgens nur schwer aus den Federn. Sie machte die Augen zu und schmiegte sich an ihn. Als sie wieder reglos dalag, tätschelte Ember John ein zweites Mal die Wange.

»Tut mir leid, alter Junge. Aber was will man machen? Eine Dame hat ihren eigenen Kopf. Das müsstest du doch am besten wissen.« Ember spielte kurz mit dem Gedanken, ihn zu kratzen, doch dann warf er noch einmal einen Blick auf seine Herrin, stieg von Johns Brust und rollte sich neben Phryne zusammen, die Nase auf den Pfoten.

»Kluger Kater«, sagte John und schlief wieder ein.

Als er aufwachte, war es helllichter Tag. Phryne saß im Bett und erklärte ihm den Weg ins Bad. Es war Frühstückszeit, und sie hatte sich vorgenommen, ihn ein bisschen aufzufüttern.

»Wann musst du wieder im Hotel sein?«, fragte sie.

»Nicht vor elf Uhr.«

»Sehr schön. Gleich bringe ich dich erst mal nach unten.« Phryne begab sich in ihr luxuriöses Badezimmer – mit einer Wanne aus Malachit, wo gab es denn so was? –, um zu baden und sich anzuziehen. John hatte nur die Sachen, in denen er am gestrigen Abend zum Essen erschienen war. Er kam sich regelrecht verwegen vor. Wieso Phryne wohl einen gestreiften Flanellschlafanzug in genau seiner Größe besaß? Und wem mochte der herrliche rote Morgenmantel gehören? Doch das waren Fragen, die man sich wohl besser nicht stellte. Phryne war eine Frau mit Geheimnissen. Zu dieser frühen Morgenstunde hätten ihn die Antworten womöglich überfordert. Und vielleicht auch zu jeder anderen Tages- und Nachtzeit.

Hätte ein zum Tode Verurteilter als Henkersmahlzeit ein Frühstück bei Miss Fisher zu sich nehmen dürfen, wäre er, ein fröhliches Liedchen pfeifend, zu seiner Hinrichtung geschritten. Phryne lud John ein, jederzeit wiederzukommen. Ob damit wohl auch schon der heutige Abend gemeint sein konnte? Nach dem Lichtbildvortrag?

Phryne küsste ihn und sagte Ja.

Bedauernd verabschiedete er sich. Am Gartentor begegnete ihm der Telegrammbote auf dem Fahrrad.

Während Phryne die Depesche annahm und dem Jungen aus dem Glas in der Diele einen Penny Trinkgeld gab, klingelte das Telefon. Sie ging ran.

»Wir haben Ihren Termin bei Dr. Fanshawe auf heute Nachmittag um vierzehn Uhr gelegt«, näselte eine weibliche Stimme.

»Haben Sie sich vielleicht verwählt?« Phryne war kerngesund.

»Miss Phryne Fisher, *chatte noire,* vierzehn Uhr, Dr. Fanshawe, Collins Street 123«, leierte die Frau herunter.

»Gut, alles klar«, sagte Phryne. Schwarze Katze. Unter diesem Decknamen hatte sie vor Jahren für Compton Mackenzie kleinere Agentenaufträge übernommen. Anscheinend hatte er sich mit der Melbourner Außenstelle des MI6 in Verbindung gesetzt. Sicher wegen Rupert Sheffield. Das versprach interessant zu werden. »Ich werde da sein.«

Sofort brach die Verbindung ab. Phryne öffnete das Telegramm. Verschlüsselt, was sonst.

»Ich komme später«, rief sie ihrer Familie zu und lief noch einmal nach oben.

Gerade einmal zehn Minuten später hatte sie den Text entschlüsselt. Sie musste lachen, als sie ihn las. Sie hatte »Wer ist Rupert Sheffield Fragezeichen« geschickt, und die Antwort, die zurückgekommen war, lautete: »Genie und Idiot stopp Betonung Genie stopp Betonung Idiot stopp Grüße C.« Phryne hörte regelrecht seine Stimme und sah seine hochgezogenen Augenbrauen.

Sie lachte noch einmal.

»Miss?«, kam es von Dot. Telegramme machten sie nervös, sie und alle Menschen ihrer Generation. Meistens verkündeten sie den Tod eines Bruders, Sohnes, Liebsten.

Alte Geheimdienstgewohnheiten sind nicht leicht abzuschütteln. Phryne zerriss den Zettel mit der entschlüsselten Nachricht, warf ihn zusammen mit dem Telegramm in den Kamin, hielt ein brennendes Streichholz daran und sah zu, wie die Zettel verbrannten. Zuletzt zerstieß sie die Asche mit dem Schürhaken.

»Weg mit Schaden«, bemerkte Dot genüsslich. »Schlechte Nachrichten, Miss?«

»Nein, nur verwirrende. Hm, nun habe ich bis heute Nachmittag überhaupt nichts mehr zu tun. Dann muss ich noch mal in die Stadt. Hat sich Jack Robinson gemeldet?«

Dot wurde rot. »Er hat Hugh mit den Aussagen der Chorsänger vorbeigeschickt. Weil er Ihnen die Akte nicht einfach leihen darf, soll Hugh hierbleiben, bis Sie sie gelesen haben.«

»Dann kümmerst du dich um Hugh, und ich widme

mich der Akte – das müsste bis zu meinem Arzttermin gut zu schaffen sein.«

»O nein, Miss – geht es Ihnen nicht gut?« Dot schlug sich die Hand auf die Brust.

»Doch, doch. Mir geht es prima, meine liebe Dot. Wie fandest du Dr. Wilson?«

»Machte einen netten Eindruck. Die Mädchen mochten ihn. Jane hat gesagt, dass er ein trauriger Mensch ist.«

»Sie ist sehr scharfsinnig«, sagte Phryne. »Reichst du mir mal die Schuhe rüber? Die aus Glacéleder? Ember hat sie schon halb zerbissen, der böse Kater.«

Sie warf Ember einen vorwurfsvollen Blick zu. Der wandte elegant den Kopf ab und ließ alle Vorwürfe an sich abprallen. Die Schuhe waren von interessanter Beschaffenheit. Er kaute gern darauf herum. Und damit hatte es sich, basta.

»Ich fand ihn auch traurig«, sagte Dot. »Aber er ist traurig und freundlich, nicht traurig und verbittert. Was hat er Schlimmes erlebt?«

»Er hat seine große Liebe nach nur drei Jahren durch einen Herzanfall verloren«, antwortete Phryne, ohne das Geschlecht der großen Liebe zu erwähnen. Sie wollte Dot nicht überfordern. »Und im Krieg musste er auch viel durchmachen.«

»Mr Butler hat erzählt, dass Sie dem Doktor das Leben gerettet haben.«

»Das stimmt, und Dr. MacMillan hat sein Bein gerettet. Aber gegen seinen Herzschmerz konnten wir beide nichts ausrichten, liebe Dot.«

»Wenn Sie so weitermachen, haben Sie ihn bald geheilt,

Miss. Das wäre eine wirklich gute Tat.« Dot hatte sehr dezidierte Ansichten über die Kardinaltugend der Nächstenliebe. Auch wenn sie in seltsamer Gestalt daherkam. Und vor allem, wenn sie von Miss Phryne kam.

Hugh Collins saß derweil im Garten, nippte an einem Radler und bewachte die Akte. Da Dot überzeugt war, dass ihre Stickarbeit unbedingt bei Tageslicht inspiziert werden musste, damit sie sehen konnte, ob sich die Farben auch nicht bissen, begab sich ebenfalls nach draußen.

Jane saß im Wohnzimmer und kämpfte mit einem Satz, der folgendermaßen begann: »Die Konditionierung von Problemen: Störungen in den Eingabedaten können zu großen Veränderungen in der Ausgabe führen. Wenn dies nicht der Fall ist, spricht man von einem gut konditionierten Problem. Im umgekehrten Fall ist das Problem schlecht konditioniert.«

So weit hatte sie es fast begriffen. Im nächsten Abschnitt mit der Überschrift »Homoskedastizität« ging es um multiple Regressionsmodelle. Jane blinzelte. Sie rieb sich die Schläfen. Ruth entwand ihr das Buch und klappte es energisch zu. *Reine Mathematik* landete auf dem Tisch. Im nächsten Augenblick wurde Jane mit einem Ruck aus dem Sessel hochgezogen.

»Wir gehen schwimmen«, verkündete Ruth. »Aber vorher trinkst du ein schönes Glas Limonade und nimmst ein Aspirin.«

Jane fügte sich widerspruchslos in ihr Schicksal.

Phryne breitete die Aussagen auf dem Esstisch aus und verglich die verfügbaren Manuskripte mit der Liste der Sängerinnen und Sänger, die Jack ihr dazugelegt hatte. Offenbar waren bei der tödlichen Chorprobe neun Sopranistinnen, zwölf Altistinnen, vier Tenöre, sechs Bässe und der Korrepetitor Professor Arnold Szabo zugegen gewesen. Nachdem in jeder Aussage klipp und klar nachzulesen war, dass der inzwischen mausetote und unbetrauerte Tregennis seiner Dirigententätigkeit aufs Penetranteste nachgegangen war, bis er um acht Uhr wütend von der Bühne stürmte und alle zum Teufel jagte, beschloss Phryne, seine Schäfchen nach den Vornamen und ihrer An- bzw. Abwesenheit nach dem Ende der Probe zu ordnen. Sie legte zwei Listen an.

IM WIRTSHAUS, IN GESELLSCHAFT DER ANDEREN

Von den Sopranistinnen: Millicent, Miriam, Caterina, Isabelle, Calliope und Josephine. Von den Tenören: lediglich Daniel Smith. Fast sämtliche Altistinnen, als da wären Annie, Irene, Maisie, Lydia, Mary, Emmeline, Lobelia, Alison, Geneva und Ophelia. Sowie die Bässe Tom, David, Aaron und Luke.

VERBLEIB UNGEKLÄRT

Julia: verließ den Gemeindesaal laut eigener Aussage um neun Uhr, Sopranistin.

Jenny Leaper musste zur Arbeit in einer Bäckerei, Sopranistin.

Helen Burke ging heim, um ihre kleine Schwester zu hüten, Altistin.

Tabitha Willis musste eine Seminararbeit über Hundestaupe zu Ende schreiben (pünktlich abgegeben), Altistin.

Chloe McMahon ging nach Hause, um sich die Haare zu waschen. (Wagnerianische) Sopranistin. Noten fehlten.

Leonard March ging heim, weil er am folgenden Tag nach Albury fahren wollte, um Verwandte zu besuchen. Befindet sich noch dort. Bass.

Matthew, der Weihnachtsmann mit dem Blondschopf, fuhr zu seiner Großmutter und kochte ihr etwas zu essen. Tenor.

Mike alias Bones, der matte Medizinstudent, traf sich mit zwei Kommilitonen zum Anatomie-Büffeln. Tenor.

Luigi hatte eine Verabredung mit einer Dame, deren Namen er nicht preisgeben wollte [kommt schon noch, dachte Phryne]. Tenor.

Oliver musste im Büro seines Vaters arbeiten. Bass. Noten fehlten.

Professor Szabo begab sich auf sein Zimmer in der Collins Street 88, trank den Rest einer Flasche roten Portweins und schlief ein. Armer alter Knabe.

So hübsch untereinander angeordnet, machte das Ganze zwar einen sehr übersichtlichen Eindruck, brachte Phryne aber in Wahrheit gar nicht viel weiter. Nachdem sie sich, hin und wieder an ihrem Cocktail nippend, die Aussagen durchgelesen und Zeiten und Ort kollationiert hatte, soweit diese sich aus den verschiedenen alkoholumnebelten Erinnerungen herausfiltern ließen, kam sie zwei Stunden später zu dem Schluss, dass sie nun zwar überreichlich mit Informationen versorgt, dem Mörder jedoch keinen Schritt nähergekommen war.

Die Doktores Wilson und MacMillan hatten übereinstimmend als Todesursache Ersticken angegeben. Tregennis' Tod musste zwischen acht und neun Uhr eingetreten sein, als Julia über die Leiche samt Noten gestolpert war. Auch wenn das Mädchen bei allen Themen, die nichts mit Singen zu tun hatten, in ihren Äußerungen sehr vage blieb. Phryne gegenüber hatte sie wohl nur deshalb die Wahrheit gesagt – oder zumindest das, was sie für die Wahrheit hielt –, weil ihr die Detektivin Angst eingejagt hatte. Demnach war Tregennis, den Chor lautstark verwünschend, aus dem Saal gestürmt und um etwa acht Uhr wutschnaubend im Dirigentenzimmer verschwunden. Wohin ihm jemand süßen vergifteten Wein und alles Nötige für ein romantisches Essen zu zweit gebracht hatte. Diese Person ertappte ihn dabei, dass er etwas Belastendes schrieb – einen Liebesbrief? Oder womöglich einen Brief, mit dem er einer Liebschaft den Laufpass gab? Undenkbar war allerdings, dass ihm jemand, der ihn mit derart exquisiten Speisen verwöhnen wollte, dazu einen Tokajer angeboten hätte. Das passte nicht zusammen, wie Ruth so treffend festgestellt hatte. Zwar war Hedley Tregennis ein durch und durch unangenehmer Patron gewesen, aber dass er an Geschmacksverirrung litt, hatte ihm noch keiner nachgesagt.

So kam sie nicht weiter. Vielleicht musste sie das Ganze aus einer anderen Perspektive betrachten.

Phryne nahm sich ein frisches Blatt Papier und erstellte eine Zeitleiste, die nicht auf Annahmen beruhte.

1. Acht Uhr. Tregennis ist im Dirigentenzimmer. Er schreibt Briefe und zerreißt sie.
2. Jemand – die rätselhafte Unbekannte – bringt ihm sein Essen, samt dem dazugehörigen Glas Champagner. Als sie wieder geht oder weggeschickt wird, nimmt sie das Tablett oder den Korb mit. Zu diesem Zeitpunkt lebt Tregennis noch.
3. Eine andere Person bringt ihm eine Kanne Tee und ein Glas Imperial Tokajer, mit Morphium angereichert. Möglich, dass diese Person abwartet, ob er es trinkt. Abgang.
4. Er bricht zusammen. Er liegt im Sterben. Auftritt der dritten Person, die ihm die Notenblätter in den Rachen stopft und ihm den endgültigen Garaus macht. Abgang.
5. Neun Uhr. Julia kommt herein, nimmt sich ihre Noten und geht wieder, sperrt die Tür hinter sich ab und sagt zu niemandem ein Wort.
6. Jemand entfernt den Papierkorb und das Geschirr.

So weit, so gut. Nach diesem Schema waren alle Informationen logisch miteinander verknüpft. Phryne schätzte, dass man für einen kleinen Imbiss wie den, den Tregennis zu sich genommen hatte, ungefähr fünfzehn Minuten brauchte, auch wenn man sich den Räucherlachs genüsslich auf der Zunge zergehen ließ. Obwohl man nicht völlig ausschließen konnte, dass die Papiere, die Teekanne und die Tasse von der Hausmeisterin weggeräumt worden waren, durfte man doch davon ausgehen, dass ihr der tote Chorleiter auf dem Fußboden sicher nicht entgangen wäre. Andererseits waren Hausmeister und Hausmeisterinnen nicht nur chronisch unterbezahlt und überarbeitet, sondern wurden auch meistens nicht beachtet. Vielleicht hatte die betreffende Person auch gedacht, es gehe sie nichts an, wenn der Chor seinen Leiter meuchelte. Oder sie hatte die Leiche eben doch übersehen.

Phryne blätterte in den Papieren, bis sie die Aussage der Hausmeisterin Mrs Elsie Cook fand. Ja, sie habe die Teekanne und die Tasse weggebracht. Und die Papiere. Und nein, sie habe keinen Leichnam gesehen. Es gehöre aber auch nicht zu ihren – viel zu schlecht entlohnten – Aufgaben, Leichname zu finden.

Also gut, die Papiere waren futsch. Das Teegeschirr war gespült. Phryne musste sich auf andere Indizien konzentrieren.

Tregennis war mit Chornoten erstickt worden – vielleicht aus dem Heft, das Oliver auf dem Klavier vergessen hatte, oder aus dem von Chloe, das man ihr unter dem Sommerhut weggestohlen hatte. Natürlich hätte sie auch jemand extra für die Tat erwerben können. Der *Elias* war ein beliebtes Oratorium, das oft aufgeführt wurde. Die Noten waren sicher überall erhältlich. Lachend erinnerte sie sich an die Preisliste in einem Notenkatalog: »Und der Herr gab« – Mendelssohn – 1 Shilling.

Nach sehr erhellenden zwei Stunden musste Phryne

sich sputen, um zu ihrem Termin beim Leiter der örtlichen Außenstelle des MI6 in Person eines gewissen Dr. Fanshawe nicht zu spät zu kommen. Einen Happen lunchen konnte sie auch noch schnell in der Stadt.

Sie brachte Hugh Collins die Akte nach draußen, übersah geflissentlich den blauen Uniformarm, der um Dots jungfräuliche Taille geschlungen war, und spazierte fröhlich in den Sonnenschein hinaus.

Das dem Gemeindesaal der Scots Church nächstgelegene Hotel, das gehobene Küche anbot, war wohl das Imperial in der Spring Street, direkt gegenüber dem Parliament House. Es handelte sich um ein gediegenes Etablissement, in dem zwei besonders anspruchsvolle Berufsgruppen verkehrten: Politiker und Prostituierte. Wenn die Damen des horizontalen Gewerbes der leiblichen Stärkung bedurften, begnügten sie sich nicht mit einem Würstchen vom Imbisswagen – jedenfalls so lange nicht, wie sich jemand ihre Gesellschaft etwas kosten ließ.

Weil die Ladys ihrer Tätigkeit von der überdachten Hotelveranda aus nachgingen, hatte diese auf Geheiß des moralinsauren Stadtrats abgebaut werden müssen. Mit dem einzigen Erfolg, dass sie ihre Transaktionen zum Maj Theatre verlagerten, wo sie es auch sehr bequem hatten. Und wo sie noch dazu Pralinen kaufen konnten. Zwar genoss das Imperial noch immer einen etwas zwielichtigen Ruf, aber inzwischen verkehrten dort auch echte Damen.

Erst nachdem Phryne an der Theke Platz genommen und sich einen Gin-Tonic bestellt hatte, fiel ihr wieder ein, dass sie im Imperial als Frau nur in männlicher Begleitung speisen durfte. Sie warf dem nicht mehr ganz jungen Mann mit dem schütteren Haar und den weltmüden Augen, der hinter der Bar stand, ein Lächeln zu. »Könnten Sie kurz mein Glas im Auge behalten? Ich muss mir schnell noch einen Mann suchen.«

»Dann greifen Sie zu«, sagte er und grinste. »Ich kann Sie auch gern mit einem bekannt machen, wenn Sie wollen. Aber nicht mit einem Politiker, die haben Parlamentsferien.«

»Gott sei's gedankt«, sagte Phryne.

»Gleich hier vorne sitzen die Polypen«, fuhr der Mann fort, sein Angebot wie ein Marktschreier anpreisend. »Da hinten sind die Bordsteinschwalben und daneben das Theatervölkchen. Bloß bei den zwei beiden da in der Ecke weiß ich nicht so recht, wo ich sie hinstecken soll. Haben hier anscheinend Wurzeln geschlagen. Letzten Dienstag musste ich sie vor die Tür setzen, weil sie gesungen haben. Oder Sie nehmen mich.« Er wedelte mit seinem Geschirrtuch. »Sie können über mich verfügen. Ich hab um sechs Uhr Feierabend.«

»Nett von Ihnen, aber so lange kann ich nicht warten. Ich möchte etwas zu Mittag essen.« Phryne warf ihm eine Kusshand zu.

Sie nahm ihr Glas und gesellte sich zu den beiden Chorsängern.

»Aber Aunty ist schon im Anmarsch«, sagte Oliver erregt. »Mit Gawain im Schlepptau. Du weißt doch, was für ein Theater es gibt, wenn der Chor nicht richtig einstudiert ist.«

»Wir können ja nichts dafür, dass man uns den Chorleiter ermordet hat. Wir waren es schließlich nicht. Das versteht Aunty doch bestimmt. Wir müssen uns leider alle behelfen, so gut es eben geht«, stellte Matthew fest.

»Hallo.« Phryne ließ sich bei ihnen am Tisch nieder. »Würden Sie vielleicht mit mir lunchen?«

»Miss Fisher!«, japste Oliver und wurde rot bis über beide Ohren, was ihm bei seiner Haarfarbe unvorteilhaft zu Gesicht stand. »Natürlich gern, wir würden uns freuen! Aber … Wir …«

»Es wäre uns eine Ehre«, sagte Matthew. »Bloß haben wir uns gerade ein Bier geleistet …«

»Jeder eins«, ergänzte Oliver.

Phryne überlegte kurz, ob Chorsänger wohl immer fugal auftraten. Und unter welchen Umständen diese Tatsache wohl besonders reizvoll wäre. Rasch zügelte sie ihre Fantasie, die mal wieder mit ihr durchgehen wollte.

»Betrachten Sie sich als eingeladen. Ich möchte gern hier zu Mittag essen, darf das aber nur in Herrenbegleitung, und weil ich schon immer ein Faible für Exzesse hatte, lasse ich mich nicht nur von einem, sondern gleich von zwei Herren begleiten.«

Die jungen Männer ließen sich widerstandslos in den Speisesaal abführen.

Nachdem Phryne die foliantengroße Speisekarte studiert hatte, bestellte sie: »Ein halbes Dutzend geöffnete Austern mit Zitronensaft, bitte. Den Räucherlachs. Und danach etwas Leichtes – ein Käsesoufflé wäre perfekt. Über das Dessert reden wir später. Meine Herren?«

Matthew, der sich beherrschen musste, nicht einfach von allem etwas zu bestellen, entschied sich für Suppe, gefolgt von Rinderbraten. Oliver nahm ebenfalls die Suppe und danach Brathähnchen, seine Leibspeise. Phryne bestellte Wein für alle.

»Das ist überaus großzügig von Ihnen, Miss Fisher«, begann Matthew. »Können wir uns dafür irgendwie revanchieren?«

Phryne wäre da schon auf die eine oder andere Idee gekommen, aber sie musste a) einen Mord aufklären, b) der Spionage frönen und c) einen alten Kriegskameraden verführen, was sie zu dem bedauerlichen Schluss kommen ließ, dass es momentan in ihrem Leben genügend Ablenkung gab. Matthew würde sich schon noch ein bisschen halten. Deshalb lächelte sie nur geheimnisvoll und sagte: »Erzählen Sie mir vom Chor, von Mendelssohns *Elias* und was Ihnen sonst noch einfällt.«

»Matt, dreh dich bloß nicht um«, murmelte Oliver plötzlich. »Da ist der Deduktionsheini. Der englische Fatzke.«

»Ist er allein?«, fragte Phryne, doch da hatte sie Rupert Sheffield schon im Spiegel der Theke entdeckt, der so geschickt angebracht war, dass man rachsüchtige Ehefrauen, aufgebrachte Wähler und Gerichtsdiener rechtzeitig kommen sah und blitzschnell durch den Hinterausgang aus dem Speisesaal flüchten konnten. John Wilson war nicht dabei.

»Hätten Sie etwas dagegen, wenn er mit uns essen würde?«, fragte Phryne.

»Der Snob«, knurrte Oliver. »Er war furchtbar unhöflich. Zu jedem.«

»Ja, das scheint sein Markenzeichen zu sein«, antwortete Phryne. Eine leise Geste genügte, und sofort stand ein

Kellner neben ihr. Sie bedeutete ihm, sich zu ihr herunterzubeugen, flüsterte ihm etwas ins Ohr und legte einen Zehn-Shilling-Schein auf sein Tablett. Er nickte ernst, ließ das Geld in der Hosentasche verschwinden und glitt davon – auch er ein Absolvent von Mr Butlers Schule des unauffälligen Entschwindens.

»Sprechen Sie Französisch?«, fragte Phryne.

»Nein«, antwortete Oliver.

»Ich schon«, sagte Matthew.

Aber natürlich, er wollte ja Diplomat werden. Phryne lächelte ihn an. Er war wirklich sehr attraktiv.

»Dann möchte ich Sie bitten, über alles, was Sie gleich hören, Stillschweigen zu bewahren, Matthew. Solange das Gespräch dauert, beherrschen Sie kein Wort Französisch. *Tais-toi.*« Sie tippte ihm auf die Lippen. Er nickte stumm.

»Miss Fisher?«, sagte Rupert Sheffield. Der Kellner stand mit abgewandtem Blick daneben und wartete auf weitere Anweisungen. Sheffield bewegte sich tatsächlich so geschmeidig wie Ember. Phryne hatte ihn nicht kommen hören.

»*Bonjour*«, sagte sie. »*Tu es venu à propos du petit souper?*« Du bist wegen des abendlichen Imbisses hier?

»*Bien sûr. C'était clair.*« Natürlich. Das ist offensichtlich.

»*Il est venu de cette cuisine*«, sagte Phryne. Er kam aus dieser Küche.

»*Évidemment, tout le monde pourrait le voir*«, blaffte er. Offensichtlich. Das konnte jeder sehen.

»*Alors, ça va rendre l'Inspecteur principal Robinson très heureux*«, sagte Phryne. Da wird sich Detective Inspector Robinson aber freuen.

»Tant pis«, sagte Rupert. Sei's drum.

Er stand immer noch da und blickte auf sie herunter. Und das konnte sie gar nicht vertragen. Als der Kellner den ersten Gang servierte, lud sie Sheffield mit einer ungeduldigen Handbewegung ein, sich zu ihnen zu setzen. Widerwillig nahm er Platz. Der Kellner brachte ihm ein Glas Wein. Phryne gab ihm eine Austerngabel und schob ihm den Teller hin.

»Je pense qu'elles sont très bonnes«, sagte sie. Sie denke, sie seien sehr gut.

Rupert bediente sich dreist und schlürfte die Auster.

»Assez passable.« Ganz annehmbar. *»Vous avez appris le français à lécole, puis vous avez vécu à Paris.«* Sie haben Französisch in der Schule gelernt und danach in Paris gelebt.

»Et tu l'as appris d'une nurse francophone, ou bien, peut-être de ta mère«, antwortete Phryne. Und du hast es von einer französischsprachigen Kinderfrau gelernt oder vielleicht, ja, vielleicht von deiner Mutter. Sie nahm sich ebenfalls eine Auster. Köstlich, samtweich und mit dem Geschmack des Meeres.

»Ma mère«, bestätigte Sheffield.

»Tu parles un français soigné et correct.« Phryne fuhr fort, ihn umstandslos zu duzen. Sie sprechen ein sehr förmliches und korrektes Französisch.

»Et vous parlez un français pitoyable de les rues de Montparnasse«, fauchte Sheffield. Und Sie sprechen das Pariser Gossenfranzösisch aus Montparnasse.

»Comme de juste, Auguste«, gab Phryne ihm mit einem frechen Grinsen recht. *»Dis donc, ce n'est pas la peine de t'en*

prendre à moi. Je vais parler à la femme aux cheveux noir, et je dirai à mon policier que tu m'as tout expliqué«, sagte sie herablassend. Aber wir wollen doch nicht zu persönlich werden. Ich werde mit der schwarzhaarigen Frau sprechen und meinem Polizisten sagen, dass du mir alles erklärt hast.

Sheffield funkelte sie an.

Es war ein relativ beeindruckendes Funkeln, dunkel und düster, wie von Heathcliff aus Emily Brontës *Sturmhöhe*. Phryne war schon öfter von gekränkten Menschen angefunkelt worden – und einmal sogar von einem Tiger. Auf der zehnteiligen Skala des bitterbösen Funkelns rangierte das von Rupert Sheffield bei Fünf: »Ich ziehe Ihnen bei lebendigem Leib die Haut ab, esse Ihr schlagendes Herz und tanze auf Ihren Knochen.« Eine Zehn bekam man allerdings auch nur dann ganz kurz zu sehen, bevor man von einem bösen Zauberer dem Dämonen Astrophel zum Opfer gebracht wurde. Phryne strahlte.

Sheffield war nervös. Er rutschte auf dem Stuhl hin und her und trommelte mit den langen, schlanken Fingern auf die weiße Tischdecke. Er fing den Blick der beiden Chorsänger auf, die sich blitzschnell abwandten. Wenigstens bei ihnen funktionierte das böse Funkeln noch. Die verabscheuungswürdige Miss Fisher aber schien immun dagegen, genau wie gegen jede Moral.

Schweigend bot Phryne ihm noch eine Auster an. Sie sagte kein einziges Wort mehr. Irgendwann hielt er es nicht mehr aus. Er musste wissen, was sie mit ihm gemacht hatte.

»Où est John Wilson?«, fuhr er sie an. Wo ist John Wilson?

»J'ai renvoyé chez lui il y a trois heures«, sagte Phryne. Ich habe ihn vor ungefähr drei Stunden nach Hause geschickt. *»Tu ne le mérites pas, tu sais.«* Du hast ihn nicht verdient, und das weißt du auch.

Rupert warf ihr aus seinen lavendelfarbenen Augen einen stechenden Blick zu und sagte: *»Je sais.«* Ich weiß.

Er stand auf und verschwand, ohne dass sein maßgeschneiderter Anzug auch nur raschelte.

»Nom de dieu! En effet, merde!«, schimpfte Phryne und fächelte sich Luft zu. Mein Gott! Was für ein Mist!

»Le souper?«, fragte Matthew. Der abendliche Imbiss? *»Tu veux dire que la femme mystère l'a acheté ici?«* Soll das heißen, die geheimnisvolle Unbekannte hatte das Essen von hier?

»Oui, et je suis sur le point de la retrouver. Mange.« Ja, und ich werde sie finden. Esst!

Sie winkte noch einmal den Kellner heran. Er beugte sich hinunter, sie raunte ihm etwas zu, ein Geldschein wechselte den Besitzer.

»Möchten Sie eine Auster?«, fragte Phryne Oliver. »Es ist so unhöflich, uns in einer Fremdsprache zu unterhalten. Matthew wird es Ihnen später auch bestimmt nicht brühwarm weitererzählen. Wie ist die Suppe?«

»Ein Gedicht«, antwortete Oliver. Er erspähte einen Servierwagen mit einem ganzen Rinderbraten darauf, begleitet von jedem erdenklichen Gemüse. Vorhin erst hatte er die paar Münzen für das Bier zusammengekratzt und nicht im Traum damit gerechnet, vor dem Abend noch etwas zu essen zu bekommen. Ihm war es gleich, was für französische Ränke über seinen Kopf hinweg geschmiedet wurden. Obwohl es dabei anscheinend ziemlich deftig zugegangen sein musste, wenn er nach Matthews verdatterter Miene ging. Er aß die Auster. Köstlich.

Während sich die Sangesbrüder durch ganze Berge von gebratenen Tieren aßen und Phryne sich mit eleganter Gabelführung das Käsesoufflé zu Gemüte führte, brachte der Kellner eine Frau mit Schürze herein und setzte sie zu ihnen an den Tisch. Mit einem Zucken der Augenbraue bestellte Phryne ihr ein Glas Wein.

»Es tut mir so leid«, sagte sie zu der Fremden.

Gerötete Augen sahen sie an. Die Frau strich ihr langes schwarzes Haar nach hinten, das sie aus dem Knoten gerauft hatte.

»Er war kein guter Mann«, hauchte sie.

»Nach meiner Erfahrung kommt es darauf überhaupt nicht an«, sagte Phryne.

»Nein.«

»Sie müssen der Polizei sagen, dass Sie in dem Zimmer waren«, riet Phryne ihr sanft. »Sie haben sich ja nichts zuschulden kommen lassen.«

»Aber waren es nicht die Austern?« Die Frage brach sich in einem heiseren Flüstern aus der rauen Kehle Bahn. »Hat ihn mein Essen getötet?«

»Meinen Sie, dann hätte ich die Austern gegessen?« Phryne zeigte auf die sechs leeren Schalen.

Tränen der Erleichterung standen der Schwarzhaarigen in den Augen. Phryne reichte ihr eine Serviette und forderte sie auf, den Wein zu trinken.

»Es war nicht Ihre Schuld«, sagte sie. »Sie haben ihm seinen kleinen Imbiss gebracht und dazu – Champagner?«

»Aber natürlich! Das Einzige, was zu geräuchertem Lachs passt«, empörte sich die Köchin.

»Wie heißen Sie? Ich bin Phryne Fisher.« Sie gab ihr die Hand. Auf ein Zeichen hin schenkte der Kellner der Frau nach.

»Genevieve Upton.« Die Frau nippte an ihrem zweiten Glas. »Woher wissen Sie, dass es nicht …«

»Weil nach Ihnen noch jemand bei ihm war und ihm ein Glas Süßwein gebracht hat, vermutlich einen Tokajer. Der vergiftet war.«

»Tokajer? Den führen wir hier nicht«, sagte Genevieve.

»Umso besser. Grässliches Zeug. Wie weißer Portwein mit Zucker. Wie lange haben Sie Tregennis gekannt?«

Genevieve fuhr sich erneut mit der Hand durchs Haar. Sie schniefte.

»Seit vier Monaten. Er hat hier gegessen, und ich fand ihn …«

»Verstehe«, sagte Phryne.

Dass Matthew und Oliver dem Gespräch mit gespitzten Ohren lauschten, hatte die Sänger nicht daran gehindert, heldische Mengen an Kalorien zu vertilgen. Der geisterhaft auftauchende Kellner hatte ihnen mehrere Male von den Speisen nachgelegt. Was hätte er nicht alles dafür gegeben, noch einmal jung zu sein? Doch stattdessen wurde er von einem Magengeschwür gepeinigt.

»Um acht Uhr habe ich ihm wie immer seinen Korb gebracht«, erzählte Genevieve. »Ich war dabei, als er gegessen hat. Er wollte später noch zu mir kommen. Aber er kam nicht. Ich habe ihn nie mehr wiedergesehen.«

»Wann haben Sie den Gemeindesaal verlassen?«

»Um zwanzig nach acht. Ich musste noch arbeiten, im Hotel für eine private Feier kochen.«

»Und Sie waren den ganzen Abend in der Küche?«

»Aber ja, Miss. Dafür gibt es ungefähr zwanzig Zeugen.«

»Jetzt brauchen Sie die ganze Geschichte nur noch Detective Inspector Robinson zu erzählen. Er ist ein sehr netter Mensch, der bestimmt Verständnis dafür hat, dass Sie ihn angeflunkert haben. Ihre Arbeit ist Ihr Leben. Sie hatten panische Angst, dass Tregennis sich an Ihrem Essen vergiftet haben könnte. Das kann er sicher nachvollziehen. Machen Sie das, dann haben Sie es hinter sich.« Phryne tätschelte der Köchin die abgearbeitete Hand.

Dunkle Augen blickten fragend in smaragdgrüne. Zuletzt leerte Genevieve ihr Glas in einem Zug, stand auf, zog sich die Schürze glatt und ging hinaus.

»Dann ist sie also die geheimnisvolle Unbekannte!«, staunte Matthew.

»Das stimmt, aber sie ist nicht die Mörderin«, antwortete Phryne.

»Gut«, sagte Oliver. »Ich fand sie nämlich sympathisch.«

»Ich auch«, stimmte Phryne ihm zu. »Was halten die Herren von einem Dessert? Ich möchte noch viel über Mendelssohns *Elias* hören. Und über den Chor. Und was Ihnen sonst noch an schönen Dingen einfällt.«

Zum Nachtisch gab es einen Trifle, der so sahnig und fruchtig war, dass Matthew vor Begeisterung stöhnte.

»Wir müssen jetzt erst mal nach Hause, ein Verdauungsschläfchen machen«, erklärte er Phryne. »Können wir das Gespräch vielleicht ein andermal fortsetzen?«

»Selbstverständlich. Rufen Sie an, wenn Sie sich erholt haben. Ich danke Ihnen für Ihre Gesellschaft.« Sie warf dem ewigen Kellner ein paar Geldscheine aufs Tablett und segelte hinaus.

»Also dann«, sagte Oliver. »Raus mit der Sprache! Was haben sie alles auf Französisch bekakelt?«

»Es hat sich mir in die Trommelfelle eingebrannt.« Und Matthew legte los.

7

Der Wind bläst stark, der Wind bläst schwach,
Mein Kilt weht weit und lose.
Die Mädchen rufen: »Donald, ach,
Wo ist denn deine Hose?«

Schottisches Volkslied

Das Haus in der Collins Street 123 schien Phryne für eine Geheimdienstzelle perfekt geeignet. Ein Friseurladen, eine Apotheke mit altmodischen Erkerfenstern, in denen die großen Medizinflaschen mit der klaren Flüssigkeit ausgestellt waren, die sie als Kind so fasziniert hatten, ein Blumengeschäft und eine Arztpraxis. Sie wäre jede Wette eingegangen, dass die dreistöckigen Backsteingebäude auf der Rückseite an die Flinders Lane angrenzten – ein schneller Fluchtweg in die Welt der Maßschneidereien mit ihren Knöpfen, Litzen und Borten, wo zu jeder Tages- und Nachtzeit geschäftiges Treiben herrschte. Wie hieß es doch so schön? »Das Rad der Nähmaschine hält niemand auf.« In dem Gebäude, das einen durch und durch gediegenen Eindruck machte, befand sich auch ein Café, in dem es Gebäck und, wenn man seiner Nase trauen durfte, einen guten Kaffee gab. Alles wirkte so einladend und heimelig, dass Phryne sich an Paris erinnert fühlte.

Nachdem sie sich anhand der Messingschilder am Eingang vergewissert hatte, dass sie an der richtigen Adresse war, öffnete sie die schwere Holztür und betrat ein kleines Atrium, von dem eine Treppe und ein moderner Aufzug ohne Fahrstuhlführer in die oberen Etagen hinaufführten. Weil Phryne nicht gern Lift fuhr, nahm sie die Treppe. Es war keine Menschenseele zu sehen. Ihre Absätze klapperten. Es roch nach Kaffee und Messingpolitur. Auf eine Falle gefasst, hielt sie ihre kleine Beretta schussbereit in der Hand. Schließlich war in dem Telegramm kein Fanshawe erwähnt worden. Rupert Sheffield hätte alle möglichen Feinde mit ins Land bringen können, schließlich war der Mann ein Genie darin, sich unbeliebt zu machen. Einer davon könnte zu dem falschen Schluss gelangt sein, dass Phryne zum Gefolge seiner Bewunderer gehörte. Was natürlich ausgeschlossen war, solange sie sich noch im Vollbesitz ihrer geistigen Kräfte befand. Aber womöglich war auch John in Gefahr, und deshalb durfte sie sich nicht einschüchtern lassen.

Im zweiten Stock fand sie sich in einem Korridor mit zahlreichen Türen wieder, die allesamt geschlossen waren. Nachdem sie das Namensschild »Fanshawe« gefunden hatte, trat sie ein. Hinter einem Schreibtisch, auf dem eine dampfende Tasse Tee stand, saß eine mollige, mütterliche Empfangsdame, die ein blassblaues Jäckchen strickte, vermutlich für einen Enkel.

»Hallo, mein Kind«, sagte sie. »Miss Fisher?«

»Ganz recht«, sagte Phryne, ohne die Waffe wieder einzustecken. Vorsicht war besser als Nachsicht.

»Gehen Sie bitte gleich durch, mein Kind. Mr Fanshawe

erwartet Sie schon.« Als Phryne an ihrem Tisch vorbeikam, flüsterte sie: »Seien Sie darauf gefasst, dass er nicht gerade bester Laune ist. Dieser abscheuliche Mensch, der gestern hier war, hat ihn verärgert. Vielleicht können Sie ihn ja wieder aufheitern.«

»Lassen Sie mich raten. Meinen Sie etwa Rupert Sheffield?«, raunte Phryne zurück.

Das Gesicht der Matrone verzog sich zur Grimasse.

»Genau den. Schön wie der Teufel. Das hat schon meine Großmutter immer gesagt, dass der Teufel ein schöner Mann ist. Da entlang, mein Kind.« Sie zeigte mit dem Strickzeug auf die Tür zum inneren Büro.

Phryne klopfte an die Scheibe und wurde hereingebeten. Hinter einem Schreibtisch, auf dem sich die Akten stapelten, erhob sich ein nicht mehr ganz junger, noch nicht ganz kahlköpfiger Mann mit scharfen Zügen und wachen Augen. Er bedeutete Phryne, Platz zu nehmen, sagte: »Entschuldigen Sie kurz, Miss Fisher«, und kramte in seinen Unterlagen.

Sie blickte sich um. Privatschule. Kricket-Pokale in den Regalen. Lehrbücher, *Toxikologie* von Glaister, *Gray's Anatomy*. Fachzeitschriften. Arztkoffer. Medikamente in einem verschlossenen Schrank. Medizinischer Hintergrund, damit er, wenn es die Lage erforderte, glaubhaft einen Arzt spielen konnte. Keine gerahmte Approbationsurkunde an der Wand, also vermutlich kein ausgebildeter Arzt – oder zumindest nicht unter dem Namen Fanshawe. Fotografien von einer hübschen Gattin und zwei hübschen Kindern. Schönes Büro, in das die Sonne hereinfiel. Einheimischer. Army-Hintergrund. Ein Foto von einem Absolventenjahrgang an der Offiziersschule. Ob sie ihn wohl erkennen konnte? Nein, nicht von ihrem Platz aus. Mit einem »Aha!« fand Mr Fanshawe, wonach er gesucht hatte.

»Ich muss Ihnen ein paar Fragen stellen«, sagte er. »Sie kennen die Routine.«

»Hoffentlich weiß ich die Antworten noch«, antwortete Phryne. »Ich habe das schon ewig nicht mehr gemacht. Aber gut, schießen Sie los.«

»Wie lautete Ihr Name?«, fragte Fanshawe.

»*Chatte Noire. Je suis la chatte.*«

Er neigte den Kopf. »Wer war Ihr Verbindungsmann in England?«

»Major Russell.«

»In Frankreich?«

»Georges Santain.«

»Gibt es keine Hilfe …«

»… für den Sohn der Witwe?«, fragte Phryne. »Ich fand diese Losung schon immer etwas unklug. Schließlich kann ich kaum ein Freimaurer-Meister sein.«

»Äh, durchaus. Ich glaube, sie wird heutzutage auch nicht mehr gebraucht. Gut möglich, dass ich nicht ganz auf der Höhe der Zeit bin. Wir sind schließlich in den Kolonien, Miss Fisher.«

»Mir gefällt es hier«, sagte Phryne. Mr Fanshawe hatte den verletzten, gehetzten Blick, den sie inzwischen so gut kannte. Den Blick eines Opfers von Rupert Sheffield. Anscheinend wollte es das Schicksal, dass sie die Scherben wieder kittete, die er hinterlassen hatte, und die armen Betroffenen mit Lob und Speisen stärkte. Bei der erstbesten Gelegenheit wollte Phryne es ihm heimzahlen. Ihr würde bestimmt etwas Passendes einfallen.

»Fertig?«, fragte sie.

Mr Fanshawe warf einen Blick in seine Unterlagen. »Wie lautete ihr erster verschlüsselter Satz?«

»Edelstein in ein silbernes Meer gefasst.«

»Und der zweite?«

»Die Erde kann nichts Schöneres vorweisen.«

»Welche Formulierung bedeutet ›Sofort kommen!‹?«

»Das war keine Formulierung, sondern ein Wort: Lucknow.«

»Sehr schön. Mein Name ist Peter Fanshawe. Ich freue mich, Sie kennenzulernen, Miss Fisher.« Er stand auf und gab ihr die Hand. Phryne fragte sich, was er wohl gemacht hätte, wenn sie sich nicht mehr an die Codewörter hätte erinnern können. Sie verkniff es sich, die so unschuldig aussehenden Wände nach verborgenen Maschinengewehren abzusuchen.

»Die Freude ist ganz meinerseits. Aber jetzt sagen Sie doch, was kann ich für Sie tun? Ich bin seit Jahren nicht mehr nachrichtendienstlich aktiv gewesen.«

»Wir haben von Mr Compton Mackenzie ein dringendes Telegramm bekommen.« Mr Fanshawe hatte eine angenehme Stimme, er war definitiv geborener Australier. Phryne sah regelrecht vor sich, wie sich ihm die beiden Kinder in die Arme warfen, wenn er von der Arbeit nach Hause kam. Er war klug und gewitzt – und durch und durch nett. Womit konnte Sheffield ihn so gekränkt haben?

»Wie geht es dem guten alten Compton? Nach allem,

was man so hört, regiert er ja als schottischer Lord über ein Inselreich.«

Der junge Mann errötete leicht. »Ich habe ihn nie persönlich kennengelernt«, gestand er. »Wir sind hier unten doch nur ganz kleine Fische, Miss Fisher. Wie man mir erst kürzlich zu verstehen gegeben hat.«

»Dann folge ich doch einfach mal meiner Intuition und gebe Ihnen einen guten Rat: Was auch immer Rupert Sheffield zu Ihnen gesagt hat, dürfen Sie getrost vergessen. Löschen Sie den Mann aus Ihrem Gedächtnis.«

»Miss Fisher!«, rief Fanshawe. »Sind Sie etwa auch ein Mathematikgenie?« Der Rest blieb ungesagt: Zwei von der Sorte wären zu viel für ein Menschenleben.

Phryne tätschelte ihm die Hand. »Nein, keine Bange. Ich habe nicht vor, Ihnen einen Vortrag über die Wissenschaft der Deduktion zu halten. Mir laufen nur in letzter Zeit dauernd Sheffields Opfer über den Weg. Weil ich möchte, dass unsere Besprechung einträchtig verläuft, würde ich jetzt gern etwas tröstenden Balsam in Ihre verletzte Seele träufeln. Und dabei kommt es darauf an, dass Sie mir vertrauen. Einverstanden?«

Fanshawe nickte. »Mr Compton Mackenzie hat geschrieben, dass ich Ihnen vertrauen darf.«

»Ich habe es direkt vor Augen: Er kommt in Ihr Büro gerauscht, rümpft die Nase, spießt Sie mit seinen lavendelblauen Augen auf und erzählt Ihnen, dass Australien das Ende der Welt ist und dass man sich jeden Versuch, hier geheimdienstlich tätig zu werden, an den Hut stecken kann. Richtig?«

Fanshawe nickte.

»Danach sagt er Ihnen, dass Kricket ein Spiel für Idioten ist. Er hat nämlich Ihre Pokale gesehen. Als Nächstes beleidigt er Ihre Schule. Sie haben zwar die renommierte Melbourne Grammar School besucht, aber natürlich kann sie in seinen Augen einer altehrwürdigen Institution wie Eton, Harrow oder Winchester nicht das Wasser reichen.«

»Stimmt genau.«

»Er hat über Ihren Anzug die Nase gerümpft, obwohl er maßgeschneidert ist. Von Mr Merrydale aus der Flinders Lane würde ich wegen der etwas breiteren Revers vermuten. Einen besseren Anzug findet man auch in der Savile Row nicht.«

»Stimmt haargenau.«

»Zuletzt hat er Ihnen gesagt, dass er nicht die leiseste Absicht hat, Ihnen den Grund für seinen Australienaufenthalt zu verraten. Und ist wieder hinausgerauscht. Richtig?«

»Richtig.«

Phryne sprang auf. Fanshawe sah ihr dabei zu, wie sie unruhig auf und ab ging. Sie war klein, aber überaus temperamentvoll. Mr Compton Mackenzie hatte ihm geraten, sie nicht zu unterschätzen. Er würde sich hüten.

»Der Mensch, der vor Ihrer Tür auf ihn gewartet hat, ist ein sehr lieber, guter Freund von mir. Dr. John Wilson. Sheffield ist ein solcher Trottel, dass er John Wilson mit seinen wie auch immer gearteten australischen Aktivitäten womöglich in Lebensgefahr bringt. Er selbst ist mir unendlich gleichgültig, das möchte ich noch einmal betonen, aber John liegt mir sehr am Herzen. Es wurde bereits ein Mordanschlag verübt. Deshalb mein Telegramm an Compton und Ihre Einladung an mich. Richtig?«

»Richtig«, murmelte Fanshawe. Es ging ihm schon viel besser. Er klingelte der Vorzimmerdame Mrs Thomas und bat sie, ihnen Tee und Kuchen zu bringen.

»Haben Sie beim Kricket tatsächlich 167 Läufe gegen die Trottel vom Scotch College erzielt?«, fragte sie, die betreffende Trophäe in Augenschein nehmend. »Das muss ein langer Tag gewesen sein.«

»Kann man wohl sagen«, antwortete Fanshawe. »Vor lauter Müdigkeit bin ich nach dem 167sten gestolpert und rausgeflogen. Aber wir haben gewonnen.«

»Ja, die Kricketspiele zwischen Scotch und Grammar tragen von jeher Züge einer Stammesfehde«, sagte sie. »Jetzt trinken wir ein Tässchen Tee, und Sie verraten mir, was ich für Sie tun kann.«

»Aber gern, Miss Fisher«, sagte Peter Fanshawe. »Die Zentrale hat mir eine Liste mit den Namen all derer geschickt, denen Sheffield auf die Zehen getreten sein könnte. Er war ein guter Agent, ein genialer Codeknacker. Aber er war nicht nur ein Schreibstubenhengst. Er gehörte zu einer Einheit, die einen Waffenschieberring hochgenommen und die Polizei bei ihren Aufgaben unterstützt hat.«

»Mittels Deduktion«, stellte Phryne trocken fest.

Fanshawe grinste. »Ja, er ist ein ungenießbarer Zeitgenosse, aber furchtbar gut darin, Schlüsse zu ziehen.«

»Das bin ich auch«, sagte Phryne. »Deswegen muss man allerdings noch lange nicht so unfreundlich sein. So. Wie sieht es aus, haben wir irgendwelche finsteren Gestalten aus seiner Vergangenheit im Land?«

»Ich konnte keine finden. Die Waffenschmuggler sitzen alle noch hinter Gittern – abzüglich derer, die von den Albanern erschossen wurden.«

»Ach, ja, die Albaner«, sagte Phryne mit einem übertriebenen Seufzer. »Solche Hitzköpfe.«

»Ein paar sind auch noch von den Türken erschossen worden.«

»Ja, die Türken sind ebenfalls nicht ohne«, ergänzte sie spöttisch.

»Zu den Schmugglern gehörte auch ein Engländer namens Mitchell, der entkommen konnte. Ich bin noch dabei, Erkundigungen über ihn einzuholen. Es gibt auf jeden Fall keine Unterlagen über seine Einreise nach Australien. Auf die übrigen Akten warte ich noch. Das Entschlüsseln dauert eben seine Zeit, auch wenn noch so fleißig daran gearbeitet wird.«

»Dann werde ich mal gut aufpassen, ob mir irgendwo ein rumstromernder Waffenschieber über den Weg läuft. Rupert den Rüpel behalte ich auch für Sie im Auge.« Sie beugte sich zu ihm. »Kann ich auf Sie zählen, wenn ich Hilfe brauche, ein paar Agenten zum Beispiel oder bewaffnete Unterstützung?«

»Auf jeden Fall, Miss Fisher«, antwortete Peter Fanshawe. »Ich gebe Ihnen die Telefonnummer. Der Apparat ist Tag und Nacht besetzt. Sagen Sie Ihren Namen und was Sie brauchen. Ich stelle Ihnen alles zur Verfügung, was ich aufbieten kann.«

»Wunderbar. Es kann natürlich sein, dass Sheffield tatsächlich nur ein Pechvogel ist, der Unfälle magisch anzieht. Aber ich bin nun mal ein vorsichtiger Mensch.«

Nach dieser unwahren Behauptung ließ sie sich von Mrs Thomas eine Tasse Tee einschenken und unterhielt sich mit Peter Fanshawe über dessen Kinder.

»Unsere Alice – so ein liebes Mädchen. Und Norman wird bestimmt mal ein guter Sportler. Er hat die Reflexe dafür«, sagte er.

»Sie spielen noch in der Altherrenmannschaft der Grammar School, richtig?«, fragte Phryne. »Nehmen Sie Norman zu Ihren Spielen mit?«

»Natürlich ... Aber woher wissen Sie das nun schon wieder?« Die Deduktion würde den armen Mann in absehbarer Zukunft noch so manchen Nerv kosten.

»Sie lieben Ihre Kinder, und Sie haben an der rechten Hand noch Schwielen vom Kricketschläger«, antwortete Phryne. »Bitte entschuldigen Sie! Jetzt höre ich mich schon an wie Rupert Sheffield.«

»In einer Million Jahre könnten Sie sich nicht so anhören wie dieser ... Mensch«, sagte Mrs Thomas. »Na, dann mach ich mich wohl wieder ans Entschlüsseln.« Sie ging hinaus.

»Sie ist Ihre Decodiererin?«, fragte Phryne mit einem Schmunzeln.

Peter Fanshawe strahlte über das ganze Gesicht. »Ja. Sie ist ein Genie. Das würde man nicht vermuten, wenn man sie so sieht, nicht wahr? Ich glaube, es liegt an dem Strickzeug.«

»Ja, eine exzellente Tarnung. Und Sheffield hat es nicht deduziert?«

»Nein, er hat ihr bloß gesagt, dass sie eine Enkeltochter bekommen wird. Was nicht stimmt, weil das Enkelkind schon da und ein Junge ist. Was für ein unsympathischer Patron! Kommen Sie, Miss Fisher. Ich bringe Sie noch nach draußen. Falls Sie mal verfolgt werden, können Sie ja schlecht den Haupteingang nehmen«, erklärte er, während er sie nach unten begleitete. »Wenn Sie sich unauffällig ins Haus schleichen wollen, geht das am besten über den Eingang in der Flinders Lane. Hier entlang.«

Die Backsteingebäude teilen sich die Innenwände. Eine der Wände hatte ein Loch und das Loch eine Tür und die Tür einen Vorhang, hinter dem sich eine schmale Treppe verbarg, die in eine Schneiderwerkstatt hinunterführte. Es roch nach Dampf, Wäschestärke und Tweed. Kaum hatte Fanshawe einen Wandgriff gedreht, stand Phryne in einer Umkleidekabine.

»Wenn Sie von der anderen Seite kommen, brauchen Sie bloß an diesem Kleiderhaken zu ziehen und ihn nach links zu kippen«, erklärte er mit einem Lächeln. »Hier entlang, bitte.«

»Genial«, sagte Phryne. Die Geschäfte der Schneiderei liefen gut. Die Frauen und Mädchen, die in der Werkstatt arbeiteten, warfen Phryne nur kurz einen gelangweilten Blick zu und widmeten sie sich wieder ihren Aufgaben, dem Annähen von Knöpfen und dem Versäubern von Nähten.

»Schon sind Sie in der Flinders Lane«, sagte Fanshawe mit einer einladenden Geste, als wollte er ihr die Straße zum Geschenk machen. Phryne verabschiedete sich mit einem letzten Händedruck.

Sie war beeindruckt. Was wollte man mehr? Eine sehr schöne Tarnung, eine hervorragende Organisation und eine Codebrecherin wie Mrs Thomas. Rupert Sheffield hatte die mollige Strickerin unterschätzt und überhaupt nicht bemerkt, wie klug sie in die Welt hinausblickte. Der Mann hatte einen riesigen, um nicht zu sagen gigantischen blinden Fleck: Frauen. Eine Schwäche, die man sich unter Umständen zunutze machen konnte. Phryne grinste so diabolisch, dass sich ein vor dem nächsten Wirtshaus zechender Gentleman an seinem Bier verschluckte.

Als sie nach Hause kam, war alles ruhig und friedlich. Nachdem Jane zwangsweise zum Schwimmen abkommandiert worden war und von ihr heute keine körperliche Ertüchtigung mehr erwartet wurde, spielte sie mit Tinker eine Partie Schach. Er hatte den Fisch fürs Abendessen gefangen und sonnte sich in Mrs Butlers Lob. Das schaffte noch lange nicht jeder x-beliebige Fischerjunge, in einem wackeligen Bötchen einen Schnapper an Land zu ziehen. Mrs Butler schwärmte schon von gebratenem *Poisson à Nivelles*. Was sicher bedeutete, dass es ein richtiger Schmaus werden würde.

»Und wie hat dir Mr Sheffields Vortrag gefallen?«, fragte Phryne, nachdem der Junge bedauernd seinen König umgelegt hatte.

»Kann ich leider nicht sagen, Chefin«, gestand Tinker. »Nachdem er den Titel: ›Die Wissenschaft der Deduktion‹ ausgesprochen hatte, bin ich nicht mehr mitgekommen.«

»Ging mir auch so«, stellte Phryne fest. »Jane?«

»Die Mathematik ist zu hoch für mich – noch«, antwortete Jane. »Es schien mir aber so weit alles zu stimmen. Ich sehe bloß ein Problem dabei: Wenn man in einer konkreten Situation jedem Element einen Wert beimisst, ist das kein mathematisches Urteil mehr, sondern ein persönliches.«

Phryne und Tinker sahen sich an. Der Junge zuckte mit den Schultern.

»Ein Beispiel«, fuhr Jane fort. »Nehmen wir einmal an, am Tatort eines Verbrechens finden sich ein in Äther getränktes Tuch und ein Pelikan. Man muss sowohl dem Lappen als auch dem Vogel einen Wert geben. Geht man davon aus, dass das Betäubungsmittel wichtiger ist als der Pelikan, gibt man dem Pelikan einen Punkt und dem Tuch sechs Punkte.«

»Mir dämmert, worauf du hinauswillst«, sagte Phryne.

»Ja, Miss Phryne, es könnte doch auch so sein, dass …«

»… der Lappen bloß dazu benutzt wurde, um einen Flecken aus einem Mantel zu reiben, während der Pelikan der eigentliche Schlüssel zu dem Fall ist«, sagte Ruth, die mit einem Teller in der Hand aus der Küche hereinkam. »Möchte jemand einen leicht verunglückten Lebkuchen probieren? Er ist mit Sirup gemacht«, fügte sie hinzu. »Wahrscheinlich ist er deswegen nicht so, wie er sein sollte.«

»Wenn es um einen Pelikanschmugglerring geht oder wenn der Vogel eine goldene Uhr verschluckt hat, die den Mörder entlarvt, machen die Zahlenwerte alles eher noch undurchschaubarer.«

»Interessant.« Phryne probierte ein Eckchen von dem Siruplebkuchen. Lecker, aber bleischwer. Man konnte froh sein, wenn einem dieses Backwerk nicht auf die Zehen fiel. Andererseits hätte man wahrscheinlich mit einem einzigen Stück eine ganze Legion armer Leute eine Woche lang durchfüttern können. »Den Indizien Werte beizumessen ist weder eine Sache der Logik oder des wissenschaftlichen Denkens. Der Detektiv muss beurteilen, was wichtig ist und was nicht, und sei es, weil er es aus eigener Erfahrung so und nicht anders einschätzt.«

»Ja«, antwortete Jane.

»Oder man folgt seiner Intuition«, sagte Phryne. »Was auch nur ein anderer Ausdruck für eine fundierte Vermutung ist.«

Sie lachten.

Phryne erwachte aus ihrem dekadenten Nachmittagsschläfchen, als Dot mit einem Arm voll frisch gebügelter Kleidungsstücke hereinkam, um ihr mitzuteilen, dass unten ein halber Chor auf sie wartete. Drei Sänger und drei Sängerinnen. Nachdem sie sich ein wenig frisch gemacht hatte, ging sie in den Garten, wo Mr Butler die jungen Leute zusammengetrieben und mit alkoholischen Getränken ruhiggestellt hatte.

Sie sahen ganz so aus, als hätten sie nichts dagegen, noch länger so gemütlich bei Gesang und Trank beisammenzusitzen. Phryne wurde von Oliver und Matthew mit einem Willkommensruf empfangen. Tabitha lächelte sie an und erhob ihr Glas. Eine umwerfend schöne junge Frau mit einem kastanienbraunen dicken Zopf und Augen wie Achaten wandte ihr das perfekte Profil zu.

»Caterina«, stellte sie sich vor. »Sopranistin.«

»Sind Sie auch Sopranistin?«, fragte Phryne die dritte Frau.

»Natürlich«, antwortete sie. »Calliope, genannt Cally.« Sie war die Mütterlichkeit in Person.

Der dritte Mann war ebenfalls ein Bass. Er hieß Tommy und war gebaut wie ein Schrank. Wahrscheinlich spielte er Rugby und wurde immer dann eingesetzt, wenn es darum ging, die gegnerischen Angreifer niederzuwalzen. Außerdem war er ein Tollpatsch. Phryne verstand Mr Butlers Bedenken. Ließe man Tommy in einem Salon frei herumlaufen, ginge mit Sicherheit etwas zu Bruch. Dann schon fast lieber einen Elefanten im Porzellanladen. Ob er im Kampf mit dem massiven, schmiedeeisernen Gartenstuhl die Oberhand behalten würde, stand auch noch in den Sternen.

»Jetzt lass es endlich gut sein«, seufzte Matthew. »Setz dich hin und falte schön die Hände im Schoß, Tommy. Sei ein braver Junge. Wir haben schon genug Ärger am Hals, auch ohne dass du dich mit den Gartenmöbeln anlegst.«

Tommy ließ sich niederplumpsen. Er faltete die Hände. Anscheinend war Matthew jemand, von dem sich die anderen etwas sagen ließen. Das musste Phryne sich merken.

»Also dann, Kinder«, sagte sie. »Wem oder was verdanke ich die Ehre dieses Besuchs?«

»Sie haben die rätselhafte Unbekannte gefunden«, sagte Matthew. »Sie hat ihn nicht getötet.«

»Nein«, bestätigte Phryne. »Das sollten Sie eigentlich für sich behalten, Matthew.«

»Ja, aber doch nicht vor dem Chor«, widersprach Matthew.

Sangesgeschwister!, dachte Phryne.

»Also gut, ich verzeihe Ihnen, solange nur Ihre Truppe davon weiß. Was führt Sie denn nun hierher?«

»Sie wollten doch mit uns über Mendelssohn reden«, antwortete Matthew. »Über Chöre, Dirigenten und so weiter. Ich habe Ihnen Tommy, Cally, Tab, Cat und Oliver mitgebracht. Wir wissen viel über den *Elias*. Cats Bruder ist ein berühmter Pianist. Und Tab hat den *Elias* schon achtmal gesungen.«

»Verstehe, alles klar. Sie kennen sich aus. Na, dann schießen Sie mal los, und klären Sie mich auf.«

»Es könnte länger dauern«, sagte Tabitha. »Und ich muss um sieben zu Hause sein.«

»Dann fangt wenigstens schon mal an, mich zu erleuchten. Ich bin heute Abend ebenfalls verhindert.« Beim Gedanken an John Wilsons Besuch huschte ein Lächeln über ihre Züge. »Wenn nötig, setzen wir das Gespräch einfach ein andermal fort. Aber eine Frage zuerst: Wer ist diese mysteriöse Aunty, die Sie heute beim Mittagsessen erwähnt haben?«

Alle kicherten, nur die Bässe nicht. Die rumpelten.

Die Antwort kam von Tabitha. »Aunty ist Mark Henty, ein hochkarätiger Solist von der Sydney Opera Company. Bekannt unter dem Spitznamen Aunty Mark – Tantchen Mark – aus Gründen, die …«

»… auf der Hand liegen«, sagte Phryne.

»Er soll für uns den Elias singen«, erklärte Tabitha. »Er bringt Gawain mit, seinen eigenen Klavierbegleiter. Aber wenn er sieht, in welcher Verfassung der Chor ist, kriegt er bestimmt Zustände. Bei Mendelssohn kommt nämlich alles auf die Präzision an. Bei richtig kraftvollen Komponisten kann man schon mal ein bisschen hudeln, und bei Bach verliert sowieso früher oder später jeder den Faden, aber Mendelssohn ist so zart und leicht, dass ihn ein verwaschener Klang ruiniert. Und wenn Aunty Mark wütend ist, müssen wir es ausbaden.«

»Vor allem ich«, seufzte Matthew. »Weil ich ja jetzt der Chorleiter bin. Ich habe schon Zusatzproben einberufen. Viel fehlt uns nicht mehr. Wirklich nicht. Wir kriegen das hin.«

»Schon möglich«, sagte Tabitha. »Wenigstens ist Leonard noch ein paar Tage in Albury. Irgendwann bringe ich ihn um, wenn er den Chorleiter mal wieder mit zwei Seiten Anmerkungen in der Hand ins Kreuzverhör nimmt.«

»Wäre unser lieber Freund Len vergiftet worden, stünden wir alle unter Verdacht«, stellte Calliope fest. »Doch es hat ja nun mal nicht sollen sein.« Sie klang bedauernd.

»Was war denn an Tregennis als Chorleiter auszusetzen?«, fragte Phryne.

»Man weiß gar nicht, wo man anfangen soll«, antwortete Matthew.

»Ich schon«, sagte Caterina zähneknirschend. »Ich könnte euch die blauen Flecken zeigen.«

»O ja, zeig her, Cat«, bettelte Tommy.

»Nein«, sagte sie gutmütig. »Cally hat sie gesehen, das muss reichen. Er hat gezwickt.«

»Und gegrapscht«, ergänzte Calliope. »Ein furchtbarer Kerl.«

»Nicht nur das«, meldete Oliver sich zu Wort. »Ich meine bloß, Ladys, so ein widerlicher alter Lüstling ist ja nichts Seltenes. Aber Tregennis war furchtbar rüde zu allen. Er hasste die Sopranistinnen – nun ja, das kommt ebenfalls nicht gerade selten vor …« Er duckte sich weg, als Caterina ihm eine Backpfeife geben wollte. »Sie singen meistens die Melodie, und wenn sie daneben liegen, hört man es gleich.« Da ihn inzwischen auch die entzückende Calliope finster musterte, brach Oliver seine Ausführungen mit einem vorgetäuschten Hustenanfall ab.

Matthew eilte ihm zu Hilfe. »Wie mein so tragisch taktloser Kollege zu sagen versuchte, hat Tregennis auch die Altistinnen angebrüllt, die Bässe zusammengestaucht und die Tenöre ganz besonders fies heruntergeputzt. Statt uns eine ganze Stelle wiederzuholen lassen, hat er sich einzelne Noten herausgepickt. Wenn man das eine Weile gemacht hat, kriegt man keine sechs Töne hintereinander mehr hin. Ohne den Rest des Stücks kommt man ins Schwimmen. Irgendwann ist ihm dann der Kragen geplatzt, und er hat den Korrepetitor zur Schnecke gemacht, bis bei der einen Hälfte im Chor die Tränen flossen und die andere vor ohnmächtiger Wut fast geplatzt wäre.«

»Klingt nicht gerade nach der idealen Methode, um aus einem Chor Höchstleistungen herauszukitzeln«, meinte Phryne.

»Das können Sie laut sagen«, entgegnete Tabitha. »Die Sopranistinnen haben vor Angst ganz verquält gesungen, die Bässe haben gebrummelt, die Tenöre haben ihre Einsätze verpasst, und die Altistinnen wollten ihn am liebsten umbringen.«

»Was ja dann auch tatsächlich irgendwer getan hat«, warf Phryne ein.

»Ich habe eine geschlagene Stunde auf Professor Szabo

eingeredet, damit er nicht einfach die Brocken hinwirft, der arme alte Mann«, erzählte Calliope. »Er war so verzweifelt. Tregennis sei ein Metzger, hat er gesagt. Als er, Szabo, noch unter Beecham gespielt habe, hätte Mendelssohn so geklungen, wie er klingen sollte.« Wer, wenn nicht Calliope, hätte die Seelentrösterin spielen können? Die Schwachen und Geknechteten konnten auf sie zählen. Die Unterdrücker dagegen waren gut beraten, sie nicht zu unterschätzen.

»Ja, der arme Prof«, sagte Tommy. »Er hat tatsächlich unter Beecham gespielt. Ich hab die alten Konzertprogramme selbst gesehen. Er hat sie mir gezeigt, als ich ihn eines Abends die knarrende Treppe rauf in sein Kämmerlein geschleppt habe.«

»Nett von dir«, sagte Caterina.

»Ach, was. Er war nicht schwer«, wehrte Tommy ab.

»Natürlich nicht. Du bist ja auch stark.«

Tommy strahlte von innen heraus.

»Wie sollte Mendelssohn denn klingen?«, fragte Phryne.

»Es heißt, er wäre zu gefällig«, sagte Tabitha. »Ich habe den *Elias* schon oft gesungen, er ist sehr beliebt. Auch wenn ich persönlich den *Messias* von Händel vorziehe, jede Menge starke Fugen, solide Musik. Beim *Elias* kommt es vor allem auf den Feinschliff an. Die Rezitative sind etwas langweilig, wenn sie nicht gut gesungen werden, und das werden sie meistens nicht, weil die Solisten von der Oper kommen.«

»Der alte Felix war ja selbst Chorleiter. Schade, dass es zu seiner Zeit noch keine Tonaufnahmen gab. Seit der Uraufführung, die 1846 in Birmingham stattfand, war der *Elias* immer sehr beliebt«, sagte Matthew. »Er ist ein Romantiker, seine Werke sind poetisch. Bei ihm gibt's nicht ständig diese gehämmerten Dur-Akkorde wie bei deinem Händel.«

»Er ist nicht mein Händel«, widersprach Tabitha. »Ich singe ihn nur gern. Du doch auch.«

Matthew gab zu, dass sie recht hatte.

»Hatten Sie von einem oder von mehreren Tätern gesprochen?«, fragte Oliver.

»Ja, es waren mindestens zwei«, antwortete Phryne. »Die rätselhafte Unbekannte hat ihm das Abendessen gebracht. Sie hat gewartet, bis er fertig war, und ist nach zwanzig Minuten wieder gegangen. Den Essenskorb hat sie mitgenommen. Danach bekam er von einer anderen Person eine Kanne Tee und eine Tasse. Und ein Glas vergifteten Wein. Dieser Mensch – oder womöglich ein dritter – hat ihn, als er schon halbtot dalag, mit Notenblättern erstickt, indem er sie ihm in den Hals gestopft hat.«

»Pfui Teufel«, sagte Caterina, womit sie die Gefühle aller Anwesenden zutreffend zusammenfasste.

»Die Hausmeisterin hat das Geschirr eingesammelt und den Papierkorb geleert. Haben Sie vielleicht irgendeine Vermutung, was er geschrieben haben könnte? Er hat ziemlich viele Versionen verfasst, zusammengeknüllt und weggeworfen«, sagte Phryne.

Ratlose Gesichter.

»Hört sich nach Liebesbriefen an«, meinte Calliope.

»Hätte ich auch gedacht«, sagte Tommy. »Die verd … verflixten Dinger sind eine Qual. Man könnte hundert Bögen vollschreiben und es immer noch nicht richtig hinkriegen.«

Phryne hatte keine Zweifel, wer die avisierte Adressatin von Tommys Liebesbriefen sein könnte. Auch die anderen wussten Bescheid. Der einzige Mensch, dem kein wissendes Lächeln ins Gesicht geschrieben stand, war Caterina.

»Aber bei der Zahl der Personen irren Sie sich«, sagte Calliope.

»Ach ja?«, fragte Phryne. »Inwiefern?«

»Weil Tregennis den armen Professor Szabo gezwungen hat, ihm den Tee zu bringen.« In Calliopes Stimme schwang tiefes Mitgefühl mit. »Ich habe ein paarmal versucht, ihm die Aufgabe abzunehmen, aber Tregennis fand, dass Frauen keinen anständigen Tee kochen können und dass es sowieso Szabos verdammte Pflicht wäre. Er hat ein solches Theater gemacht, dass ich dem Professor mehr geschadet als geholfen habe. Tregennis hatte also nur den Tee von Szabo. Danach muss noch jemand bei ihm gewesen sein und ihm den vergifteten Wein gebracht haben.«

»Warum kann das nicht Professor Szabo gewesen sein?«, fragte Phryne.

»Weil es vergifteter Wein war«, antwortete Calliope traurig. »Szabo hätte den Wein selbst getrunken. Er ist ein Schluckspecht, der gute Mann.«

»Stimmt. Vor ihm wäre nichts Flüssiges sicher, inklusive Batteriesäure«, gab Tommy ihr recht.

»Und haben Sie nicht gesagt, dass der vergiftete Wein ein Tokajer war?«, fragte Matthew.

»Sie meinen, in dem Gespräch, über das Sie Stillschweigen bewahren sollten?«, fragte Phryne. Er wurde rot. »Doch, ja. Da könnten Sie recht haben.«

»Dann war es mit Sicherheit nicht der Prof. Wie hätte er sich einen teuren Wein leisten sollen? Bei ihm reicht es höchstens zum billigen Port.«

»So weit, so gut. Wann findet die nächste Probe statt?«, fragte Phryne.

»Am Donnerstag«, antwortete Matthew. »Hätten Sie Lust? Können Sie singen?«

»Den *Elias* habe ich sogar schon gesungen«, gestand Phryne. »Also gut, wir sehen uns dann. Und danke für Ihren Besuch.« Sie scheuchte die jungen Leute zur Gartentür hinaus.

»Ein nettes Völkchen«, sagte Mr Butler, während er die Gläser einsammelte.

»Ich hoffe bloß, keiner von ihnen ist ein Mörder.«

Es war ein ruhiger Abend. Jane hatte sich in die Geheimnisse der höheren Mathematik vertieft, Dot war mit Hugh Collins im Kino, Tinker war in der Dämmerung noch fischen gegangen, und Ruth las ihr liebstes Kochbuch. Der gebratene Schnapper war köstlich gewesen.

Phryne nahm ihr Glas mit nach oben und blickte aus dem Fenster des Boudoirs hinaus aufs Meer. Der reinste Nervenbalsam. Das Meer war ewig; es ließ sich von den Menschen mit ihren Kriegen und Grausamkeiten nicht beeindrucken. Tinker angelte auf dem Pier. Molly lag neben ihm, die Pfoten in die Luft gereckt, den Schwanz ausgestreckt als Stolperfalle für Passanten. Über die Bucht zog der Abend herauf.

In Australien gibt es keine träumerische blaue Stunde wie in Europa, aber es wird auch nicht schlagartig dunkel wie in den Tropen. Phryne liebte das Zwielicht, den sanften Übergang. Das jähe Hereinbrechen des Abends in äquatorialen Breiten empfand sie als beunruhigend.

Als die Sonne endgültig im Meer versank, mühte sich tapfer John Wilson die Treppe herauf, gefolgt von Mr Butler mit einem Getränketablett. Oben angekommen wirkten beide etwas atemlos.

Mit einem leisen Ächzen ließ John sich in einen weichen Sessel sinken.

Mr Butler stellte das Tablett ab. »Eine telefonische Nachricht von Inspector Robinson, Miss«, verkündete er.

»Ach ja? Was hat der gute Jack denn auf dem Herzen?«, fragte Phryne, die noch immer aus dem Fenster sah.

»Die geheimnisvolle Unbekannte konnte vollständig entlastet werden.«

»Gut.«

»Und er möchte, dass Sie sich einige Papiere ansehen, Miss Fisher. Er schlägt morgen Vormittag vor.«

»Dann soll er mir die Sachen ungefähr um zehn Uhr vorbeibringen. Und richten Sie ihm aus, dass die Person mit dem Tee und die Person mit dem Wein zwei verschiedene Personen sind.«

»Sehr wohl, Miss Fisher. Haben Sie sonst noch einen Wunsch?«

Phryne sah John an, der schüttelte den Kopf.

»Nein, danke, Mr Butler.«

Mr Butler entschwand, als hätte er sich in Luft aufgelöst.

»John, mein Schatz, du musst etwas trinken. Was ist denn passiert?«, fragte sie. Er leerte das Glas Whisky, das sie ihm reichte, in einem Zug und ließ sich sofort nachschenken.

»Sheffield«, japste er.

»Was ist mit ihm?«, fragte Phryne. Ihr wäre es durchaus recht gewesen, wenn er sich bis auf die Knochen oder zumindest bis auf die Unterwäsche blamiert hätte.

»Er wäre fast überfahren worden«, antwortete John. »Gerade eben, als wir aus dem Gemeindesaal kamen. Ein großer schwarzer Wagen, sehr schnell.«

»In der Collins Street?«, fragte Phryne. Normalerweise herrschte dort viel zu viel Verkehr, als dass man richtig auf die Tube hätte drücken können. Das wusste sie genau. Sie hatte es versucht.

»Kam wie eine gesengte Sau aus einer kleinen Gasse geschossen, als Sheffield den ersten Schritt vom Bürgersteig auf die Straße gesetzt hat. Ich konnte ihn in allerletzter Sekunde zurückreißen.«

»Was dir dein Bein nicht gedankt hat«, diagnostizierte Phryne.

»Ich habe mir bloß ein bisschen das Knie angestoßen«, sagte er abwehrend. »Nicht der Rede wert. Du sollst mich nicht bemuttern, Phryne.«

»Das trifft sich gut, das habe ich nämlich auch nicht vor«, sagte sie. »Aber du bist ganz staubig, und ich verordne dir ein Bad in meiner neue Malachitwanne. Ich lasse dir schon mal das Wasser ein. Ich setzte mich an den Rand und unterhalte dich. Wie hört sich das an?«

»Fantastisch!«, antwortete er.

Sie zerstrubbelte ihm das leicht ergraute Blondhaar. »Und wenn du brav bist, leiste ich dir beim Baden vielleicht Gesellschaft.« Sie ging nach nebenan und drehte das Wasser auf. »Zieh schon mal den Anzug aus. Ich lasse ihn schnell aufbürsten. Ich glaube, Dot ist wieder zurück.«

Er zog sich aus und warf den drachenbestickten Morgenmantel über. Phryne telefonierte mit dem Hausapparat nach unten. Als Dot ins Zimmer kam, lächelte sie John an und nahm seine Sachen an sich. Sie war eine Seele von Mensch, was es ihm etwas leichter machte, sich von Phrynes Fürsorge umhüllen zu lassen wie von einem wärmenden Soldatenmantel im kältesten Schützengraben.

»Guten Abend, Miss Williams«, sagte er. »Entschuldigen Sie die Ungelegenheiten.«

»Ach was«, antwortete Dot. »Das mache ich doch gern. Miss Phryne sagt, Sie wären fast überfahren worden?«

»Ja, aber ich wurde nicht verletzt. Es war bloß ein ziemlicher Schock.«

Sie sah ihn mit ihren rehbraunen Augen mitfühlend an. »Gefährliche Dinger, diese Automobile«, sagte sie. »Ich kneife immer die Augen zu, wenn Miss Phryne am Steuer sitzt.«

»Das kenne ich gut!«, rief John.

Dot musterte ihn. »Was war sie damals für ein Mensch, als sie den Sanitätswagen gefahren ist?«, fragte sie leise.

»Ein mageres Kätzchen mit dem Mut einer Löwin«, antwortete John. »Wild und ungezähmt. Und durch nichts zu erschüttern.«

»Dann hat sie sich gar nicht verändert«, sagte Dot. »Die Ölflecke in der Hose gehen nur mit Benzin raus. Der Anzug muss dann bis morgen früh auslüften. Haben Sie noch was in den Taschen?« John schüttelte den Kopf. »Dann bis morgen.«

»Du sitzt also heute Nacht hier fest«, sagte Phryne, aus dem Badezimmer kommend. »Und ich habe deine Hose als Geisel. Das war schon immer so: Wer die Hose hat, hat die Macht. Und du wirst dir von mir in die Wanne helfen lassen«, beschied sie ihm.

Nachdem sie sich bereits fast komplett entblättert hatte, um ihm besser beistehen zu können, ließ John sie widerspruchslos über sich verfügen, vor allem auch, weil sich an seinem Knie ein sehr beeindruckender Bluterguss gebildet hatte und er noch immer am ganzen Körper zitterte. Das mechanische Monstrum war so nah an Sheffield vorbeigeschossen, dass es seine Jacke gestreift hatte. Um ein Haar hätte es John Wilsons Lebenssinn ausgelöscht.

Was für ein flüchtiges Glück! Für den Bruchteil einer Sekunde hatte er Sheffield in den Armen gehalten, das Gesicht an seinem Hals, den männlich herben Duft seines teuren Eau de Cologne einatmend, den fremden, würzigen Duft seiner Haut. Nur einen Augenblick lang. Und um das Gleichgewicht nicht zu verlieren, hatte Sheffield auch John umarmt. Nur einen Augenblick lang.

Kein Wunder, dass er immer noch bebte.

Phryne, der alles viel zu langsam ging, zog ihn nackt aus, nahm ihn bei der Hand und brachte ihn ins Bad. Langsam und vorsichtig bewältigte er die Stufen, die hinunter in die riesige Wanne führten, und ließ sich in das nach Kiefernnadeln duftende grüne Wasser zurücksinken, das fast unerträglich heiß war. Phryne bettete seinen Kopf auf ein kleines Reisekissen aus Gummi, und er schloss die Augen.

»Da es nicht ratsam ist, in der Badewanne einzuschlafen, möchte ich dir von dem seltsamen Fall erzählen, in dem ich gerade ermittle. Zum Teil hast du wohl schon etwas davon mitbekommen.« Phrynes Stimme drang aus nächster Nähe an sein Ohr. Er öffnete die Augen. Die Füße im Wasser, saß sie splitterfasernackt auf dem Wannenrad. Sie bewegte sich ausgezogen ungezwungener als manch anderer Mensch im Badekostüm.

»Der Fall des toten Chorleiters?«, fragte John. Das heiße Wasser wirkte beruhigend auf seine Nerven. Aber der Bluterguss am Knie hatte sich mittlerweile violett verfärbt. Und natürlich musste es das verletzte Bein sein, das in Mitleidenschaft gezogen worden war. »Rupert tippt auf die Frau, die ihm das Essen gebracht hat.«

»Sie war es nicht.« Phryne konnte sich einen Anflug von Selbstgefälligkeit nicht verkneifen. »Ich habe sie ausfindig gemacht. Kurz bevor Rupert ihr auf die Spur gekommen ist. Sie arbeitet als Köchin im Imperial Hotel.«

»Ach, Gott.« John drückte das schmerzende Knie unter Wasser. »Das hat ihm bestimmt nicht gefallen.«

»Nein, nicht sehr. Wir hatten ein kurzes, aber heftiges Gespräch, zum Glück auf Französisch. Ich glaube, er kann mich nicht leiden«, sagte Phryne. »Aber sein Französisch ist ein Gedicht. Für so eine perfekte Aussprache lässt man sich gern beleidigen.«

»Seine Mutter war Französin«, murmelte John. »Ein Jammer, dass sie ihn nicht leiden konnte.«

»Nein?«

»Nein. Sie hat seinen Vater gehasst«, antwortete John. »Und deshalb auch den Sohn. Als kleiner Junge war er in der Obhut von Kindermädchen, und sobald er alt genug war, wurde er ins Internat abgeschoben. Wo es ihm anscheinend auch nicht gut ergangen ist.«

Phryne spitzte die Ohren. »Ach nein?« Kenne deine Feinde, war schon immer ihr Wahlspruch gewesen.

»Nein. Leider hält er mit seiner Intelligenz nicht hinterm Berg. Er begreift nicht, dass er mit Bescheidenheit weiterkäme. Wenigstens gibt es auf dem Internat in Winchester nicht diese alte Privatschulsitte, dass die jüngeren Schüler den älteren zu Diensten sein müssen. Er wurde nicht allzu oft verprügelt, nur weil er so klug und fleißig war. Er wollte einfach alles lernen. Die anderen Jungen haben ihn als Streber belächelt und in Frieden gelassen. Er hatte einen Mathelehrer, der Verständnis für ihn hatte, und sprachbegabt war er ohnehin.«

»Das konnte man hören.« Phryne plätscherte mit den Zehen im Wasser.

»Er war viel zu jung für den Krieg, genau wie ich. Man hat ihn direkt von der Uni eingezogen, so wie man mich aus dem Medizinstudium gerissen hat.«

»Ja, mein Schatz.« Phryne streichelte seine Hand. »Wir waren alle viel zu jung dafür.«

»Er wurde nach Athen geschickt. Ich glaube, man hat ihn ganz manierlich behandelt. Er hat Codes entschlüsselt, darin war er ein As. Und er hat allein durchs Zuhören Türkisch und Griechisch gelernt, weil er mit Muttersprachlern zu tun hatte. Ich weiß nicht, ob er noch woanders als in Athen eingesetzt war, erzählt hat er nichts darüber. Er hat den Koran in türkischer Übersetzung gelesen. Nur um Türkisch zu üben.«

Phryne stupste ihn noch einmal an. »Aber religiös ist er nicht?«

»Nein, der Arme. Für mich ist der Glaube ein großer Trost. Ohne den Glauben wäre das Leben nicht zum Aushalten, Phryne. Es wäre viel zu grausam. Ich könnte den Gedanken an die vielen, vielen Jungs, die nicht mehr da sind, die ausgelöscht wurden wie Kerzen, nicht ertragen. Geht es dir nicht auch so?«

»Doch«, sagte Phryne. »Ich stelle mir gern vor, dass sie mit ihren Kameraden zusammensitzen und sich gepflegt einen hinter die Binde gießen, den Schlamm und den Gestank des Krieges abgewaschen, putzmunter und bester Laune. Wenn das nicht der Himmel ist, will ich da nicht hin. Könnte aber auch sein, dass es für mich gar nicht zur Debatte steht.«

»Sei nicht albern«, murmelte John. »Alle toten Jungs und auch ziemlich viele von den Lebenden werden die Gottheit anflehen, dich reinzulassen. Ich natürlich auch«, fügte er hinzu, und drückte ihr einen Kuss auf die Hand, die noch auf der seinen lag.

»Sehr lieb von dir«, sagte sie. »Und deine Stimme dürfte Gewicht haben. Du bist einer der wenigen durch und durch guten Menschen, die ich kenne.«

»Nicht doch, Phryne. Ich bin …«

»Vom anderen Ufer?«, sagte Phryne. »Na und?« Sie sagte das mit einer solchen Selbstverständlichkeit, als hätte er sich gerade zu blauen Augen bekannt.

»Und das bedeutet«, fuhr John unbeirrt fort, »dass ich ein Sünder bin.«

»Blödsinn«, entgegnete Phryne scharf. »Gegen die Liebe ist nun mal kein Kraut gewachsen. Ich bin mir sicher, dass es deinem Gott herzlich egal ist, wen du liebst.«

»Und das von der Frau, die nicht in den Himmel kommt?« John lachte.

»Aber nicht aus dem Grund«, antwortete Phryne. »Ich kann es dir beweisen.«

»Du kannst beweisen, dass Levitikus nicht Gottes Wort ist?«, fragte John.

»Na klar. Levitikus ist eine Sammlung von Regeln für ein nomadisches Wüstenvolk, das gut beraten war, keine mit Bakterien angereicherten Schalentiere oder sonstige unsauberen Krabbelviecher zu essen, und bei denen man Leprakranke aus gutem Grund isolieren musste. Aber überleg doch mal: Wenn du dich wegen Levitikus 18:22 als Verdammter dem Höllenfeuer überantworten willst, musst du auch die ganzen anderen Gesetze befolgen: Gotteslästerer steinigen, fremdländische Sklaven kaufen, Hexen töten, Brandopfer darbringen und diejenigen erschlagen, die zwei verschiedene Arten Garn verzwirnen, was da hieße, dass du jetzt sofort aus der Wanne steigen und Dot abschlachten müsstest, weil sie die Wäsche für ihre Aussteuer mit einem Baumwoll-Seidengarn bestickt.«

»Dass mir eine nackte Frau die Heilige Schrift erklärt, ist mir noch nie passiert«, sagte John ungläubig.

»Nur, damit du besser aufpasst.« Phryne senkte die Hand ins Wasser, um noch mehr Konzentration aus ihm herauszukitzeln.

»Ich passe ja auf«, versicherte er ihr. Inbrünstig.

»Und mit Jesus Christus haben diese Regeln schon gleich gar nichts zu tun«, fuhr sie fort. »Ich möchte dich auf den Brief an die Galater aufmerksam machen, in dem ausgerechnet der Heilige, der mir von allen am unsympathischsten ist, auf genau diese Tatsache hinweist – so ungern ich es auch zugebe. Kein anderer als der Apostel Paulus – der gesagt hat, dass die Frauen in der Gemeinde zu schweigen und ihren Männern in allen Dingen untertan zu sein haben –, kein anderer als er schreibt, dass Christus uns vom Fluch des Gesetzes erlöst hat. Wir sind den alttestamentarischen Gesetzen nicht mehr unterworfen. Galater 3.13, da kannst du es nachlesen. Aber bitte nicht jetzt sofort.«

Sie streichelte ihn. John, der geglaubt hatte, sich völlig verausgabt zu haben, musste feststellen, dass er sich geirrt hatte, Und zwar gründlich.

»Noch schöner steht es in Galater 3.26: ›Denn ihr seid alle Gottes Kinder durch den Glauben an Jesus Christus.‹ Was willst du mehr? Galater 3.28? ›Hier ist nicht Jude noch Grieche, hier ist nicht Knecht noch Freier, hier ist nicht Mann noch Weib; denn ihr seid allzumal einer in Christus Jesus.‹ Besser geht es doch wirklich nicht. Wenn du dich also nur deshalb nicht auf Sheffield stürzt, weil du ihn davor bewahren willst, mit dir in deinem Sündenpfuhl zu versinken, kannst du diese Bedenken ganz schnell ad acta legen.« sagte Phryne.

»Schon gut, schon gut. Du hast mich überzeugt.« John grinste. »Gegen deine Argumente ist kein Kraut gewachsen, Phryne! Woher hast du deine theologischen Kenntnisse?«

»Als ich im Internat war, musste ich stundenlang in der eiskalten Kirche sitzen und mir Predigten anhören, die so langweilig waren, dass man es kaum in Worte fassen kann. Deshalb habe ich alles gelesen, was gerade rumlag. Soll heißen: die Bibel. Faszinierende Lektüre. Auch wenn sie manchmal ziemlich widersprüchlich ist.«

»Aber hat Paulus die Homosexualität nicht auch als Sünde verurteilt?«, fragte John, dem seine Sonntagsschullektionen allmählich doch wieder einfielen.

»Schon, aber damit beweist er doch bloß, was für ein Idiot er ist«, gab Phryne zurück.

»Du musst ein fürchterliches Kind gewesen sein.« John ließ die nasse Hand über ihren Oberschenkel wandern.

»Worauf du dich verlassen kannst!«

»Es gibt noch einen Grund, warum ich mich nicht auf Sheffield stürze«, sagte er. »Weil er mich nicht will.«

»Ach nein?« Phryne ließ sich zu ihm in die Wanne gleiten. »Er nicht, aber ich schon.«

Und John durfte die beglückende Erfahrung machen, dass er sich im warmen Wasser dem leidenschaftlichsten Liebesspiel hingeben konnte, ohne sein verwundetes Bein einer Belastung auszusetzen.

Er erwachte in Phrynes Bett und blickte im Morgengrauen aufs Meer hinaus. Die Sonne ging auf, es wurde langsam hell. Phryne lag, an ihn gekuschelt, neben ihm. Wie eine Katze, adrett und elegant. Jeder Ort, an dem sie schlief, hätte den perfekten Hintergrund für ein Bild vollkommener Entspannung dargestellt. In dieser Nacht hatte niemand einen Albtraum gehabt. Er schloss die Augen. Selbst wenn er sich heimlich hätte davonstehlen wollen, es ging nicht. Seine Hose befand sich noch immer in Geiselhaft.

Ein selbstzufriedenes Lächeln auf den Lippen, das sich nicht unterdrücken ließ, schlief John Wilson wieder ein.

8

So große Liebe macht bald satt,
Verliert sehr rasch an Wert,
Und langweilig wurd' sie dann glatt
Für den, der sie verehrt'.
Schnell losch die Glut, die sie entfacht',
Ich wurde kalt und scheu;
Als eines Morgens ich erwacht',
Verliebt' ich mich aufs Neu'.

Gilbert and Sullivan
Trial by Jury

Wie eine Katze, die sich dem menschlichen Griff entziehen will, schlüpfte Phryne unter John Wilsons Arm hinweg, stand auf und ging sich anziehen. Bald darauf erschien Dot mit Croissant und Kaffee.

»Ein schöner Tag, Miss. Detective Inspector Robinson kommt um zehn.«

»Dann geben wir John wohl besser seinen Anzug zurück.« Phryne trank ein Schlückchen. »Stimmt etwas nicht?«

»Nein, Miss. Aber ein böser alter Mann hat Tinker vom Steg ins Wasser geschubst. Ihm ist nichts passiert, er kann ja schwimmen.«

»Warum schaust du dann so besorgt drein?« Sie biss in das Croissant.

»Weil Molly nach dem Mann geschnappt hat, und Tinker glaubt, dass er herkommt, um sich zu beschweren.« Dot trat von einem Fuß auf den anderen. »Vielleicht meldet er sie bei der Polizei, und dann müssen wir sie erschießen lassen.«

»Ausgeschlossen!«, sagte Phryne. »Einmal darf jeder Hund beißen. Wir konnten ja schließlich nicht wissen, dass Molly schon mal zuschnappt.«

Dot senkte den Blick und zupfte an ihrem Zopf. »Äh, doch, Miss, das wussten wir, weil sie ...«

»Nein. Das konnten wir nicht wissen«, sagte Phryne bestimmt. »Du musst deine unheilbare Ehrlichkeit im Zaum halten, Dot. Wenn sich der alte Kinderschubser tatsächlich hierher traut, schick ihn gleich zu mir rein. Sonst noch etwas?«

»Nein, Miss.« Dot war froh und erleichtert. Sie hatte Molly sehr gern.

»Vielleicht wäschst du dem Hund das Maul lieber aus. Damit er sich von dem Biss in diesen Giftnickel nicht noch den Tod holt. Jetzt muss ich mich langsam fertigmachen.«

»Ich habe den Anzug des Doktors mit raufgebracht«, sagte Dot.

Phryne legte ihn leise auf dem Fußende des Betts ab. John Wilson schlummerte weiter, wie ein seliger Säugling.

Während Dot zu Tinker ging, um ihm zu sagen, dass er Molly nicht verschwinden lassen musste, setzte Phryne sich mit ihrem Lieblingspolizisten und einem großen Karton mit Papieren des verstorbenen Hedley Tregennis in den Salon.

»Kippen Sie alles auf den Tisch, mein lieber Jack. Und dann machen wir uns ans Sortieren. Rechnungen hierher, Briefe dahin, den Rest nach dort drüben. Er war ziemlich wohlhabend«, sagte sie, nachdem sie einen Blick in sein Sparbuch geworfen hatte. »Mehr als 100 Pfund auf der Bank. In der Regel hat er für seine wöchentlichen Ausgaben per Scheck zehn Pfund abgehoben. Keine größeren Beträge, keine auffälligen Abhebungen. Eine regelmäßige Einzahlung jeden Monat, wohl ein Gehalt.«

»Seine Miete hatte er bis Ende des Monats bezahlt«, sagte Jack.

»Er war ein Freund der französischen Küche. Hier ist eine Speisekarte von Le Perroquet in Prahran. Teurer Laden.«

»Er stand in Verhandlungen über ein Engagement als Chorleiter bei der Oper in Sydney«, berichtete Jack. »Aber anscheinend wollten sie ihn dann doch nicht haben, obwohl er mit der Gage runtergegangen ist.«

»In jedem Chor wird geklatscht und getratscht«, sagte Phryne. »Da ist es fast so schlimm wie bei der Polizei. Man wird sich nach ihm erkundigt und nur üble Geschichten über ihn zu hören bekommen haben. Noch mehr Rechnungen. Alle abgezeichnet, alle bezahlt. Ein ordentliches Leben. Bis jetzt. Gut. Aber was sind das für zerknüllte, zerknitterte und zerfetzte Seiten? Was haben Sie mir da Schönes mitgebracht, Jack?«

Die Augenbrauen des Inspectors rutschten Richtung Haaransatz.

»Liebesbriefe«, krächzte er. »Die man am besten mit der Kneifzange anfasst.«

Die flammenden Zeilen brachten sie zum Kichern. »Ich lasse Ihnen von Mr Butler einen Topflappen bringen.« Sie lachte. »Und wenn man vom Teufel spricht ... Ja, Mr B?«

Auf Mr Butlers sonst stets ausdruckslosem Gesicht zeichnete sich maßlose Erbitterung ab.

»Ein Mr Brown, Miss Fisher. Eines der Subjekte vom Pier, wenn ich mich nicht irre. Er will sich beschweren, weil ...«

»Schicken Sie ihn herein, und schicken Sie mir auch Tinker. Wie gut, dass Sie da sind, Jack. Möglicherweise kann ich etwas Amtshilfe gebrauchen.«

Jack Robinson war es nicht ganz wohl in seiner Haut, aber er war entschlossen, Phryne unter allen Umständen zu unterstützen. Hoffentlich würde es ihn nicht seine Marke kosten. Hoffentlich würde es nicht zu Tätlichkeiten kommen. Gegen wen auch immer. Von wem auch immer.

Mr Butler führte einen gammeligen Alten herein, der so stark nach fauligem Fisch stank, dass der Butler, ohne erst lange zu fragen, das Fenster aufriss.

Mr Brown, dem es nicht im Traum einfiel, in Gegenwart einer Dame die Mütze abzunehmen, starrte Phryne an und knurrte: »Ihr Köter hat mich gebissen. Der gehört erschossen.«

»Nicht so hastig«, sagte Phryne. »Ich hatte ja keine Ahnung, dass das Tier beißt. Ich schlage vor, Sie erzählen dem Detective Inspector, womit Sie einen bislang friedlichen Hund so gereizt haben, dass er Sie beißen musste.«

»Ach ne«, sagte Mr Brown. »Polente?«

»Ich bin Detective Inspector Robinson«, blaffte Jack, dem der Anblick des alten Schurken gar nicht gefiel. Außerdem hatte er viel für Molly übrig. »Also? Was ist vorgefallen?«

»Ich saß friedlich da und war am Angeln, wie die Töle mich plötzlich angefallen hat«, empörte sich Mr Brown. »Sehen Sie? Hier. Es blutet!«

Robinson inspizierte die unappetitliche Wade, auf der unzweifelhaft der Abdruck eines Hundegebisses zu sehen war. Hoffentlich hatte Molly sich nicht vergiftet.

»Ja, es blutet. Aber warum hat der Hund Sie gebissen?«

Unter Jack Robinsons gnadenlosem Blick waren schon sehr viel größere Verbrecher als Mr Brown eingeknickt.

»Kann sein, ich ... Kann sein, ich hab das Bürschchen ein bisschen mit dem Fuß angestoßen«, stammelte er.

»Tinker?«, fragte Jack Robinson.

Der Junge lüpfte sein Hemd, unter dem sich ein Bluterguss mit dem Muster einer Stiefelsohle abzeichnete. Tinker war mit einem Fußtritt vom Pier ins Wasser befördert worden.

»Ein Glück für Sie, dass Sie ihm nicht die Rippen gebrochen haben«, sagte Robinson. »Möchtest du ihn wegen Körperverletzung anzeigen, Tinker?«

Der schüttelte den Kopf. »Hauptsache, es tut keiner unserer Molly was zuleide.«

Robinson musterte Mr Brown so eingehend und gründlich, als wollte er sich seine Züge einprägen, um ihn jederzeit wiedererkennen zu können.

»Machen Sie, dass Sie rauskommen. Und wenn mir zu Ohren kommt, dass Sie sich noch mal an Kindern vergriffen haben, kriege ich Sie dran. Ist das klar?«

Brown wurde grün im Gesicht, was Mr Butler für den Teppich das Schlimmste befürchten ließ.

»Klar wie Kloßbrühe, Chef. Bloß, tun Sie mir nix.«

Mr Butler eskortierte den leise schlotternden Mr Brown erst aus dem Zimmer und dann aus dem Haus, vorbei am breit grinsenden Tinker und an Molly, die im Garten angebunden war und ihm zum Abschied ein Knurren hinterherschickte.

»Nimm dich in Zukunft vor ihm in Acht, Junge. Ich glaube, er hat dich auf dem Kieker«, sagte der Polizist.

»Weil ich mehr Fische fange als er. Ich gehe ihm von jetzt an aus dem Weg.« Tinker hatte sich noch immer nicht daran gewöhnt, dass er Verbündete hatte und auf sie zählen konnte. Es war ein seltsam berauschendes Gefühl. Und Molly war vor dem Kerl sicher. Woher wusste sie überhaupt, dass Brown im Haus war? Wahrscheinlich hatte sie den alten Mistkerl gewittert. Braves Mädchen. Hätte ihm gerne noch mal die Zähne ins Fleisch geschlagen, obwohl er bestimmt nicht gut schmeckte.

»So, mein Junge, du holst dir jetzt die Arnikatinktur von Mrs Butler und lässt dich von Jane damit einreiben«, befahl Phryne. »Das wird ein Prachtexemplar von einem Bluterguss.«

»Kann ich nicht bei dem Papierkram helfen, Chefin?«

»Kommt nicht infrage«, sagte Robinson. »Ich glaube, für diese Briefe bin sogar ich noch zu jung. Arnika und ein Verband, und du kannst dich für den Rest des Tages als Held fühlen.«

»Astrein.« Und Tinker zog los, um sich von den weiblichen Wesen des Hauses verarzten zu lassen. Jane verstand sich ausgezeichnet auf Erste Hilfe. Sie hatte eine ruhige Hand und wurde – im Gegensatz zu Ruth – nicht durch Mitleid mit dem Patienten gehemmt. Phryne musste an John Wilson und sein krankes Bein denken. Wenn er aufgewacht war, würde sie ihn ein bisschen umsorgen.

Schweigend setzten sie die Lektüre der Briefe fort.

»Also gut, was hätten wir? Eine Frau, die mit ›Aspasia‹ unterschreibt und offensichtlich völlig vernarrt in Hedley Tregennis ist«, sagte Phryne. »Wegen der Daten wissen wir, dass es sich bei ihr nicht um Genevieve Upton handelt. Denn Aspasia ist schon seit drei Jahren mit Tregennis verbandelt.«

»Eine Frau mit starken Gefühlen«, bemerkte Robinson.

»Aber ohne jeglichen Geschmack«, ergänzte Phryne. Sie fächelte sich mit den glutvollen Liebesbriefen Kühlung zu. »Eins muss man ihr lassen: Sie hat einen interessanten Schreibstil. Mit dem Verfassen erotischer Literatur könnte sie ihren Lebensunterhalt verdienen. Anaïs Nin wäre begeistert. Offenbar war sie früher Musikerin. Jenny hat einmal einen Geigenbogen im Dirigentenzimmer gesehen.«

»Also eine Geigerin aus dem Orchester«, sagte Jack und suchte nach seiner Akte.

Mr Butler brachte Jane herein, die stark nach der Heiltinktur roch.

»Miss Phryne, darf ich das Knie des Doktors mit Arnika einreiben?«, fragte sie aufgeregt. »Er ist aufgestanden. Ich habe das Mittel schon an den Händen, da könnte ich mir auch gleich sein Bein ansehen. Vielleicht kommt er danach leichter die Treppe runter, der arme Mann«, schob sie leicht verzögert hinterher, da ihr erst zu spät wieder eingefallen war, dass für den Arztberuf ja auch Einfühlungsvermögen wichtig war. An dieser Tugend musste sie noch feilen.

»Nimm dir Dot als Begleitung mit, damit der arme Mann nicht in seinem Schicklichkeitsgefühl verletzt wird, Jane, mein Spatz. Und tu ihm nicht weh.«

»Ich will ihm doch nicht wehtun! Ich will, dass es ihm besser geht.«

»Wie wir alle.« Phryne war nicht ganz bei der Sache, abgelenkt durch Aspasias leidenschaftliche Ergüsse. Alle Achtung, Hedley Tregennis musste ein Mann mit verborgenen Talenten gewesen sein. Die Schreiberin schwärmte von einem Akt, den Phryne nicht nur noch nie ausprobiert, sondern an den sie in ihren kühnsten Träumen nicht einmal gedacht hatte. Und das wäre wirklich ein Novum.

Während Jane und Dot nach oben gingen, fuhr Jack mit dem Finger die Liste der Orchestermusiker ab und suchte die Geigerinnen heraus.

»Natürlich keine Aspasia. Aber immerhin eine Anne«, las er vor. »Dann ist der Arzt ihr … Hausgast?«, fragte er unvermittelt.

»Er ist ein sehr alter Freund, Jack; meinetwegen hat er eine Ladung Granatsplitter in den Rücken bekommen. Ich habe ihn sehr gern«, sagte Phryne. »Wollen Sie die Narben sehen?« Sie zog ihre Bluse hoch und zeigte ihm ihre mit kleinen Narben übersäte Flanke. »Uns hat eine Feuerwalze erwischt. Ohne John Wilson hätte sie mich zerfetzt.«

»Dann schulde ich ihm ein Dankeschön.« Jack musste sich beherrschen, nicht über die weiche Haut zu streichen. »Ich dachte bloß, weil er zu diesem Sheffield gehört …«

»Für Sheffield kann er nichts«, sagte Phryne. »Den hätte übrigens gestern beinahe jemand über den Haufen gefahren.«

»Das wundert mich gar nicht.« Robinson schmunzelte.

»Mich auch nicht, mich auch nicht. Zum Glück habe ich ein Alibi, ich kann es nicht gewesen sein. Aber der arme John hat Sheffield das Leben gerettet. Was der bestimmt noch nicht mal gemerkt hat. Dabei hat John sich das verwundete Bein geprellt, weshalb Jane es ihm jetzt mit Arnika einreibt. Und weil sie sich die Narbe gründlich ansehen will – Jane mag Narben.«

»Ja, dem armen Kerl war es einfach nur peinlich, dass uns dieser Sheffield so zusammengestaucht hat«, sagte Robinson. »Ich schätze, Sie haben recht. Für Sheffield kann er nichts. Und es war eine gute Tat von ihm, Ihnen das Leben zu retten. Die Lebensretterei wird schon langsam zur Gewohnheit bei ihm, hm?«

»Kann man wohl sagen«, stimmte Phryne ihm zu. »Haben Sie Beschreibungen von den Violinistinnen vorliegen?«

»Hab ich. Warum?«

»Aus einigen Briefen geht hervor, dass Tregennis sie seine Königin von Saba genannt hat. Und die wird in der Regel als dunkelhäutig dargestellt. Irgendwo merkt sie auch an, dass er ihre dunklen Augen bewundert. Wir suchen also einen dunklen Typ, eine etwas füllige Frau. Mit weiblichen Rundungen. Sie beschreibt immer wieder, dass er nicht genug davon bekommen konnte, den Kopf auf ihren üppigen Busen zu betten. Dunkel. Füllig.«

»Das trifft nur auf eine zu«, sagte Jack. »Mrs Horace Regan. Vorname Alice.«

»Aha«, sagte Phryne. »Gut, die merken wir uns. Und jetzt sehen wir uns noch das Altpapier an.«

Sie häufte die Liebesbriefe zum Stapel auf, legte als Briefbeschwerer eine Schneekugel darauf, um das Feuer etwas abzukühlen, und machte sich daran, die zusammengeknüllten Seiten glattzustreichen.

»Ach, du liebe Güte«, sagte Robinson, während er die Hälften eines zerrissenen Zettels nebeneinanderlegte.

»Ich glaube, so eine Nachricht habe ich hier auch.«

»*Ich will dich nie wiedersehen, du miese Verräterin?*«, fragte Jack.

»Hoffentlich ist das ein Zitat«, sagte Phryne leicht pikiert.

»Aber natürlich, was denn sonst?« Jack tippte ihr auf den Handrücken. »Und wie lautet Ihr Text?«

»*Verschwinde aus meinem Leben, du Miststück,* ist noch das Netteste, was er sich abringen konnte. Ich verstehe nicht, warum er die Entwürfe weggeworfen hat. Sie drücken doch alle das Gleiche aus. Wie viel tiefer wollte er noch sinken, nachdem er die Frau schon ein Dutzend Mal mit den gröbsten Beleidigungen eingedeckt hatte?«

»Tja, das ist die Frage«, murmelte Jack. »Aber warten Sie, hier habe ich einen, der nicht nur Beschimpfungen enthält. *Was meinst du wohl, was Horry sagt, wenn ich ihm die Briefe zeige?* Na, da hätten wir doch ein wunderhübsches Mordmotiv.«

»Raffiniert«, sagte Phryne. »Ob er sie zu allem Überfluss auch noch erpresst hat? Es fällt mir immer schwerer, für unser Opfer Mitleid zu empfinden, Jack.«

»Geht mir auch so. Aber als Polizist muss man hart im Nehmen sein.«

Phryne lächelte ihn liebevoll an. Es hüstelte leise. (Regelwerk für Butler, Lektion 7: Wie man unauffällig auf sich aufmerksam macht.)

»Ja, Mr Butler?«, sagte Phryne.

»Mr Rupert Sheffield, Miss Fisher.«

»Bitten Sie ihn herein.«

»Er möchte sich nach Dr. Wilson erkundigen, Miss Fisher.«

»Dann schicken Sie ihn nach oben. Ich muss nicht mit ihm reden. Jane dürfte mit ihrer Behandlung auch bald fertig sein.« Phryne wandte sich wieder Jack zu. Schritte eilten die Treppe hinauf. Sie verkniff sich ein Lächeln. Rupert für einen guten Zweck eifersüchtig zu machen war ausgesprochen unterhaltsam. Noch ein Grund, warum Phryne nicht in den Himmel kommen würde. Nicht ein einziger davon tat ihr leid, und auch der Angreifer damals im Schützengraben hatte sein Schicksal wahrlich verdient.

Rupert Sheffield blieb in der Tür zum Boudoir stehen. Es war ein wunderschönes Zimmer im Art-déco-Stil. Miss Fisher hatte eindeutig eine Vorliebe für die Farben Grün und Violett, unterstrichen auch durch eine Vase mit Iris auf dem Tisch. In einem prächtigen Spiegel mit hauchzart rosa eingefärbtem Glas, von Weinreben aus Keramik umrankt, erhaschte er einen Blick auf sein Gesicht. Wer in dieses Gemach vorgelassen wurde, durfte sich auf ein Bacchanal freuen, so viel stand fest.

Die Reben krönten die elfenbeinblassen Züge eines Mannes, der sich in all dem Luxus fehl am Platz fühlte. Sie hätten zu Apollo in einer seiner weltenzerschmetternden, pestverbreitenden Stimmungen gepasst, aber nicht zu Pan und nicht einmal zu Dionysus.

John Wilson saß mit fast bis zur Hüfte hochgekrempeltem Hosenbein da, den nackten Fuß auf einem Kissen. Neben ihm kniete ein blondes Mädchen. Rupert stieg ein scharfer Arnikageruch in die Nase, bestimmt kein Duft, der in Miss Fishers Boudoir oft anzutreffen war. Auf dem anderen Stuhl saß eine unscheinbare junge Frau, eine zusammengerollte Mullbinde auf dem Schoß. In ihrer Strickjacke steckte eine Sicherheitsnadel.

Sheffield war empört. Miss Fisher kümmerte sich noch nicht einmal selbst um John, sie ließ ihn von einer Dienstbotin verarzten. Sie hatte ihn auch nicht verdient. John unterhielt sich mit dem Mädchen, beantwortete ihre Frage.

»Ja, das Femur war zersplittert«, sagte er zu ihr, während sie den blauroten Bluterguss an Knie und Schienbein mit einer Tinktur einrieb. Das Hämatom war noch frisch. Wahrscheinlich war es passiert, als er Sheffield vor dem heranrasenden Wagen weggestoßen hatte. Eine unnötige Tat. Er war ganz und gar nicht in Gefahr gewesen. Mit einem großen Satz hätte er sich selbst auf den Bürgersteig retten können. John hatte sich ohne guten Grund verletzt. Eine unlogische Reaktion. »Die Chirurgin wollte mir das Bein nicht abnehmen, sie hat für seinen Erhalt gekämpft. Ich habe noch wochenlang Knochensplitter aus der Narbe gezogen.«

»Aber der Knochen ist wieder zusammengewachsen«, bemerkte das Mädchen. »Und es sieht auch so aus, als wären einige Sehnen und Muskeln nicht durchtrennt worden. Sonst könnten Sie nicht mehr gehen. Und Sie sind doch eigentlich ganz gut zu Fuß.«

»Ja, der menschliche Körper ist eben erstaunlich regenerationsfähig«, gab John ihr recht.

Für eine Dienstbotin war das junge Ding zu forsch. Vielleicht die Tochter des Hauses? Dann handelte es sich bei dem Mauerblümchen sicher um Miss Fishers Gesellschafterin, die als Anstandsdame den Mantel der Schicklichkeit über die Affären ihrer Herrin breitete. Sie machte wirklich einen sehr ehrbaren Eindruck. Anscheinend war sie auch noch katholisch, wenn man nach der Kette mit dem Kruzifix gehen konnte, die sie um den Hals trug. Sie hatte eine Vorliebe für Herbstfarben: Das Kleid war beige, die Strickjacke dunkelbraun. Hochwertig, aber nicht extravagant gekleidet, flache Hausschuhe, saubere Hände, Einstiche von einer Nadel am Zeigefinger – eine Stickerin. Lange Haare zum Zopf geflochten, ungeschminkt, Rosenduft. Eine altmodische Frau. Keine Ringe an den Händen. Aber vermutlich verlobt, da sie sich in Gegenwart eines fremden Mannes in einem Boudoir nicht genierte. Merkwürdigerweise war aber auch das junge Mädchen nicht im Geringsten verlegen, und sie belohnte Rupert für sein Interesse.

Jeder Handgriff saß. Obwohl sie recht kräftig massierte, hatte John keine Schmerzen. Sie wusste, wo sich die

Muskelansätze und die Druckpunkte befanden, wie sie die gewünschte Wirkung erzielen konnte. Und die Fragen, die sie John stellte, waren sehr intelligent. Eine gebildete junge Australierin. Über einem blauen Leinenkleid trug sie einen viel zu großen Gartenkittel, um den Stoff vor der Tinktur zu schützen. Sie hatte eine Kurzhaarfrisur. Ihr Aussehen war ihr egal. Anders als dem Menschen, der das Kleid für sie ausgesucht hatte, denn es passte perfekt zu ihren ungewöhnlich dunklen blauen Augen. Einmal hob sie kurz den Kopf, um Sheffield mit einem langen Blick ein- und abzuschätzen und ihn auch gleich wieder zu vergessen, da er für die Aufgabe, auf die sie sich konzentrieren musste, vollkommen irrelevant war. Gleich wandte sie sich wieder John zu. Nach der Massage des Blutergusses nahm sie sich jetzt die komplizierte Narbe auf dem Oberschenkel vor, die sie zu faszinieren schien. Auch Rupert, der sie noch nie zuvor gesehen hatte, konnte sich kaum davon losreißen. Das Geschoss hatte den Knochen zerschmettert und das Fleisch zerfetzt. Der behandelnden Ärztin war nichts anderes übriggeblieben, als alles so gut wie möglich zu richten, die Kugel zu entfernen und die Wunde mit einer Tabaksbeutelnaht zu vernähen, die offen blieb, um bei der sich unweigerlich einstellenden Infektion für die Ableitung des Eiters zu sorgen.

»Warum hat Dr. MacMillan nicht amputiert?«, fragte das Mädchen mit klarer, sachlicher Stimme.

Das Mauerblümchen rief: »Jane! Miss Phryne hat dir gesagt, du sollst dem Doktor nicht wehtun, und das schließt seine Gefühle mit ein!«

»Schon gut, schon gut«, sagte John beruhigend. »Sie sammelt Informationen. Ich kenne diesen Blick. Vor lauter Konzentration bekommt man ein ganz spitzes Gesicht.«

Woher er diesen Blick wohl kennen mochte? Aber ja, natürlich. Von Rupert selbst. Sah er wirklich so aus, wenn er sich konzentrierte?

»Der Knochen ist lang genug und hätte allemal für einen Stumpf gereicht«, bohrte Jane nach, ohne sich um den Einwurf des Mauerblümchens zu scheren.

»Aber die Ärztin wollte mich meinem … meinem … dem Menschen, der auf mich gewartet hat, unbedingt mit beiden Beinen wieder zurückschicken«, erklärte John. »Nur deshalb gehöre ich heute noch zu den Zweibeinern.« Er seufzte. »Das tut gut.« Unter Janes Fingern wurde das verhärtete Narbengewebe weich und geschmeidig.

»Hat Ihr geliebter Mensch dann doch nicht auf Sie gewartet?«, fragte Jane.

Als das Mauerblümchen erneut eingreifen wollte, hob John abwehrend die Hand. »Doch, aber die Geschichte geht trotzdem nicht gut aus, Jane. Deshalb möchte ich lieber nicht darüber reden.«

»In Ordnung«, sagte Jane gleichmütig. Dr. Wilson hatte noch viele andere interessante Seiten, die sie erkunden konnte. »Der Wagen hat Sie hier gestreift.« Sie legte den Finger in die Mitte des Blutergusses. »Die runde Nabe einer Radkappe. Das war wirklich knapp. Hat sich Mr Sheffield dafür bedankt, dass Sie ihm das Leben gerettet haben?« Sie wusste, dass er in der Tür stand. Dem stillen Beobachter war klar, dass ihre Spitze ihm persönlich galt.

»Das war nicht nötig«, antwortete John tapfer.

»So, fürs Erste wären wir fertig«, sagte Jane. »Wenn Sie morgen früh wieder hier sind, kann ich Sie gern noch mal neu verbinden.«

»Danke, Jane. Du bist sehr nett.«

Sie ließ sich von dem Mauerblümchen die Mullbinde geben, bandagierte die Verletzung und verknotete gekonnt die Enden des Verbands. Nachdem sie das Hosenbein wieder heruntergezogen hatte, half sie John mit dem Strumpf und dem Schuh und band ihm eine ordentliche Schleife.

»Auf mit Ihnen.« Sie hielt ihm die Hand hin. Der Kontrast zwischen dem halbwüchsigen Mädchen und dem hochgewachsenen, untersetzten John war frappierend.

Rupert trat ins Zimmer. Die Anstandsdame zuckte zusammen. Jane musterte ihn kühl.

»Kann ich behilflich sein?«, fragte er.

John wurde rot. Aber er ergriff Ruperts Hand und ließ sich von ihm hochziehen. Als Jane ihm den Gehstock hinhielt, nahm sein Freund ihn an sich.

»Ich glaube, ich muss mich noch dafür bedanken, dass du mir das Leben gerettet hast«, sagte Rupert. John sah so erstaunt zu ihm auf, dass es ihn mit einer seltsamen Scham erfüllte.

»Keine Ursache, altes Haus.«

»Es ist ein Gebot der Höflichkeit, dir zu danken. Schließlich hast du dich dabei verletzt. Mir war nicht bewusst, wie schwer. Darf ich dir meinen Arm anbieten und dir die Treppe hinunterhelfen?«, fragte Rupert, die Stimme samtig süß wie Irish Coffee mit Sahnehäubchen und Schokoladenlikör.

John, der nicht wusste, wie ihm geschah, stützte sich mit seinem ganzen Gewicht auf ihn, und sie gingen zusammen die Marmortreppe hinunter. Phryne, die die Szene vom Salon aus mit einem entzückten Schmunzeln beobachtet hatte, kam heraus, um ihre Gäste zu verabschieden.

»Danke, dass du mir Jane geliehen hast«, sagte John zu ihr. »Und für alles andere auch.«

Phryne beugte sich über Rupert Sheffield hinweg und drückte John einen Kuss auf die Wange. »Es war mir eine Freude, in jeder Hinsicht«, sagte sie. »Kannst du nicht noch zum Frühstück bleiben?«

»Er frühstückt mit mir«, konterte Sheffield. »Guten Morgen, Miss Fisher.«

Phryne konnte sich gerade noch beherrschen, bis die Tür hinter ihnen ins Schloss gefallen war, bevor sie in einen regelrechten Lachkrampf ausbrach. Als Jane, die auf dem Weg in die Küche war, um den Gartenkittel zurückzubringen, ihr einen strengen Blick zuwarf, kannte ihre Erheiterung erst recht kein Halten mehr.

»Was hatte das denn zu bedeuten?«, fragte Jack Robinson. »Aber nein, wenn ich's mir überlege, möchte ich es lieber gar nicht wissen. Kommen Sie wieder in den Salon, Miss Phryne Fisher. Wir wollen doch einen Mord aufklären, und jetzt haben wir endlich eine Spur.«

»Wie Sie wünschen«, murmelte Phryne und widmete sich wieder dem Fall der rachsüchtigen Geigerin.

Nachdem Jack kurze Zeit später seine Beweise zusammengesucht hatte und aufgebrochen war, um der schreiblustigen Mrs Horace Reagan auf den Zahn zu fühlen, wusste Phryne nicht mehr, was sie mit sich anfangen sollte, dabei platzte sie fast vor Energie. Kurzentschlossen legte sie Molly die Leine um und unternahm einen flotten Strandspaziergang mit ihr. Falls sie Mr Brown über den Weg lief, würde sie sich die Gelegenheit nicht entgehen lassen, ihn wegen der Attacke auf Tinker noch einmal zur Rede zu stellen.

Die Erinnerung an John, der wie ein schwärmerisches Schulmädchen an Sheffields Arm hing, bereitete ihr ebenso viel Sorge wie Vergnügen. Sie konnte nur hoffen, dass sie sich nicht verkalkuliert hatte. Aber das war kaum anzunehmen.

Als es Zeit fürs Mittagessen wurde, machte sie sich auf den Heimweg. Molly sprang neben ihr her, stolz und glücklich, ein braver Hund zu sein. Phryne teilte ihre Begeisterung.

Die Anprobe des neuen Kleids gestaltete sich für Phryne als strapaziöse Angelegenheit. Vor allem weil es für Jane war, die mit Kleidern nichts am Hut hatte und die Anprobe nur zähneknirschend über sich ergehen ließ. Sie zappelte zwar nicht herum, aber sie stand auch nicht still. Die beste Maßschneiderin aus dem Salon Madame Fleuri wurde allmählich ungehalten. Und mit einer ungehaltenen Maßschneiderin ist nicht zu spaßen.

»Können wir uns nicht dabei unterhalten, Miss Phryne? Das wäre eine Ablenkung von dem Gesteche und Gepikse«, sagte Jane.

Mademoiselle Galle warf Phryne einen flehenden Blick zu. Sie musste bei diesem Modell nur noch den Faltenwurf richtig hinbekommen und anschließend einem zweiten Kind ein Kleid anmessen, bevor sie sich von Mrs Butler eine redlich verdiente Tasse Tee einschenken lassen konnte.

»In Ordnung. Such dir ein Thema aus«, sagte Phryne, die nicht wollte, dass Jane durchlöchert wurde, und hockte sich auf die Armlehne eines Stuhls.

»Bekomme ich auf alle Fragen eine Antwort?«, fragte Jane listig.

»Wahrscheinlich.« So leicht ging Phryne ihr nicht auf den Leim.

»Warum wollen Sie Dr. Wilson diesem unsympathischen Mr Sheffield in die Arme treiben?«

Manchmal hatten Janes Fragen dieselbe verheerende Wirkung wie ein aus dem Fenster gefallenes Klavier. Ihr Gegenüber war platt und sprachlos. Phryne blinzelte.

»Deine Scharfsinnigkeit verblüfft mich immer wieder aufs Neue, Jane. Weil John sich sehnlichst dorthin wünscht, mein Spatz. Es ist ja nicht so, als ob ich ihn zwinge. Mir geht es darum, Sheffield die Augen dafür zu öffnen, wie viel er John bedeutet.«

»Ich kann Mr Sheffield wirklich nicht leiden«, sagte Jane. »Er ist unhöflich, und ich glaube, er hat nichts für Menschen übrig. Ist das nicht gemein dem armen Dr. Wilson gegenüber?«

»Nein, weil es der sehnlichste Wunsch des armen Dr. Wilson ist.«

»Menschen«, seufzte Jane. »Ich werde sie wohl nie verstehen.«

»Wir sind eben keine logischen Geschöpfe«, pflichtete Phryne ihr bei.

Mademoiselle Galle tippte Jane auf die Schulter und entfernte das gereihte Mieder. Keine Sekunde später sprang das Mädchen die Treppe hinunter. Ruth erhob sich, ein Mädchen in vernünftiger Unterwäsche. Mademoiselle lächelte sie an. Mit diesem jungen Ding würde es keine Probleme geben. Und danach wartete dann der *thé anglais* auf sie, für den sie mit der Zeit eine wahre Leidenschaft entwickelt hatte.

Um vier Uhr schneite ihnen ein sehr zufriedener Jack Robinson ins Haus.

»Wir haben sie«, verkündete er. »Sie hat ihrem Mann das Morphium aus dem Arztkoffer und den Tokajer aus dem Weinkeller gestohlen. Wollen Sie wissen, worüber sich der gute Gatte am meisten aufregt? Nicht über die Affäre – es war nicht ihre erste und einzige. Nein, über den Wein! ›Ich verstehe nicht, warum es der Tokajer sein musste‹, hat er geschimpft. ›Ich habe doch nur noch drei Flaschen davon.‹ Vielen Dank für Ihre Hilfe, Miss Fisher.«

»Gern geschehen, mein lieber Jack.« Phryne drückte ihn kurz. »Aber …«

»Ja, ich weiß. Die Todesursache war Ersticken, und wer dafür verantwortlich ist, wissen wir immer noch nicht.«

»Vielleicht kann ich da helfen.« Phryne lenkte ihn zu einem Stuhl. Jack Robinson nahm Platz. Wahrscheinlich wollte sie ihm einen aberwitzigen Vorschlag machen, und so etwas hörte er sich lieber im Sitzen an. Dann konnte einen so leicht nichts umhauen.

»Wie?« Er wollte es wirklich wissen.

»Indem ich mich dem Chor anschließe«, antwortete sie.

»Das klingt nach einem ausführbaren Plan.« Er stieß einen Seufzer der Erleichterung aus.

»Ich habe den *Elias* schon gesungen«, erklärte sie. »Chöre freuen sich immer über eine neue Sopranistin. Wer einem Sterbenden Noten in den Rachen stopft, ist weder couragiert noch gefährlich. Mir passiert schon nichts.«

»Sie sorgen schon selbst dafür, dass es gefährlich wird«, murmelte Jack. »Aber gut, ich habe nichts dagegen.«

»Großartig. Heute Abend findet eine Probe statt. Dann melde ich mich gleich als Verstärkung.«

Jack Robinson musste es sagen, obwohl ihm klar war, dass er sich seine warnenden Worte eigentlich hätte sparen können. Phryne verkörperte den Inbegriff der Leichtsinnigkeit.

»Seien Sie ... passen Sie ...« Er verhaspelte sich. Phryne hatte seine Ermahnungen sowieso alle schon gehört und bis jetzt immer munter in den Wind geschlagen.

Sie lächelte ihn strahlend an. »Keine Bange«, sagte sie.

Was ihn nicht im mindesten beruhigte.

Nachdem sie Mr Butler gebeten hatte, sie später wieder abzuholen, stieg Phryne ein weiteres Mal die Treppe zum Gemeindesaal der Scots Church hinauf. Gleich hinter der Eingangstür stieß sie auf eine Schar Sangesgeschwister.

»Die Notenhefte«, verkündete die Notenwartin.

Phryne strahlte Matthew an, der einen leicht gehetzten Eindruck machte, und auch die umarmungswürdige Calliope und die elegante Caterina bekamen ein Lächeln geschenkt. Sie quittierte den Empfang der Noten mit ihrem exquisiten Füllfederhalter und sah sich suchend nach ihren Mit-Sopranistinnen um. Julia war da und probte schon stumm ihr Quartett. Auch die Wagnerianerin Chloe hatte sich eingefunden.

»Jetzt kommt«, drängte Matthew und fuchtelte ausholend mit den Armen, als müsste er Ziegen hüten. »Stellt euch doch bloß mal vor, was Aunty Mark sagt, wenn wir wieder nicht heil durch ›Oh Herr, du hast nun Feinde verworfen und zerschlagen!‹ kommen.«

»Autsch«, bemerkte Oliver. »Das ist die Einleitung zu seinem großen Rezitativ.«

»Eben«, sagte David grimmig.

Trippelnd und trappelnd und ihre Hüte ablegend, stellten sie sich in der richtigen Reihenfolge auf. Ein kleiner Mann, kahl, abgewetzt, murrend, stellte Phryne zur Rede, als sie sich in der vordersten Reihe positionierte.

»Sie sind neu. Wer sind Sie?«, fragte er mit einem ausgeprägten mitteleuropäischen Akzent.

»Ich bin Phryne Fisher.« Sie lächelte ihn strahlend an, als wäre er ihr Lieblingsonkel. »Und wer sind Sie?«

»Ich bin bloß ein armer Klimperer«, murmelte er. »Als ich noch unter Beecham gespielt habe …«

Er hatte eine Alkoholfahne. Die Verheerungen, die der billige Port bei ihm angerichtet hatte, waren nicht zu übersehen: gerötete Augen, gelbliche Haut, zitternde Hände, aufgesprungene Lippen. Möglicherweise war er, bevor er dem Alkohol verfiel, ein gutaussehender Mann gewesen. Tommy, der mit dem Alten Mitleid zu haben schien, klopfte ihm auf die Schulter und brachte ihn aus der

Schusslinie. Der arme Mensch. Er hatte sicher nicht mehr lange zu leben. Aber sobald seine Hände auf den Tasten lagen, hörte das Zittern auf.

»Bass und Alt«, sagte Matthew. »Ab A, wenn ich bitten darf.«

»*Öffne den Himmel und fahre herab*«, dröhnten die Bässe. »*Hilf deinem Knecht.*«

»Sopran und Tenor!« Matthew gab klar den Takt vor. Phryne atmete auf. Sie hatte schon unter Chorleitern gesungen, die mit den Armen fuchtelten, als ob sie faulige Fische von sich schleudern wollten. Anderen wiederum hatte die Sparsamkeit ihrer Bewegungen den Spitznamen »Mäusemelker« eingebracht. Unter beiden Typen hatte man es gleich schwer, und beide beschimpften den Chor, weil er ihren schwer zu deutenden Gesten nicht folgen konnte. Es gab auch Dirigenten, die zwischendurch vergaßen, dass der Chor beispielsweise kein Ungarisch verstand, worauf die Beschimpfungen in der jeweiligen Fremdsprache erfolgten. Das war bei Matthew zum Glück nicht zu befürchten. Er strich sich das weizenblonde Haar aus der Stirn. Phryne rief sich zur Räson: Der Junge war tabu – leider.

Andererseits konnte sie sich einfach nicht vorstellen, wie er jemandem Notenblätter in den Rachen stopfte, es sei denn, dieser Jemand hätte ihn ganz lieb darum gebeten. Trotzdem war er ein Verdächtiger, und sie ermittelte in einem Mordfall. Also befahl sie ihrer Libido, Ruhe zu geben, und konzentrierte sich wieder aufs Singen. Viel fehlte gar nicht mehr, aber noch war das Stück farblos und stumpf.

»Nein! Überlegt doch mal!«, bettelte Matthew. »Bei euch herrscht Dürre, ihr fleht um Regen, ihr repräsentiert das Volk – also legt verdammt noch mal mehr Gefühl rein! Stellt es euch vor! Eure Kinder verdursten!« Der Chor sah ihn an. Er gestikulierte wild. »Na schön, dann stellt ihr euch eben vor, dass euer Lieblingsschaf verdurstet! Und jetzt mit ein bisschen Feuer, Kinder! Bereit?«

»Bereit«, sagte Caterina, das wohl am wenigsten kindliche Wesen, das man sich vorstellen konnte.

Sie sangen die Stelle noch einmal. Diesmal zeigte sich Matthew zufrieden.

»Sehr schön, das war viel besser. Weiter im Text. Tommy, du singst den Elias. Bitte mit Leidenschaft!«, Matthew hob die Hände.

In der Sekunde, als der Prophet – Tommy – seinen Sohn fragte, ob eine Wolke am Himmel stehe, flog die Tür auf. Ein Bär von einem Mann kam herein und stemmte die Hände in die Hüften. Er hörte einen Augenblick zu. Dann sandte er dem Chor eine Herausforderung entgegen, in einem Bariton mit Tenorqualität, rein wie eine Glocke und kernig wie Früchtebrot.

»Der Piratenkönig bin ich!«, schmetterte er, und sofort war Mendelssohn vergessen.

»Hurra, hurra, hurra, der Piratenkönig!«, schallte es zurück.

Der große, schwere Mann mit dem markanten Gesicht und den kurzen braunen Haaren, der eine unglaubliche Präsenz ausstrahlte, schritt auf den Chor zu. *»Der Piratenkönig bin ich, und ich kenn kein schöneres Pläsier, als König zu sein allhier!«*

Und sofort waren alle bereit, ihm zu huldigen. Sie verließen die Bühne, scharten sich um ihn und umarmten ihn. Als er Phrynes Blick auffing, gab er ihr einen Handkuss.

»Hallo, Miss Fisher!«, rief er.

»Hallo«, antwortete sie. Aus der Nähe betrachtet, war er fast ein wenig Angst einflößend, ein Mann wie ein Baum – und vollkommen immun gegen ihre Reize, falls Phryne sie denn hätte ausspielen wollen. Sie hatte ein untrügliches Gespür dafür, an welchem Ufer jemand angesiedelt war, und Aunty Mark war eindeutig vom anderen, auch wenn sie vermutlich gemeinsame Bekannte hatten. Er hatte warme, weiche Lippen. Kein Wunder, dass ihn einige der männlichen Wesen anstarrten, als hätten sie einen Angelhaken verschluckt. Er war ungeheuer attraktiv. Ihm fehlte höchstens noch ein Rüschenhemd. Oder ein Umhang. Oder ein Federhut. Damit wäre der Piratenkönig perfekt gewesen.

»Kennen wir uns?«, fragte sie. Sie war sich sicher, dass sie ihn noch nie gesehen hatte. Einen solchen Mann übersah man nicht.

»Sie haben einem Freund von mir geholfen, ihn aus einer Zwickmühle befreit.« Er beugte sich vor und flüsterte ihr den Namen zu. Phryne nickte. Es war ein Kinderspiel gewesen: den Erpresser bezahlen, ihm nach Hause folgen, bei ihm einbrechen, den Tresor mit dem kompromittierenden Material ausräumen und die fotografischen Platten stehlen, die für Gawain den sicheren Ruin bedeutet hätten.

Das Geld hatte sie ihm auch zurückgegeben. Und weil Phryne ein ordentlicher Mensch war, hatte sie zuletzt noch die pikanten Geheimnisse der unschuldigen Erpressungsopfer verbrannt und die belastenden Beweise gegen verbrecherische Politiker an Jack Robinson weitergegeben, der die Aufklärung ihrer Machenschaften mit klammheimlicher Schadenfreude in Angriff nahm.

Später hatte sie Gawain aus den Augen verloren – doch jetzt sah sie ihn wieder, dem singenden Halbgott auf dem Fuße folgend. Er drückte ihr überschwänglich die Hand.

»Sie sind damals nach Sydney umgezogen?«, fragte Phryne.

»Es schien mir das Klügste zu sein.« Er war nicht viel größer als sie und hatte hellblaue Augen. Obwohl sein Haar schon schütter wurde, betrachtete ihn der Piratenkönig mit einem liebevollen Blick. »Die Entscheidung hat mir Glück gebracht«, schob Gawain leise hinterher.

»Das nennt ihr Mendelssohn?«, rief Aunty Mark. »Ihr bittet Gott während einer Dürre um Regen – und nicht, dass euch irgendwer den Zuckertopf rüberreicht!«

»Tut mir leid«, sagte Matthew. »Aber unser Chorleiter wurde ermordet.«

»Ach, wirklich? Da bin ich aber gespannt!« Er fing Matthews waidwunden Blick auf. »Entschuldigung, Matt. Ich will auch die Probe nicht stören. Soll ich vielleicht den Elias übernehmen?«

»Gern«, sagte Matthew, und der Chor kehrte auf die Bühne zurück. Das Tempo wurde schneller, die Stimmen munterer. Aunty Mark konzentrierte sich. Aus Trauer um ihre verdurstenden Kinder beziehungsweise Schafe sang das Volk im Brustton der Überzeugung: *Öffne den Himmel und fahre herab! Hilf deinem Knecht, o du, mein Gott!*

»Gehe hinauf, Knabe, und schaue zum Meere zu«, sang Mark, und Caterina antwortete mit einem knabenhaften Piepsen, das zu ihrer weiblichen Figur im krassen Gegensatz stand: *»Ich sehe nichts. Der Himmel ist ehern über meinem Haupte.«*

Als Australier wusste man, was damit gemeint war. Nirgendwo in Europa gab es einen derart ausgebleichten Himmel, ein solches kupferglänzendes, unerträgliches Licht. Elias forderte den Chor auf, zu beten und zu beichten, und schickte das Kind noch einmal auf den Berg, um nach einer Wolke Ausschau zu halten.

»Ich sehe nichts, die Erde ist eisern unter mir.«

Matthew bedeutete Caterina, ans Ende ihrer Stelle zu springen. Sie tat ihm den Gefallen: *»Der Himmel wird schwarz von Wolken und Wind; es rauschet stärker und stärker.«*

»Danket dem Herrn, denn er ist freundlich«, sang das Volk.

Obwohl Phryne das Oratorium schon gesungen hatte, erkannte sie erst jetzt, wie angespannt die Lage war. Elias hatte damit geprahlt, dass sein Gott der beste sei. Die Propheten des Baal waren überwältigt und auf grausame Art getötet worden. Aber jetzt musste Elias sein Versprechen einlösen. In der Bibel schickte er den Jungen sieben- oder sogar neunmal auf den Berg, bei Mendelssohn nur dreimal. Trotzdem war die Spannung in der Musik zu spüren. Weil Elias dem Herrn vertraute, vertrauten ihm die Menschen. Aber was, wenn ihr Vertrauen enttäuscht würde?

Dann würde er sich ruck, zuck am Ufer des Cherith wiederfinden, und zwar ohne Kopf – was sonst? In Gesellschaft der Propheten des Baal. Als Kind hatte Phryne die grausamen Stellen im Alten Testament begeistert verschlungen. Als Erwachsene war sie immer mehr zu dem Schluss gekommen, dass auch Sanftmut etwas für sich hatte.

Als wegen der nächsten Stelle eine kleine Diskussion ausbrach, nutzte Phryne die Gelegenheit, um sich die Chormitglieder ein bisschen genauer anzusehen. Es war nicht besonders schwierig, die Pärchen zueinander zu fügen. Noch einfacher war es, das unvermeidliche Ein-Herz-und-eine-Seele-Paar zu entdecken, das in diesem Chor anscheinend David und Lobelia hieß. Sie sangen Bass und Alt. David hatte sich durch die Tenöre hindurchgeschlängelt, um seiner Liebsten nahe zu sein. Momentan hielten sie sich so eng umschlungen, dass er, wenn er sich nicht vorsah, wohl bald Lobelias dunkelblaues Kleid tragen würde. Den schon etwas gefestigteren Pärchen genügte es, einander im Auge zu behalten. Zwischen allen anderen huschten nur schnelle prüfende Blicke umher. Mindestens vier Augenpaare hafteten an Caterina, darunter auch das von Tommy, der sie anschmachtete. Daniel, die Giraffe, war blind für die leidenschaftliche Verehrung, die ihm aus dem Kreis der Sopranistinnen zuteilwurde. Dass die kleine, dunkle Josephine ihn unwiderstehlich fand, stand jedenfalls fest. Vielleicht träumte sie von baumlangem Nachwuchs. Er dagegen betrachtete schwärmerisch die große, blonde Isabelle, die von ihm nichts wissen wollte. Sie arbeitete als Rechtsanwaltsgehilfin und hatte momentan kein Interesse an einem Freund.

Natürlich ist jeder Chor ein Nährboden für Emotionen, aber Phryne hatte bis jetzt immer zusammen mit Älteren gesungen, die sich besser darauf verstanden, ihre Gefühle im Zaum zu halten. Im Melbourne Harmony Choir aber brodelten sie so dicht unter der Oberfläche, dass jeder sie sehen konnte. Es waren unzählige Gründe dafür denkbar, dass einer dieser Menschen dem Chorleiter die Noten in den Rachen gerammt hatte.

Matthew hob die Hände, der Chor räusperte sich und kam zur Ruhe. Und auf dass Ahab auch wirklich umkäme, sangen sie ein ums andere Mal »*Wehe ihm, er muss sterben!*«

Phryne hörte auf zu analysieren und fing an zu singen.

9

Wenn ein Mensch sich erst aufs Morden einlässt,
dann verfällt er auch bald aufs Rauben;
Saufen und Sabbatschänden sind die nächsten Laster,
und von da ist es nicht mehr weit zu Frechheit
und Saumseligkeit.

Thomas de Quincey
Der Mord als eine schöne Kunst betrachtet

Die Probe endete damit, dass Matthew seine Schäfchen zwar mit einem Dank für ihre Sangesfreude, aber ohne ein Lob für ihre Sangeskunst entließ. Aunty Mark sammelte seine Bewunderer um sich und nahm sie mit ins Hotel Windsor, wo auch John Wilson und Rupert Sheffield wohnten, die den Weg der munteren Truppe am Eingang des Gemeindesaals kreuzten.

Gespannt blieb Phryne so weit hinter den anderen zurück, dass sie die Begegnung der Männer beobachten konnte. Mit einem Kopfnicken und einem Lächeln ging der gute John an dem Sänger vorbei zu seinem Lichtbildprojektor. Rupert dagegen starrte Mark offen an. Beide Männer waren hochgewachsen, Mark muskulös, Sheffield schlank. Phryne wollte gerade eine Bemerkung darüber machen, als der Rest des Chors bei ihr stehen blieb.

»Ich wette auf Aunty Mark«, flüsterte Calliope.

»Definitiv«, gab Tabitha ihr recht. »Ich habe gerade einen Artikel über männliches Balz- und Dominanzverhalten gelesen.«

»Und genauso ein Kräftemessen haben wir hier vor uns«, murmelte Oliver. »Wer gibt als Erster nach?«

»Ich wüsste es wirklich nicht zu sagen«, antwortete Phryne. Es war ein Aufeinanderprallen zweier außerordentlich starker Persönlichkeiten.

»Wenn der Engländer gewinnt, laden Sie uns zum Essen ein«, sagte Matthew zu Phryne.

»Das setzt voraus, dass ich mit Ihnen essen gehen würde«, gab Phryne zurück.

Jemand lachte. Die Spannung wuchs. Es wurde totenstill.

»Wären sie Hähne, würden sie sich jetzt schon hacken«, erklärte Tabitha. »Wären sie Löwen, hätten sie sich längst in die Kehle oder den Bauch des Rivalen verbissen.«

»Das wäre Aunty auch zuzutrauen«, murmelte es hinter Phryne.

»Rupert«, rief John. »Kommst du mal her und schaust, ob die Lichtbilder richtig geordnet sind?«

Sheffield senkte den Blick. Der Chor seufzte erleichtert auf.

»Ich glaube immer noch, dass Aunty gewonnen hätte«, sagte Matthew.

»Wissen Sie was?«, fragte Phryne. »Ich bin ganz Ihrer Meinung. Das heißt, das Essen geht auf mich. Sie dürfen über mich verfügen. Aber vorher muss ich noch kurz mit jemandem reden.«

Sie schlenderte durch die Halle zum Projektor. John sah hoch und lächelte. Sheffield unterbrach die Überprüfung der Lichtbilder lange genug, um Phryne giftig anzufunkeln.

»Hallo, Liebes«, sagte John. »Dann sind sie also richtig sortiert, Sheffield?«, fragte er.

»Natürlich. Sie sind genau in der korrekten Reihenfolge, was du hättest wissen müssen«, raunzte Sheffield und rauschte davon.

»Also, die beleidigte Leberwurst macht ihm so leicht keiner nach«, seufzte Phryne. »Er könnte Unterricht darin geben.«

»Er kann auch gut tanzen«, sagte John. »Und du singst, Phryne?«

»Nur hier mit dem Chor den *Elias*. Kommst du heute Abend zum Essen?«

»Nein, Liebes. Sheffield und ich haben eine Einladung nach St. Kilda. Vom Bürgermeister.«

»Kann ich euch hinbringen?«, bot sie ihm an.

»Ja, gern. Danke. So gegen neun. Fährst du selbst?«

»Nein, Mr Butler holt mich später mit dem Wagen ab«, beruhigte Phryne ihn.

John ließ sich seine Erleichterung nicht anhören. »Ach, auch gut.«

»Bis später also.«

Phryne kehrte zu der Gruppe an der Tür zurück. »Tut mir leid, Leute. Aus dem Essen heute Abend wird nichts. Geht ihr noch zu Aunty ins Hotel?«

»Nein, wir würden zwar gern, aber er besteht immer darauf, alles zu bezahlen, und wir wollen nicht …« Oliver wurde rot.

»Ja, verstehe. Dann trotzdem noch einen schönen Abend. Hier, ein kleines Dankeschön für die Lehrstunde über Mendelssohn heute Vormittag. Trinkt ein Glas auf mein Wohl. Ich wäre gern mitgekommen.«

Sie gestattete es sich, Matthew durch das Goldhaar zu strubbeln, das so weich war wie Lin Chungs kostbarste Seide, und drückte ihm einen Schein in die Hand, ohne auf seinen Widerspruch zu achten.

»Mir wird schon etwas einfallen, womit Sie sich bei mir revanchieren können«, sagte sie.

Er machte große Augen.

Nachdem der Chor gegangen war, begab Phryne sich hinter die Bühne. Mit ein bisschen Detektivarbeit ließ sich die Zeit viel angenehmer herumbringen als mit einem zweiten Aufguss der »Wissenschaft der Deduktion«. Genau wie Tinker war auch sie gleich nach dem Titel nicht mehr mitgekommen.

Bei der detektivischen Suche kam nicht viel Neues heraus. Ein Chormitglied lutschte gern Malzbonbons. Ein anderes las die Kriminalromane um Sexton Blake und hatte ein Exemplar liegen gelassen. Außerdem fand sie einen vergessenen Hut und ein Notenheft. Phryne schloss das Dirigentenzimmer auf und legte die Noten, die in Bleistift mit Chloes Namen gekennzeichnet waren, auf den Schreibtisch – zu der Tasse mit den drei stumpfen Stiften, dem Sammelsurium aus Schreibfedern und einem Federhalter, einem nagelneuen Tintenlöscher, einer Büroklammerkette und ein paar abgeknipsten Straßenbahnfahrkarten. Und viel Staub. Auch auf der Rückenlehne des Stuhls und einer Jacke, die an der Tür hing. In den Taschen etwas Kleingeld und ein paar Hustenlutscher. Gehörten wahrscheinlich einem Chormitglied.

Nichts von Interesse. Aufbrandender Applaus verriet, dass Sheffield den Vortrag beendet hatte. Phryne schloss die Tür ab, hängte den Schlüssel wieder in sein absurdes Versteck und ging zurück in den Zuschauerraum.

John wartete an der Tür auf sie. Er hinkte vorneweg die Treppe hinunter bis zur Straße, wo Mr Butler mit dem Hispano-Suiza wartete. Sheffield stand bereits neben dem Wagen und inspizierte die Radkappe. Vielleicht dämmerte ihm erst jetzt, wie knapp er dem großen schwarzen Wagen – und dem Tod – entkommen war.

So oder so, er verkniff sich jede Bemerkung, stieg ein und setzte sich zu John auf die Rückbank. Phryne ließ sich von ihrem alten Freund hereinhelfen.

»Wollen die Herren sich noch umziehen? Elegante Abendgarderobe gefällig?«, bot sie an.

»Nein, Liebes. Der Herr Bürgermeister hat ausdrücklich betont, dass es leger zugehen soll, und Rupert sieht ja sowieso immer aus wie aus dem Ei gepellt«, antwortete John.

Erahnte Phryne da ein zartes Rot auf den porzellanweißen Wangen? Eitel wie ein Mädchen, dachte sie. Na, auf jeden Fall so eitel wie *dieses* Mädchen.

»Er ist ein wandelndes Gedicht in leichtem Kammgarn«, gab sie ihm recht. Doch, da war definitiv ein rosa Hauch. Hm. »Eher Keats als Wordsworth«, fügte sie hinzu. John machte ein verständnisloses Gesicht. Sheffield wandte sich ab, aber nicht schnell genug. Phryne hatte gesehen, dass er schmunzelte. »Ein Werk der Schönheit ist ein Glück für immer.«

»Ich verstehe nur Bahnhof«, sagte John. »Ist aber nicht schlimm.«

»Auf nach St. Kilda, Mr Butler. Geben Sie dem Hispano-Suiza die Sporen!«

»Sehr wohl, Miss Fisher.«

Er ließ den Wagen langsam anrollen. In der Collins Street herrschte immer viel Verkehr. Lastwagen und Motorräder machten Fahrrädern und sogar Pferden den Platz streitig, von den Fußgängern, die um diese Uhrzeit eine kleine, gefährdete Minderheit darstellten, ganz zu schweigen. Mr Butler fuhr sehr gut, sehr geschmeidig. Das elegante Gefährt hätte ihm aber auch jedes jähe Abbremsen und ruckhafte Anfahren übelgenommen. Als sie an der Kreuzung zur Spring Street anhalten mussten, verspürte Phryne plötzlich ein Rupfen an ihrer Hutkrempe. Sie wusste sofort, dass ein Schuss gefallen war, und stampfte Mr Butler mit voller Wucht auf den Gasfuß.

Der Hispano-Suiza brüllte auf wie ein wütender Stier und machte einen großen Satz nach vorn, nur um Haaresbreite einen Lastwagen, ein paar Fußgänger und einen Verkehrspolizisten verfehlend. Ein Motorrad raste davon. Der Fahrer, der mit einem Pilotenhelm und einer dicken Schutzbrille maskiert war, riss die Maschine hoch und verschwand in einer engen Gasse.

»Den holen wir nie ein«, sagte Phryne. »Bitte entschuldigen Sie vielmals, Mr Butler. Hoffentlich habe ich Ihnen nicht den Fuß gebrochen. John? Alles in Ordnung bei euch?«

John, der Sheffield unter sich begraben hatte, rappelte sich wieder hoch. Mr Butler hielt an, Phryne sprang nach hinten, packte John an der Jacke und riss ihn in ihre Arme.

»Was hast du dir da bloß für ein Steckenpferd zugelegt, dich irgendwelchen Kugeln in den Weg zu schmeißen?«, fragte sie liebenswürdig. »Häkeln wäre gesünder. Du musst deine Aufopferungsbereitschaft etwas zügeln. Verletzt?«

»An der Schulter gestreift«, japste John.

Der leicht ramponierte Sheffield setzte sich hin, strich seinen Anzug glatt und brachte seinen eleganten Hut wieder in Form.

»Musste das sein?«, blaffte er. »Immer diese übertriebene Panik, John.«

Phrynes Stimme sank auf den absoluten Nullpunkt.

»Übertriebene Panik, ja? Dann sehen Sie sich mal meinen Hut an.« Sie riss ihn sich vom Kopf. In der Krempe prangte ein kreisrundes Loch.

Rupert betastete es. »Großes Kaliber«, sagte er. »Wahrscheinlich ein .45er.«

»Und jetzt noch einen Blick auf die zum Glück gepolsterte Schulter Ihres Freundes?«, befahl sie.

Sheffield drehte John behutsam zu sich um. Ein zweites Loch, dasselbe große Kaliber. Die Kugel hatte eine Furche durch das Schulterpolster von Johns altmodischem Anzug gepflügt. Phryne sah dem Mathematiker an, wie er blitzschnell Ein- und Austrittswinkel, Sinus und Cosinus berechnete, die Gesetze der Ballistik und die Position des Schützen mit einbezog und überlegte, wo genau er selbst gesessen hatte, als John sich auf ihn warf. Er schluckte ein paarmal.

»Das Geschoss hätte Ihren hübschen Schädel glatt durchschlagen«, sagte Phryne. »Und jetzt bedanken Sie sich brav bei dem netten Mann, der Ihnen mal wieder das Leben gerettet hat. Wollen Sie sich umziehen? Und wohin soll es gehen, ins Windsor oder nach St. Kilda? John hat einen Schock erlitten. Er braucht heißen, süßen Tee, eine Schneiderin mit Nadel und Faden und Ruhe.«

»Und Sie?«, knurrte Sheffield.

»Ach, ich bin das gewöhnt«, sagte Phryne munter. »Ich habe immer Glück, dass meine Meuchelmörder so miserable Schützen sind. Was ist mit Ihnen?«

»Ich war nicht in Gefahr«, sagte Sheffield. »John? Kommst du mit?«

»Geh du nur«, antwortete John. »Mach dir um mich keine Sorgen. Ich muss mich nur ein bisschen hinlegen, dann geht es schon wieder. Ich komme später nach.«

»Wie du willst.« Rupert stieg aus und stapfte davon.

»Nach Hause, Mr B«, befahl Phryne. »Dot kann deinen Anzug flicken, John, und ich spendiere dir ein Taxi zum Bürgermeister.«

»Danke«, brachte John Wilson hervor. Ihm waren im Leben schon viel zu viele Geschosse um die Ohren geflogen. Dabei suchte er keinen Ärger. Der Ärger suchte – und fand ihn. »Und du scheinst dir das Steckenpferd zugelegt zu haben, mich wieder zusammenzuleimen«, sagte er zu Phryne.

»Aber nur so lange, bis du weder Leim noch Nadel und Faden oder Arnika mehr brauchst«, gelobte sie.

»Einverstanden.«

Während der Heimfahrt beschäftigte Phryne sich mit dem Gedanken, auf wie viele unterschiedliche Weisen sie Rupert Sheffield genüsslich beseitigen könnte, ohne Spuren zu hinterlassen. Bei der 35. Methode – aus Apfelkernen destillierte Blausäure – hatten sie ihr Ziel erreicht, und sie geleitete John Wilson ins Haus, zur Wiederherstellung seiner Gesundheit, seines seelischen Gleichgewichts und seiner Kleidung.

Sie brachte ihn ins Wohnzimmer. Dot suchte ein farblich passendes Garn heraus, um seine Jacke zu flicken, Jane erkundigte sich, ob sein Bein durch die jähe Bewegung Schaden genommen hätte, Mrs Butler brachte ihm heißen Tee und Maracujaplätzchen, und Phryne? Schäumte vor Wut. Sheffield war ein herzloses Monstrum, ohne einen Funken Dankbarkeit. Und weil John dem Unmenschen hoffnungslos erlegen war, würde er ihm immer wieder das Leben retten, auch wenn er dabei sein eigenes aufs Spiel setzte. Und ihren Hut konnte sie auf den Müll werfen. Sie hatte den kleinen hellen Strohhut mit den angehefteten Bastblumen immer sehr gern getragen. Und jetzt hatte er einen Durchschuss in der Krempe.

Nach einer Weile verkündete John, er sei in jeglicher Hinsicht wiederhergestellt. Mr Butler bestellte ihm ein Taxi, und er hinkte hinaus.

Phryne bat um einen extragroßen Notfallcocktail und setzte sich ans Telefon. Fanshawe hatte ihr versprochen, dass sie unter der Nummer, die sie von ihm bekommen hatte, zu jeder Tages- und Nachtzeit jemanden erreichen würde. Der Anschlag vorhin hatte eindeutig dem hassenswerten Sheffield gegolten und musste umgehend gemeldet werden. Was für einen Feind mochte die Pestzecke nach Australien eingeschleppt haben?

Fanshawe nahm den Anruf selbst entgegen. Er schien erfreut, von ihr zu hören.

»Kann ich offen reden?«, fragte Phryne, nachdem sie sich mit ihren Erkennungswörtern identifiziert hatte.

»Die Leitung ist sicher«, antwortete die kultivierte Privatschulstimme. »Was ist passiert?«

»Zwei weitere Anschläge auf Sheffields Leben.« Phryne gab ihm einen knappen, klaren Überblick. »Ich mache mir Sorgen um meinen Freund John. Können Sie den Mathematik-Automaten beschatten lassen?«

»Nein«, antwortete Fanshawe. »Er weiß, wie wir aussehen. Er würde uns wiedererkennen. Dem Mann entgeht so leicht nichts.«

»Wem sagen Sie das? Irgendwelche neuen Erkenntnisse von Ihrer strickenden Codeknackerin?«

»Sie arbeitet noch daran. Es sieht so aus, als hätte Sheffield sich damals die Waffenschmuggler sehr zum Feind gemacht. Die Überlebenden haben ihn auf diverseste Arten mit dem Tod bedroht. Über den Verbleib von zweien dieser Männer ist nichts bekannt: Mitchell, einem Engländer, den wir nie gefasst haben und von dem wir nicht einmal genau wissen, wie er aussieht. Es wird vermutet, dass er sich nach Australien abgesetzt hat. Und Guido Calvi, einem Italiener. Ein sehr übler Patron. Wir suchen nach ihm, haben aber bis jetzt keine Spur. Hätten Sie noch weitere Informationen über den Anschlag heute?«

»Ein großes Kaliber. Es könnte durchaus sein, dass eine Kugel in meiner Karosserie steckt. Ich lasse sie herausholen. Wahrscheinlich ein .45er. Vielleicht ein Kriegsandenken. Von denen sind noch jede Menge im Umlauf. Der Motorradfahrer war schlank, aber kräftig. Über die Haarfarbe kann ich nichts sagen, weil er Pilotenhelm und Schutzbrille trug. Aber das Motorrad hat ein ungewöhnliches Geräusch gemacht. Statt gleichmäßig zu knattern, klang es eher wie Kartoffel-Kartoffel.«

»Eine Harley«, sagte Fanshawe. »So hört sich nur eine Harley-Davidson an. Eine teure Maschine. Wir könnten uns in den Motorradläden in der Elizabeth Street umhören, aber diese Burschen halten zusammen wie Pech und Schwefel.«

»Einen Versuch ist es trotzdem wert«, sagte Phryne ermutigend. »Bis Sie jemanden gefasst haben, kümmere ich mich darum, dass John am Leben bleibt.«

»Sie meinen Sheffield«, wandte Peter Fanshawe ein. »Dass Sheffield am Leben bleibt.«

»Ach ja? Meine ich das?« Sie legte auf.

Phryne verbrachte den Abend damit, sich Beechams *Elias* anzuhören, der auszugsweise auf Grammophonplatte erhältlich war, und dazu die Noten zu lesen. Tinker ernannte sich zu ihrem Plattenwechsler und Grammophonaufzieher. Das Oratorium schien ihm zu gefallen.

»Magst du die Musik, Tink?«, fragte sie.

»So was hab ich noch nie gehört, Chefin«, antwortete er. »Engelsmusik.«

»Da hast du recht.«

»Chefin?«, fragte er, während er die Platte umdrehte.

»Hm?«, sagte Phryne, die über Engel nachdachte.

Tinker machte ein besorgtes Gesicht. »Chefin, da hat einer auf Sie geschossen. Wer hat es denn nun eigentlich auf diesen Sheffield abgesehen?«

»Das weiß ich auch nicht. Aber ich finde, ich sollte es

langsam herausfinden. Heute Abend wird John vermutlich nichts passieren. Und morgen werde ich Erkundigungen einholen.«

»Bei wem?«, wollte Tinker wissen.

»Bei allen und jedem«, antwortete Phryne. »Den zweiten Teil, bitte.« Er zog das Grammophon auf und setzte die Nadel ganz vorsichtig in die Rille.

Noch mehr Engelsstimmen. Grandios.

Der nächste Morgen bescherte ihr Jack Robinson, ein Strafmandat für zu schnelles Fahren in der Hand und das Gesicht von Sorgenfalten zerfurcht.

»Man hat auf Sie geschossen!«, rief er.

»Ja, war mir auch aufgefallen«, sagte Phryne. »Tee?«

»Ein Motorradfahrer hat in der Collins Street auf Sie geschossen!«, präzisierte Jack Robinson.

»Nicht auf mich«, beruhigte Phryne ihn. »Ich vermute stark, die Kugel galt dem ruchlosen Rupert. Außerdem hat der Kerl nicht mal getroffen.«

»Aber nur, weil er mit seiner Maschine auf einem Ölfleck weggerutscht ist.« Robinson wischte sich den Schweiß von der Stirn. Er trank seinen Tee. »Und Sie hätten beinahe fünf brave Bürger und einen Verkehrspolizisten überfahren, von einem Beinahezusammenstoß mit einem Lastwagen ganz zu schweigen.«

»Es waren bloß zwei Bürger, und den Wagen und den Polizisten habe ich verfehlt. Glücklicherweise ist alles recht glimpflich ausgegangen. Nur mein schönes Auto hat etwas abbekommen. Das arme Ding hat heute Morgen einen Termin in der Werkstatt, um sich die Kugel entfernen zu lassen. Wenn ich den Mordbuben erwische, schuldet er mir auch noch eine Entschädigung für einen reizenden kleinen Hut.«

»Hat der Anschlag etwas mit dem Mord an dem Chorleiter zu tun?« Aufgewühlt kippte er den Tee in sich hinein.

»Nein, er hat mit Sheffield zu tun. Der hat anscheinend seine alten Feinde mit ins Land geschleppt.« Phryne freute sich auf einen gemütlichen Plausch unter Freunden. »Ich bin verpflichtet, darüber strengstes Stillschweigen zu bewahren. Und Sie dürfen es keiner Menschenseele weitererzählen. Möchten Sie es unter diesen Umständen überhaupt hören?«

»Ja«, sagte Jack.

»Na schön. Also, Rupert Sheffield war im Weltkrieg ein Codeknacker. Stationiert in Griechenland. Weil ich den Mann, der den Außenposten geleitet hat, zufälligerweise kenne, habe ich mich bei ihm telegrafisch nach Rupert erkundigt.«

»Wie kommt es, dass Sie zufälligerweise den Athener Geheimdienstchef kennen?«, fragte Jack.

»Das erzähle ich Ihnen ein andermal. Oder Sie leihen sich von Tinker ein paar Sexton Blakes. Belassen wir es dabei, dass ich mich in Gesellschaft besagten Mannes, nennen wir ihn C., nie gelangweilt habe.«

»Ich sehe Sie direkt als Mata Hari vor mir.«

Phryne war gekränkt. »Sie wollen mich hoffentlich nicht mit dieser Person vergleichen!«

Jack ruderte eilig zurück. »Um Gottes willen, nein. Ich würde doch niemals …« Er brach ab.

»Mata Hari wurde enttarnt! Sie ist aufgeflogen«, stellte Phryne klar. »Jedenfalls habe ich von C. erfahren, dass Sheffield vor Ort auch operativ tätig war. Er hat mir die Namen von Leuten zukommen lassen, die Rupert Sheffield am liebsten tot sehen würden. Anscheinend gibt es da eine ganze Liste.«

»Als hätten wir nicht genug eigene Verbrecher«, seufzte Jack. »Jetzt muss so ein vermaledeiter Engländer auch noch welche importieren.«

»Ja, ich weiß. Sheffield ist mir egal, genialer Mathematiker hin oder her. Aber wir können nicht zulassen, dass sich in unseren schönen Straßen irgendwelche abgehalfterten Spione bekriegen.«

»Und das gilt auch für unsere hässlichen Straßen!«, bekräftigte Jack. »Wie kann ich helfen?«

»Fürs Erste möchte ich zwei Männer ausfindig machen – einen Guido Calvi und einen gewissen Mitchell, die sich nach Australien abgesetzt haben sollen. Sie könnten in kriminelle Machenschaften verwickelt sein. Eigentlich sind sie zwar Waffenschmuggler, aber die Nachfrage nach Waffen ist momentan doch eher begrenzt.«

»Ja, da gibt der Markt nichts her. Worauf könnten sie umgesattelt haben?«

»Import/Export vielleicht? Hinter der Fassade kann sich manche Zwielichtigkeit verbergen.«

»Ich erkundige mich bei jemandem, der sich auskennt«, sagte Jack. »Und Sie fragen Ihre zwei Kommunistenfreunde?«

»Natürlich«, antwortete Phryne. »Sie müssten jeden Augenblick hier sein.«

»Alles klar. Dann sehe ich besser zu, dass ich das Telefon nicht blockiere.«

»Sie haben eine sehr rasche Auffassungsgabe«, sagte Phryne bewundernd.

»Wie könnte ich sonst mit Ihnen mithalten?« Jack Robinson küsste galant ihre Hand und wurde von Mr Butler hinausbegleitet. Dem Detective Inspector fiel auf, dass der Butler leicht hinkte. Er tippte auf Rheuma.

Bert und Cec betraten das Haus aus alter Gewohnheit durch die Küche. So konnten sie von Mrs Butler ein paar frisch gebackene Plätzchen abstauben, sich dabei schon mal in groben Zügen Phrynes Problem schildern lassen und ein Fläschchen Bier abgreifen, ohne Mr Butler zur Last zu fallen. Besagter Mr Butler saß, höchst ungewöhnlich für ihn, in besagter Küche, den nackten Fuß auf einem Stuhl. Jane rieb ihm einen Bluterguss mit Arnika ein.

»Mensch Meier, was haben Sie denn mit ihrem Fuß gemacht?«, fragte der hochgewachsene Cec besorgt.

»Miss Phryne ist draufgetreten«, sagte Jane.

»Aber die wiegt doch nichts«, antwortete der kleingewachsene Bert verwundert. »Ist sie Ihnen da aus großer Höhe draufgesprungen?«

»Draufgestampft«, sagte Mr Butler.

»Mann, da müssen Sie sie aber ganz schön auf die Palme gebracht haben.« Cec zerwühlte sich das skandinavische Blondhaar.

»Es war so etwas wie eine Notbremsung«, antwortete Mr Butler. »Das Bier steht im Kühlgerät, meine Herren.«

»Steckt sie mal wieder in der Patsche?«, seufzte Bert.

»Bleiben Sie sitzen, Mr B. Wir sind Soldaten, wir schleppen unser Bier selber.«

»Und die Käsestangen.« Mrs Butler lächelte anerkennend. »Und fragen Sie doch bitte Miss Fisher, ob Sie auch etwas trinken möchte.«

»Das wäre ja mal ganz was Neues, wenn nicht«, antwortete Bert. »Also denn, Cec, du nimmst den Eimer mit dem Eis, ich nehm die Bierflaschen und die Knabberdinger. Dann hätten wir's. Das machst du richtig gut, Janey.«

»Ich kann mir einfach nicht vorstellen, wie sie es geschafft hat, seine Achillessehne zu verletzen«, grübelte Jane.

»Ich wette, sie hat einen Tritt wie ein Gaul. Los, Abgang, Cec!«

»Komme schon.«

Phryne saß mit finsterer Miene über eine lange Liste gebeugt.

»Tagchen«, sagte Bert. »Haben Sie Lust auf ein paar Käsestangen, zwei Hafenarbeiter und einen steifen Drink?«

»Immer«, antwortete Phryne, ohne aufzublicken.

Cec mixte den Drink, Bert öffnete die Bierflaschen, sie nahmen Platz.

Was Phryne an Bert und Cec, die einen ganzen Krieg und viele ereignisreiche Arbeitsjahre im Hafen ohne bleibende Schäden überlebt hatten, besonders schätzte, war ihre Geduld, wahrscheinlich noch ein Andenken an ihre Zeit als Scharfschützen. Ein Scharfschütze musste seine Nerven im Griff haben, seine Reaktionen verlangsamen, sein Ziel unverwandt im Auge behalten und zwischen zwei Atemzügen abdrücken. Dafür brauchte man ungeheure Selbstkontrolle.

Während die Männer ihr Bier gluckerten und die Käsestangen knabberten, unterhielten sie sich leise über Cecs Auserwählte, der sie noch schöne Bett- und Tischwäsche für die Aussteuer organisieren wollten. Wobei »organisieren« zugegebenermaßen »stehlen« bedeutete. Dass sie keine Engel waren, wusste Phryne. Aber wenn es plötzlich hier und jetzt gefährlich geworden wäre, hätten sie keine Sekunde gezögert und reaktionsschnell gehandelt, noch bevor ein zweiter Schuss die Fensterscheibe hätte durchschlagen können.

Phryne konnte sich diese Gedanken nicht erklären. Sie hatte es einfach nicht gern, als Zielscheibe benutzt zu werden. Sie legte die Liste weg und gab Cec ihren kaputten Hut. Bert steckte einen Finger durch das Loch in der Krempe.

»Das ist ein .45er«, sagte er. »Was, Cec?«

»Stimmt«, antwortete Cec. »Schade. Ist ein schöner Deckel.«

»Fand ich auch«, sagte Phryne. »Der Kopf, auf dem er saß, ist ebenfalls schön, und das soll er bitteschön auch bleiben.«

»Wer hat es denn auf Sie abgesehen?« Bert beugte sich vor, die Fäuste auf den Knien. »Einer, den wir kennen?«

»Nein«, antwortete Phryne. »Irgendjemand ist hinter Rupert Sheffield her. Vermutlich ein Mensch aus seiner Vergangenheit.« Sie umriss in groben Zügen, was sie über Ruperts Geheimdiensttätigkeit wusste.

»Dass wir Ihnen raten, sich von der wandelnden Leiche fernzuhalten, können wir uns wohl sparen, was?«, fragte Cec bedächtig. »Ich meine ja bloß.«

»Ja«, bestätigte Phryne.

»Dachte ich mir. Alles klar, wir suchen also nach Import-Export-Geschäften der nicht ganz hasenreinen Art – oder womöglich sogar der besonders haarigen Sorte?«

»Wahrscheinlich geht es eher um die haarige Sorte«, sagte Phryne. »Es gehört schon allerhand dazu, am helllichten Tag in der Collins Street auf ein Auto zu schießen.«

»Haben Sie den Schützen gesehen?«, fragte Bert.

»Nein – Overall, Pilotenhelm, Schutzbrille, dazu die passende Harley-Davidson.« Phryne nippte an ihrem Drink. Cec war offenbar der Meinung, dass sie zur Nervenstärkung einen Viertelliter Gin benötigte. Und er mochte damit sogar richtig liegen. Zwei Drinks von ihm, und sie würde mit strapazierfähigen Nerven in die Bewusstlosigkeit hinübergleiten.

»Eine Harley«, wiederholte Bert.

»Ja, der Motor hat ein komisches Geräusch gemacht. So soll angeblich nur eine Harley klingen.«

»Stimmt«, sagte Bert mit bleierner Stimme.

Phryne legte ihm die Hand auf den Arm. »Was ist?« Bert sah besorgt aus: ein schlechtes Omen.

»Es gibt da so einen Kerl …« Bert trank einen großen Schluck Bier. »Der ist ein richtiger Schweinepriester.«

»Ein richtig mieser Schweinepriester.«

»Der schickt junge Kerle mit einer Harley los. Sehr praktisch, wenn man jemanden umlegen will. Schön schnell.«

»Ja, der war schnell«, bestätigte Phryne. »Die Maschine ist auf einem Ölfleck weggerutscht und hat den Fahrer abgeworfen. Sonst wäre jetzt jemand tot und der Schütze über alle Berge. Er ist da eine kleine Seitenstraße runtergerast. Klar, in Melbourne wimmelt es nur so von Sträßchen und Gässchen, aber ich würde jede Wette eingehen, dass er bei den Motorradgeschäften in der Elizabeth Street wieder rausgekommen ist. Ab in die Werkstatt, runter mit der Verkleidung, ein Motorrad unter vielen anderen fällt nicht mehr auf. Und zuletzt als unschuldiger Bürger wieder raus auf die Straße.«

»Aye«, sagte Bert.

»Ist Ihnen nicht ganz wohl bei der Sache, Bert?«

»Dieser Kerl ...«, begann er.

»Der Schweinepriester?«, fragte Phryne. Cec ähnelte einem Wikinger, dem man gerade die Sichtung der feindlichen Flotte gemeldet hat. Alle Muskeln und Sehnen bis zum Zerreißen gespannt. Wäre er ein Hund gewesen, hätten sich seine Nackenhaare aufgestellt.

»Aye, der und ein anderer. Heißt allerdings nicht Mitchell. Aber ein Italiener ist er auch nicht. Ist ein Tommy, ein Engländer. Hat so eine Etepetete-Stimme. Wenn man die hört, würde man ihm am liebsten ein paar Ziegelsteine an den Kopf schmeißen. Wissen Sie, was ich meine?«

»Ich weiß es genau«, antwortete Phryne.

»Wenn er hinter Ihrem Freund her ist, hat der echt ein Problem.«

»Ach ja? Cec, läute doch Mr Butler, dass er euch noch Bier bringt.«

»Ich hole es schon. Dann kann er seine armen alten Treter schonen«, bot Cec an. »Und Bert erzählt Ihnen solange alles über Ratcliffe.«

»Ich bin ganz Ohr, Bert. Erzählen Sie mir alles über Mr Ratcliffe.«

»Warum haben Sie Mr B eigentlich auf den Fuß gestampft?«, fragte Bert.

»Weil der sich zwischen mir und dem Gaspedal befand. Außerdem habe ich Jack Robinson gestanden, dass ich zwei Fußgänger, einen Lastwagen und einen Verkehrspolizisten verfehlt habe. Ich musste uns blitzschnell aus der Schusslinie bringen.«

»Nie die schlechteste Idee.« Bert rieb sich die Augen. »Also, wir wissen nicht viel über diesen Ratcliffe, und das meiste davon sind bloß Gerüchte, ja? Aber er hat überall im Hafen seine Spitzel, die ihm sagen, welche Fracht er stehlen soll – Fracht, die dann später tatsächlich Beine bekommt. Cec sagt, eine ganze Löschkolonne hat für ihn gearbeitet, jeder einzelne Schauermann. Aber jetzt, wo gestreikt wird, musste er seine Tätigkeit nach Williamstown verlagern. Und schon hat er es mit Maginnis zu tun gekriegt, der da das Sagen hat.«

»Aha.« Phryne nippte an ihrem Gin. »Das ist … tatsächlich nicht gut. Mr Maginnis kann es gar nicht vertragen, wenn ihm jemand sein Revier streitig macht.«

»Aye. Einer von Ratcliffes wichtigsten Männern wurde letzte Woche unter einen Zug gestoßen. Und vorgestern ist einer von Maginnis' Leuten in einen Steinbrecher geraten.«

»Ah, wie herrlich. Eine Bandenfehde. Nehmen wir jetzt noch die Pestbeule Rupert dazu und rühren wir die Tragödie des Rächers hinein … passiert was?«

»Dann macht es bumm«, antwortete Bert.

»Genau, dann knallt es«, sagte Phryne. »Wir dürfen uns bloß nicht abschlachten lassen.«

»Das war schon immer mein Ziel«, sagte Cec. »Ein Bierchen?« Er drückte seinem Freund die kalte Flasche in die Hand. »Wollen Sie einen Krieg anfangen, Miss?«

»Nein, ich versuche, jemanden aus einem Krieg herauszuholen. Also, wie weiter? Ihr unternehmt erst mal gar nichts. Ihr spitzt schön die Ohren und lasst es mich wissen, wenn ihr irgendetwas über Rupert Sheffield munkeln hört.«

»Ist er ein Freund von Ihnen?«, fragte Bert.

»Das kann man beim besten Willen nicht sagen. Wäre diese Sache in einem anderen Land passiert, hätte ich kein Wort gesagt und keinen Finger gerührt. Aber es spielt sich hier und jetzt ab, und mein lieber, guter Freund John Wilson ist in Gefahr, als unbeteiligter Dritter über den Haufen geschossen zu werden.«

»Aye«, sagte Bert. »Die unbeteiligten Dritten haben schon immer gefährlich gelebt. Weiß Ihr Polyp Bescheid?«

»Ja, wenn ihr euch also die Hände schmutzig machen müsst, seht zu, dass er keinen Wind davon bekommt. Und ruft nicht hier an. Hinterlasst einen Zettel mit einer Nachricht, wenn ich nicht zu Hause bin.«

»Yes, Sir«, sagte Cec. Er stellte seine Bierflasche ab und salutierte zackig.

Nachdem die Männer gegangen waren, kam Dot herein, um die Bierflaschen einzusammeln. Phryne starrte in fieberhafter Aufregung auf ein Blatt Papier.

»Ich hätte nicht sagen dürfen, dass es hier nicht um den Tod des Chorleiters geht, Dot«, sagte sie.

»Warum nicht? Mir gefällt das alles gar nicht, Miss

Phryne, blaue Bohnen, kaputte Hüte. Was zu viel ist, ist zu viel.«

»Nein, mir gefällt es auch nicht.«

»Obwohl ich glaube, dass Miss Ellen den Hut wieder hinbekommen kann. Sie braucht bloß die Krempe hochzubiegen und noch eine Aster aufzunähen.«

»Das wäre sicher hübsch«, sagte Phryne abwesend. »Komm, ich muss dir etwas zeigen.«

Dot beugte sich über das Papier. Es war die Liste der Sänger. Phryne zeigte auf einen Namen.

»Luigi Calvi«, las Dot laut vor.

»Genau. Sein Vater könnte der Mensch sein, der es auf Rupert Sheffield abgesehen hat.« Ihre Augen leuchteten – so wie die anderer Frauen, wenn sie ihr schlafendes Neugeborenes betrachteten oder sich auf einen Ball und ein neues Abendkleid freuten.

Dot fragte sich nicht zum ersten Mal, wie ihr Leben wohl aussähe, wenn sie Miss Phryne nicht kennengelernt hätte.

Wahrscheinlich sehr langweilig. Aber manchmal hatte Langeweile auch etwas für sich.

10

*Mathematik schließt nicht nur Wahrheit ein,
sondern auch erhabene Schönheit – eine Schönheit
kühl und streng wie die einer Marmorskulptur.*

Bertrand Russell
Mystik und Logik

Phryne gab Mr Fanshawe die Information über den möglichen Verwandten von Guido Calvi durch. Dann verordnete sie sich strikte Bettruhe – ein Mittagsschläfchen musste sein. Die Chorprobe am Abend versprach anstrengend zu werden, und nicht nur in musikalischer Hinsicht.

Rupert Sheffield saß im kleinen Schankraum des Windsor Hotels, im größeren befand sich zu dieser frühen Morgenstunde der halbe Chor. Anscheinend waren die jungen Leute überhaupt nicht im Bett gewesen – jedenfalls nicht zum Schlafen. Von ausgebildeten Stimmen geschmettert, hallte frivoler Gesang herüber. Hin und wieder ging ein Lied à la »Charlotte, die Kokotte«, vierstimmig vorgetragen, wie er dergleichen noch nie gehört hatte, übergangslos in einen schmerzhaft schönen gregorianischen Gesang über. Oder in ein harmloses Volkslied.

Sheffield grübelte über das Problem John Wilson nach.

Er hatte ihn nie gefragt, was er im Weltkrieg erlebt hatte. Und nun sah es plötzlich so aus, als sei er an vorderster Front als Sanitätsoffizier eingesetzt gewesen, mit gerade einmal zweiundzwanzig Jahren. Er hatte große Tapferkeit bewiesen und war unzweifelhaft ein Held. Und er war vom Krieg versehrt wie so viele Veteranen. Durch seine Verletzung. Durch seine Albträume.

John zog das Bein nach, er schrak in der Nacht schreiend aus dem Schlaf. Warum sollte er sich freiwillig mit Sheffield abgeben, obwohl er dabei riskierte, sich noch eine Kugel einzufangen? Warum war er nach dem ersten Mordanschlag nicht sofort ins gemütliche, sichere London zurückgekehrt? Warum hatte er sich auf ihn geworfen, um ihn zu schützen? Sein Verhalten ergab keinen Sinn. Und was keinen Sinn ergab, war Sheffield zuwider.

Er schrieb ein paar einfache Gleichungen in sein Notizbuch, der Bleistift flog nur so über das Papier. John wohnte mit Sheffield zusammen. John war ein Held. John war bereit, sein Leben für Sheffield aufs Spiel zu setzen, obwohl er wusste, was es bedeutete, angeschossen zu werden. John hatte sich einen schlimmen Bluterguss zugezogen, als er Sheffield vor dem heranrasenden Auto gerettet hatte. John verlangte nie etwas von Sheffield, außer ab und zu etwas Aufmerksamkeit. John sah ihn … an.

Aber wie sah er ihn an? Welches Adverb passte hier? Schwer zu sagen. Nicht schwärmerisch oder schwülstig, nein. Liebevoll. Freundlich. John bemühte sich, Sheffields Gesicht zu wahren, obwohl dem seine Wirkung auf andere herzlich egal war. John stand wie ein Schutzwall zwischen Sheffield und einer beträchtlichen Anzahl lästiger Menschen mit lästigen Emotionen. Einmal hatte John eine auf ihn zufliegende Faust abgefangen und den dazugehörigen Arm geschickt auf den dazugehörigen Rücken gedreht – den eines besonders aufbrausenden Universitätsdozenten, der gegen die eiskalte Vernichtung seiner lachhaften Theorie durch Sheffield etwas einzuwenden hatte. Und gegen die berechtigte Kritik an seinem angeblichen Fachwissen. John betrachtete Sheffield als jemanden, der seines Schutzes bedurfte. Unerträglich! Arrogant! Empörend!

Sheffield überprüfte, auf welches Ergebnis seine Venn-Diagramme hinausliefen. Sie ließen nur einen Schluss zu – und der war inakzeptabel.

Er riss die Seite heraus, knüllte sie zusammen und fing noch einmal von vorn an.

John wollte sich zum Lunch zu ihm gesellen. Bis dahin hatte er die Gleichungen dreimal gerechnet und war jedes Mal auf dieselbe Lösung gekommen. Sein eigenes System hatte ihn verraten und verkauft. Sheffield trank sein Wasser aus. Dabei hätte er gut etwas Alkoholisches vertragen.

Was sollte er bloß machen?

Minutenlang saß er wie erstarrt da. Als John hereinkam, wirkte sein Freund auf ihn wie eine Marmorstaute vom Heiligen Sebastian in Erwartung des vierzehnten Pfeils. Bei seinem Anblick griff Sheffield erneut zum Notizbuch und schrieb schnell etwas hinein.

John bestellte sich ein Getränk an der Theke. Mark sang so wunderschön ›*Au fond du temple saint*‹, dass Sheffield ihm die Konfrontation im Gemeindesaal fast verziehen hätte. John setzte sich zu ihm. Der durchschnittliche, langweilige, fantasielose John. Starke, große Hände, gleichmäßige Gesichtszüge, unauffällig blaue Augen, leicht ergrautes Haar. Dafür, dass Dr. John Wilson nichts Überraschendes an sich hatte, gehörte ihm ein sehr großer Teil von Ruperts Welt.

Sheffield drehte sich der Kopf. Vergeblich zermarterte er sich das Gehirn nach alternativen mathematischen Ansätzen für die Beschreibung seines neuen Universums.

Phryne wachte auf, ging nach unten und löste ein paar Haushaltsprobleme (eine fehlende Socke nach der großen Wäsche, Tinkers zerfetzte Hose nach einem Sturz vom Fahrrad). Sie genehmigte den Kauf neuer Socken und eines neuen Beinkleids, bat Dot, die alte Hose zu flicken, da sie sich noch hervorragend für Verkleidungszwecke eignete, und inspizierte Tinkers aufgeschürftes Knie, um das Jane sich bereits sehr verdient gemacht hatte. Es war ein schönes Gefühl, zur Abwechslung einmal genau zu wissen, was sie tat – zumindest besser, als ahnungslos im Dunkeln zu tappen wie bisher. Wenn sich die ehemaligen Waffenschieber in Australien aufhielten, würden Fanshawe, Jack Robinson und Bert und Cec sie mit vereinten Kräften ausfindig machen. Auf die nähere Bekanntschaft mit Maginnis, einem durch und durch verkommenen Subjekt mit brutalen Helfershelfern, konnte sie verzichten. Auch auf eine Begegnung mit seinem Gegenspieler Ratcliffe legte sie keinen Wert. Verbrecherbanden, die sich unter Druck gesetzt fühlten, waren nicht sehr wählerisch, was ihre Opfer und deren Behandlung anging.

Was hatte Sheffield ihnen getan? War es ein Rachefeldzug, oder hatte er sich in Australien etwas geleistet, wodurch sie auf ihn – und John – aufmerksam wurden? Ihn zu fragen, konnte sie sich schenken. Einer Miss Fisher würde er niemals Rede und Antwort stehen. Auch wenn er es sich wahrscheinlich selbst nicht eingestand, war er eifersüchtig auf Phryne, oder neidisch. Und nach Fanshawes Reaktion auf seine Visite zu urteilen, würde Sheffield es auch nicht dem Melbourner Geheimdienstmitarbeiter des MI6 anvertrauen, der ihm unter Umständen helfen könnte. Aber wer blieb dann noch? Sollte sie Jack Robinson auf ihn ansetzen? Doch nachdem Sheffield sich auch über ihn lustig gemacht hatte, verbot sich diese Lösung ebenfalls fast von selbst. Sie hatte Jack bereits in die Sache hineingezogen und in Dinge eingeweiht, die er eigentlich gar nicht wissen durfte. Im Zweifelsfall würde er versuchen, Rupert zu schützen, indem er ihn des Landes verwies. Eine reizvolle Idee, die allerdings John nichts nützte, der sich auch weiterhin stur wie ein Ochse zwischen das schöne Genie und die Gefahr stellen würde, als wäre sein eigenes Leben nicht weitaus wertvoller.

Möglich, dass Sheffield es John erzählte, wenn der ihn fragte. Das erschien Phryne noch als die praktikabelste Lösung, falls ihre eigenen Nachforschungen keine Früchte trugen.

Doch nun galt es erst einmal, den Nachmittag sinnvoll zu nutzen. Was gab es Beruhigenderes als eine Tasse Tee und friedvolle Stunden im Kreis der Familie? Tinker und Jane spielten Schach, Dot stickte Blumen, und Ruth war ganz in ihr Kochbuch versunken.

Bei einem Glas Wein vertiefte Phryne sich in eines der Bibliotheksbücher, deren Ausleihfrist so gut wie abgelaufen war. Sicher würde der arme Mr Butler bald wieder den Cocktail-Shaker schwenken, aber noch musste er sich auf Janes Geheiß etwas schonen.

Schade, dass es in der realen Welt nicht nach den gleichen Spielregeln wie bei Hercule Poirot zuging! Dann würde sie alle Beteiligten zusammentrommeln und ihnen, allein auf die Kraft der kleinen grauen Zellen vertrauend, Punkt für Punkt darlegen, warum jeder von ihnen der Mörder sein könnte und es doch nicht war, bis sie zu dem letzten Verdächtigen kam, der nicht nur schuldig war, sondern die Tat auch noch auf der Stelle gestand.

Wie praktisch das wäre.

Leider stellte sich der Sachverhalt hier, in der Esplanade 221B, St. Kilda, um einiges komplexer dar.

Um kurz vor fünf klopfte Bert an die Küchentür; er hatte eine wichtige Nachricht zu überbringen. Mit der Information in der Hand rief Phryne Detective Inspector Robinson an und besprach mit ihm ein paar Einzelheiten. Zuletzt telefonierte sie mit einem Freund, der auf dem Land lebte. Der morgige Tag versprach spannend zu werden.

Bewaffnet mit ihrem Notenheft fuhr Phryne zur Probe. Der Chor versammelte sich auf der Bühne. Rupert und John waren noch nicht da. Der alte Pianist, Professor Szabo, der zum Mittagessen und vermutlich auch schon zum Frühstück Portwein genossen hatte, nahm Phryne auf die Seite, um ihr alles über Beechams *Elias* zu erzählen und die luftige Leichtigkeit, mit der Mendelssohn dirigiert werden müsse. Sie stimmte ihm zu. Es zahlte sich nicht aus, Alkoholikern zu widersprechen, die sich leidenschaftlich in ein Thema hineinsteigerten.

Heute Abend fing der neue Chorleiter an. Nachdem Phryne ihren Platz neben Chloe eingenommen hatte, sah sie ihn sich genau an.

Mr Henry James. Schob unter der extravaganten Weste einen ansehnlichen Spitzbauch vor sich her. Dunkler Teint, schwarze Wallemähne, grüblerischer Blick. Gerierte sich als Beethoven. Was ihm nicht einmal schlecht gelang.

Der neue Dirigent ließ den Blick ausdruckslos über den Chor wandern und gab das Zeichen zum Einsingen. Er hielt perfekt den Takt. Zwischendurch hob er immer wieder die Hand, um sich die schwarzen Locken aus der Stirn zu streichen. Sehr lange würde Phryne dieses eitle Gehabe nicht aushalten. Außerdem blätterte er die Noten mit angelecktem Zeigefinger um. Sehr unhygienisch. Auch das wäre wohl zeitlich nur begrenzt erträglich. Phryne tippte auf höchstens zehn Minuten.

»Wir beginnen mit dem ersten Teil. Der Chor singt *Hilf, Herr! Hilf, Herr! Willst du uns denn gar vertilgen?* Beachten Sie die Dynamik. Es ist nicht schwer. Wenn Sie das nicht können, sollten Sie besser die Finger von Mendelssohn lassen. Ich kann mir sowieso nicht erklären, warum es ausgerechnet der *Elias* sein muss. Dem *Messias* in jeglicher Hinsicht unterlegen. Aber das lässt sich nun mal nicht mehr ändern. Singen Sie!«

Leises Protestgemurmel machte sich breit, wurde aber

vom Klavier übertönt. »*Hilf, Herr*«, sang der Sopran. »*Hilf Herr!*«, sang der Alt. »*Hilf, Herr!*«, echoten Tenor und Bass. »*Willst du uns denn gar vertilgen?*«

Auf einen Wink mit dem Taktstock verstummte der Chor. »Man dürfte Sie Mendelssohn nicht singen lassen«, knurrte Mr James wütend. »Man dürfte Sie noch nicht mal ›Alle meine Entchen‹ singen lassen. Grauenhaft! Die Sopranistinnen: spitz und schrill. Die Tenöre: krumm und schief. Die Bässe: matschiger Brei. Und was die Altistinnen angeht …« Er strich sich das Haar mit derart herrischer Geste zurück, dass Phryne nur noch einen Wunsch hatte: eine Heckenschere. »Von vorn!«

»*Hilf, Herr!*«, sang der Chor mit fast gebetsartig flehendem Unterton.

Erneut ging der Taktstock wie ein Fallbeil nieder. »Entsetzlich!«, röhrte Mr James. »Wer von Ihnen tatsächlich Noten lesen kann, der lese! Und der Rest? Versucht irgendwie mitzukommen. Also dann: durch bis zum bitteren Ende!«

Matthew hob die Hand. »Wir müssen erst die Noten einstudieren, bevor wir es ganz durchsingen können.«

»Unsinn.« Mr James durchbohrte ihn mit einem Blick. »Ich dachte, Sie wollen ein semiprofessioneller Chor sein. Sonst hätte ich dieses Engagement doch niemals angenommen. Bis zum Schluss, meine Herrschaften.«

Sie gaben ihr Bestes.

Als Mr James dem Trauerspiel schließlich Einhalt gebot, rotierte Mendelssohn im Grabe – und der Chor war mit seiner Weisheit am Ende. Die Bässe hatten ihren Einsatz vermasselt und die anderen um einen halben Takt abgehängt. Sie kamen als Erste ins Ziel.

»Gewonnen!«, sagte Tommy triumphierend.

Mr James funkelte ihn an. Tommy funkelte zurück. Auch er war schon von ganz anderen Kalibern angefunkelt worden.

»Répétiteur«, schnauzte der Chorleiter. »Die Sopranlinie, wenn Sie damit nicht überfordert sind.«

Obwohl Professor Szabo am ganzen Leib vor Empörung bebte, spielte er die Sopranlinie mit fester, ruhiger Hand. Genau wie anschließend die Tenor-, die Alt- und die Basslinie.

Die Fehler bei den nächsten *»Hilf, Herr«*-Versuchen waren verzeihlich. Mr James verzieh sie nicht, sondern machte den gesamten Chor zu Schnecke. Je nach persönlicher Präferenz verabschiedeten sich die einzelnen Mitglieder entrüstet, weinend oder deprimiert in die Teepause.

»Aus welchem trüben Pfuhl haben wir denn diesen Sklaventreiber gefischt?«, fragte Oliver mit zornesroten Wangen. »Warum schmeißen wir ihn nicht einfach wieder rein? So mache ich das immer mit den ekligsten, schleimigsten Fischen.«

»Wir brauchten einen Chorleiter, und für das Geld war kein anderer zu haben«, sagte Tabitha. »Leider.«

»Können wir nicht einfach Matthew zum Chorleiter wählen und diesen aufgeblasenen Affen in die Wüste schicken?«, fragte Chloe. Hätte sie Brustpanzer und Helm angelegt und sich in bester Walkürenmanier auf ihr weißes Streitross geschwungen, wäre man nicht erstaunt gewesen.

»Er hat einen Namen«, erklärte Tommy. »Manche Leute kommen nur seinetwegen.«

»Wie blöd kann man sein?«, murmelte Caterina. »Allein diese Haare!«

»Man sehnt sich regelrecht nach einer Rosenschere, nicht wahr?«, meinte Phryne. »Ich wüsste ja zu gern, womit er seine Locken pflegt.«

»Schmierfett«, sagte Tabitha. »Und ich fasse keine Noten mehr an, auf die er draufgespuckt hat.«

»Können wir uns nicht doch noch jemand anderen suchen? Ich kann mir nicht vorstellen, dass Aunty mit ihm zurechtkommt«, sagte Daniel.

»Er hat uns als Eunuchen beschimpft«, empörte sich Luigi, der sich unauffällig an Phryne herangeschoben hatte, bis sie seinen heißen Atem im Nacken spürte.

»Das trifft auf Sie doch bestimmt nicht zu«, antwortete sie und lehnte sich leicht an ihn. Der Beweis für Luigis strotzende Manneskraft ließ nicht lange auf sich warten. Diskretion war die Sache dieses Valentinos mit Sicherheit nicht. Hartnäckig wie ein Terrier verfolgte er seine Beute. Ein solcher Verführer ließ sich nicht abwimmeln, bis die Angehimmelte, sei es aus Versehen oder Willensschwäche, seinem Werben früher oder später erlag, ohne so recht zu begreifen, wie ihr geschah. Daher seine Erfolge beim weiblichen Geschlecht. Aber nicht bei Phryne.

»*Ciao*«, sagte sie, der ziemlich festen Überzeugung, dass hier sonst niemand Italienisch sprach. Höchstens noch der polyglotte Matthew und vielleicht auch Caterina, doch die waren beide nicht in Hörweite.

»*Bellissima*«, hauchte er ihr ins Ohr.

»*Sei un bel ragazzo.*« Sie nannte ihn einen gutaussehenden Jungen.

»Sí ma non bello comme te.« Er war ihr inzwischen so dicht auf den Leib gerückt, dass er sie fast schon umarmte. Ohrenzeugen würde es bei diesem Gespräch mit Sicherheit keine geben.

»Potremmo incontraci pintardi, se te lo meriti«, flüsterte sie, ihm ein späteres Rendezvous verheißend.

»Da zio Marco, Windsor«, versprach er.

Phryne löste sich von ihm, drehte sich mit einem verruchten Lächeln noch einmal zu ihm um und ging sich eine Tasse Tee holen. Flirten ohne Gefühl war sehr anstrengend, aber wenn es sein musste, um Guido Calvi zu finden, würde sie nicht davor zurückschrecken, mit Luigi zu schäkern. Die verblichene Mata Hari hätte sich von ihr eine Scheibe abschneiden können. Vor allem im Hinblick darauf, wie man es anstellte, sich nicht erwischen zu lassen.

»Nehmen Sie sich vor dem in Acht«, warnte Tabitha. »Er ist ein falscher Fuffziger.«

»Ich weiß, was ich tue.« Phryne trank einen Schluck Tee. »Und mit solchen Windhunden kenne ich mich aus.« Was sie mit ihnen gemacht hatte, behielt sie wohlweislich für sich.

Die zweite Hälfte der Probe verlief mindestens genauso katastrophal wie die erste, wenn nicht noch schlimmer. Mr James beließ es nicht mehr bei pauschalen Beschimpfungen wie »blutige Laien« und »elende Stümper«, sondern nahm gezielt einzelne Sängerinnen und Sänger aufs Korn: »Welche Sopranistin trifft hier den Ton nicht? Sie da – vorsingen. Nein, nicht Sie. Sie – singen Sie den Ton …« So lange, bis er Millicent als die Schuldige ausgemacht hatte und sie ohne viel Federlesen aus dem Chor warf.

Phryne lief hinter ihr her und holte sie hinter der Bühne ein. Gedemütigt und blamiert, war Millicent den Tränen nah.

»Dabei kann er Mendelssohn noch nicht mal leiden!«, rief sie.

»Er ist ein gemeiner Kerl.« Phryne bot ihr eine Zigarette an. »Einer von der übelsten Sorte. Hier, bitte sehr.« Sie gab ihr ein Taschentuch. Schniefend blies Millicent hinein.

»Was soll ich denn jetzt bloß machen? Mein Freund ist im Chor! Ich kann doch nicht ohne ihn austreten! Und er will unbedingt den *Elias* singen!«

»Dann kommen Sie einfach morgen wieder«, riet Phryne. »Mr Henry James sieht unsereins gar nicht an. Er kreist nur um sich selbst. Ich verspreche Ihnen, schon bei der nächsten Probe weiß er nicht mehr, dass er Sie heute rausgeworfen hat. Glauben Sie mir.«

Millicent nickte. »Mach ich«, sagte sie. »Gehen Sie nachher auch noch auf Aunty Marks Soiree?«

»Gut möglich«, antwortete Phryne. »Im Windsor, ja?«

»In der Royal Suite. Wenn er in der Stadt ist, wohnt er immer in der Royal Suite. Mit goldenen Wasserhähnen! Das ist … ja, das ist die perfekte Kulisse.«

»Eigentlich müsste er von Elfenbein, Affen und Pfauen umgeben sein«, gab Phryne ihr recht.

Nachdem sich die Probe bis ans bittere Ende geschleppt hatte, rauschte Mr James ab ins Dirigentenzimmer und der Chor strömte, leise vor sich hin schimpfend, zur Tür hinaus.

»Kommen Sie?«, fragte Millicent.

»Gleich«, sagte Phryne. »Wir sehen uns dann.«

Sie überzeugte sich, dass Mr Henry James, nachdem er sich umgezogen hatte, den Gemeindesaal – ebenfalls unter heftigem Grollen – lebendig verließ. Die Scots Church würde auf ihrem blitzblanken Boden keine weitere Leiche dulden, und der Chor brauchte schließlich einen Probenraum.

Auch Professor Szabo brach auf und machte sich auf den Weg zum Windsor. Während sich die Sängerschar in Grüppchen und Pärchen aufteilte, die durch den Haupteingang ins Hotel schlenderten, fanden sich Rupert und John im Gemeindesaal ein.

»Hallo, hallo.« John nahm Phryne in den Arm. »Wolltest du mir Gesellschaft leisten, Liebes?«

»Leider nein«, sagte Phryne bedauernd. »Ich muss auf eine Abendgesellschaft, bei euch im Hotel. Die Royal Suite – sehen wir uns da?«

»Bin ich eingeladen?«, fragte John.

»Selbstverständlich«, antwortete sie und küsste ihn inniglich.

Hinter ihr war ein Fauchen zu hören, wie von einer Katze, der man einen Stuhl auf den Schwanz gestellt hat.

»Miss Fisher …« Rupert Sheffields schönes Gesicht wirkte wie aus Elfenbein geschnitzt – und zwar von einem Künstler, der einen Talisman gegen die Menschheit erschaffen wollte.

»Die Freude ist ganz meinerseits«, sagte Phryne. Sie verschmähte die ausgestreckte Hand, stellte sich auf die Zehenspitzen und küsste ihn auf die Wange, dann tänzelte sie, ohne ihn eines weiteren Blickes zu würdigen, hinaus.

»Diese Frau …«, empörte sich Sheffield. Er fasste sich ins Gesicht, wo er noch ihre Lippen spüren konnte, als hätte sie ihn gebrandmarkt. Er fühlte sich seltsam hilflos. John zückte ein Taschentuch und wischte ihm den Lippenstift ab.

»Manchmal überkommt es sie einfach«, brummelte er. »Sie hat es nicht böse gemeint.«

Phryne war sich darüber im Klaren, dass sie soeben eine quasi jungfräuliche Wange geküsst hatte. Das hatten vor ihr vermutlich nur die werte Frau Mama, das Kindermädchen und der Sheffield'sche Familienhund gewagt. Was Rupert sich bestimmt verbeten hatte und wozu er sich auch niemals bekennen würde.

Sie kicherte. Innerlich.

Erfreulich heil und unversehrt erreichte sie die andere Straßenseite. Phryne liebte das Windsor, diesen Inbegriff von Luxus, Lebensart und Behaglichkeit, wo sie nach ihrer Ankunft in Australien die erste Zeit gewohnt hatte. Es war ein Hotel, wie ein exklusives Hotel sein sollte, und zeichnete sich durch größtmögliches Entgegenkommen aus. Mit Höflichkeit und Aplomb erfüllte das Haus die Wünsche der anspruchsvollsten Gäste, gleichgültig, ob es sich um eine berühmte Schauspielerin mit einem Leopardenbaby an der Leine handelte, um betrunkene Rugbyspieler oder um Politiker mit ihren Mätressen, die nach Theaterkarten und exzentrischen kulinarischen Köstlichkeiten verlangten. Auch durch etwaige Wutanfälle verwöhnter Prinzessinnen ließ sich die Leitung des Hotels nicht erschüttern. Genauso wenig wie damals durch die drohende Verhaftung Phrynes als Drogenhändlerin, die erst in letzter Sekunde abgewendet werden konnte. Allerdings hatte sie der Direktor des Hauses deswegen dann doch – sehr milde – getadelt.

In der Royal Suite war sie noch nie gewesen. Sie nahm die Hälfte des obersten Stockwerks ein und erinnerte Phryne an die Kulisse einer Liebesschnulze. Was nicht aus weinrotem Plüsch war, bestand aus handgewebtem Taft, Mahagoni oder Marmor. Oder hatte wenigstens einen Goldrand. Die Wasserhähne im großzügig geschnittenen Badezimmer waren aus Gold. Wie von Millicent angepriesen.

Die Wände des Salons waren mit Seidensamt bespannt. Auf dem Tisch stand eine Auswahl an Knabbereien. An einer Suite-eigenen Bar bediente ein Cocktailkellner, dessen leicht gequältes Lächeln verriet, dass er noch nicht lange im Windsor arbeitete. Gerade goss er eine Flasche Pol Roger in eine Bowle-Schüssel, ein unverzeihliches Verbrechen gegen einen derart ehrwürdigen Champagner. Phryne ließ sich schnell noch ein Glas einschenken, bevor er unrettbar verloren war. Der 97er. Superb. Wenn Aunty Mark zuließ, dass dieser edle Tropfen gepanscht wurde, musste sie ihn wegen Schaumweinquälerei anzeigen.

Der Gastgeber trug ein luxuriöses Kostüm alla turca – Pluderhose, bauschiges Seidenhemd und eine farbenprächtige Weste. Er besaß eine derart charismatische Ausstrahlung, dass die Kleidung nicht im Geringsten feminin an ihm wirkte, sondern wie für ihn gemacht. Er fing Phrynes Blick auf und zwinkerte ihr zu.

»*Salut.*« Sie erhob ihr Glas. »Ein ausgezeichneter Champagner.«

»Für meine Freunde nur das Beste«, antwortete er. »Einmal im Jahr gönne ich mir eine Pause vom Alltag. Ich reise in eine andere Stadt, und dann heißt es nur noch Feiern, Singen, Feiern, Singen, Feiern – Konzert, bis ich wieder nach Hause muss, um den braven Bürger zu spielen.« Er zog ein trauriges Gesicht.

»Seien Sie froh, dann hält Ihre Leber länger durch.« Phryne lachte. »Sagen Sie, wird das heute eine richtige Orgie? Ich habe keinerlei Vorkehrungen getroffen – vorausgesetzt, ich bin überhaupt willkommen.«

»Nein, nein, meine Gute. Nur ein geselliger Abend. Vielleicht etwas freizügig, aber nicht obszön. Höchstens später, wenn nur noch die handverlesenen Gäste übrig sind. Sagen Sie mir, wer war denn dieser Adonis, dem ich gestern am Eingang des Gemeindesaals begegnet bin? Der mit dem Blick eines Hexenjägers und dem Gesicht eines Engels?«

»Das war Rupert Sheffield«, antwortete Phryne. »Mathematiker und ungenießbarer Zeitgenosse.«

»Ja, das habe ich gleich gemerkt.«

»Ein begehrenswertes Geschöpf ist er natürlich trotzdem, das ist mir schon klar«, sagte Phryne. »Aber ich vermute stark, das Geschlechtliche lässt ihn kalt.«

»Vielleicht an ihrem Ufer, meine liebe Miss Fisher, aber wahrscheinlich nicht an meinem. Allerdings hätte ich an jemandem wie ihm ohnehin kein Interesse. Ich habe es lieber klein, blond und anschmiegsam.«

»Für blond und anschmiegsam lässt sich einiges sagen. Werden Sie bis zum Konzert jeden Abend ein Fest geben?«

»An den meisten.« Mark schenkte ihr nach. »Es sei denn,

ich möchte mir ein paar gemütliche Stunden machen, mit Zimmerservice und …«

»… in anschmiegsamer Gesellschaft?«

Er lachte. Phryne fand ihn außerordentlich sympathisch. Ein Mann von Saft und Kraft in verweichlichten Zeiten.

»Sie haben es erfasst, Miss Fisher.«

»Und was halten Sie von Henry James?«

Sein Gesicht verzog sich zur Grimasse.

»Nein, im Ernst? Der Chor hat Henry James engagiert? Wie furchtbar. Wenigstens dürfte sein Mörder leicht zu finden sein.«

»Ach ja? Er ist aber noch gar nicht tot.«

»Warten Sie's ab«, prophezeite Mark. »Und soll ich Ihnen schon mal die Auflösung sagen? Er wird vom gesamten Chor zu Tode gesteinigt, wobei die Altistinnen und die Bässe wahrscheinlich die entscheidenden Treffer landen. Sie sind meistens muskulöser. Es käme natürlich auch auf die Größe der Steine an.«

»So schlimm ist der Mann?«, fragte Phryne.

»Schlimmer«, antwortete Mark. »Trinken Sie noch etwas, damit Sie den üblen Geschmack loswerden, und dann stelle ich Sie meinen Freunden vor.«

Phryne verbrachte ein nettes halbes Stündchen damit, die übrigen Chormitglieder näher kennenzulernen, die sich, alle, wie sie da waren, an den kostenlosen Getränken gütlich taten. Während sie mit ihnen über die Vorzüge von Mendelssohn und Händel diskutierte, schob sich jemand durch das Gedränge und stellte sich so dicht hinter sie, dass sie seine Begeisterung körperlich spürte. Das konnte nur einer sein.

»Luigi, *caro«*, murmelte sie.

»*Si, Principessa.*« Er war's tatsächlich.

»*Vieni con me.*« Sie fasste ihn bei der Hand und lotste ihn in eine intime Nische, von denen das Zimmer mehrere besaß. Sie sanken auf ein kleines Tête-à-tête. Die Armlehne zwischen den beiden s-förmig angeordneten Sitzen diente als trennende Barriere. Phryne hatte das Möbel mit Bedacht ausgesucht. Hier war sie nicht nur davor gefeit, ihm unter Umständen das Knie in den Unterleib rammen zu müssen, sondern konnte auch seine Reaktion beobachten, wenn John und Rupert sich vielleicht doch noch blicken ließen. Falls Luigi Calvi mit Guido Calvi verwandt war, würde er sich bestimmt etwas anmerken lassen. Sie konnte in ihm lesen wie in einem offenen Buch; die dunklen Augen und der ausdrucksstarke Mund gaben jedes Geheimnis preis. Phryne würde seine Reaktion nicht entgehen.

Als sie es allmählich müde wurde, sich seiner Annäherungsversuche zu erwehren, kam John herein. Von Rupert Sheffield keine Spur. Mist. Sicher war er schon im Bett, mit einem Glas warmer Milch und seinen Gleichungen als Bettgenossen. Luigi musterte John mit unendlich gleichgültigem Blick. Experiment beendet.

»*Ciao, Luigi.*« Phryne sprang auf und entfernte sich aus seiner Tätschelreichweite. Sie nahm John bei der Hand. Er lächelte etwas verunsichert auf sie hinunter.

»Hallo, Liebes. Ganz schön voll hier!«

»Trink erst mal ein Glas Champagner, er ist superb. Dann mache ich dich mit unserem Gastgeber bekannt. Einem ganz wunderbaren Bariton.«

»Ich weiß, ich weiß. – Mr Henty, guter Mann, ich freue mich ja so, Sie kennenzulernen!«, rief John. »Ich habe Sie in Sydney erleben dürfen.«

»Darf ich vorstellen? John Wilson, ein sehr guter Freund von mir«, sagte Phryne.

»Mit einem auszeichneten Musikgeschmack«, strahlte Mark. »Trinken Sie, trinken Sie!«

Die beiden Männer wechselten einen Blick. Gleich und Gleich gesellt sich gern. Ob John wohl noch bleiben dürfte, nachdem Mark den Chor verabschiedet hatte?

»Ich habe Sie heute Morgen gehört. Mit *Au fond du temple Saint*«, sagte John. »Unten im großen Schankraum. Das waren doch Sie, der gesungen hat?«

»Ja, das war ich. Sind Sie allein?«

»Heute Abend? Ja. Sonst begleite ich Rupert Sheffield, den Mathematiker.«

»Wir sind uns begegnet«, sagte Mark ausdruckslos.

»Aber im Grunde ist er wirklich ein netter Kerl.«

Mark zählte eins und eins zusammen. Er verabschiedete sich fürs Erste mit einem männlich mitleidigen Schulterklopfen und mischte sich wieder unter die anderen Gäste.

Phryne gesellte sich mit John zu ihren Sangesgeschwistern, die ihn auf Anhieb sympathisch fanden. Der sonst so lässige Medizinstudent Bones streifte seine Gleichgültigkeit ab und hing gebannt an seinen Lippen. Da John sich im Kreis der jungen Leute wohlzufühlen schien, konnte Phryne ihn beruhigt bei ihnen lassen und weiterschlendern, um Aunty Marks buntes Gästevölkchen kennenzulernen.

Es war eine sehr gemischte Gesellschaft, zu der auch

Feuerwehrmänner, Ärzte, ein Klempner und eine Primaballerina von den Ballets Russes gehörten, sowie zahlreiche Sängerinnen und Sänger, bei denen Phryne sich nach dem neuen Chorleiter umhörte.

Im Großen und Ganzen war man sich einig, dass Henry James ein Hund, ein krummer Hund, ein Sauhund war (letztere Bezeichnung von Tommy, dessen Wortschatz von seiner Zeit als Rugbyspieler gefärbt war). Mr James hatte zwar seine Günstlinge, aber dafür stellte er den Sopranistinnen nicht nach – und den anderen Stimmen auch nicht. Aus irgendeinem Grund schien er einen Hass gegen Altistinnen zu hegen. Über sein musikalisches Können gingen die Meinungen auseinander. Während einige fanden, dass er über die nötigen Fähigkeiten verfügte und ein feines Gehör besaß, gestanden ihm andere zwar das feine Gehör zu, störten sich aber daran, dass sich bei ihm alle Komponisten gleich anhörten. Jeder Versuch Mendelssohn wie Händel klingen zu lassen, könne nur auf ein Desaster hinauslaufen.

»Nicht, dass es das Publikum merken würde«, bemerkte Matthew. »Die Leute gehen in ein Oratorium aus demselben Grund wie in den Gottesdienst: Um sich für einen frommen Zweck langweilen zu lassen.«

»Ts, ts«, machte Calliope und gab ihm einen Klaps auf die Finger.

»Es muss doch auch gute Chorleiter geben«, sagte Phryne. »Ich hatte mal einen, in England. Er war ein Schatz. Der hat uns lieber Zuckerbrot gegeben als die Peitsche, und dafür haben wir dann wie ein Himmelschor für ihn gesungen.«

»Ja, so einen kennen wir auch«, erzählte Matthew. »Aber er hat ein Engagement in Ballarat. Patrick Bell. Der gute alte Patrick. Zu schade, dass er anderweitig verpflichtet ist. Er schreit nicht, er lobt, bis man sich für ihn die Seele aus dem Leib singt, weil man die gequälte Miene nicht aushält, wenn man ihn enttäuscht.«

»Aber momentan müssen wir uns mit dem guten alten Henry begnügen«, sagte Tabitha. »Wir werden uns schon irgendwie mit ihm arrangieren.«

»Wie soll das gehen?«, fragte Phryne.

»Indem wir nichts, was er von sich gibt, persönlich nehmen«, riet Tabitha. »Ich stelle mir immer vor, wie ihm vor ausverkauftem Haus Hose und Unterhose runterrutschen. Das hilft.«

»Geniale Idee«, sagte Calliope.

»Ach, ich weiß nicht«, meinte Caterina.

»In der Fantasie konzentriert man sich nur auf seinen entsetzten Blick«, erklärte Phryne. Caterinas Miene hellte sich auf. Ihre achatfarbenen Augen schimmerten sanft. Sie faltete die Hände. Eine zarte Röte stieg ihr in die Pfirsichblütenwangen.

»Ja, herrlich«, flötete sie.

Tommy verschluckte sich an seinem Cocktail. Calliope klopfte ihm auf den Rücken.

»Kannst du mit deinen Reizen nicht ein kleines bisschen sparsamer umgehen?«, fragte Tabitha. »Du weißt doch, was für eine Wirkung du auf ihn hast.«

»Entschuldigung«, sagte Caterina. »War keine Absicht. Würde es helfen, wenn ich dir ein Küsschen gebe?«

»Ja!«, keuchte Tommy.

Caterina glitt zu ihm hinüber, hauchte ihm einen zarten Kuss auf die Stirn und entschwebte. Phryne lachte und ging zur Bar, um sich noch etwas zu trinken zu holen. Dort wurde sie von Leonard abgefangen, der sich mit glühenden Augen empörte: »Jetzt haben sie doch tatsächlich Henry James für das Konzert engagiert!«

»Ja«, bestätigte Phryne und sah hinunter auf die Hand, die ihren Arm umklammert hielt.

Leonard folgte ihrem Blick. Er ließ sie sofort los.

»Verzeihung. Ich war nicht auf der Probe und habe es gerade erst erfahren. Das kann doch nicht wahr sein. Henry James!«

»Sie hätten lieber einen anderen Chorleiter? Sich selbst zum Beispiel?«, fragte Phryne.

»Ja!« Bis zum Brüllen fehlte nicht viel. »Ich habe das Stück seit Monaten einstudiert. Ich weiß alles über Mendelssohn. Warum also nicht ich?«

»Das kann ich Ihnen auch nicht sagen.« Phryne musterte ihn genauer. Er schwitzte und schnaufte, hatte gerötete Augen, zerbissene Lippen und abgekaute Fingernägel. Ein Kessel überkochender Emotionen. Als potenzieller Mörder nicht uninteressant, falls er auf den Chorleiterposten tatsächlich so erpicht war. Konnte es sein, dass er Tregennis aus dem Weg geräumt hatte, sich aber seine Nachfolge nicht sichern konnte, weil er hinterher nach Albury reisen musste? Würde er als Nächstes Henry James ermorden, um doch noch ans Ziel zu gelangen? Interessante Frage. Man musste Leonard im Auge behalten. »Was meinen Sie, warum Henry James das Engagement bekommen hat?«

»Beziehungen«, knurrte Leonard und beugte sich näher zu ihr, als Phryne es normalerweise erlaubt hätte. »Dem Mann geht es nur ums Geld. Er hat alle Zeitungskritiker bestochen. Er hat Erfolg. Er macht den Kirchenchören die besten Sängerinnen und Sänger abspenstig, indem er ihnen große Rollen, tolle Soli oder was auch immer verspricht. Dann werden sie im Chor verheizt, und sie können nicht wieder zurück. Wer unter James gesungen hat, gilt als Verräter. Er ist hinterlistig.« Leonards Stimme sank zu einem Flüstern herab. »Er hat überall Spione.«

»Verstehe«, sagte Phryne. »Auch hier?«

»Natürlich!«

»Zeigen Sie mir einen?«

»Das kann ich nicht«, antwortete Leonard. »Wenn ich sie kennen würde, könnten sie mir ja nicht mehr nachspionieren.«

»Stimmt auch wieder. So, ich muss weiter. Das war alles sehr erhellend.« Sie bahnte sich einen Weg durch die Menge. John Wilson stand noch mit dem Chor zusammen, in ein Gespräch über die Vorzüge von Vaughan Williams gegenüber Edward Elgar vertieft.

»Ach, Sie Arme«, sagte Calliope mitfühlend. »Hat Len Sie erwischt?«

»Wie sehr wünscht er sich, Chorleiter zu sein?«, fragte Phryne.

Matthew verstand die Andeutung als Erster. Seine Augen verengten sich zu Schlitzen. »Sie denken doch nicht …?«

»Aber ja.« Sie trank einen Schluck. Sie musste sich unbedingt ebenfalls Champagner dieser Güteklasse anschaffen. »Nichts ist per se undenkbar.«

»War er nicht ganz woanders?«

»Das werde ich zu Hause nachprüfen, wenn ich einen Blick in meine Aufzeichnungen werfen kann.«

»Sicher, er hatte schon immer eine Meise, wenn es um die Chorleitung ging«, gab Matthew besorgt zu. »Aber deswegen würde er doch nicht …«

»Nein?«, fragte Phryne.

Er antwortete nicht. Im Chor flogen entsetzte oder, wie Keats gesagt hätte, »wilde bewegte« Blicke hin und her.

»Na prima, dann war's also Len«, sagte Tabitha. »Wenn er jetzt noch Henry James beseitigen könnte, würden wir alle in einer schöneren, helleren Welt leben.«

»Tab!«, rief Calliope.

»Sie haben etwas vergessen«, kam es von Phryne.

»Ach ja?«, sagte Tabitha, die sich ihren Optimismus nicht schmälern lassen wollte.

»Wenn er Ihnen diesen Gefallen tut, bekommen Sie ihn als Chorleiter.«

Allgemeines Stöhnen in der Runde.

»Man kann nicht alles haben«, stellte Caterina fest.

»Ich muss los«, sagte Phryne. »Es war ein wunderbarer Abend. Was ist mit dir, John? Kommst du mit oder bleibst du noch?«

»Ob ich mitkomme? Zu dir?«, fragte er.

»Zu mir«, antwortete Phryne lächelnd.

»Dann begleite ich dich natürlich«, sagte er.

»Glückspilz«, murmelte Matthew.

II

Camerado, ich reiche dir meine Hand!
Ich reiche dir meine Liebe, kostbarer als Geld,
Ich reiche dir mich selber, noch vor Predigt oder Gesetz;
Willst du dich mir reichen? willst du mit mir wandern?
Sollen wir zusammenbleiben, solange wir leben?

Walt Whitman
Gesang von der offenen Straße

John Wilson streckte sich auf Phrynes Bett aus. Sie lag zusammengerollt neben ihm. Die Nacht war laut in St. Kilda. Betrunkene grölten, Polizisten riefen mit ihren Trillerpfeifen Verstärkung herbei, und von den Schiffen, die durch den Kanal manövrierten, tuteten die Sirenen und Nebelhörner.

Im Haus war es dunkel und still. Phryne war nicht schläfrig, sondern wie meistens nach dem Liebesakt hellwach. John schien in Gedanken versunken, seine Hand lag auf ihrer Brust. Sie ergriff sie mit beiden Händen.

»Raus damit«, sagte sie. »Was hast du? Willst du mir den Laufpass geben?«

»Wie bitte?« Auf einen Schlag war er ganz da. »Nein! Natürlich nicht. Nein, es geht um Sheffield.«

Um wen sonst? »Erzähl«, sagte sie.

»Ich rede schon viel zu viel von ihm.«

»Ach was, ich bin fasziniert. Bitte!«

»Wenn du unbedingt willst ...«

Phryne ließ sich nicht lange bitten. »Auf jeden Fall. Schieß los.« Sie setzte sich hin. John legte ihr den Kopf in den Schoß, und sie strich ihm liebevoll durchs Haar.

»Ich hatte heute eine sehr merkwürdige Unterhaltung mit ihm«, berichtete John. »Ich saß in dem kleineren der beiden Speisesäle im Hotel und wollte mir gerade etwas zum Mittagessen bestellen ... In dem Saal mit den Wandgemälden von den Sonnenanbetern.«

»Ich weiß, welchen du meinst«, sprang Phryne ihm bei. Sie wollte ihn nicht vom Thema abschweifen lassen.

»Da kam Rupert herein, blieb an meinem Tisch stehen und fuhr mich an: ›Warum gibst du dich mit mir ab? Das ergibt logisch keinen Sinn.‹ Ich wusste nicht, was ich antworten sollte, deshalb habe ich bloß gestottert, dass ich sein Freund bin. Ich konnte ihn überreden, sich hinzusetzen. Du weißt ja, was für ein langes Gereck er ist, nicht zu übersehen, und die anderen Gäste haben schon zu uns rübergegafft.«

»Kann ich mir vorstellen.« Phryne musste ein Kichern unterdrücken.

»Als meine Suppe kam, hat er mir den Löffel abgenommen und davon gekostet, das macht er immer. Und dann hat er gesagt: ›Aber du warst in Gefahr.‹ Und das ist interessant, Phryne, weil er bisher immer behauptet hat, es hätte keine Gefahr bestanden. Weder wegen des rasenden Autos noch wegen der Kugel, und dass ich mir meine Rettungsaktionen hätte sparen können.«

»Ja, das habe ich auch schon von ihm gehört.« Fast wäre Phryne noch »von der kleinen Zecke« herausgerutscht.

»Darauf hat er geantwortet: ›Ich habe keine Freunde.‹ Und ich habe gesagt, nein, du hast mindestens einen. Du hast doch mich. Und ein Freund lässt es nicht zu, dass sein Freund erschossen wird, wenn er es verhindern kann. Das hat er sich eine ganze Weile durch den Kopf gehen lassen.«

»Während er deine Suppe gegessen hat?«

»Ja, anscheinend hat sie ihm geschmeckt. Eine Champignoncremesuppe, sehr lecker. Im Windsor kann man wirklich gut zu Mittag …«

»Und wie ging es weiter mit Rupert?«

»Das Gespräch wurde noch seltsamer. Er wollte wissen, ob ich dein Freund bin, und ich habe ja gesagt, wir wären uralte Freunde. Dann wollte er wissen, wie wir Freunde sein können, obwohl wir uns zehn Jahre nicht gesehen hatten. Und ich musste ihm erklären, dass die Entfernung und die Zeit einer tiefen Freundschaft wie der unseren nichts anhaben können.« Er drückte Phryne liebevoll einen Kuss in den Nabel. Da fehlte wirklich ein Rubin. Oder auch ein Sternsaphir. Der würde wunderbar mit ihrer Haut kontrastieren.

»Wie hat er darauf reagiert?«, fragte Phryne gespannt. Möglicherweise trug ihre Kampagne schon die ersten Früchte.

»Er hat mich gefragt, ob ich viele Freunde habe, und ich habe geantwortet, dass ich mehrere habe und mir das Glück in dieser Hinsicht hold gewesen ist. Ich habe gesagt …« Er brach ab. »Ich habe gesagt, dass ich hoffe, ihn ebenfalls als meinen Freund betrachten zu dürfen.«

»Und was hat er dazu gesagt?«

»Ich schwöre dir, Phryne, er ist rot geworden und brummelte nur: ›Aber natürlich.‹ Und weg war er. Was hältst du davon?«

»Ich vermute, ihm wird allmählich klar, wie viel du ihm bedeutest.«

»Wirklich?«, sagte John mit Hoffnung in der Stimme.

Sie legte ihm beruhigend die Hand auf die Brust. »Ja, aber wir dürfen nichts überstürzen. In dieser heiklen Situation würden wir mit einer Kussattacke nicht weiterkommen.«

»Heikel? Inwiefern?«

»Weil das Objekt deiner Anbetung ein Hornochse ist«, antwortete Phryne. »Du musst so weitermachen wie bisher. Ihn hin und wieder mal wie zufällig berühren oder ihm auf die Schulter klopfen. Was man unter Männern so macht. Alles andere musst du mir überlassen.«

»Und wenn dein Plan nicht aufgeht?«, fragte John besorgt.

»Ich weiß, was auf dem Spiel steht«, versicherte sie ihm. »Vertrau mir, und lass mich nur machen. Dann kannst du ihn in ein paar … Wochen in die Arme schließen.«

John erbebte. Phryne zog ihn an sich.

»Es wird funktionieren, John. Versprochen«, sagte sie bestimmt. »Glaub mir.«

»Ich glaube dir ja.« Und mit fester Stimme noch einmal: »Ich glaube dir. Du musst eine sehr gefährliche Spionin gewesen sein.«

»War ich auch«, antwortete sie. »Woher weißt du, dass ich Spionin war?«

»Das hat Rupert mir erzählt. Und der hatte es von einer Mitarbeiterin des Außenpostens in Athen. Ein nettes Mädchen, Mademoiselle Jeanne? Deine Garderobiere? Sie hat Rupert vorgeschwärmt, wie toll du wärst.«

»Aber sie auch. Eine hervorragende Näherin – und ein unglaubliches Plappermaul. Jede Wette, sie hat es nicht geschafft, Sheffield zu verführen.«

»Er hat kein Interesse am Fleischlichen«, sagte John, offenbar ein Zitat seines Angebeteten.

Phryne lachte. »Das werden wir ja sehen«, meinte sie. »Wie geht's jetzt weiter mit uns? Möchtest du noch etwas trinken? Willst du dich lieber anziehen und nach Hause fahren? Zurück auf Auntys Party? Oder soll ich lieber etwas ziemlich Verruchtes mit dir anstellen, um dich abzulenken, damit du auf andere Gedanken kommst?«

»Was? Nur ziemlich verrucht?«, fragte er. »Ich dachte jetzt eher an etwas, wobei der Oberste Zensor rote Ohren kriegt. Etwas durch und durch Verderbtes.«

»Das lässt sich einrichten«, versicherte Phryne und drückte ihn rücklings ins Bett. »Der Oberste Zensor« – sie küsste seine Schulter – »ist sehr« – sie küsste seine Brustwarze – »leicht zu schockieren.«

Ihr Mund wanderte immer weiter nach unten. John Wilson seufzte. Die Ablenkung war auf der ganzen Linie gelungen.

Beim Frühstück im Boudoir bekam Phryne eine verschlüsselte Nachricht überbracht, die ein Bote an der Haustür abgegeben hatte. Er wartete ihre Antwort nicht ab.

Während ihr Bleistift beim Transponieren von Zahlen

und Buchstaben nur so über das Papier flog, genoss sie ihren Morgenkaffee und ließ sich von John mit Croissantstückchen füttern.

»Aha!«, sagte sie, als John ihr den letzten Krümel von der Wange küsste. »Gut, gut. Also, mein liebster John, ich habe dir einiges zu erzählen. Aber das kann warten, bis du zu Ende gefrühstückt hast. Sehr englisch: Tomaten und Würstchen, Eier, Speck und Champignons.«

»Aus irgendeinem Grund bin ich nach einer Nacht mit dir richtig ausgehungert«, sagte John. Phryne knüllte Original und entschlüsselten Text zusammen, warf sie in den Kamin und zündete sie an. Zuletzt zermalmte sie noch die Asche mit dem Schürhaken.

Nachdem sie kurz in das Malachitbadezimmer gesprungen war, um sich zu waschen, zog sie sich an. Ohne längeres Hin und Her warf sie sich ein elegantes violettes Baumwollkleid über. Dazu kam ein extravagantes spanisches Schultertuch, über und über mit Papageien und Hibiskusblüten bestickt. Außerdem ein breitkrempiger Sonnenhut, der ebenfalls mit Unmengen orangefarbener Hibiskusblüten dekoriert war. An Phryne wirkte die Aufmachung in keiner Weise übertrieben. John stellte sie sich in goldgewirkte Kleider gehüllt vor, eine Krone auf dem Kopf und mit orientalischem Schmuck behängt. Auch dann wäre sie noch durch und durch Phryne gewesen – das schwarze Haar, die grünen Augen, die Persönlichkeit viel stärker, als es bei einem so zierlichen Persönchen zu erwarten wäre.

»Du siehst tropisch aus«, sagte John.

»Das macht das Wetter. Wie war dein Frühstück?«

»Ein Gedicht.« John butterte die letzte Scheibe Toast und strich sich nach einem kurzen inneren Ringen dann doch Orangenmarmelade darauf. »Was gibt es Neues?«

»Ruperts erbittertste Feinde heißen Calvi und Mitchell. Mitchell soll in Australien leben. Über keinen der beiden gibt es bei der Einwanderungsbehörde irgendwelche Unterlagen, was nicht sehr verwunderlich ist. Über ihren Verbleib in Europa ist ebenfalls nichts bekannt. Leider wurden sie auch nicht erschossen, sei es von den Türken oder den Albanern, und sie sitzen weder in Griechenland noch in England hinter Gittern.«

»Mist«, sagte John, zufrieden seinen Toast knabbernd.

»Die Personenbeschreibung, die ich von Guido Calvi habe, ist zu unspezifisch. Sie könnte auf jeden zutreffen, vollkommen unbrauchbar. Und von Mr Mitchell habe ich überhaupt keine Beschreibung.«

»Und noch mal Mist. Die Marmelade ist ein Gedicht.«

»Gekocht von Mrs Butlers Schwester. Trink noch eine Tasse Tee, zum Runterspülen. Es könnte allerdings sein, dass dieser Mitchell seit Kurzem hier bei uns in der Unterwelt aktiv ist. Und zwar unter dem Namen Ratcliffe. Sagt dir der was?«

»Dazu fallen mir bloß der Ratcliffe Highway und die Ratcliffe-Highway-Morde ein. Sonst nichts.«

»Gut, aber halte die Ohren offen. Sobald irgendein Ratcliffe mit deinem Rupert korrespondiert oder redet, wenn er ihn besucht oder anruft, weichst du ihm nicht mehr von der Seite. Vor allem, weil du drauf gefasst sein musst, dass er versucht, sich selbst zu retten, wie die tapfere Heldin eines abgeschmackten Schauerromans, die den Zettel mit den Angaben über Ort und Zeit des geheimen Treffens in der Kerzenflamme verbrennt und um Mitternacht im Nachthemd zur Schlossruine tappt.«

»In Ordnung«, sagte John. Er lachte, das Bild, das er vor Augen hatte, war aber auch zu komisch. Rupert Sheffield würde in einem langen Spitzennachthemd einfach umwerfend aussehen.

»Du hast doch noch den Webley, oder?«, fragte Phryne. »Ich müsste ihn dir zurückgegeben haben.«

»Ja, das stimmt.«

»Dann würde ich ihn einstecken«, riet sie ihm mit ernster Miene. »Es könnte jederzeit brenzlig werden. Zwei Anschläge sind bereits fehlgeschlagen. Jetzt wird sicher langsam jemand ungeduldig.«

»Da könntest du recht haben.« Seine satte Verschlafenheit war verflogen, er strahlte militärische Tatkraft und Entschlossenheit aus. John war zwar kein Soldat, sondern Arzt, aber kampfgestählter, als es einem Feind lieb sein konnte. Dass er sein eigenes Leben wegwarf? Möglich. Aber das von Rupert Sheffield? Niemals.

»Ich habe eine Spur zu Calvi«, fuhr sie fort. »Ein Junge aus dem Chor heißt so. Ist nicht gerade ein alltäglicher Name. Und ansonsten … arbeiten die verschiedensten Kräfte an diesem Fall. Wenn du Schwierigkeiten mit der Polizei bekommen solltest, rufst du Detective Inspector Robinson an. Solltest du mit Hafenarbeitern aneinandergeraten, sagst du ihnen, dass du ein Genosse von Bert und Cec bist. Aber auf jeden Fall rufst du mich an. Alles klar?«, fragte sie.

Er nickte. »Alles klar.«

»Dann sehen wir uns … Ach, warte, bevor ich's vergesse.«

Sie beugte sich über ihn, fuhr mit dem Finger an seinem Hals entlang. »Ja, das müsste die richtige Stelle sein«, sagte sie – und biss zu. Er konnte definitiv ihre Zähne fühlen. Es war seltsam unerotisch. Außerdem tat es weh. Er zuckte zurück. Phryne ließ von ihm ab und inspizierte den Knutschfleck.

»Das dürfte reichen.« Sie drückte ihm einen Kuss auf die Wange und rauschte hinaus.

Beim Ankleiden sah John, was sie gemeint hatte. Der runde Fleck zeichnete sich knapp über seinem Hemdkragen ab, höchstens für jemanden bemerkbar, der ganz genau hinsah.

John kam sich vor, als wäre er in eine Inszenierung von *Gefährliche Liebschaften* geraten. Er suchte seine Schuhe. Seinem Knie ging es viel besser. Er musste Jane sagen, was für eine gute Ärztin sie einmal werden würde. Und sich von diesem reizenden Haushalt verabschieden. Nachdem er Tinker noch gezeigt hatte, wie man eine Lachsfliege band.

Phryne griff zum Telefonhörer. Sie hatte einen Plan.

John ging ins Bad, um seine Morgentoilette zu beenden. Er fühlte sich fast wie ein Familienmitglied. Obwohl alle von seinen Neigungen wussten, hatte ihn keiner krumm angesehen, nicht einmal Dot Williams, dieser Ausbund an Ehrbarkeit, das brave Mädchen, wie es im Buche stand.

Phryne war längst aus dem Haus, bis er sich rasiert hatte und die Treppe hinuntergehinkt war. Er gesellte sich zu Dot, die im Garten saß und stickte, zu Jane, die ihm medizinische Fragen stellte, zu Tinker, der sich beim Angeln ebenbürtig mit den Fischern messen wollte, und zu Ruth, die ihrer Familie einen neuen Orangenkuchen servierte. Mit echtem Orangensaft. Sie hatte sich das Rezept selbst ausgedacht und war sehr stolz darauf. Sie hatte wieder Mehl an den Zöpfen. John zeigte Tinker den Knoten, sah ihm beim Üben zu und probierte den Kuchen, obwohl er nach dem üppigen Frühstück kaum noch Platz dafür hatte. Aber er wollte Ruth nicht enttäuschen. Sie erinnerte ihn an seine kleine Schwester, die schon lange tot war, der Tuberkulose zum Opfer gefallen. Er biss hinein. Köstlich.

Mit Hilfe einer kleinen Fellspende von Molly und einer Vogelfeder zeigte er dem Jungen, wie man daraus eine besonders fängige Lachsfliege band. Weil es Tinker interessierte, erzählte John ihm von dem aufgewühlten karamellbraunen Wasser des Flusses Dee in Schottland, im Grenzgebiet zu den Highlands, wo die Lachse zum Laichen in großen Schwärmen flussaufwärts schwammen. Dass sie auf ihrer Wanderung nichts fraßen und sie deshalb nur der gewiefteste Angler überlisten konnte. Tinker revanchierte sich dafür mit Geschichten, wie er mit einer Vier-Pfund-Leine riesige Schnapper fing.

John war mit sich und der Welt zufrieden. Zum ersten Mal seit vielen langen Jahren. Dieses häusliche Behagen hatte er zuletzt gespürt, als er noch mit seinem geliebten Arthur zusammengelebt hatte. Keine Aufregungen, keine Überraschungen. Wohltemperierter Tee, wohltemperierte Gespräche über unverfängliche Themen. Niemand verlangte von ihm, dass er leidenschaftlich einen Standpunkt vertrat. Die Gesellschaft, in der er sich befand, tat ihm gut. Mit einem Wort: Er war glücklich.

»Miss Phryne zieht überall Erkundigungen ein, wer es wohl auf Ihren Mr Sheffield abgesehen hat«, sagte Jane.

»Ja«, lautete Johns einsilbige Antwort. Er wusste nicht, was er diesen Kindern anvertrauen durfte, beziehungsweise, inwiefern sie möglicherweise längst eingeweiht waren.

»Alle sind auf der Suche«, fuhr Jane fort. »Mr Bert und Mr Cec, Detective Inspector Robinson und der Mann, der die Telegramme schickt. Keine Bange, das wird schon.«

»Meinst du?«, fragte er.

»Aber natürlich«, bekräftigte Ruth und klopfte ihm mit der mehligen Hand auf den Arm. »Miss Phryne schafft Sachen, die können Sie sich nicht vorstellen. Wir haben es selbst erlebt.«

»Ach ja?«

»Ja, sie hat es schon mit einer ganzen Schiffsbesatzung aufgenommen«, sagte Tinker. Das Abenteuer mit den Schiffen hatte ihm besonders gut gefallen.

»Sie hat einen Fall gelöst und dabei eine holde Maid befreit«, sagte Ruth, die voller Begeisterung historische Liebesschnulzen verschlang.

»Sie hat einem Angreifer einen Stuhl über den Schädel gezogen, dass er – also der Stuhl – in tausend Stücke zersprungen ist«, sagte Jane. Es kam natürlich alles auf den Bruchwiderstand von Holz an und darauf, wie viel Kraft man aufbringen musste, um es zu zerschmettern. Und natürlich auch auf den Holzkopf des Opfers, das dumm genug gewesen war, Miss Fisher zu attackieren. Wirklich, die Verbrecherklasse bedurfte der Umerziehung.

»Auf dem Eastern Market hat sie einen Mann überredet, ihr seine Waffe auszuhändigen«, sagte Ruth. »In Castlemaine hat sie einen Schatz gefunden.«

»Sie steht auf der Seite des Gesetzes«, versicherte ihm Tinker.

»Zum Glück«, sagte Dot. »Ich wusste die ganze Zeit, dass sie mich retten würde. Man hatte mich nämlich entführt«, erläuterte sie. »Die dachten, sie hätten Miss Phryne, aber sie hatten bloß mich erwischt. Dummköpfe.«

John war baff. »Na so was!« Und er hatte geglaubt, Phryne wäre nach Australien gezogen, um ein ruhiges Leben zu führen. Er fasste sein Staunen in Worte.

»Meistens ist es ja auch ruhig«, sagte Dot, die Gott dafür dankte.

»Außer, wenn was los ist«, sagte Tinker, dem es gar nicht aufregend genug sein konnte.

»Dann setzen wir uns alle zusammen und helfen mit Rat und Tat, bis alles wieder im Lot ist«, sagte Jane, von keinem Zweifel angekränkelt.

»Wo hat sie so eine tolle Truppe wie euch bloß her?«

»Sie hat uns aufgelesen«, sagte Dot. »Ich war arbeitslos und verzweifelt, Tinker wollte in die Stadt ziehen, Jane hat sie bei der Arbeit an einem Fall gefunden, und ohne Ruth war Jane nicht zu haben.«

»Ja, wir sind unzertrennlich, nicht wahr, Janey?« Ruth musste sich eine Träne verdrücken.

»Auf ewig.« Ungewohnt gefühlvoll, griff Jane nach Ruths mehliger Hand.

»Detective Inspector Robinson kennt sie, seit sie im Türkischen Bad einen Kokainring hat auffliegen lassen. Aber das war vor unserer Zeit«, erzählte Jane. »Mr Bert und Mr Cec haben sie damals vom Hafen ins Windsor getragen, und sie hat für die beiden einen Engelmacher zur Strecke gebracht. Mr Cec durfte ihn sogar noch verprügeln. Deshalb sind sie immer dabei, wenn sie Hilfe braucht. Und als Werftarbeiter kennen sie Gott und die … Unterwelt.«

»Phryne hilft der Polizei?«

»Wenn die ganz lieb bitte, bitte sagt.« Tinker grinste. »Sie ist wie Sexton Blake, der Detektiv aus den Büchern. Sie übernimmt auch nur die Fälle, die sie interessieren, und sie macht, was sie für richtig hält. Das ist sein Motto, und ich glaube, auch Miss Fishers.«

»Und was … Und was … was ist mit ihren Hausgästen?«, stammelte John.

»Miss Phryne mag Sie, und sie möchte, dass es Ihnen besser geht«, erklärte Dot. »Mr Lin ist nicht im Lande, und überhaupt ist sie ja nicht seine Ehefrau, sondern seine Konkubine. Ich kann mir nicht vorstellen, dass sie irgendwann mal heiratet. Mr Lin würde sie nicht aufhalten. Das wäre ja noch schöner. Miss Phryne macht, was sie will. Und seit sie Sie unter ihre Fittiche genommen hat, sehen Sie wirklich schon viel gesünder aus.«

»Es geht mir auch besser«, bestätigte John. »Sie ist eine wunderbare Frau.«

»Dann können Sie uns jetzt auch erzählen, was sie im Krieg gemacht hat«, sagte Ruth. »Sie redet nicht darüber.«

»Weil sie nicht will, dass ihr Albträume kriegt. Es war entsetzlich«, antwortete John bedächtig. »Die reine Hölle.«

Dot sah ihn vorwurfsvoll an und bekreuzigte sich.

John nahm ihre Hand. »Ich sage das nicht im übertragenen Sinne des Wortes, sondern ich meine es wörtlich. Wenn ich an die Hölle denke, denke ich an Passendale, an die Dritte Flandernschlacht. Qualm, Gestank, Blut, Schlamm, Explosionen, das Grauen. Und mitten hinein in dieses Grauen kam Phryne mit ihrem Sanitätswagen gefahren, schneller als die Feuerwalze. Sie hat keinen Jungen allein im Niemandsland krepieren lassen. Manchmal konnte sie nichts weiter für sie tun, als sich zu ihnen in den Dreck zu legen und ihre Hand zu halten. Andererseits hat sie – mit meiner Waffe –, ohne mit der Wimper zu zucken, einen der Angreifer erschossen. Sie war unglaublich, blutjung noch. Nicht viel älter als du, mein Junge.«

»Wahnsinn«, sagte Tinker. »Aber wo Sie doch Miss Fisher kannten, wie sind Sie dann an diesen Sheffield geraten?«

»Meine … große Liebe … ist gestorben«, sagte John. Er suchte nach einer logischen Erklärung. »Ich bin langsam umgekommen vor Langeweile. Und vor Trauer. Ein Bekannter, der wusste, dass ich ein Zimmer suchte, kannte auch Rupert Sheffield, den Mathematiker, der auf der Suche nach einem Mitbewohner war. Er hatte eine schöne Wohnung, samt Haushälterin, und er hat mich gleich gewarnt, dass er nächtelang Klavier spielt und manchmal tagelang kein Wort redet und Gleichungen an die Wand schreibt, aber das war mir vollkommen egal, weil ich so deprimiert war und traurig und wütend auf Arthur, der mich so früh verlassen hatte.«

»Er konnte doch nichts dafür«, sagte Ruth.

»Nein, aber Trauer ist nicht vernünftig.«

Jane sah so aus, als ob sie sich diesen Satz einprägte, um ihn später einer genaueren Betrachtung zu unterziehen.

»Schon klar, aber Sie sind doch auch sein Busenfreund und nicht nur irgendwer, der zufällig mit ihm unter einem Dach wohnt«, widersprach Tinker.

»Er ist … exzentrisch«, gab John zu. »Ich weiß nie, was er sich als Nächstes einfallen lässt. Er fasziniert mich.«

»Und er ist wunderschön«, stellte Jane sachlich fest. »Eine Wohltat für die Augen.«

»Äh …« John war perplex. »Äh, ja. Das stimmt.«

»Und seine samtige Stimme ist Balsam für die Ohren«, fügte sie hinzu.

»Ja, er hat eine herrliche Stimme.« John hatte längst den Boden unter den Füßen verloren und versank immer tiefer im Treibsand.

»Überlassen Sie mal ruhig alles Miss Phryne«, sagte Ruth. »Aber dafür müssen Sie am Leben bleiben. Ich darf mir gar nicht vorstellen, was sie mit Ihrem Rupert Sheffield macht, wenn Ihnen etwas passiert. Sie würde ihn an die Haie verfüttern.«

»Im Ernst?« John hielt mittlerweile alles für möglich, wenn es um Phryne ging.

Alle nickten, sogar die nüchterne, ehrbare Dot.

»Ach«, sagte John. »Dann bleibe ich wohl lieber am Leben, was?«

»Das wäre das Beste«, meinte Tinker. »Können Sie sich noch mal diesen Knoten hier ansehen, Dr. Wilson? Irgendwas stimmt damit nicht.«

John zeigte ihm, wie es ging. Wenn er sich bloß nicht so verunsichert gefühlt hätte …

Phryne Fisher war dabei, eine Schlägerei anzuzetteln. In einer Kneipe. In einer Entbeinerkneipe. Entbeiner waren bekannt für ihre scharfen Messer und berüchtigt für ihren Jähzorn. Da sie den ganzen Tag mit dem Zerlegen von Tierkadavern beschäftigt waren, kannten sie sich in praktischer Anatomie bestens aus. Weshalb Phrynes Vorhaben sehr gewagt erschien, obwohl sie es nicht nur mit dem Wissen und der halbherzigen Zustimmung der Polizei von Victoria, sondern auch mit dem Segen der Kommunistischen Partei verfolgte. Bei der Suche nach einem Namen war Bert fündig geworden. Die Informantin, die alles über Ratcliffe und seine Machenschaften wusste, war die Wirtin der Spelunke, die eigentlich – hochtrabend – Prospect Hotel hieß, unter Stammgästen und Eingeweihten aber nur als »Wurstkessel« bekannt war. Hier tranken die Metzger, Kopfschlächter und Entbeiner aus dem Schlachthof. Andere Männer trauten sich kaum herein. In der Gesellschaft von Gestalten, die in Achtstundenschichten Säugetiere zerteilten und ihr Messer an allem schärften, was aus Holz war, fühlte sich so manch einer eher unbehaglich.

Mutter Higgins war ein Drache. Anscheinend hatte Ratcliffe ein Auge auf ihre Tochter Margery geworfen, ein hübsches, anmutiges, bescheidenes Mädchen. Obwohl Mutter Higgins den Ganoven hasste wie die Pest, war sie machtlos gegen ihn. Sie wurde von dem einen brennenden Wunsch getrieben, ihre Tochter vor seinen Nachstellungen zu retten.

Bert hatte eine Abmachung mit ihr getroffen. Wenn es Phryne gelang, die kleine Margery unauffällig in Sicherheit zu bringen, würde Mrs Higgins über Ratcliffe auspacken. Das Problem waren seine Spitzel, von denen er die Kneipe ständig beobachten ließ. Sobald Margery aus dem Haus ging, hängten sie sich an ihre Fersen, und wenn sie sich zu weit entfernte, wurde sie wieder eingefangen. Mr Ratcliffe ließ sich nicht einfach abweisen. Deshalb war ein Ablenkungsmanöver vonnöten, und genau aus diesem Grund wollte Phryne die Schlägerei anzetteln.

Beinahe wäre ihr das schon allein durch ihr Eintreten gelungen. Göttlich schöne Erscheinungen verkehrten sonst nicht im Wurstkessel. Phryne ließ die Tür hinter sich zuschwingen und wartete, bis sich ihre Augen an das schummerige Licht gewöhnt hatten. Die lange Theke starrte von Dreck. Das ehemals blank polierte Mahagoni war mit Kerben und Scharten verunziert, weil die Gäste gern ihre Messerschneiden an der Kante ausprobierten. Die Luft stand von Zigarettenqualm, der Gestank der Bierfahnen war kaum auszuhalten. Die Sägespäne auf dem Boden waren seit Jahren nicht erneuert worden. Phryne versuchte nicht daran zu denken, wodurch sie hier wohl fast knöcheltief watete. Ab und zu rollte und knackte es unter ihren Schuhsohlen, und sie konnte bloß hoffen, dass es keine Finger waren.

Ihr Plan ging bemerkenswert leicht auf. Sie warf einem Kerl mit einer besonders viehischen Ganovenvisage, der aussah, als wäre er einem Polizeihandbuch entsprungen, eine Kusshand zu, entschlüpfte ihm, als er sie packen wollte, und machte dem nächsten hässlichen Steckbriefvogel auf die gleiche Weise Avancen.

Sofort fielen die beiden finsteren Gestalten übereinander her. Jemand landete einen Kinnhaken. Es dauerte nur wenige Sekunden, bis Jung und Alt aufeinander einprügelten und der Barmann sich hinter der Theke versteckte, seine kostbaren Flaschen schützend an sich pressend.

Phryne teilte die Wogen des Wütens und verschwand in der Küche, wo ein zerlumptes Mädchen neben dem Herd kauerte.

»Hoch mit dir.« Phryne nahm das Kopftuch ab und zog das violette Kleid aus. Die Kleine riss sich den Kittel vom Leib und legte Phrynes Sachen an. Die stopfte Margerys Haare unter den breitkrempigen Hut und legte ihr das Schultertuch mit den Papageien um. Schon schob Mrs Higgins ihre Tochter zur Hintertür hinaus.

»Der Wagen wartet«, sagte Phryne. »Kopf hoch, Brust raus, was kostet die Welt? Mr Butler bringt dich an einen sicheren Ort.«

»Mama?«, quäkte das Mädchen, ein blasses, rehäugiges, sanftes Geschöpf. Sie zitterte wie Espenlaub.

»Geh, Schatz. Wir sehen uns bald wieder«, sagte Mrs Higgins und drückte ihre Tochter zum Abschied fest an sich. »Ab mit dir. Die Polente ist schon im Anmarsch.«

Mit dem lauten Klingeln einer Glocke kündigte sich das Eintreffen eines vollbesetzten Polizeiwagens an. In diesem Augenblick größtmöglicher Ablenkung für Mr Ratcliffes Spione huschte Margery Higgins zu Phrynes Wagen, stieg ein und entschwand auf Nimmerwiedersehen.

»Am besten schmeißen Sie sich in Margerys Klamotten«, sagte Mrs Higgins, mit Blick auf Phrynes seidene Unterwäsche und die Strümpfe. »Sie haben schon in voller Montur für genug Wirbel gesorgt. Wenn die Kerle Sie jetzt so sehen, machen sie mir Kleinholz aus dem Laden.«

»Da haben Sie recht«, sagte Phryne. Sie warf sich nicht nur Margerys traurigen grünen Fetzen über, sondern setzte auch die Kochhaube auf, unter der sich ihr Erkennungszeichen, das rabenschwarze Haar, wunderbar verbergen ließ. Zuletzt band sie sich noch eine bekleckerte Schürze um.

»Gut«, sagte Mrs Higgins. »Aber wie wollen Sie hier wieder rauskommen? Die denken doch, Sie sind Margery, und verfolgen Sie.«

»Indem ich mich verhaften lasse, wie abgesprochen«, erklärte Phryne. »Und wenn ich wieder entlassen werde, sehe ich anders aus als jetzt. Eine doppelte Täuschung.«

Mrs Higgins überlegte. »Dieser Bert hat ja gleich gesagt, dass Sie ein ganz helles Köpfchen sind.«

»Wie lieb von ihm.«

»Ich habe Ihr Wort, dass meiner Marge nichts passiert?« Mrs Higgins krallte die knotige Hand in Phrynes Arm. Sie war eine abgetakelte alte Fregatte, ein mit allen Wassern gewaschenes Frauenzimmer, aber sie liebte ihre Tochter über alles. Phryne tätschelte ihr die Hand.

»Ehrenwort«, sagte sie. Margery befand sich bereits auf dem Weg zu einer Obstbauerngenossenschaft in Bacchus Marsh, wo sie unter dem Schutz von tatkräftigen Frauen, bissigen Hunden und starken Männern stehen würde. Helfershelfer eines Großstadtganoven wie Ratcliffe würden zwischen den lieblichen Apfelbäumen auffallen wie Pinguine in der Wüste. Und wenn sie Ärger machten, würden sie als Kompost enden. »Aber was macht Ratcliffe mit Ihnen, wenn er merkt, dass Sie ihm Ihre Tochter unter der Nase weg aus dem Haus geschmuggelt haben?«

Mutter Higgins stieß ein bellendes Lachen aus. »Vor dem habe ich keine Angst«, knurrte sie zwischen ihren vom jahrelangen Pfeifenrauchen gelb leuchtenden Zähnen hindurch. »Ich habe in meiner Kneipe genügend Messer um mich, dass ich ihn wie einen Ochsen ausweiden könnte. Aye. Und abhäuten, vierteln und ausbeinen. Und genau darauf kann er sich verflucht noch mal gefasst machen, wenn er mir blöd kommt.«

»Sehr gut. Und jetzt erzählen Sie mir, was Sie wissen. Bis zu meiner Verhaftung haben wir noch ungefähr fünfzehn Minuten Zeit.« Phryne holte ihr Notizbuch heraus.

Mrs Higgins zündete sich eine Pfeife an, genehmigte sich einen langen Schluck Rotwein aus der Flasche und wischte sich mit dem Handrücken über die Lippen.

»Wie der Kerl vor drei Jahren hier aufgekreuzt ist, sind auf einmal Grogans Männer krepiert. Lauter tödliche Unfälle. Zum Schluss kam Grogan selber dran, ersoffen ist er, in eine Ankerkette verheddert. Ratcliffe hat seinen Laden übernommen. Ich hab schon viele brutale Hunde erlebt, und er ist bestimmt nicht schlimmer als wie die anderen. Auch wenn er sich mächtig aufgespielt hat, konnte ich mit ihm leben – bis er sich in Margie verguckt hat. Schließlich gibt es immer einen Boss.«

»Wie wahr«, sagte Phryne.

»Dieser Fatzke mit seinem Genäsel und dem englischen Getue«, spottete Mutter Higgins.

»Und er war allein? Er hatte keinen italienischen Partner?«

»Einen Italiener? Nee, nix. Der war solo, brauchte aber

auch sonst keinen. Er hat sich die ganzen Geschäfte vom alten Grogan unter den Nagel gerissen.«

»Als da wären?«

»Schwarzgebrannter, Flüsterkneipen, Schmuggel«, knurrte Mutter Higgins widerwillig. Es ging ihr komplett gegen den Strich, irgendwem irgendwas zu verraten.

»Mädchen?«, fragte Phryne.

»Nein, keinen Mädchenhandel. Er behält sie. Und jetzt hatte er mal wieder Lust auf was Neues. Auf meine Kleine. Der Drecksack.«

»Und wie betätigt er sich heutzutage sonst noch?«

»Macht sich an Maginnis' Bande ran, weil er jetzt auch noch Williamstown an sich reißen will. Ist hinter einem Kerl her, der Rupert Sheffield heißt. Keine Ahnung, wer das ist. Ich hab auch keinen Schimmer, was er von dem will. Aber wenn ich dieser Sheffield wäre, würde ich schön aufpassen, dass er mich bloß nicht findet.«

»Aha. Wissen Sie vielleicht, ob Mr Ratcliffe mal unter einem anderen Namen aufgetreten ist?«

»Komisch, dass Sie das fragen.« Mutter Higgins nahm noch einen Schluck aus der Flasche, aber so hastig, dass ein Schwall danebenging und auf ihrem bekleckerten Vorbau landete. »Ein englischer Soldat hat mal Mitch zu ihm gesagt, und da hat Ratcliffe ihm voll eine reingehauen.«

»Wo wohnt er, und wie sieht er aus?«

»An dem ist nichts Besonderes dran«, antwortete Mutter Higgins. »Braune Haare, bisschen größer als ich – so um die eins siebzig –, glattrasierte, käseweiße Visage. Ein Lackaffe. Braune Augen, stahlharter Blick. Wohnt in Port Melbourne, hat ein großes Haus. Bert weiß, wo. Mann, das wird ihm noch leidtun, dass er versucht hat, mir mein Mädchen zu rauben.«

»Ja«, sagte Phryne. »Das wird ihm noch leidtun.«

Als Mutter Higgins, leicht benebelt von Rotwein und Erleichterung aufblickte und Phryne in den Sachen ihrer Tochter vor sich stehen sah, begegnete sie ebenfalls einem harten Blick. Aber dieser leuchtete aus smaragdgrünen Augen. Verglichen damit, war Ratcliffes Blick nicht härter als ein Gummibärchen.

»Das glaub ich Ihnen gerne«, sagte sie.

Phryne ließ sich mit einem reizenden Lächeln auf den Lippen verhaften. Sie wurde im Polizeiwagen aufs Revier gebracht und in Detective Inspector Robinsons Büro geführt, wo sie sich auf seinen Schreibtischstuhl sinken ließ und sich die Kochhaube vom Kopf riss. Auf dem Tisch stand eine Reisetasche für sie bereit.

»Wie ist es gelaufen?«, fragte sie mit strahlenden Augen.

»Ausgezeichnet. Wir haben den Rekord der Kollegen aus der Wache in der Russell Street gebrochen. 15 mit Haftbefehl gesuchte Verbrecher in einer Kneipe.«

»Vielleicht sammelt Mutter Higgins ja Delinquenten«, sagte Phryne. »War von Ratcliffes Spionen etwas zu sehen?«

Robinson grinste.

»Das waren drei der Gesuchten. Einbruch, Diebstahl, tätlicher Angriff in Tateinheit mit gefährlicher Körperverletzung. Im Gericht mussten sie sich Verstärkung suchen. Gute Arbeit, Miss Fisher.«

»Ich bin ja so froh, dass Sie sich freuen. Bevor ich mich von meinen Lumpen befreie, muss ich Ihnen noch schnell berichten, was ich über Mr Ratcliffe erfahren habe.«

Er hörte ihr stirnrunzelnd zu. »Ich wusste doch gleich, dass an Grogans Tod etwas faul war. Der alte Seebär hätte sich niemals in einer Ankerkette verfangen. Dann ist also Ratcliffe der neue Boss. Halleluja. Und jetzt streckt er seine Fühler also auch noch nach Williamstown aus, wo dieser« – er überlegte kurz – »dieser ... unangenehme Patron Maginnis das Sagen hat. Das Ergebnis? Ärger, Leichen und ein Boss, dem der Kragen platzt. Mein Boss. Hosianna.«

Phryne grinste. »Sie können mir ein andermal danken«, sagte sie. »Aber jetzt würde ich mir gern von einem Ihrer Wachtmeister den Weg zur Damentoilette zeigen lassen, damit ich die Sachen anziehen kann, die Dot mir hat bringen lassen. Danach verfüge ich mich nach Hause. Ich muss dringend ein Bad nehmen.«

»Und dieser Margery geht es gut? Sie ist in einem sicheren Versteck?«

»In einem bombensicheren«, gelobte Phryne und griff nach ihrer Tasche. Weil sie Jack Robinson im Hinausrauschen ein braves Küsschen auf die Wange hauchte, merkte er gar nicht, dass sie ihm verschwieg, wo genau sie Margery Higgins untergebracht hatte. Das machte ihr so leicht keiner nach – das elegante Hinausrauschen in Kittel und Schürze der Küchenmagd.

Jack Robinson schmunzelte.

Phryne fuhr mit dem Zug nach Hause. Anscheinend wurde sie weder verfolgt noch auch nur beachtet. Dot hatte ihr einige ihrer eigenen Kleidungsstücke geschickt. Weil sie Phryne zu groß waren, sah sie ausgesprochen hausbacken darin aus. Hinter dem Haus schlüpfte sie durch das Gartentor aufs Grundstück und stieß auf Tinker, der an dem schmiedeeisernen Tisch saß und Lachsfliegen band. Molly hockte zu seinen Füßen, auf den einen oder anderen Brocken von einem Sandwich lauernd. Tinker hatte flinke Finger. Die Schnur war in der Sonne kaum zu erkennen.

»Sehr kunstfertig«, sagte sie.

»Das hat mir Dr. Wilson beigebracht«, antwortete Tinker. »Ist echt ein Pfundskerl, Chefin.«

»Ich weiß«, sagte Phryne.

»Aber Sie werden ihn nicht behalten«, stellte Tinker fest.

»Nein«, sagte Phryne. »Es ist nicht nett, sich an jemanden zu hängen, der mit jemand anderem zusammen sein möchte.«

»Warum sind Sie nicht eifersüchtig?«, fragte Tinker.

»Das weiß ich auch nicht.« Es entsprach der Wahrheit. »Im Eifersuchtsunterricht muss ich wohl gefehlt haben. Aber mach dir keinen Kopf darüber, Tink. Ich nehme jetzt ein Bad, und dann gibt es Lunch. Halte die Augen offen. Kann sein, dass mir jemand gefolgt ist.«

»Wird gemacht, Chefin.«

Tinker schnipste mit den Fingern, worauf Molly gehorsam zum Tor trottete und es gründlich beschnupperte. Dann hockte sie sich wieder vor seine Füße.

»Keiner da«, sagte Tinker. »Molly und ich passen auf, Chefin.«

»Ich verlasse mich auf euch.« Phryne ging ins Haus. Was für ein seltsames Gespräch über John Wilson. Und wann hatte Tinker der kleinen schwarzen Hündin beigebracht, ohne zu bellen so folgsam zu sein? Er war wirklich ein sehr kluger Junge.

Aber jetzt in die Wanne! Als sie nach oben kam, war das Bad bereits eingelassen. Der Duft von Kastanienblüten hing in der Luft, wie an einem heißen Frühlingsnachmittag in Paris.

»Dot, du bist ein Goldstück.« Phryne zog die geborgten Sachen aus und tappte barfuß ins Badezimmer. Sie ließ sich in das grüne Wasser sinken und lehnte sich zurück. »Göttlich.«

»Konnte das Mädchen entkommen, Miss?«, fragte Dot, während sie die abgelegte Kleidung einsammelte.

»Es lief alles wie geschmiert«, antwortete Phryne. »Ein alter Trick, mit dem man schon im zwölften Jahrhundert aus dem Gefängnis geflohen ist. Hat schon Hunderte von Malen funktioniert. Ah, herrlich – wie gut das tut! Die Spelunke war zum Fürchten, Dot. Das Einzige, was gegen den Gestank von Blut und Qualm und Bier ankommt, ist ein heißes Bad. Aber die Wirtin ist eine beeindruckende Frau. Sie hat gegen diesen Ratcliffe nur deshalb nichts unternommen, weil sie ihre Tochter nicht in Gefahr bringen wollte. Aber nachdem Margery nun in Sicherheit ist, dürfte es für ihn noch recht ungemütlich werden.«

»Wie schön«, sagte Dot. »Er scheint mir ein übler Zeitgenosse zu sein. Mr Bert und Mr Cec kommen heute Mittag zum Essen, Miss Phryne. Müssen Sie am Abend zur Probe?«

»Nein, Gott sein Dank. Eine Dosis von dem neuen Chorleiter reicht mir fürs Erste. Noch ein unsympathischer Mann. Scheinen in letzter Zeit unsere Spezialität zu sein. Was ist denn bloß mit Tinker los?«

»Ach«, sagte Dot. »Dann haben Sie es bemerkt?«

»Habe ich.« Phryne ließ die Hand durch das Eau-de-Nil-Wasser gleiten.

»Jane«, erklärte Dot.

»Er hat sich in Jane verliebt?«

»Ja, ich glaube. Sie hat noch nichts davon mitbekommen.«

»Aber natürlich nicht.« Phryne lachte leise. »Es ist nichts dabei, Dot. Sie ist nur das erste weibliche Wesen, das sich jemals in irgendeiner Weise für ihn interessiert hat. Bevor Jane Wind davon bekommt, hat es sich hoffentlich von selbst wieder erledigt. Ich glaube nämlich nicht, dass er etwas für sie wäre.«

»Nur er – oder auch jeder andere Junge?«

»Wahrscheinlich Letzteres. Sie ist durch und durch ein Verstandesmensch. Aber wer weiß? Auf jeden Fall wird er sie nicht bedrängen. Deshalb wollte er also über Eifersucht mit mir reden. Dann ist mir alles klar.«

»Gut, gut«, sagte Dot. Sie legte Phryne das luxuriöseste Hauskleid aus grünem und blauem Seidenmoiré heraus und ging erleichterten Herzens wieder nach unten.

Gepudert und gekämmt, geschniegelt, gebügelt und nach Parfüm duftend, schwebte Phryne die Treppe hinab zum Telefon, eine Erscheinung in Aquamarin. Sie teilte der gemütlichen Frau in Fanshawes Vorzimmer alles mit, was sie über Ratcliffe in Erfahrung gebracht hatte. Wahrscheinlich strickte Mrs Thomas, während sie ihrem Bericht lauschte. Nachdem Phryne ihr noch von der Polizeiaktion im Prospect Hotel berichtet hatte, bekam sie zum Abschied ein »Seien Sie bloß vorsichtig, mein Kind« mit auf den Weg und legte lachend auf.

Als Nächstes stand Lunch mit Bert und Cec auf dem Programm. Aber vorher kam ihr noch ein Telegramm ins Haus geschneit. Phryne riss den Umschlag auf und gab dem Boten einen Penny Trinkgeld aus dem Kleingeldglas auf dem Dielentischchen.

»Komm mir nicht in die Quere!« Keine Unterschrift. Natürlich war ihr Kommen und Gehen in der Spelunke beobachtet worden, und Ratcliffe konnte sich denken, dass sie etwas mit dem Verschwinden von Margery zu tun hatte. Selbst die ruhigste, friedlichste Mieze konnte die Beherrschung verlieren, wenn ihr jemand das Spielzeug wegnahm. Gut. Einem wütenden Ratcliffe würde leichter ein Fehler unterlaufen. Phryne musste die Wachtposten verdoppeln, den Wassergraben mit frischen Killerkrokodilen bestücken und die Selbstschussanlagen laden. Rupert Sheffield hin oder her – sie war jetzt selbst ein potenzielles Opfer.

Sie atmete tief durch. Vorfreude war eben doch die schönste Freude. Phryne war wie Tinker, sie liebte es, wenn es spannend wurde. Vor allem, wenn ihre kleine Familie nicht unmittelbar in Gefahr war, nachdem der Junge mit dem Hund den Hintereingang bewachte und Mr Butler die Haustür im Auge behielt. Ohnehin schienen Entführungen nicht Mr Ratcliffes Spezialität zu sein. Er bevorzugte Mordanschläge, um seine Probleme aus der Welt zu schaffen. Sie musste nur die Ohren offenhalten und auf das verräterische »Kartoffel-Kartoffel«-Knattern einer Harley warten. Und immer daran denken, dass es ein Hispano-Suiza mit der richtigen Person hinterm Steuer jederzeit mit einem Motorrad aufnehmen konnte.

Bert und Cec warteten schon. Phryne setzte sich zu ihnen. Wahrscheinlich würde sich die Plauderei beim Mittagessen nach und nach zu einem Kriegsrat entwickeln. Für Bier war gesorgt. Theoretisch musste es irgendeine Tages- oder Nachtzeit geben, zu der die beiden Männer kein Bier tranken, aber mit den Mitteln der Deduktion war es Phryne noch nicht gelungen, sie herauszufinden.

»Sie haben richtig in ein Wespennest gestochen«, sagte Bert bewundernd. »Die Ganoven rennen rum wie kopflose Hühner. Maginnis' Männer gegen Ratcliffes Männer. Ratcliffes Männer gegen Maginnis' Männer. Und dazu noch Mutter Higgins mit ihren Kopfschlächtern, die keinen von den Kerlen mehr in ihre Kneipe lässt. Sie posaunt überall rum, dass sie jeden, der einen Fuß über die Schwelle setzt, umbringt, häutet, ausweidet, ausbeint, zerlegt und zum Abendessen serviert.«

»Gebraten«, ergänzte Cec.

»Mit Klößen und Soße«, sagte Bert. »Zuzutrauen wäre es ihr. Sie ist nämlich keine schlechte Köchin.«

»Stimmt«, sagte Cec.

Sie nuckelten an ihren Bierflaschen. Phryne zeigte ihnen das Telegramm.

Bert schnappte nach Luft. »Der Kerl dreht durch.«

Phryne nickte. »Wisst ihr etwas über seine Familienverhältnisse? Wie sieht es bei ihm zu Hause aus?«

Er leerte seine Flasche. »Nobel.« Damit schien für ihn alles gesagt, aber Phryne brauchte mehr Informationen.

»Nobel, gut. Nobel geht die Welt zugrunde. Aber wer wohnt bei ihm?«

»Bloß seine Mädchen« antwortete Bert. »Die armen Dinger. Nicht viel mehr als wie Sklavinnen. Deswegen hatte Mutter Higgins eine solche Angst um Margery. Er ist ... nicht nett zu Frauen.«

»Wenn ich eines der Mädchen aus seinen Fängen befreie, würde sie dann etwas für mich stehlen?«

»Kommt wohl darauf an, was.«

»Einen unbeschriebenen Bogen Briefpapier und eine Unterschriftenprobe von ihm.«

Bert kniff nachdenklich die Augen zusammen. »Ich habe das Gefühl, Sie führen etwas sehr Unschönes gegen Mr Ratcliffe im Schilde«, sagte er bedächtig.

»Stimmt genau«, antwortete sie. »Und? Was meinst du?«

»Hildegard, die Nichte von meinem Vetter Siegfried, arbeitet in dem Haus«, sagte Cec. »Mein Vetter liegt ihr dauernd in den Ohren, dass sie kündigen soll, aber sie traut sich nicht. Wenn Sie ihr eine Fahrkarte für den Zug nach Bundaberg bezahlen, damit sie ihre alte Oma besuchen kann, würde sie Ihnen bestimmt helfen.«

»Gut. Sie kriegt eine Fahrkarte, egal wohin. Es dürfte nicht allzu gefährlich sein. Sie muss sicher sowieso mal im Arbeitszimmer oder in der Bibliothek abstauben und die Papierkörbe leeren.«

»Aye, Hildy arbeitet da als Hausmädchen. Gut, Miss. Sonst noch was?«

»Wer würde die Bande übernehmen, wenn es Ratcliffe nicht mehr gäbe?«

»Das ist ein Problem für das nächste Fläschchen.« Bert machte sich schon ein Bier auf. »Ich habe keinen Schimmer. Was meinst du, Cec?«

»Keine Ahnung. Die Rivalen hat er sich alle vom Hals geschafft. Der ist echt der Hahn auf dem Misthaufen. Wenn Ratcliffe nicht mehr da ist, reißt sich wahrscheinlich Maginnis den Rest von seiner Truppe unter den Nagel.«

»Schön«, sagte Phryne. »Und die Mädchen?«

»Hm. Vielleicht wären die was für Ihre Schwester?«

»Guter Plan.« Phrynes Schwester Elizabeth setzte sich für so ziemlich jeden wohltätigen Zweck ein, den man sich vorstellen konnte. Die Befreiung der Sklavinnen wäre für sie ein Klacks. Dieser Ratcliffe hörte sich immer mehr nach einem Pickel am Gesäß der Stadt an.

»Und wo hat der Mensch sein Hauptquartier?«, fragte Phryne. »In Port Melbourne?«

»Aye, da gibt es ein paar leere Lagerhäuser und eine Spenglerei. Am Ende der Bay Street. Die sollen abgerissen werden. Da hält Ratcliffe Hof.«

»Verstehe«, sagte Phryne. »Aber wir bleiben schön da weg.« Sie erhob die Stimme. »Das gilt vor allem auch für dich, Tinker! Komm rein, und setz dich zu uns.« Der Junge und Molly drückten sich durch die Tür. »Wenn du wissen willst, was gespielt wird, brauchst du mich nur zu fragen«, sagte Phryne.

»Schon, Chefin. Aber ob ich auch 'ne Antwort kriege …?«

Cec grinste. »Sie ist deine Kommandeurin, Sohnemann. Von ihr erfährst du genauso viel, wie du wissen musst.«

»Na gut«, grummelte Tinker.

»Versprochen, Tink«, sagte Phryne. »Wenn es richtig spannend wird, bist du dabei.«

»Alles klar.« Er lächelte.

12

Wie emsig doch das Bienlein klein
Zu jeder Stund sich redlich müht,
den Honig sammelt, gar so fein,
von jeder Blume, die da blüht.

Isaac Watts
Against Idleness and Mischief

Phryne aß mit Bert und Cec zu Mittag, dann begab sie sich auf einen meditativen Strandspaziergang. Hier würde sich wohl keine Harley-Davidson hinterrücks anschleichen, denn im tiefen Sand kamen Motorräder nicht gut voran. Falls sie allerdings so geländegängig waren wie die Kräder damals im Schlamm an der Somme, mochte das zu optimistisch gedacht sein. Aber es kamen keine Störenfriede über die Dünen geknattert, und sie und Molly genossen ihren Bummel, bis zu dem Moment, als die kleine Hündin Mr Brown erspähte und ihn mit gefletschten Zähnen in die Flucht schlug.

Was ihrer Freude an dem Spaziergang allerdings auch keinen Abbruch tat.

Bei der Rückkehr erwarteten sie der Fünfuhrtee und die Information, dass Dot mit Hugh Collins zum Tanzen gehen wollte, Tinker und Jane mit einem Schachmarathon begonnen hatten und Ruth sich um das Abendessen kümmern würde. Mrs Butler ließ ihr in der Küche freie Hand, weil sie vorhatte, sich im Kino den neuen Film mit ihrem Schwarm Ronald Colman anzusehen.

Es würde also ein ruhiger, besinnlicher Abend werden. Phryne durfte nicht in die Küche, weil Ruth keine Zuschauer vertragen konnte, und im Wohnzimmer war sie auch nicht erwünscht. Der Junge musste sich konzentrieren. Was tat ein Mann nicht alles aus Liebe? Tinker hatte sich für seine Angebetete das Schachspielen angeeignet. Da gab es wahrlich Schlimmeres.

Doch so blieben Phryne nur ihre Privatgemächer oder der Garten, um an ihrem Plan zur Vernichtung von Ratcliffe zu feilen. Weil sie sich auf der Veranda nicht ausreichend vor fremden Blicken geschützt fühlte, zog sie sich in den ersten Stock zurück, bis Jane Tinker geschlagen und Ruth das Abendessen zubereitet hätte. Molly wachte am Gartentor, und die Haustür war verriegelt.

Phryne setzte sich aufs Sofa und ließ die Revolverkugel, die in der Karosserie des Hispano-Suiza gesteckt hatte, von einer Hand in die andere wandern. Auf jeden Fall Kaliber 45. Zu schade, dass es keine Methode gab herauszufinden, aus welcher Waffe sie abgefeuert worden war. Eingehend musterte sie das Geschoss, das dadurch allerdings auch nicht mitteilsamer wurde.

Sie warf es in eine Schale mit Hutnadeln und ging hinunter in den Salon, um sich einen Drink zu genehmigen.

Von John Wilson hatte sie den ganzen Tag nichts gehört. Vielleicht wollte Rupert ihn ganz für sich haben – oder zumindest von ihr fernhalten. Wenn ja, war das eine vielversprechende Entwicklung, auch wenn Phryne sich deswegen ein bisschen alleingelassen vorkam.

Sie überlegte gerade, ob sie sich mit einem Gin-Tonic aufheitern sollte – aber dazu brauchte sie Eis aus der Küche – oder lieber ein Glas Wein einschenken – aber dazu müsste sie in den Keller gehen –, als es an der Tür läutete. Mit gezückter Pistole machte sie auf.

Etwas verdutzt über diesen Empfang riss John Wilson die Hände hoch und ließ scheppernd den Gehstock fallen.

»Ich ergebe mich!«

»Komm rein.« Phryne hob den Stock auf und bot ihm ihre Schulter als Stütze. »Und lass mich mal kurz nach draußen horchen.«

Kein Kartoffel-Kartoffel-Getucker.

»Motorrad?«, fragte John.

»Du hast wirklich eine schnelle Auffassungsgabe«, sagte Phryne. Sie nahm ihm den Hut ab.

»Das sieht Sheffield anders«, entgegnete er betrübt.

»Na, wenn schon.« Sie winkte ab. »Einen Drink?«

John nickte. »Gute Idee.« Er begleitete sie ins Wohnzimmer. »Sheffield ist heute zu einem offiziellen Universitätsdinner eingeladen, und da wollte ich nicht mit. Mit diesen Mathematikern kann ich nicht reden. Die sind so viel gescheiter als ich.«

»Aber Sie könnten eine Beriberi-Erkrankung diagnostizieren?«, fragte Jane, vom Schachbrett aufblickend. »Schach, Tinker.«

»Natürlich«, antwortete John.

»Und Sie wissen, aus wie vielen Knochen das menschliche Skelett besteht?«

»Ja, aus 206«, sagte John. Das Mädchen brachte ihn doch jedes Mal aus der Fassung.

»Und Sie könnten sie auch allesamt benennen?« Jane wollte nach einem Bauern greifen, zog die Hand aber schnell wieder zurück und biss sich auf den Fingerknöchel.

»Wenn es sein müsste.«

»Na bitte«, sagte Jane. »Ich wette, das können diese Mathematiker nicht.«

»Hm, mag sein«, entgegnete John. »Jedenfalls wurde Sheffield von seinen Kollegen abgeholt, und weil sie ihn auch wieder zurückbringen, braucht er mich heute Abend nicht mehr.«

»Gut. Ich nämlich schon. Ich habe einen gefährlichen Auftrag für dich«, erklärte Phryne.

Er lächelte. »Und der wäre?«

»Du gehst in die Küche und bittest Ruth, uns den Eiskübel vollzumachen.«

Jane war beeindruckt. Dem netten Doktor würde Ruth bestimmt nichts an den Kopf werfen. Miss Phryne war wirklich sehr geschickt im Umgang mit Menschen, eine Fähigkeit, die ihr selbst zugegebenermaßen abging.

Tinker tippte ihr auf die Hand.

»Schach«, sagte er triumphierend.

»Tatsächlich. Cleverer Zug«, murmelte sie. »Ich muss wohl besser aufpassen.«

Der Junge strahlte vor Stolz.

Ruth warf Dr. Wilson nichts an den Kopf, weil sie bereits alles für das kalte Buffet vorbereitet hatte. Die Speisen waren gekühlt, die Salatblätter gewaschen, die Saucen angerührt. Nachdem sie auch noch die Mayonnaisekrise mit einem rechtzeitig ins Spiel gebrachten Eiswürfel hatte abwenden können, wollte sie der Tischgesellschaft ohnehin gerade einen Aperitif kredenzen.

Also brachte Dr. Wilson den Eiskübel und Ruth den Krug mit der Zitronenlimonade in den Salon. Phryne komponierte einen Gin-Lemon, klirrend vor Eiswürfeln, und ging mit ihrem Gast, um die Schachspieler nicht weiter zu stören, in den kleinen Salon. Ruth wollte sich mit ihrer Schmonzette in den Garten setzen und lesen, bis es dunkel wurde.

»Gibt es etwas Neues über den Mörder?«, wollte John wissen.

»Wie es aussieht, ist Ratcliffe kein anderer als dieser Mitchell, und er hat es auf Rupert abgesehen. Von Calvi keine Spur. Entweder hat er sich von Mitchell getrennt, oder er ist gar nicht im Lande. Ich möchte mir nur gerne Klarheit verschaffen.« Phryne nippte an ihrem Glas. »Ratcliffe will Williamstown an sich reißen, aber der dortige Bandenchef hat etwas dagegen. Ihre jeweiligen Handlanger haben schon angefangen, sich gegenseitig umzubringen. Das wird ihn ordentlich nervös machen.«

»Gott, Phryne, durch mein Auftauchen hier habe ich ja praktisch einen Krieg ausgelöst.« John war wie vor den Kopf geschlagen.

»Nicht du.« Phryne tätschelte ihm die Wange. »Das war alles schon im Gange, bevor du mit Sheffield nach Australien gekommen bist. Weil die Hafenarbeiter streiken, wird praktisch die gesamte Fracht durch Williamstown geschleust. Ratcliffe herrscht über Port Melbourne, wo zurzeit nichts läuft. Daher …«

»Verstehe, es handelt sich um verfeindete Clans.«

»Genau. Und zurzeit schaukelt es sich hoch. Was Rupert damit zu tun hat, ist mir schleierhaft. Sicher ist nur, dass Mitchell ihm an den Kragen will.«

»Aber davon bist du überzeugt, Phryne?«

»Absolut. Hat er mal irgendetwas darüber verlauten lassen, was er so alles gemacht hat, seit er in Australien ist? Wo wart ihr denn sonst noch, außer in Melbourne?«

»In Brisbane und Sydney. Wir wollten auch nach Canberra, aber da ist man noch nicht so richtig auf Besucher eingestellt. Nirgendwo ist etwas Ungewöhnliches passiert. An der Universität Sydney waren sie hocherfreut über Ruperts Visite, und er hat die ganze Zeit nur über Mathematik geredet. Ich habe mir derweil ein bisschen die Stadt angesehen. Sehr interessant, diese halbfertige Brücke, wie Klauen über dem Hafen. Sie wird bestimmt eindrucksvoll, wenn sie fertig ist. Im Kunstmuseum bin ich auch gewesen; typisch Tourist halt.«

Phryne setzte ihr Glas ab und legte ihm die Hand auf das unversehrte Knie.

»Hat dir … entschuldige, ich muss das fragen … hat dir in einer der Städte vielleicht jemand Gesellschaft geleistet? Jemand, der dich zum Beispiel ganz für sich allein haben wollte, und …«

»… mir dann quer durchs Land bis Melbourne gefolgt ist, um Sheffield umzubringen und seinen Platz einzunehmen?« John lachte. »Da traust du mir zu viel zu, Phryne, mein Liebes! Ich bin kein Schönling. Ich bin ein verkrüppelter ehemaliger Feldarzt mit gebrochenem Herzen und ein hoffnungsloser Fall in Sachen unerwiderter Liebe. Nie im Leben geeignet als Objekt einer blinden Leidenschaft. Und außerdem, um deine Frage zu beantworten, habe ich weder eine Begleitung gesucht noch eine gefunden. Bis ich nach Melbourne kam und dich die Treppe heraufkommen sah. Das war die schönste Überraschung meines Lebens.«

»Fand ich auch«, sagte Phryne. »Sind wir noch Freunde? Es tut mir leid, aber ich musste dich das fragen.«

John nickte. »Natürlich.«

»Gut, dann können wir also ein persönliches Motiv, Sheffield umzubringen, ausschließen, es sei denn, er ist in Sydney oder Brisbane wirklich irgendwem auf den Schlips getreten.«

Er seufzte. »Das macht er ja dauernd. Ich kann mich aber an niemand Speziellen erinnern.«

»Also kommt vorerst nur Mitchell/Ratcliffe infrage, und wir brauchen einen Plan.«

»Du willst doch wohl meinen unersetzlichen Rupert nicht als Köder benutzen?«, rief John. »Das lasse ich nicht zu!«

»Immer mit der Ruhe«, entgegnete Phryne. »Er wird nur zum Köder, wenn er sich selbst als Opfer anbietet, und ich verspreche dir, so weit wird es nicht kommen. Ich habe schon Vorkehrungen getroffen. Falls er auf einen Brief oder Anruf hin aus dem Haus geht, ohne dir zu sagen wohin, und dir auch nicht erlaubt mitzukommen, dann ruf mich an – notfalls sagst du bloß ›los‹, – und geh ihm nach. Nimm deinen Revolver mit und hefte dich an seine Fersen. Schaffst du das?«

»Sicher«, sagte John. »Soll er merken, dass ich ihm folge, oder nicht?«

»Das überlasse ich dir. Ich bin mir ziemlich sicher, dass ich weiß, wo er hin will, der Trottel. Bay Street, Port Melbourne – geradewegs in die Höhle des Löwen. Dann setzen wir der Sache ein Ende, und du kannst friedlich und zufrieden weiterleben, ohne Angst vor baldiger Ermordung.«

»Das wäre schön.«

»Gut. Dann sind wir uns einig?«, fragte Phryne. »Wie lautet dein Auftrag?«

»Wenn er unter mysteriösen Umständen das Haus verlässt, ruf ich dich an und geh ihm nach. Das kriege ich hin.« Er beugte sich vor, stützte die Hände auf Phrynes Sessellehne und brachte sein Gesicht dicht an ihres. »Er bedeutet mir so viel«, sagte er leise. »Es spielt keine Rolle, wenn mir etwas passiert, aber er muss am Leben bleiben.«

»Ich weiß.« Sie küsste ihn sanft.

Ruth rief zum Abendessen. Diese ganze Gefühligkeit hatte Phryne einen Bärenhunger beschert.

John und Phryne setzten sich in den Salon und bewachten die Tür, bis Mr Butler zurückkam. Von Molly im Garten war kein Ton zu hören gewesen. Phryne ging davon aus, dass Ratcliffes Interesse an ihr eher gering war. Zwar würde er gewiss argwöhnen, dass sie Margery zur Flucht verholfen hatte, aber mit Maginnis und nun auch noch mit Mutter Higgins und ihren Metzgern hatte er schon genug Ärger an Hals. Mit dem Telegramm wollte er ihr nur beweisen, dass er wusste, wer sie war und wo sie wohnte. Es war eine Warnung. Die sie ernst zu nehmen gedachte.

Sie hatte John gebeten, ihr von seinem Leben mit Rupert zu erzählen, und da Rupert sein Lieblingsthema war, war er der Bitte gerne nachgekommen. Sie hörte nur mit halbem Ohr zu, denn sie hatte gerade ein Geräusch am Gartentor vernommen. Molly bellte einmal kurz auf, und schon stürzte Tinker Hals über Kopf von seinem Schachbrett weg nach draußen.

Als er wieder zurückkam, brachte er Cec mit. Der große blonde Hafenarbeiter schaute besorgt drein.

»Habe Ihren Namen gehört«, sagte er zu Phryne. »Und zwar von Kerlen, die ihn gar nicht kennen dürften.«

»Ja«, sagte Phryne. »Mr Ratcliffe ist nicht sehr erbaut von mir.«

»Der Drecksack.« Er hielt ihr eine Papiertüte hin.

»Was ist das?«

»Seine Handschrift und ein Blatt von seinem Briefpapier«, grinste Cec. »Mit einem schönen Gruß von Siegfrieds Nichte Hildy. Hab sie gerade in den Zug nach Queensland gesetzt. Sie schulden mir drei Pfund. Hildy hat gleich ein paar Blätter mitgehen lassen, falls Sie üben wollen. Ist ein Schlaukopf, die Kleine. Bin froh, dass sie da raus ist. Das ist kein Haus für ein anständiges Mädchen. Ich soll Ihnen sagen, dass er mit königsblauer Tinte schreibt, wie diese Bankfritzen.«

»Hier, fünf Pfund für dich.« Phryne steckte ihm einen Schein zu. »Und vielen Dank. Seid ihr aus der Schusslinie, du und Bert?«

»Aye.« Cec nahm von Ruth eine Flasche Bier entgegen. »Danke, Ruthie. Du weißt, was der Mensch braucht. Mit irgendwelchen Banden haben wir nie was zu tun gehabt, wir sind Hafenarbeiter und fertig. Maginnis und Ratcliffe kennen uns gar nicht.«

»Ich könnte dich noch brauchen, in dieser Angelegenheit, von der heute schon die Rede war«, sagte Phryne. »Bist du dabei?«

»Wenn's gegen Ratcliffe geht? Klar«, nickte Cec. Er leerte die Flasche, tippte sich an den Mützenschirm und ging, von Molly mit leisem Gewuffel zum Gartentor hinauskomplimentiert.

»Ich muss mal eben telefonieren«, sagte Phryne zu John und begab sich in die Diele. Sie prüfte den Inhalt der Papiertüte: Siegfrieds Nichte Hildy hatte ganze Arbeit geleistet und sich den Urlaub in Queensland mehr als verdient. Phryne besaß fünf jungfräuliche Bögen aus cremeweißem Bütten mit Ratcliffes Briefkopf und dazu noch ein paar vollgekritzelte Notizblätter. Exzellentes Material.

Sie wählte, und diesmal nahm Fanshawe selbst ab. Im Hintergrund waren Kinderstimmen zu hören. Diese Außenstelle des MI6 war von charmanter Häuslichkeit.

»Phryne hier.« Sie ratterte ihre Erkennungswörter herunter. »Ich brauche einen Fälscher.«

»Für eine komplizierte Sache?«, fragte Mr Fanshawe. »Ja, ja, Daddy kommt ja gleich. Müsstet ihr nicht langsam ins Bett? Es wird schon dunkel.«

»Bloß für den Abschiedsbrief eines Selbstmörders«, sagte Phryne. »Ich habe das Briefpapier des Betreffenden und Handschriftproben.«

»Gut. Ich schicke Ihnen morgen jemanden vorbei – ach was, ich komme selbst.«

»Nehmen Sie sich vor Harleys in Acht«, warnte Phryne.

»Mach ich.« Fanshawe legte auf.

Phryne gesellte sich wieder zu John. Ihre einzigen gemeinsamen Erinnerungen waren die an den Krieg, und davon wollte sie heute Abend nicht reden. Sie wollte John Wilson nur anschauen, den alten Kämpen mit den graumelierten Haaren und dem Hinkebein, John Wilson, der so bescheiden war und nicht glaubte, dass er es wert war, gerettet zu werden – er, nicht Sheffield. John Wilson, der heute Nacht nicht mehr ins Windsor zurückmusste.

Kurz nachdem John sich am Morgen verabschiedet hatte, traf Peter Fanshawe ein, der einen grauen Kittel trug und mit einem unauffälligen Lieferwagen hinters Haus gefahren war. Phryne musste sich einschalten, damit Molly und Tinker ihn überhaupt in den Garten ließen. Besonders die kleine Hündin misstraute ihm. Er roch nach fremdem Hund. Nach einem fremden Rüden.

»Nein, er darf rein! Er ist ein Freund von mir«, sagte Phryne.

»Sicher, Chefin?« Tinker packte Molly am Halsband und zog sie auf den Hinterbeinen von dem Besucher weg.

»Ganz sicher. Toll, wie gut ihr aufgepasst habt. Jetzt aber zurück auf euren Posten, meine Süßen. Kommen Sie, Peter.«

»Alle Achtung«, wandte Fanshawe sich an Tinker. »An euch kommt keiner vorbei. Ich bin froh, dass Miss Phryne so zuverlässige Wachposten hat.«

Der Junge strahlte. »Ja, auf uns ist Verlass.«

Phryne brachte Peter in den Salon. Den angebotenen Tee schlug er aus. Sie zeigte ihm die Schriftproben und die unbenutzten Briefbögen.

»Sehr gut. Was ist das für ein Mann, der angeblich den Abschiedsbrief hinterlässt?«

»Er hat keine Freunde. Benutzt königsblaue Tinte, wie man sie in einer Bank verwendet. Hat hierzulande weder Verwandte noch irgendwelche Menschen, die ihm etwas bedeuten. Er soll so was schreiben wie: ›Ich habe verloren, ich bin am Ende, ich will nicht zusehen, wie Maginnis meinen Laden übernimmt. Deswegen mache ich Schluss. Wir sehen uns in der Hölle.‹«

»Ah ja. Verstehe.« Peter Fanshawe nickte.

»Kriegen Sie das hin?«

»Ich selbst nicht, aber ich kenne jemanden, der es kann. Die hier nehme ich mit.« Er steckte die Papiere vorsichtig ein. »Bevor der Tag zu Ende ist, bin ich wieder zurück. Ich habe eine ziemliche Strecke vor mir.«

»*Bon voyage*«, sagte Phryne.

»Und wenn Sie Glück haben, bringe ich Ihnen auch noch ein Glas Honig mit.«

»Das war ja merkwürdig«, meinte Dot.

»Ja. Man denkt bei Fälschern nicht unbedingt an Honig. Aber warten wir's ab. Wie war es gestern beim Tanzen?«

Dot wurde rot. »Wunderbar.« Sicher hatte sie die ganze Zeit mit einem gewissen Polizisten geschnäbelt und von dem, was um sie herum vorging, gar nichts mitbekommen. Phryne fragte lieber nicht weiter nach.

Die Frauen setzten sich zusammen und gingen das Haushaltsbuch durch. Dot konnte alles mühelos im Kopf zusammenzählen. Phryne war beeindruckt.

Leichten Herzens machte sich Peter Fanshawe auf den Weg nach Eltham. Es hatten sich Fragen ergeben, zu denen er den Rat des Fachmanns brauchen konnte; ohnehin war es Jahre her, seit er seinen Mentor zuletzt gesehen hatte. Aloysius Tobit, MI6-Major im Ruhestand, war nach Australien ausgewandert, weil er sich durch das Klima eine Linderung seines Asthmas erhoffte. Das war zwar leider nicht der Fall, aber dafür entdeckte er ein landestypisches Hausmittel – den maßvollen und regelmäßigen Genuss von Apfelblütenhonig. Deshalb hatte er sich in Eltham, dem Zentrum des Apfelanbaus, niedergelassen und sich mehrere Bienenstöcke zugelegt.

Fanshawe hatte nicht viel für Bienen übrig, aber umso mehr für Apfelblütenhonig. Außerdem hatte seine Frau immer Gelüste danach, wenn sie in anderen Umständen war.

Er wollte sich unbedingt mit Major Tobit über den Fall austauschen. Er machte sich Sorgen wegen Phryne und des Alleingangs, den sie in seinem Zuständigkeitsbereich plante, ohne jede rechtliche Grundlage und gänzlich unangefochten von ethischen Bedenken. Bestes Beispiel dafür war der Abschiedsbrief des Mannes, der noch gar nichts von seinem bevorstehenden Selbstmord wusste.

Trotzdem genoss er die Fahrt. Es war ein schöner Tag, und der Wagen schnurrte gemächlich durch Wald und Wiesen. Es war herrlich, aus dem Büro rauszukommen. Als er vor dem Cottage mit den grünen Apfelbäumen ringsherum aus dem Auto stieg, atmete er tief durch. Er musste unbedingt mal mit den Kindern herkommen, nachdem sie nun schon alt genug waren, um nicht mehr nach den Bienen zu patschen.

Träge und wohlgenährt brummten sie umher. Sie waren hier zu Hause, schon immer. Fanshawe klopfte an die grünlackierte Tür.

Major Tobits Frau, Esther, begrüßte ihn mit einer Umarmung. Zum Willkommen reichte sie ihm Scones mit dicker Sahne und – natürlich – Honig.

»Er ist gerade draußen bei seinen Bienen«, sagte sie. »Machen Sie es sich gemütlich; lassen Sie sich mal ansehen.« Die mollige alte Dame im selbstgestrickten rosa Pullover war zu ihrer Zeit eine erstklassige Agentin gewesen. Den scharfen Blick, dem so leicht nichts entging, hatte sie sich bis heute erhalten.

»Wie schön, Sie zu sehen, Mrs T.«

»Und? Die Kinder gesund? Und Ihrer Frau geht es auch gut? Prima«, sagte sie. »Was führt Sie zu uns? Wenn es nichts Berufliches wäre, hätten Sie Ihre Familie mitgebracht.«

»Phryne Fisher«, antwortete Peter. Esther Tobit lachte laut auf.

»Aha! Ich frage mich schon länger, wann Phryne wohl etwas anstellt, was die Welt in ihren Grundfesten erschüttert! Bisher hat sie sich immerhin auf die Verbrecherjagd beschränkt. Wie kommt es, dass Sie sich in ihre Angelegenheiten haben verstricken lassen?«

»Sie kennen sie?«, fragte Fanshawe hoffnungsvoll.

»Gewiss doch, und der Major auch. Irgendwann hat sie ihn bestimmt mal verführt. So ist sie eben. Aber damals kannte ich ihn noch gar nicht, und sie meint es ja auch nicht böse.«

»Nein?«

»Nein, und Sie sind nicht in Gefahr. Sie sind ja verheiratet. Phryne hat ihre Prinzipien. Ah, Ally, Schatz, rate mal, wer den armen Peter gerade in den Wahnsinn treibt?«

Major Tobit schälte sich aus seiner Imkerkluft, die er nur Esther zuliebe anzog, weil sie etwas gegen die klebrigen Flecken hatte, die seine Lieblinge auf den Kleidern hinterließen. Peter war einmal dabei gewesen, als er in einen Bienenstock langte und die Bienen friedlich summend auf ihm herumkrabbelten. Major Tobit vergötterte seine Bienen, und die Bienen vergalten es ihm.

»Peter, mein Junge.« Major Tobit schüttelte ihm die Hand. Er war noch genauso rundlich und jovial, wie Peter ihn in Erinnerung hatte. »Wie wunderbar, Sie zu sehen! Aber es gibt so viele Leute, die einen in den Wahnsinn treiben können, dass ich mich beim besten Willen nicht entscheiden kann.«

»Eine weibliche Person«, soufflierte Esther.

»Ach nein, tatsächlich? Ich warte schon lange darauf, dass Phryne sich etwas leistet, was die Welt ins Wanken bringt.« Der Major lachte. Seine drei Kinne bebten. »Was hat sie denn angestellt?«

»Einen schwelenden Bandenkrieg angefacht«, antwortete Peter. »Einer von den Bossen ist ein alter Kunde von uns.«

»Ah ja?«, entgegnete Major Tobit. »Ja, danke, Tee, mein

Schatz. Und Peter mag die Scones mit Honig. Esther experimentiert noch mit der dicken Sahne. Sie soll genauso sein wie in Somerset.« Den charakteristischen Akzent hatte er noch immer. »Schmeckt genau wie damals bei meiner Großmutter. Welcher von unseren alten Kunden?«

»Mitchell, der Waffenschieber. Nennt sich jetzt Ratcliffe. Versucht mit allen Mitteln, Rupert Sheffield umzubringen.«

»Kann ich verstehen«, warf Esther ein. »Das ist der unerträglichste Schnösel, den ich je kennengelernt habe. Keine Ahnung, wie Compton es mit dem ausgehalten hat.«

»Er war ein großartiger Codeknacker, und Mathematiker sind doch meistens etwas wunderlich«, gab Major Tobit zu bedenken. »Sagen Sie bloß, Phryne setzt sich für Sheffield ein? Er ist doch gar nicht ihr Typ, möchte ich meinen.«

»Nein, Sheffield hat einen Freund von Miss Fisher an seiner Seite, einen Doktor John Wilson. Miss Fisher ist diesem Dr. Wilson sehr zugetan. Sie glaubt, dass Ratcliffes Vorhaben, Sheffield aus dem Weg zu räumen, unweigerlich dazu führen wird, dass Dr. Wilson bei dem Versuch, ihn zu beschützen, sein Leben verliert.«

»Das leuchtet mir ein.« Major Tobit nickte. »Phryne würde nichts unversucht lassen, um ihre Freunde zu verteidigen. Sagen Sie – Sie haben sie ja erst kürzlich gesehen –, wie sieht sie denn jetzt aus?«

»Klein, schmal, schwarzes Haar mit Pagenschnitt, grüne Augen, sehr modisch gekleidet«, antwortete Fanshawe. »Ich hätte sie als tollkühn eingeschätzt, aber sie plant alles genau und überlässt nichts dem Zufall. Also doch vorsichtig. Flexibel. Sie muss eine gute Agentin gewesen sein.«

»Ja, aber nur so lange, bis die Arbeit sie gelangweilt hat. Sie kam überall rein, sie konnte jede Rolle spielen. An ihr ist eine große Schauspielerin verlorengegangen«, sagte Esther. »Aber sie hat bei uns aufgehört und ist in ihr Elternhaus zurückgekehrt, um Blumengestecke zu arrangieren und womit sich Adlige sonst noch so die Zeit vertreiben. Irgendwann hat sie dann in Australien ein neues Leben angefangen. Wir haben sie natürlich im Auge behalten. Sie kennt eine Menge Geheimnisse.«

»Und? War sie wirklich eine Mata Hari?«, wollte Fanshawe wissen.

Major Tobit schnaubte. »Ach Unsinn, Peter! Schämen Sie sich!«

»'tschuldigung«, murmelte Peter.

Esther beugte sich vor und legte ihm die Hand auf den Arm. »Mata Hari wurde doch geschnappt!« Sie lächelte spitzbübisch, was bei dieser lieben alten Dame sehr kauzig wirkte.

»Aha«, sagte Peter.

»So, jetzt gibt's erst mal Tee und Scones.« Major Tobit lehnte sich behaglich im Sessel zurück. »Dann können Sie mir alles über Phrynes Pläne erzählen.«

Mrs Tobit holte die Scones, die frisch aus dem Ofen kamen. Die dicke Sahne war perfekt, der duftende Honig leuchtete golden. Bevor Peter mit seinem Bericht loslegte, verleibte er sich erst ein Gebäckstück ein, um sich Mut zu machen. Er hatte Angst, dass Major Tobit ihn womöglich für sein Vorgehen rügen würde.

Dann schilderte er den beiden Geheimdienstveteranen, was er von Phryne, Sheffield, Dr. Wilson, Ratcliffe/Maginnis und Margerys Verschwinden aus dem Prospect Hotel wusste.

Major Tobit schmunzelte. »Den Trick hat sie schon mal angewandt. Stammt angeblich aus einer mittelalterlichen Rittergeschichte. Klappt nur, wenn es ein paar unbewachte Eingänge gibt, oder wenn man sich als jemand ausgeben kann, der dort Zutritt hat. Sich festnehmen zu lassen ist ein neuer Dreh. Sehr geschickt eingefädelt.«

»Aber dadurch wurde Ratcliffe auf sie aufmerksam«, wandte Peter ein.

»Das juckt doch unsere Phryne nicht. Ich wette ein Glas von meinem besten Honig gegen einen Ziegelstein, dass ihr Haus bestens gesichert ist.«

»Ein Junge mit Hund am Gartentor, Phryne höchstpersönlich an der Haustür.«

»Na also. Bewaffnet?«

»Anzunehmen.« Peter ging es schon viel besser, was nicht nur an den Scones und dem köstlichen Honig lag. Major Tobit war Phryne wohlgesonnen. Esther ebenso. »Ich habe in der Zentrale nachgefragt, und sie haben mir jedwede Unterstützung zugesagt. Aber jetzt ist mir doch etwas … mulmig zumute.«

»Sie meinen, weil sie Ratcliffe töten könnte?«, sagte Major Tobit.

»Weil sie ihn töten wird. Das weiß ich«, antwortete Peter. »Ich habe nämlich alles Nötige dabei, um seinen Abschiedsbrief von Ihnen fälschen zu lassen.«

»Aha«, nickte der Major. »Ja gut, warum nicht? Ich vertraue ihr, und das können Sie auch. Sie wird nicht mehr Unheil anrichten als unbedingt nötig. Und nachdem Mitchell und dieser Ratcliffe ein und dieselbe Person sind, ist er auch kein großer Verlust für die Menschheit. Wenn es sich nicht von selbst verbieten würde, hätte ich nicht übel Lust, ihr dafür einen Orden zukommen zu lassen.«

»Den armen Künstler möchte ich sehen, der den Orden entwerfen müsste«, sagte Esther mitfühlend. »Sieh zu, dass du dir die Hände wäschst, bevor du anfängst, Ally. Honigflecken auf einem Abschiedsbrief machen sich nicht so gut.«

»Recht hast du. Was für eine Tinte verwendet der Kerl denn?«

»Königsblau, wie in der Bank.«

»Und der Tenor dieses Schreibens?«

»Zum Teufel mit euch allen. Ich bin am Ende«, sagte Peter.

»Ich ertrage es nicht, euren Triumph mit anzusehen«, ergänzte der Major.

»Genau.«

»Kein Lebewohl für die Gattin oder den Hund?«

»Nein, er hat weder noch.«

»Soweit ich mich entsinne, war Mitchell ein Engländer und er hat studiert. Also Bildungsbürger«, konstatierte Major Tobit.

»Anzunehmen«, sagte Peter.

»Gut, dann höre ich jetzt auf den Rat meiner werten Kollegin, gehe mir noch schnell die Hände waschen und mache mich dann ans Werk. Nehmen Sie sich ruhig noch einen Scone. Esther gibt Ihnen nachher Honig und Sahne mit. Übrigens«, sagte der Major und langte nach der Papiertüte, »was ist eigentlich aus dem anderen Ganoven geworden? Calvi, so hieß er doch?«

»Von dem fehlt jede Spur. Bei Ratcliffe ist er nicht. Miss Fisher meint, sie kann ihn vielleicht aufspüren.«

»Bewundernswert«, sagte der Major. »Fand ich schon immer.«

»Noch Tee?«, fragte Mrs Tobit.

Nachdem Peter Fanshawe eine Stunde lang über die Geheimnisse der Herstellung von dicker Sahne aufgeklärt worden war, wurden Esther und er ins Wohnzimmer zurückgerufen.

Mrs Tobit legte die Kelle beiseite und wischte sich die Hände an der Schürze ab. »Ja, Schatz? Hast du es hinbekommen?«

»Ich glaube, so könnte es gehen.« Major Tobit legte einen zerknitterten Briefentwurf auf den Tisch und einen frisch geschriebenen Abschiedsbrief daneben. Peter staunte. Die Handschrift war keine exakte Kopie, denn das hätte verdächtig gewirkt. Aber sie war der Vorlage sehr ähnlich, kräftig und verschnörkelt. In dem Schreiben, das als Vorlage diente, ging es um eine Kohlenlieferung. Der Abschiedsbrief lautete:

Vicisti, Galilaee! Ihr habt mich aus dem Feld geschlagen. Ich bleibe nicht, um zuzusehen, wie ihr mein Imperium an euch reißt. Wir sehen uns in der Hölle.

Es war mit der ausladenden Ratcliffe-Signatur unterzeichnet.

»Meisterhaft«, wisperte Peter.

»Wunderbare Arbeit, Schatz«, bestätigte Mrs Tobit.

Der Major dehnte seine Fingergelenke. »Ich habe zum Glück nie Arthritis bekommen, im Gegensatz zu meinem alten Paps. Das liegt sicher an der heilenden Kraft …«

»Des Honigs«, sagte Peter.

»Genau!« Strahlend schlug der Major ihm auf die Schulter.

Mit ein paar Tiegeln dicker Sahne, einem Dutzend Gläsern Honig und einem gefälschten Abschiedsbrief machte sich Peter Fanshawe auf den Heimweg.

Das Schreiben und ein Glas Honig lieferte er bei Miss Fisher ab und fuhr zurück zur Garage, um die Kleidung und den Wagen zu wechseln. Er war hochzufrieden, weil er allseits wohlgelitten war, auf der richtigen Seite stand – und Miss Phryne Fisher nicht zum Feind hatte.

13

Da ich mich nahe dieser heilgen Pforte,
Wo ich, vereint mit Deinem ewgen Chor,
Dir zur Musik bald werd an Deinem Orte,
Stimm ich das Instrument hier vor dem Tor
Und denk, was ich dann tun muss, hier schon vor.

John Donne
Hymne an Gott, meinen Gott, in meiner Krankheit

Die Probe war ein einziges Grauen.

Nicht nur, dass der Dirigent herrisch und voreingenommen war und Mendelssohn einen Bärendienst erwies, indem er ihn nach dem Motto »was nicht passt, wird passend gemacht« in die Schublade namens Händel verfrachtete, nein, der Abend begann schon mit einer chaotischen Suche nach der Orchesterpartitur.

»Reine Großkotzigkeit«, schimpfte Matthew, zornesrot und gereizt. »Für die Chorprobe braucht er den vollen Notensatz doch gar nicht. Er will bloß angeben.«

»Ja, aber finden müssen wir die Partitur trotzdem«, sagte Tabitha, wie immer praktisch denkend. »Wo wurde sie denn zuletzt gesehen?«

»Im Dirigentenzimmer.« Isabelle fächelte sich Luft zu.

»Und da ist sie nicht mehr?«

»Scheinbar nicht«, antwortete Chloe.

»Ich seh noch mal nach«, erbot sich Phryne, während sich Mr James schon zu einer ausgewachsenen Brüllarie aufblies. Sie nahm Matthew mit zu dem absurd verriegelten Raum, sperrte auf und entdeckte die Noten am Boden hinter dem Schreibtisch, wo sie von der Tür aus nicht zu sehen waren. Sie fühlten sich klamm an; vielleicht tropfte es durchs Dach. Aber es war die Orchesterpartitur, und Matthew trug sie triumphierend zurück zum Notenpult.

Die Probe begann. Der Chor schaffte es durch *Baal, erhöre uns*, ohne sich allzu viel Kritik einzuhandeln. Doch als sie sich an *Alsdann wird euer Licht hervorbrechen* versuchten, wurden sie böse abgekanzelt.

»Ich sehe schon, ich werde mir richtige Sänger für den Chorpart suchen müssen«, ätzte Mr James. »Ihr Dilettanten kriegt das ja doch nicht hin.«

»Widerlich, wie er sich ständig durch die Fettsträhnen fährt und den Finger anleckt, um die Seiten umzublättern«, zischelte Oliver.

»Korrepetitor! Sie schleppen schon wieder nach. Bisschen mehr Tempo, falls Sie das fertigbringen«, rügte Mr James.

»Aber hier steht *andante moderato*«, wandte Professor Szabo ein.

»Sie tun, was ich sage, oder Sie gehen!«, brüllte James. Der Chor wechselte panische Blicke. Wo sollten sie jetzt noch einen guten Pianisten herkriegen, der bereit war, für ein Trinkgeld mitzumachen? Schließlich wurde die Begleitung noch einmal gespielt, in dem Tempo, das Henry James bevorzugte.

Alle waren erleichtert, als er die Probe früh beendete und mit mürrischer Miene hinausging. Sie entspannten sich mit einem fröhlichen Volkslied.

»*Der Mai ist gekommen*«, sangen die Tenöre.

»*Die Bäume schlagen aus*«, antworteten die Altstimmen.

»*Da bleibe, wer Lust hat*«, sang der Sopran.

»*Mit So-horgen zu Haus*«, sangen die Bässe.

»*Wie die Wolken dort wandern am himmlischen Zelt*«, schwangen die Stimmen sich zu einem polyphonen Bogen auf.

»*So steht auch mir der Sinn in die weite, weite Welt.*«

Phryne hatte das Lied noch nie gesungen, aber die Melodie war ebenso einfach wie eingängig, und sie beobachtete, wie die Chormitglieder einander dabei schöne Augen machten, ein jeder seinem jeweiligen Objekt der Begierde.

»*Herr Vater, Frau Mutter, dass Gott euch behüt'!*«, sang der Sopran.

»*Wer weiß, wo in der Ferne mein Glück mir noch blüht*«, sangen die Bässe.

Phryne spürte Blicke im Rücken. Singend wandte sie sich um und begegnete den schönen blauen Augen des Tenors Matthew, der sie anbetungsvoll fixierte. »*Es gibt so manche Straße, da nimmer ich marschiert*«, sang sie. »*Es gibt so manchen Wein, den ich nimmer noch probiert.*«

Er nahm ihre Hand.

»Noch nicht«, sagte sie.

»Wann denn?« Er drückte ihr einen Kuss in die offene Hand.

»Bald.« Phryne zog ihre Hand zurück.

»*Frisch auf drum, frisch auf im hellen Sonnenstrahl*«, sang der Chor, *»wohl über die Berge, wohl durch das tiefe Tal! Die Quellen erklingen, die Bäume rauschen all – mein Herz ist wie 'ne Lerche und stimmet ein mit Schall.«*

Singend zogen sie hinaus, um sich zu Aunty Marks Dauerparty zu begeben. Phryne war im Begriff, ihnen zu folgen, als sie an der Tür von John Wilson aufgehalten wurde. Er sah besorgt aus.

»Sag mal, Phryne, können wir heute zu dir zum Abendessen kommen? Tut mir leid, ich weiß, es gehört sich nicht, sich selbst einzuladen, und auch noch so Knall auf Fall.«

»Ja, natürlich – ich meine, ihr beide? Du und Sheffield?«

»Es war seine Idee«, gestand John, ein wenig betreten.

»Tatsächlich? Na gut. Ich ruf nur schnell zu Hause an und lasse sie wissen, dass wir nachher zu dritt sind. Die anderen essen heute schon früh zu Abend. Wir nehmen ein Taxi. Ich habe Mr Butler heute frei gegeben. Und schlag Alarm, wenn du eine Harley-Davidson hörst.«

»Mach ich«, versprach er.

Phryne ging ins Dirigentenzimmer und telefonierte mit Mrs Butler. So opulent, wie sie aufzutischen pflegte, kam es auf zwei Esser mehr oder weniger auch nicht an, aber bei einer Frau, die einen jederzeit vergiften konnte, wenn ihr danach war, war es einfach angeraten, sie rücksichtsvoll zu behandeln. Außerdem arrangierte Phryne noch, dass Bert und Cec sie abholen kamen. Es wäre ja unsinnig, sich Ratcliffe als Zielscheibe anzubieten. Zuletzt sprach sie noch mit Dot.

Bis Sheffields Vortrag beendet war, beschäftigte Phryne sich mit dem Studium der Noten. Es sah ihr ganz danach aus, als hätten die Chormitglieder recht. Henry James' Methode war genau die falsche Art, Mendelssohn zu dirigieren. Kein Wunder, dass der alte Professor mit finsterer Miene fortgegangen war. Er würde seinen Kummer heute Abend wieder ersäufen müssen. Hoffentlich bei Aunty Mark, der wenigstens guten Schampus kredenzte.

Nachdem sie ohne Zwischenfälle mit ihren Gästen nach Hause befördert worden war, führte Phryne sie ins Wohnzimmer, wo Tinker, Jane und Ruth mit Dot warteten, um sie willkommen zu heißen. Jane konnte den Blick kaum von Sheffield losreißen. Nach einem luxuriösen kleinen Mahl und ein paar Gläsern Wein fragte John sie, ob sie schon Fortschritte im Schach gemacht habe, und Rupert bot ihr eine Partie an. Jane schaute Phryne fragend an, die nur mit den Schultern zuckte.

»Aber bitte, sei ritterlich, mein Freund«, bat John.

Sheffield zuckte seinerseits mit den Schultern. Jane stellte die Figuren auf und streckte die Fäuste aus, die je eine Schachfigur verbargen. Rupert tippte nicht auf eine Hand, wie es üblich war, sondern deutete nur auf die rechte Faust. Jane öffnete die Finger; sie hielt einen schwarzen Bauern.

»Ich bin schwarz«, sagte Rupert.

»Und ein Bild von einem Mann«, sagte John.

Rupert bedachte ihn mit einem lavendelblauen Augenaufschlag. Ruth und Dot ließen sich beim Fachsimpeln über das Backen von Baisers nicht stören. »Und wie kommst du mit ihm aus?«, wisperte Phryne John zu.

»Er hat mich den ganzen Tag nicht aus den Augen gelassen. Wäre er ein anderer, würde ich sagen, er ist eifersüchtig. Aber bei ihm kann das ja gar nicht sein.«

»Ach nein?«, sagte Phryne. »Als Nächstes wird er dir noch gestehen, was er für dich empfindet.«

»Meinst du?«

»Wart's nur ab.«

Jane eröffnete mit ihrem Königsbauern. Sheffield konterte mit seinem. Jane rückte drei Felder mit ihrem Läufer vor. Sheffield zog spöttisch die Mundwinkel herab und brachte sein Pferd in Stellung. Janes Pferd positionierte sich spiegelbildlich zu seinem, und Sheffields Pferd machte kurzen Prozess mit Janes Bauern. Ihr anderes Pferd kam aus der Deckung, und das schwarze Pferd schlug auch dieses. Ein Damebauer schlug darauf das Pferd, und Sheffield schob stirnrunzelnd seinen Damebauern vor. Jane lächelte erfreut und schlug den Bauern mit ihrem verbliebenen Pferd, worauf Sheffield mit unbewegter Miene das Pferd mit einem seiner Bauern schlug. Augenblicklich fegte Janes schlanker Arm mit ihrem Läufer über das Brett und schlug den Bauern neben dem schwarzen König. »Schach!«, sagte sie triumphierend. Der Anflug eines Lächelns huschte über Sheffields Miene, und er rückte mit seinem König ein Feld vor. Bedrohlich schob sich der andere Läufer heran. »Schachmatt!«, frohlockte Jane, und Sheffield legte seinen König sanft um.

»Sehr gut«, meinte er. »Hast du das selbst ausgetüftelt, oder hast du dir das angelesen?«

Jane blickte gekränkt. »Das war natürlich meine eigene Idee! Wieso, ist jemand anders auch schon darauf gekommen?«

Sheffield lächelte wieder. Phryne, die aus sicherer Entfernung zusah, staunte: zweimal an einem Abend. Na sowas, Mr Sheffield! Sind Sie sicher, dass Ihr Gesicht die ungewohnte Anstrengung aushält? Besser, sie behielt diesen subversiven Gedanken für sich. Mit seinen schlanken, eleganten Fingern stellte Sheffield die Figuren wieder auf. »Man nennt es das Boden-Gambit«, erklärte er. »Es wird so selten gespielt, dass ich es ganz vergessen hatte. Natürlich hätte ich beim vierten Zug mein Pferd zurückziehen sollen. Wenn du dir das selbst ausgedacht hast, bist du ein Schachtalent.« Unfassbar: ein drittes Lächeln. »Und nun solltest du mir die Chance geben, Weiß zu spielen.« Er drehte das Brett herum und schob seinen Damebauern zwei Felder vor.

Eine Viertelstunde später legte Jane ihren König um.

»Ich gebe auf«, sagte sie. »Danke für die lehrreiche Partie.«

»Du bist wirklich eine … sehr talentierte Spielerin«, gestand Sheffield ihr widerwillig zu.

»Danke«, sagte Jane. »Ich habe Ihren Vortrag über die Deduktionsmethode gehört. Würden Sie mir vielleicht die Grundlage Ihrer mathematischen Vorgehensweise erläutern?«

»Verstehst du etwas von Infinitesimalrechnung?«, fragte Rupert. Phryne war hin und her gerissen. Er sah unglaublich gut aus mit seinem maßgeschneiderten Anzug und seinem schwarzen Wuschelkopf. Schade, dass er so ein kaltherziges Monster war. Eine Gliederpuppe. Ein Automat. Nur Kopf, kein Körper.

Aber eine Augenweide.

»Nein, wir hatten noch keine Infinitesimalrechnung«, gab Jane zu.

Sheffield nahm ein Blatt Papier und zog darauf mühelos mit einem dünnen Bleistift drei schnurgerade Linien. Für Hilfsmittel wie Lineale hatte er nur Verachtung übrig. »Siehst du diese schräge Linie? Ich möchte, dass du mir die Steigung dieser Geraden bestimmst.«

Jane sah sie sich an. »Ich würde sagen, es wäre so etwa zwei. Die Linie steigt doppelt so hoch an, wie sie in die Länge reicht.«

»Sehr gut.« Nun beugte er sich wieder über das Blatt und zeichnete eine Kurve. »Und jetzt ist es eine Parabel. Was beträgt hier die Steigung?«

Jane sah nachdenklich auf das Blatt. »Würde das nicht davon abhängen, wo man eine Tangente ansetzt?«

»Ganz richtig. Versuch es hier, wo die x-Koordinate zwei beträgt. Dies ist eine simple quadratische Gleichung, wo die Höhe die Quadratur der Grundlinie ist.«

Jane nahm ein Buch vom Beistelltisch und legte es an die Kurve. Versuchsweise zog sie zwei oder drei Tangenten mit dem Bleistift und runzelte zweifelnd die Stirn. »Ist es eine ganze Zahl?«, fragte sie hoffnungsvoll. Sheffield nickte wortlos. »Ich nehme mal an, es ist vier. Stimmt's?«

»Stimmt. Jetzt versuch es mit x gleich drei.« Er beugte sich wieder über die Seite und setzte energisch einen kleinen Punkt auf die Kurve. Mit unbewegter Miene sah er zu, wie Jane noch einige Tangenten mehr zog, bis sie eine fand, die ihr zusagte. »Ist es sechs?«

»Ja. Und was würdest du sagen, wenn ich dich nach der Steigung bei x gleich eins frage?«

Jane überlegte kurz und legte den Bleistift hin. »Zwei?« Er nickte zustimmend. »Heißt das, die Steigung ist immer das Doppelte der x-Koordinate?«

»Jawohl. Siehst du, und damit hast du die Grundbegriffe der Infinitesimalrechnung. Ich kann dir den Beweis liefern, wenn du möchtest.«

Sheffield nahm ein anderes Blatt und kritzelte eine Reihe von Gleichungen darauf. »Während wir die Breite unserer Tangente mehr und mehr reduzieren, ist die Neigung gleich zwei Mal x plus die Breite der Tangente. Je mehr die Breite gegen Null geht, desto mehr nähert sich die Steigung zwei x. Man muss nur aufpassen, wenn man sie durch immer kleinere Zahlen teilt. Etwas durch Null zu dividieren wird kaum zum Erfolg führen.«

»Wir schleichen uns also in kleinen Schritten an die Lösung heran?« Jane schenkte ihm ein strahlendes Lächeln.

»Ganz recht.«

»Verstehe«, sagte sie. »Darüber muss ich erst noch nachdenken.«

»Wenn du's kannst«, entgegnete Rupert.

»Schlafenszeit, Kinder«, ließ Dot sich vernehmen. »Sagt Mr Sheffield gute Nacht. Doktor. Miss Phryne.« Sie nickte allen dreien lächelnd zu und geleitete die Mädchen hinaus. Jane drehte sich an der Tür noch einmal um und bedachte Sheffield mit einem langen, durchdringenden Blick, bis Ruth sie am Arm mit sich fortzog. Dot kehrte nach kurzer Zeit zurück und nahm wieder unauffällig neben der Lampe Platz, wo ihr Stickrahmen wartete.

»Das Mädchen ist mir unheimlich«, sagte John.

»Tatsächlich?«, fragte Sheffield. »Wieso?«

»Sie ist so begabt, und so mitleidslos. Du hast gesehen, wie sie mein Bein massiert hat. Sie hätte mir wehtun können, aber das hat sie nicht. Das hatte nichts damit zu tun, ob sie mich mochte oder nicht mochte. Oder dass es falsch ist, einem anderen Menschen Schmerzen zuzufügen. Nein, sie wollte einfach nur diese Muskeln und Sehnen wieder funktionstüchtig machen.«

»Aber auch, weil ich ihr gesagt habe, dass sie dir nicht wehtun soll«, warf Phryne ein.

»Ja, das auch, vor allem aber aus einer Art Ordnungswut. Muskeln sollen nicht verkrampfen, Blutergüsse dürfte es gar nicht erst geben. Darum Arnika und Massage. Ich kann das nicht so gut erklären. Aber sie ist bestimmt trotzdem ein sehr liebes Mädchen, Phryne«, sagte John entschuldigend. »Und sie wird mal eine gute Ärztin.«

»Sie möchte Gerichtsmedizinerin werden. Professor Glaisters Buch hat sie inspiriert.« Phryne lächelte und tätschelte John den Arm, was Rupert offensichtlich gehörig gegen den Strich ging.

John schmunzelte. »Dann muss sie sich wenigstens keine ärztliche Einfühlsamkeit antrainieren. Ihre Patienten werden sich garantiert nicht beschweren.«

»Glücklicherweise.« Phryne nickte. »Tja, Jane hatte eine sehr schwere Kindheit. Sie wird schon noch lieben lernen.«

»Ist das etwas, das man lernen kann?«, fragte Sheffield abrupt.

»Natürlich.« Phryne schenkte sich Wein nach. »Lieben lernen wir von den Menschen, die uns lieben.«

»John.« Mit einer herrischen Geste zitierte Rupert ihn an seine Seite. »Auf ein Wort.«

John erhob sich mühsam und hinkte zum Fenster, wo Rupert in die windgepeitschte Nacht hinausstarrte. Nach einem hastigen, geflüsterten Wortwechsel hinkte John zu

Phryne zurück und lieferte mit verblüffter Miene seine Botschaft ab.

»Soso«, wandte Phryne sich an Sheffield. »Sie möchten einmal eine Frau in ihrer intimen Leiblichkeit untersuchen. Gewiss könnten Sie eine zum üblichen Tarif anmieten?«

Der gequälte Blick tiefsten Widerwillens in den lavendelblauen Augen gab ihr zu verstehen, dass der Versuch, seine Neugier mit Hilfe einer Straßendirne zu befriedigen, nichts als Übelkeit bei ihm auslösen würde. Phryne war verblüfft und nicht wenig verärgert, ein Gefühlscocktail, der sie immer leichtsinnig machte. »Also gut«, sagte sie. Sheffield blinzelte verdattert. Damit hatte er nicht gerechnet. Ausgezeichnet. »Aber nur unter zwei Bedingungen.«

»Natürlich geht es nicht ohne Bedingungen«, entgegnete Sheffield. Sein arroganter Ton ging ihr langsam auf die Nerven.

»Natürlich nicht«, sagte sie mit einem sonnigen Lächeln. »Erstens …« Sie hob den Zeigefinger. »John ist dabei anwesend.«

»Phryne …«, begann John misstrauisch.

Sheffield winkte ab. »Einverstanden.«

»Sie ziehen sich genauso nackt aus, wie Sie mich sehen wollen.«

Diesmal blinzelte er nicht nur, es verschlug ihm auch sekundenlang die Sprache.

»W-wieso stellen Sie eine solche Bedingung?«

Phryne wusste ganz genau, wie er es hasste, eine Frage zu stellen, deren Antwort er nicht schon kannte.

»Macht«, antwortete sie. »Die Bekleideten haben Macht

über die Unbekleideten. Und obwohl ich viel Verständnis für ehrliche Neugier habe, werde ich Ihnen nicht erlauben, Macht über mich erlangen. Sie untersuchen mich, ich untersuche Sie.«

»Sheffield«, sagte John. Er kannte das liebreizende Lächeln und den aufgedrehten Tonfall von damals, als Phryne den deutschen Soldaten erschossen hatte – mitten ins Herz. Um ihre Verwundeten zu schützen. »Ich glaube nicht …«

»Jaja, ich weiß«, unterbrach Sheffield ihn barsch. »Lass es gut sein, da kannst du sowieso nicht mitreden.«

Damit hatte er sein Schicksal endgültig besiegelt. Phryne war der leicht gekränkte, aber resignierte Gesichtsausdruck ihres alten Freundes nicht entgangen. Es mochte unfair sein, sich an dieser Kreatur zu vergreifen, bis sie um Gnade winselte, doch es blieb eine Option. Die Beleidigung hatte John verstummen lassen, was auch sein Gutes hatte. Phryne war im Begriff, ein Risiko einzugehen, dass man als selbstmörderischen Irrsinn bezeichnen konnte, und sie wollte nicht, dass John das labile Gleichgewicht ihrer Entschlossenheit ins Wanken brachte.

»Sind wir uns einig?«, fragte sie. John kaute nervös an einem Fingernagel. Rupert Sheffield gab Phryne die Hand.

»Einverstanden«, sagte er.

»Gut, nehmen Sie Ihre Lupe mit und folgen Sie mir. Dot, meine Liebe, es darf niemand mehr mein Boudoir betreten, nachdem Mr Butler eine Flasche vom besten Whisky für meine Gäste und eine Flasche Cognac für mich nach oben gebracht hat. Möchten Sie etwas trinken, Mr Sheffield?«

»Ich trinke nicht«, entgegnete er hochmütig.

»Aber natürlich nicht«, sagte sie im Tonfall einer Kinderfrau, deren kleiner Schützling seinen Schnuller hat fallen lassen. »Auch einen Krug Limonade, Dot, sei so gut.«

John Wilsons mulmiges Gefühl verstärkte sich mehr und mehr. Aber Phryne hatte ihn gern, und sie war ein Mensch von bemerkenswertem Mut und Verstand. Sheffield wollte eine Frau in ihrer idealen Weiblichkeit betrachten, und er hatte Phrynes Bedingungen akzeptiert. Wenn John dabei zuschauen musste, wie Phryne seinen liebsten Freund verführte, nur um ihn selbst einmal nackt zu sehen, dann war er ohne Bedauern bereit, diesen Preis zu zahlen.

Nahm er an.

Als sie Phrynes Boudoir betraten, wartete dort ein reichhaltiges Sortiment an Getränken. John schenkte sich gleich ein Glas Glen Sporran ein, kippte ihn in einem Zug und befand ihn für ebenso gut, wie er ihn in Erinnerung hatte, einen exzellenten Single Malt.

Weil die entspannende Wirkung ausblieb, goss er sich nach. Phryne begann sich zu entkleiden. Wie schön sie war. Anmutig ließ sie sich auf der Bettkante nieder, um die Strümpfe auszuziehen, stand wieder auf und entledigte sich ihres Kleids und der spitzenbesetzen Dessous. Sie nahm das Stirnband ab und ließ es quer durch den Raum auf ihren Toilettentisch segeln, wo die Pfauenfeder tapfer winkend stehenblieb.

Dann ging sie ins Bad und kam mit einem Handspiegel zurück, sowie einer Auswahl farbiger Seidenschärpen. Während Rupert Sheffield sich auszog, hielt sie ihm nacheinander die Schärpen an, um den korrekten Farbton für seine blasse Haut zu finden. Was ihr auch gelang, sobald er seinen Oberkörper entblößt hatte.

»Elfenbein«, sagte sie. »Das passt am besten, finden Sie nicht?«

Sheffield nahm den Spiegel und begutachtete die Seide auf seiner nackten Brust.

»Kann sein«, meinte er gleichgültig. »Und wozu soll das gut sein?«

»Das werden Sie schon noch sehen.« Nackt fühlte sich Phryne ebenso selbstverständlich wohl in ihrer Haut wie eine Katze in ihrem Fell. Sie setzte sich in das breite Bett und schlug die Beine übereinander, alabasterweiß auf den grünen Seidenlaken, und wartete darauf, dass ihr Begutachter seine Leibwäsche ablegte.

Und es gesellt sich ein weißer Kater zur schwarzen Katze, dachte John Wilson, während er noch einen Whisky kippte. Sheffield war an Phryne interessiert, jedoch ohne sichtbare Erregung. Er widmete ihr nur seine ganze Aufmerksamkeit, was John bis zur Sprachlosigkeit verwirrt hätte, nicht so jedoch Phryne, die jeden Kater in Grund und Boden starren konnte. Freundlich lächelnd fragte sie ihn, wo er anfangen wolle.

»Wenn Sie sich hinlegen könnten?«, sagte er höflich. Phryne tat ihm den Gefallen. Weil das Bett so breit war, musste Sheffield sich neben ihr auf den grünen Laken ausstrecken, und der Kontrast zwischen dem Seidenschimmer und der Porzellanglätte seiner Haut war fast zu viel für John. Er wagte nicht mehr weiterzutrinken und hätte am liebsten weggesehen, vermochte es aber nicht.

Sheffield war schlank, sehnig und langgliedrig, beweglich und makellos. Keine einzige Narbe. Wie hatte John nur hoffen können, dass er sich mit einem abgehalfterten Veteranen wie ihm einlassen würde? Dabei waren sie auch noch Gleichaltrige. Er sah so hinreißend aus neben der dekorativen Phryne, der einzigen Frau, die John je begehrt hatte. Natürlich mussten sie einander begehren. Aber was sollte er dabei? War er nicht schon gestraft genug?

Scheinbar nicht. Sheffield begann mit Phrynes Füßen, hob erst den einen, dann den anderen hoch, befühlte die Nägel, bog die Zehen, strich über den Spann. Als sie leicht zusammenzuckte, sagte er gleichgültig: »Ah ja, das Tanzen«, und ließ den Fuß wieder los.

»Rupert, du darfst ihr nicht wehtun«, mahnte John.

»Nein«, sagte Phryne. »Er tut mir nicht weh. Weil du es nicht zulässt. Es liegt nicht am Tanzen«, wandte sie sich an Sheffield. »Sie drücken zu fest zu. Ich bin, wie Sie bemerkt haben werden, zartgliedrig, da weiblich gebaut. Nun fahren Sie bitte fort.« Er arbeitete sich zu ihren Knien empor, streifte manchmal fast mit der Wange über ihre Haut, kitzelte sie mit seinen dunklen Locken. Phryne seufzte. Von allen schönen Männern, denen sie sich jemals nackt gezeigt hatte, war dieser hier mit Sicherheit der am wenigsten Begehrenswerte. Er war kalt, selbst seine Finger fühlten sich kühl an, und seine lavendelblauen Augen hatten etwas von einem Engel oder einem Dämon, jedenfalls von einem Wesen, das nichts von irdischem Verlangen wusste. Daher würde er sie wohl kaum erregen, was aber auch nicht Sinn und Zweck der Übung war.

Sheffields forschende Hand wanderte hinauf bis zum

dunklen Schamhaar. Nachdem er es gründlich befühlt hatte, bat er Phryne, die Beine zu spreizen. Er zeigte keinerlei Reaktion ob des Anblicks, der sich ihm offenbarte, was Phryne doch ein wenig kränkte. Die meisten, die dieses Ziel erreichten, waren sich der Ehre wenigstens bewusst. Sie fing Johns betroffenen Blick auf und zwinkerte ihm zu.

Er schenkte sich noch ein Glas Glen Sporran ein.

Während Sheffield mit wissenschaftlichem Interesse ihre großen und kleinen Schamlippen teilte, kitzelten seine dunklen Locken die Innenseiten ihrer Oberschenkel. Er entdeckte, entblößte die Klitoris. Phryne unterdrückte ein Kichern. Sheffields Kopf tauchte kurz aus der Tiefe auf, nahm das Kichern zur Kenntnis und fuhr mit der Musterung fort.

Er kauerte jetzt auf den Knien, sodass Phryne die betörend männlichen Wölbungen von Brustkorb und Bauch sehen konnte – und den Haarschatten um sein vollkommen unerregtes Geschlechtsteil. Ausgezeichnet.

Er bewegte sich weiter hinauf, strich über eine Narbe an ihrer glatten Flanke.

»Granatsplitter«, sagte Phryne. »John und ich waren unter Artilleriebeschuss geraten, da haben wir alle was abgekriegt. Er hat mir das Leben gerettet.«

»Er hat *mir* das Leben gerettet«, entgegnete Sheffield pikiert. Er wog eine Brust in der Hand, stellte fest, dass die andere ein wenig kleiner war, arbeitete sich dann weiter hoch zu Schulter und Hals, betastete ihr Gesicht, beschnupperte es sogar.

»Floris Stephanotis«, ließ sie ihn wissen. »Kokosnuss-Shampoo …«

»Champagner, Virginia-Tabak, Himbeeren«, ergänzte er. »La Rose de Gueldy-Seife. Cognac.«

»Sehr gut«, lobte Phryne.

»Noch eine Narbe«, bemerkte er. »Hier, unter Ihrem Haar. Kein Granatsplitter.«

»Ein Messer«, sagte Phryne.

Er zuckte zusammen, äußerte sich aber nicht dazu. Er fuhr mit dem Finger über ihre Unterlippe, kostete ihren Lippenstift und verzog das Gesicht.

»John, etwas Limonade für deinen Freund, bitte«, sagte Phryne. »Er mag den Lippenstift nicht.«

»Auf ihrem Mund schmeckt er anders«, riet ihm John wider besseres Wissen. Sheffield gab ein leises, interessiertes Brummen von sich und drückte seine Lippen im Dienst der Wissenschaft auf die ihren.

Allmählich war Phryne die Untersuchung leid. Sein Mund war weich, seine Lippen einladend, doch es fühlte sich an, als küsste man eine Puppe. Nur mit Mühe konnte sie ihre Instinkte bezähmen, ihn in einer heftigen Umarmung zu erdrücken. John kam gerade noch rechtzeitig mit der Limonade ans Bett. Er hatte gesehen, wie es ihr in den Fingern zuckte.

»Nein, nein. So!«, sagte er zu Sheffield und beugte sich herab, um Phryne zu küssen. Sie packte ihn beim Kragen und zog ihn zu sich.

Ah, das war ein Kuss! Als sie John wieder losließ, fing sie von dem Forscher ein lavendelblaues Zornblitzen auf. Interessant.

John schmeckte wie immer nach Pfeifenrauch, seinem ureigenen typischen Duft – und einer etwas zu ausgeprägten Note Glen Sporran. Wenn er sich mit dem Whisky nicht zurückhielt, würde ihre Rechnung nicht aufgehen.

»Steck dir ruhig eine Pfeife an«, sagte sie. »Du willst doch bestimmt eine rauchen.«

Er ließ sich wieder auf der Chaiselongue nieder. Phryne stützte sich auf den Ellbogen.

»Was mein geschätzter Kollege meinte, Mr Sheffield, ist, dass Lippenstift als solcher nicht angenehm schmeckt. Jemanden zu küssen bedeutet, dessen Geschmack und Geruch aufzunehmen, wie Sie es bei mir getan haben müssen.«

»Ja«, sagte er. »Sie schmecken nach Himbeeren und Cognac und riechen, warum auch immer, nach Veilchen und kaltem Wasser.«

»Das ist mein Eigenaroma«, erklärte Phryne. »Jeder Mensch hat das seine. Sie schmecken nach Sahne und irgendeinem Gewürzkraut, Estragon vielleicht, oder Rosmarin. Sehr grün. Erfrischend.«

»Es war mir schon bewusst, wie wichtig Geruch ist«, gab Sheffield zurück und fuhr mit seiner Untersuchung fort. Er staunte über die Kraft in ihren Händen und die Hornhaut an ihren Fingern, bemerkte eine kleine Narbe an ihrem Handgelenk und bat sie dann höflich, sich auf den Bauch zu drehen. Diesmal fing er am Kopf an, wuschelte ihr durchs Haar und rieb eine Strähne zwischen Daumen und Zeigefinger, als hätte er die Qualität von Wolle zu begutachten. Als er von ihren Ohren hinab zu den Schulterblättern strich, ließ sie sich von John ein großes Glas Cognac mit Wasser und Eis bringen. Die Lord-Byron-Locken kitzelten sie nun im Kreuz – anscheinend zählte er ihre Wirbel. Sie erschauerte. Im Spiegel fing sie den fragenden Blick auf, mit dem Rupert Sheffield John bedachte, der nun an ihrer Seite saß.

»Habe ich Ihnen wehgetan?«

»Nein«, sagte Phryne. »Machen Sie weiter. Bald sind Sie mit mir durch, und dann bin ich dran.«

Kam es ihr nur so vor, oder verbrachte der junge Mann wirklich unverhältnismäßig viel Zeit damit, ihre Pobacken abzutasten und ihre Kniekehlen zu beschnüffeln?

Phryne grinste so boshaft in sich hinein, dass John die Lust verging, sie im Spiegel zu beobachten. Er folgte ihrem Vorschlag, stand auf und ging sich eine Pfeife anzünden. Phryne nippte an dem edlen Weinbrand, bis auch ihr letzter kleiner Zeh einer minutiösen Inaugenscheinnahme unterzogen worden war, dann setzte sie sich auf und schlug die Beine wieder übereinander.

»Ist Ihr Wissensdurst jetzt gestillt?«, fragte sie.

»Danke, ja, das dürfte reichen«, sagte er mit seiner sahnig weichen Stimme, die er besser für die Verführung von John Wilson hätte einsetzen sollen. *Ach ja, das dürfte reichen?* Auf Phrynes wortlose Geste hin legte sich Rupert Sheffield sichtlich widerstrebend auf den Rücken.

Der Mann war wirklich unfassbar schön. John stieß eine dicke Rauchwolke aus und schnappte unüberhörbar nach Luft. Wie zuvor Sheffield, begann auch Phryne mit einem Fuß. Sie hob ihn an, bewunderte die perfekte Form der Knochen, die kurz gehaltenen Nägel – er hate von Kind auf gutsitzende Schuhe getragen – und beschloss, ihre Beobachtungen in Worte zu fassen. Kurz erwog sie, John an ihre Seite zu bitten, aber vermutlich näherte er sich angesichts dieser Vision von Vollkommenheit, die da hingestreckt lag wie ein Opferlamm, schon der Grenze dessen, was er aushalten konnte.

Sie schlug einen sachlichen, leicht pedantischen Ton an, um ihren Probanden möglichst bis zur Weißglut zu reizen.

»Hier sehen wir, dass der Gegenstand unserer Betrachtung schon als Kind bestens ernährt und gepflegt wurde«, begann sie. »Nichts deutet darauf hin, dass er je barfuß gelaufen wäre, keine Verdickung der Fußsohlen, keine Hühneraugen oder Verformungen der Zehen aufgrund mangelhaften Schuhwerks. Keine Narben von Steinen oder Frostbeulen, wie man sie an den Füßen armer Leute findet. Die Nägel von fachkundiger Hand geschnitten.«

»Wie die ihren«, meldete sich der Proband zu Wort.

»Wohl wahr«, stimmte Phryne zu. »Wären Sie bitte so gütig zu schweigen, Sir? Es sei denn, Sie hätten einen Einwand gegen meine Beobachtungen. Ich habe Ihnen diese Höflichkeit auch erwiesen.«

Rupert Sheffield gab ein stummes Schnauben von sich. John paffte an seiner Pfeife, und es klang fast, als lachte er in sich hinein. Phryne verglich die Füße und fand in dem einen eine leichte Verdickung, die auf einen nicht allzu lang zurückliegenden Knochenbruch schließen ließ, vermutlich durch ein herabfallendes Gewicht. Sie wies darauf hin. Rupert schwieg, doch John sagte: »Ja, Phryne, das war in Dartmoor, ein Felsbrocken. Ich musste ihn eine halbe Meile weit schleppen, bis wir Hilfe fanden.«

»Verstehe. Du als mein liebster Freund darfst natürlich gern den einen oder anderen Kommentar beitragen.« Der

Proband erbebte unter ihrer Hand. Der »liebste Freund« hatte den Moralapostel Sheffield zutiefst erschüttert. Sie schmunzelte. Diese Übung war noch unterhaltsamer, als sie erwartet hatte. Sie staunte selbst darüber, wie sehr sie es genoss, ihn zu quälen. Dass es im Dienst einer guten Sache geschah, steigerte den Genuss sogar noch.

»Kräftige Wadenmuskeln – er ist gut zu Fuß. Pockenförmige kleine Narben auf den Kniescheiben – wahrscheinlich vom Kies der Sportplätze im Internat. Lange Oberschenkelknochen, lange Oberschenkelmuskeln, gänzlich ohne Narben.«

Phryne beugte sich hinab und schnupperte an seinem porzellanweißen Bein. »Benutzt Seife mit Geißblattduft.« Sie ließ ihr lose schwingendes Haar über seine Haut streichen, und Rupert Sheffield erschauerte, aber nicht vor Verlangen. Offenbar graute ihm schon davor, wohin ihre Erkundung sie als Nächstes führen würde, sie aber richtete ihre Aufmerksamkeit auf seine Hände.

»Telegraphie«, sagte sie. »Ich wusste, dass Sie Codes geknackt haben, aber Sie haben auch telegraphiert. Siehst du, John? Der typische Telegraphistendaumen. Ansonsten sehr saubere, gepflegte Hände, manikürte Nägel, Tintenfleck und Schwiele am Mittelfinger: Schreiberhände. Und natürlich spielen Sie … ja, was? Hm, eine beeindruckende Muskulatur. Keine Druckstellen, keine längeren Fingernägel an der Linken.« Sie streckte sich und langte über ihn hinweg nach der anderen Hand. »Also wird es wohl Klavier sein. Auf jeden Fall irgendein Tasteninstrument.«

»Er ist ein hervorragender Pianist«, sagte John liebevoll. Rupert wand sich wie ein Aal. Phryne drückte ihm die Brust an den Körper und tat so, als merkte sie nichts davon. John Wilson war nicht der Einzige, der noch nie einen Menschen wie Phryne Fischer kennengelernt hatte.

Trotz allem schien sie sich nicht von ihm angezogen zu fühlen. Rupert war gekränkt. Jeder sagte ihm doch, wie attraktiv er war. Die Tatsache, dass er sich nicht mit törichten Liebeleien und Begierden abgab, besagte doch nur, dass er den knutschenden, flennenden Schwächlingen überlegen war. Dieses – zugegeben – bildschöne, süß duftende weibliche Wesen tastete ihn so sachlich ab wie ein Chirurg – und womöglich mit dem gleichen Zerstörungspotenzial.

Es war ja nicht so, dass er es mit der körperlichen Liebe nicht probiert hatte. Damals im Krieg hatten die Leute regelrecht Schlange gestanden, um ihn in dieser Kunst zu unterweisen. Einen Herzensfreund hatte er in dem griechischen Fischer Yanni gefunden. Yanni hatte mit ihm gelacht, ihn geküsst, sein Haar zerzaust und in einem Fischerkahn vor der Küste von Piräus eine lange kalte Nacht mit ihm verbracht. Aber dann war er mit einem deutschen U-Boot kollidiert. Der Kahn wurde in die Tiefe gerissen, und Yannis Leiche wurde nie gefunden. Sicher, Rupert hatte Lust und Befriedigung empfunden, aber alles in allem erschien ihm der Aufwand dafür viel zu groß, wo er doch so leicht selbst Hand an sich legen konnte, falls ihn, was selten genug geschah, der Drang überkam.

Augenblicklich wusste er nicht so recht, was er fühlte, und er musste sich beherrschen, nicht zu John hinüberzuschauen. John würde nicht zulassen, dass ihm etwas Schlimmes geschah. John war immer da. John war sein

Freund. Er schloss die Augen, aber in derselben Sekunde machte Phryne mit der Untersuchung weiter. Sie strich ihm über die Brust, ohne deren Unbehaartheit zu kommentieren, beugte sich über seinen Bauch und hauchte auf seine Genitalien. Ihre Haare kitzelte ihn. Sie tippte ihn leicht an: »Beschnitten.« Und arbeitete sie sich weiter nach oben vor. Rupert atmete erleichtert aus.

Sie nahm sich sein Gesicht vor, drehte seinen Kopf zur Seite, inspizierte seinen Kiefer, seine Ohren – »lange Ohrläppchen, kleine Ohrmuschel, perfekte Proportionen« –, und sah ihm tief in die Augen, während sie ihm mit der Hand durch die Locken fuhr. Er versuchte, sich abzuwenden, aber sie hielt ihn mit eisernem Griff fest.

»Interessante Augen«, sagte sie. »Ein echtes Lavendelblau. Und je nach Licht – würden Sie bitte nach links schauen? Je nach Licht fast silbern. Erstaunlich.«

»Stimmt«, brummelte John. »Ich habe noch nie so schöne Augen gesehen.« Die vertraute Stimme tat Rupert gut. Wenigstens fand John seine Augen schön. Hätte er sich doch bloß nicht auf Phrynes Bedingung eingelassen und sich lieber ein frisch gebadetes Straßenmädchen genommen. Aber diese Frau war so …

Phryne bat ihn höflich, sich umzudrehen. Sogleich fühlte er sich weniger verletzlich. Sie hatte recht. Die Bekleideten hatten Macht über die Unbekleideten. Und die, denen es egal war, ob sie nackt waren, hatten Macht über die, denen es nicht egal war. John dagegen strahlte etwas wohltuend Beruhigendes aus, komplett bekleidet, den üblichen Robinson's Navy Cut paffend, in seiner Tabakwolke, in die sich auch eine leichte Whiskynote mischte. Wie

Sheffield Miss Fisher kannte, war es ein sagenhaft teurer Single Malt, der in einem winzigen Nest in den Highlands nur auf Bestellung nach uraltem Clan-Rezept gebrannt wurde, in einem *poit dhubh* – einem torfschwarzen Kessel.

Seine Gedanken schweiften ab. Er konnte es nicht fassen. Seine Gedanken schweiften nie ab! Rupert Sheffield war immer bei der Sache! Was war denn los mit ihm? Er musste sich konzentrieren. Er lag auf dem Bauch, eine nackte (!) Frau machte Bemerkungen über seine Wirbelsäule, und John schaute zu. Verdammt, jetzt sah er auch noch seine Narben, die er ihm nie hatte zeigen wollen.

»Er wurde geschlagen.« Phryne war erschüttert, auch wenn sie versuchte, sich nichts anmerken zu lassen. »Wirklich übel verprügelt. War er im Krieg?«

»Beim Nachrichtendienst«, antwortete John, mit betroffener Miene. »Aber das da hat er nie erwähnt. Stockschläge, würde ich sagen, keine Peitsche.«

Johns Hand, größer, wärmer als die der Frau, streichelte über die Schandmale, als wünschte er, er könnte sie durch seine Berührung verschwinden lassen.

»Folter?«, fragte Phryne. »Sie dürfen sprechen, Mr Sheffield.«

»Auf der falschen Insel gelandet«, sagte er, das Gesicht ins Kopfkissen gepresst. »Türkisch, nicht griechisch. Da wird aus Prinzip geprügelt. Hinterher haben sie mich ins Meer geworfen. Ich wurde rausgefischt. Als ich mich zurückgemeldet habe, gab es einen Anschiss von Compton – wenn ich mich noch mal so blöd anstelle, schickt er mich mit dem nächsten Dampfer nach England zurück, in einem Sack, der vorher Fischköpfe enthalten hat. Und das hätte er auch gemacht.«

»Durch das Salz hat die Narbenbildung sofort eingesetzt.« John strich über die alten Striemen. »Es muss höllisch wehgetan haben.«

»Ich glaube, ich habe geschrien, ja. Aber ich hatte noch Glück. Wenn sie mich länger dabehalten hätten …«

»Vergewaltigung«, sagte Phryne mit einer Unverblümtheit, die John schaudern machte. »Die Türken haben ihren Gefangenen für gewöhnlich Gewalt angetan.«

Rupert nickte. »Das war für den nächsten Tag vorgesehen. Aber sie wurden meiner zerschlagenen Person überdrüssig, und so entkam ich dem grauenhaften Schicksal.«

»Davon hast du mir nie etwas erzählt«, sagte John.

»Wozu hättest du das denn wissen wollen?«, fragte Sheffield. »Es war gar nicht so schlimm«, fügte er hinzu, aus irgendeinem Grund bestrebt, John zu trösten. »Man war ja einiges aus dem Internat gewöhnt. Mein Lateinlehrer hat sehr viel gezielter zugeschlagen.« Es sollte witzig klingen, aber John konnte nicht darüber lachen.

Phryne fuhr mit ihrer Inspektion fort, stellte fest, dass seine Gesäßbacken genauso muskulös waren wie seine Waden, was ihr Urteil über seine Läuferqualitäten nur bestätigte. Nachdem sie sich wieder bis zu seinen Füßen nach unten gearbeitet hatte, durfte er sich aufsetzen und seine Limonade trinken. Vermutlich hatte er Durst. Sie setzte sich ihm gegenüber auf das große Bett, ganz unbefangen in ihrer dargebotenen Weiblichkeit, und blickte ihn forschend an. Ihre durchdringend grünen Augen waren ihm schon früher aufgefallen.

»Noch ein kleines Experiment?«, schlug sie vor. »Wo wir schon mal dabei sind?«

Als ausgebildeter Geheimagent war Rupert Sheffield von Natur aus misstrauisch. Aber er wusste auch, dass niemand auf der Welt intelligenter war als er. Phryne konnte ihn beim besten Willen nicht an Schläue übertreffen.

»Müssen Sie mich dazu wieder anfassen?«, näselte er in seinem arrogantesten Ton. Die arme Frau musste wohl doch vernarrt in ihn sein.

»Nein«, antwortete sie zu seiner Überraschung.

»Oder ich Sie?«

»Nein«, wiederholte sie mit einem leisen Lächeln.

»Na gut«, meinte er. »Vielleicht bringt es neue Einsichten.«

»Kann sein«, nickte sie. »John?«

»Meine Liebe?«

Rupert konnte es nicht leiden, wenn sein John sie so vertraulich »meine Liebe« nannte. Schließlich gehörte er ihm. Aber nicht auf die gleiche Weise, wie er ihr gehörte …

»Du hast zu viel an«, sagte Phryne. »Zieh doch bitte mal Jacke und Hemd aus.«

»Phryne, weißt du, was du da tust?«, fragte er besorgt, während er schon an den Knöpfen nestelte.

»Ja, sicher.«

»Wenn das schiefgeht, brichst du mir das Herz.« Er hängte das Jackett über die Stuhllehne, nahm Krawatte und Manschettenknöpfe ab.

Phryne betrachtete ihn gelassen. »Ich weiß. Vertrau mir.«

»Das tue ich ja«, seufzte John. Er zog das Hemd aus und entblößte seine nackte, muskulöse Brust.

Blitzschnell hatte Phryne den Handspiegel unter dem Kissen hervorgeholt und hielt ihn Rupert Sheffield vors Gesicht.

»Schauen Sie sich Ihre Augen an«, befahl sie. Er schaute.

»Vier Phänomene der geschlechtlichen Anziehungskraft«, belehrte sie ihn gnadenlos. »Nach Havelock Ellis, der sie entdeckt hat. Geweitete Pupillen. Sind Ihre Pupillen geweitet?«

»Ja.«

»Kurzatmigkeit. Sind Sie kurzatmig?«

»Ja«, japste er.

»Beschleunigter Herzschlag.« Mit kühlen Fingern fühlte sie ihm den Puls. »Jawohl. Und schließlich ...« Sie hielt ihm die Seidenschärpe an die Brust und zeigte ihm das Ergebnis im Spiegel. »Erregungsröte. Ihre Hautfarbe sieht mir ganz nach Moschusrose aus.«

»Ja«, wisperte Rupert. Er rührte sich nicht. Phryne nahm ihm das Limonadenglas aus der Hand. Rupert saß noch immer reglos da. Phryne seufzte und ging zu John, der am Fußende kniete, nackt bis zum Gürtel. Sie legte ihm die Hand auf die Brust und beugte sich vor, um ihn zu küssen.

Unsanft wurde sie von einem rabiaten Renaissance-Engel weggeschubst, der John Wilson in seine Arme riss und ihn leidenschaftlich küsste, bis John die Hände in seinen schwarzen Locken vergrub und sie innig umschlungen aufs Bett sanken. Interessant. Einen so wilden ersten Kuss hatte Phryne noch nie gesehen. Höchstens bei Tigern. Raubkatzen mit riesigen Fangzähnen.

Ruperts Finger gruben sich in Johns Schultern, seine langen Schenkel wanden sich um Johns Flanken, und er löste die Lippen nur so lange von John, um zu sagen: »Du gehörst mir! Nie habe ich mir einen Liebhaber gewünscht, aber ich erwähle dich! John? Für immer und ewig. John? Sag ja, John.«

John war überwältigt. Er sog den Duft von Ruperts Haut und Haar ein und weinte fast vor Erleichterung. Seine warme Hand breitete sich über die Narben, löschte sie aus und alles, wofür sie standen. Er merkte erst, dass er noch gar nicht geantwortet hatte, als ein verzweifeltes Wispern an sein Ohr drang: »Bitte.«

Phryne sammelte ihre Kleider und das Gläsertablett ein und wartete, bis sie John Wilson leise sagen hörte: »Ja, mein Liebster, ja, ja, ja.«

Dann zog sie sich in ihren privaten Salon zurück, machte es sich auf der Couch bequem und gönnte sich noch einen – wohlverdienten – Cognac. Gerade noch einmal gutgegangen, wie der Duke of Wellington nach einem weit weniger heiklen Manöver einst bemerkt hatte. Hätte sie die beiden nicht förmlich aufeinandergehetzt, hätten sie den Rest ihres Lebens so weitergemacht – Sheffield hätte Johns Ergebenheit nie bemerkt, obwohl er sie schamlos ausnutzte, und John wäre ungeküsst geblieben bis an sein einsames Ende.

Um das zu verhindern, war sie ein großes Risiko eingegangen. Selbst jetzt noch horchte sie unbewusst auf einen Schreckensschrei von nebenan, wenn Sheffield auf einmal gewahr wurde, wie komplett er die Kontrolle verloren hatte.

Falls er herausgestürmt käme, würde sie ihn zu Fall bringen, fesseln, sich auf seine Brust setzen, ihm eine geharnischte Standpauke halten und sich an ihm vergreifen, bis er um Gnade winselte, wie es ihr ursprünglicher Plan vorsah. Verdient hätte er es.

Sie nahm noch einen Schluck. Wirklich, sie war schockiert über sich selbst. Aber sie würde sich jetzt nicht anziehen und nachschauen, was noch vom Abendimbiss übrig war, obwohl sie plötzlich einen Bärenhunger hatte. Die beiden Frischverliebten brauchten einen Wachhund, und anstelle eines Zerberus hatten sie Phryne.

Was allerdings nicht hieß, dass sie sich von Mr Butler nicht ein paar Häppchen bringen lassen konnte. Diplomatie am Rand des Abgrunds machte Appetit. Kein Wunder, dass die Botschafter alle so rundlich waren.

John küsste Rupert noch einmal, weil er es konnte. Sanft gaben die Lippen, von denen er so lange geträumt hatte, seinem Druck nach, der ungeübte Mund öffnete sich, die Zungenspitze tastete sich ein paarmal zögernd vor, zog sich ein paarmal wieder zurück. Dankbarkeit und Lust überfluteten ihn, wenngleich er sich nicht sicher war, ob es nicht vielleicht doch ein Fehler war. Nein, verdammt: Er würde sich nicht mäßigen. Schließlich war Rupert über ihn hergefallen und hatte ihn zuerst geküsst. Weil er ihn begehrte. Und John hatte ihn mit keinem Wort, keiner Geste ermutigt. Und dann, o Wunder, hatte Rupert ihn verführt. Würde er je darüber hinwegkommen?

Aber wollte er je darüber hinwegkommen?

Von nun an würde ihn nichts mehr in Erstaunen versetzen. Wäre Phryne auf einem Einhorn hereingeritten gekommen, hätte er nur das goldene Horn und die eleganten Fesselgelenke bewundert und ihr vorgeschlagen, es zum nächsten Galoppderby anzumelden. Nein, ein Einhorn passte nicht zu Phryne. Ein Drache, vielleicht. Sicher wäre sie imstande, einen Drachen zu zähmen. Genau wie Sheffield. Sein schöner Mann, der an ihn geschmiegt in seinen Armen lag. Sie lagen Brust an Brust. Wie oft hatte er Ruperts weiche glatte Haut in seiner Fantasie schon geküsst? Wunderbar. Selbst wenn es nur dabei bliebe, absolut wunderbar. Doch offenbar sollte es nicht dabei bleiben.

Rupert zog an seinem Gürtel.

»Du hast zu viel an«, raunte er.

»Wie wahr.« John löste sich so weit wie nötig von ihm, um seine restlichen Kleidungsstücke abzustreifen, dann ließ er sich in die Umklammerung zurücksinken. Nackte Haut rieb sich an seiner Nacktheit. John rechnete beinahe damit, dass ihm wie einer viktorianischen Jungfrau die Sinne schwinden würden. Ein Übermaß an Erregung trieb ihn viel zu rasch einem Höhepunkt entgegen, den er so lange wie möglich hinauszögern wollte, für den Fall – Gott behüte –, dass er nur dieses eine Mal in Rupert Sheffields Armen liegen durfte. Er musste es ansprechen, musste ihn fragen, ob er es wirklich wollte.

Aber jetzt noch nicht. Erst nachdem er diesen hinreißenden Hals geküsst hatte bis hinab zu der Kuhle am Kehlkopf, wo ein schneller Puls schlug. Später. Nachdem er an Ruperts Ohrläppchen geknabbert hatte, bis ihn ein

Schauer überlief. Bald. Nachdem Rupert ihre Lenden ungestüm aufeinandergepresst hatte. Von da an war es eine einzige Konfusion aus Küssen und Kosen von so quälender Süße, dass er alles vergaß, bis auf Ruperts Mund, seine seidige Haut, den flackernden Glanz seiner Lavendelaugen.

Als er wieder zu Atem gekommen war, lag er mit dem schönsten Mann der Welt, der ihn wie einen Teddybären an sich gedrückt hielt, in einem vielgliedrigen Wirrwarr auf grünen Seidenlaken. Rupert war eingeschlafen. Sein zarter Atemhauch strich über Johns Schulter, kühlte die verschwitzte Haut. So entspannt war er ein Schwergewicht, kein Vergleich mit der schwirrenden Libelle, der er im Wachzustand glich. John verlagerte sein versehrtes Bein, und Rupert murrte im Schlaf, zog ihn noch näher zu sich, drückte ihn mit seinen langen Beinen ins Bett.

Er fügte sich in sein Schicksal. Rupert war offenbar entschlossen, ihn nicht mehr fortzulassen, da war nichts zu machen.

John Wilson lächelte. Energisch rückte er Sheffield so weit zurecht, dass er nicht auf dem versehrten Bein lag, und schloss ihn in die Arme. Mit einem leisen, wohligen Seufzer bettete Rupert wieder den Kopf an seine Schulter. Es war so rührend, dass John lautlose Tränen in die schwarzen Locken weinte.

Einmal war es ihm so, als hätte sich die Tür sachte geöffnet und ebenso sachte wieder geschlossen. Dann schlief er ein – wenn ihm nicht doch vielleicht die Sinne schwanden.

Als John Wilson aufwachte, fühlte er sich so wohl wie

noch nie in seinem Leben, sodass er sich gar nicht rühren mochte. Er ließ die Augen schweifen. Schönes Zimmer, das Schlafzimmer einer Dame; ach ja, natürlich, Phryne. Ein warmer Leib neben ihm, der aus irgendeinem Grund auf seinem Bauch lastete. Nicht Phryne. Schwarze Locken. Ein Finger zog die sternförmige Narbe auf seinem Schenkel nach, wanderte höher, folgte den krummen Narben der Granatsplitter in seiner Seite.

»Ich will alles von dir wissen«, raunte die samtweiche Stimme an seinem Ohr. »Ich will dich in- und auswendig kennen, bis ins kleinste Detail, John.« Aus seinem Mund klang es wie ein Kosename.

»Rupert«, sagte John. »Wie ist das Befinden?«

»Erkundigst du dich nach meiner Gesundheit, meinem Geisteszustand oder danach, ob ich es bereue, mich auf dich gestürzt zu haben?« Sanft streichelte er Johns Kriegsnarben.

»Alles drei.« Sheffield würde nicht aufhören, sich wie Sheffield zu gebärden, nur weil er sich kopfüber der Fleischeslust hingegeben hatte. »Ich möchte wissen, ob du mich wegstoßen, als Verführer und Vergewaltiger anklagen oder die Geschichte als ein obskures Experiment abtun wirst, über das wir kein Wort mehr verlieren dürfen.«

Rupert machte ein verblüfftes Gesicht.

»An so etwas hatte ich noch nicht einmal gedacht«, sagte er bewundernd. »Aber um deine Frage zu beantworten, ich bin gesund, es geht mir fabelhaft, und ich werde es niemals bereuen, dich zum Liebhaber genommen zu haben. Für immer und ewig, das hast du gesagt«, flüsterte er John ins Ohr und warf sich ihm wieder in die Arme. »Du hast Ja gesagt.«

»Das habe ich«, beruhigte ihn John. »Du bist alles, was ich will.«

»Vermutlich muss ich dich mit jemandem teilen«, überlegte Rupert laut. »Das will ich aber nicht.«

»Wieso solltest du mich mit irgendwem teilen müssen?«

»Na, mit ihr«, meinte Rupert. »Das ist ihr Bett.«

»Aber sie wird nicht erwarten, dass ich mich wieder mit ihr hineinlege. Sie ist eine alte Freundin. Sie hat mich trösten wollen …« Er gluckste in sich hinein. Rupert spürte es, weil seine Wange auf Johns Brust lag. Es kitzelte. Er hatte nicht gewusst, dass Lachen kitzelte.

»Warum lachst du? Das fühlt sich komisch an«, maulte er.

»Trösten wollte sie mich, wegen meiner hoffnungslosen, unerwiderten Liebe zu einem gleichgültigen, geschlechtslosen, lockenköpfigen Genie mit dem besonderen Talent, die Leute vor den Kopf zu stoßen.«

»Oh«, sagte Rupert.

»Ja?«

»Das wäre dann wohl ich.«

»Genau. Du brauchst jemanden, der auf dich aufpasst. Aus irgendeinem Grund will dich dauernd irgendwer umbringen.«

»Ich weiß, wer.« Als John erstaunt nachfragen wollte, verschloss Rupert ihm mit einem Kuss den Mund.

»W-wer denn?« John schnappte nach Luft.

»Ach, ich habe einen florierenden Waffenschmugglerring ausgehoben, als ich bei Compton in Griechenland war. Er hat damals schon geahnt, dass da noch etwas nachkommt. Aber ich hätte nie gedacht, dass sie mir bis nach Australien folgen.«

»Rupert …« John ging langsam die Geduld aus. Rupert strich ihm über den Schenkel, was ihn ablenkte. Wirklich wundervoll, dieses Liebesspiel. Endlose Möglichkeiten. Rupert hatte noch so viel an John zu entdecken. Hätte er ihn irgendwann nackt vor sich liegen gehabt, um ihn zu untersuchen, wäre er ihm schon viel früher in die Arme gesunken. Ein bedauerliches Versagen der wissenschaftlichen Methodik.

»Wir müssen morgen ein Telegramm schicken und fragen, was mit den Schmugglern passiert ist. Ich weiß, dass zwei von den Albanern erschossen wurden und einer von den Türken; der Rest dürfte in Griechenland im Gefängnis gelandet sein. Es war auch ein Engländer dabei, der uns damals durch die Lappen gegangen ist. Mitchell hieß er. Der muss mich hier gesehen und gedacht haben, ich sei ihm auf den Fersen – und die Wissenschaft der Deduktion nichts weiter als ein Deckmantel.« Rupert schmunzelte. »Sehr witzig.«

»Aber er hat versucht, dich umzubringen!«, rief John.

Rupert sah ihn liebevoll an und strich ihm die Sorgenfalte zwischen den Brauen weg. Sein John, den er mit niemandem teilen musste.

»Ja, aber das gelingt ihm nicht, solange ich dich bei mir habe. Ist es nicht langsam an der Zeit, dass du mir wieder einen Kuss gibst?«, fragte er. John war ganz seiner Meinung.

Aus einem Kuss wurden viele – verträumte, schläfrige

Küsse, bis Sheffield nach einer Weile verkündete: »Ich habe Hunger.«

»Ich auch. Wie spät es wohl sein mag? Ich hatte doch irgendwo meine Uhr.«

Es klopfte. Rupert tauchte unter die grünen Laken ab. Er hatte nicht vor, sich Miss Fisher jemals wieder nackt zu präsentieren. John stand auf.

»Phryne«, sagte er. »Wir sollten allmählich dein Zimmer räumen.«

Rupert ärgerte sich über den vertrauten Ton. Phrynes Antwort hörte er nicht, wohl aber das Lachen und den Kuss. Dann fiel die Tür wieder ins Schloss.

»Sie hat dich geküsst!«, beschwerte er sich.

»Jetzt sei ein bisschen charmant«, sagte John. »Nicht nur müssen wir hier nicht raus, sie schickt uns sogar einen Imbiss rauf. Eine Dame gibt ihr Schlafzimmer nicht für jeden her. Also immer schön Kavalier bleiben, mein Liebster.«

Rupert nickte beglückt. In Sachen Vertrautheit hatte er Miss Fisher mindestens eingeholt. Er nahm sich vor, ganz besonders charmant zu sein. Zumal ihm der Magen knurrte, er sich auf ein Bad freute und John von nun an immer in unmittelbarer Reichweite um sich haben wollte. Dessen Körper zog ihn an wie ein Magnet. Hatte es etwas mit elektrischer Spannung zu tun? Er ließ es auf einen Versuch ankommen und wälzte sich auf die kühle Seite des Bettes hinüber, wo ihn ein solches Gefühl von trostloser Vereinsamung erfasste, sodass er schnell wieder zurückrollte und John umarmte. So war es richtig. Schön nah. John küsste ihm leise lachend die Halsbeuge.

Als Miss Fisher mit dem Servierwagen zurückkam, bot sich ihr ein denkwürdiger Anblick.

Lächelnd wie ein Halbgott hielt Rupert Sheffield ihren alten Freund John umschlungen, als wollte er ihn nie wieder loslassen. Der Kontrast zwischen Johns muskulöser Statur und Ruperts Porzellanglätte war verblüffend. Sie hätten ein gutes Art-déco-Bild abgegeben, im Stil von »Soldat und Schutzengel«. Rupert fehlten nur die Flügel. Obwohl ein Schutzengel wahrscheinlich nicht so saturiert, verderbt und selbstgefällig dreingeblickt hätte. Sie hatte John Wilson noch nie dermaßen erfüllt erlebt.

»Hier kommt ein kleines Souper«, flötete sie. »Esst, meine Lieben. Ihr müsst zu Kräften kommen. Das Bad ist hinter dieser Tür da. Frühstück gibt's unten um acht, und dann bräuchte ich auch mein Zimmer wieder.«

Rupert ließ John los und lehnte sich aus dem Bett, um Phryne die Hand zu küssen. Sie lächelte. Von Liebe besänftigt, die Lavendelaugen vor Glück strahlend, die Lippen wundgeküsst, sah er aus wie der Eros von Canova.

»Danke«, sagte er, »dafür, dass Sie mir John geschenkt haben.«

Wie weit hatte dieser rege Geist Phrynes Strategie durchschaut? Wer war der Spieler, wer die Schachfigur? Schwer zu sagen. Phryne gab ihm ein Küsschen auf die Wange; es sei ihr ein Vergnügen, hauchte sie und ging hinaus.

Weil es sich für eine gute Gastgeberin ohnehin empfahl, gelegentlich eine Nacht im eigenen Gästezimmer zu verbringen, hielt Phryne dort immer Nachtzeug für den Notfall bereit. Das schmale Bett fand sie eigentlich ganz bequem. Ember, aus dem Boudoir ausgesperrt, leistete ihr, elegant aufs Kopfkissen drapiert, für den Rest der Nacht Gesellschaft. Von allen männlichen Geschöpfen, mit denen sie schon das Bett geteilt hatte, war er ohne Zweifel der Handsamste und Dekorativste.

14

Gift wächst in diesem Dunkel.
Aus dem Wasser der Tränen
Sprießen seine schwarzen Blüten.

Wallace Stevens
Another Weeping Woman

Phryne hoffte sehr, dass das Frühstück reibungslos über die Bühne gehen würde. Sie hatte das Liebespaar für acht Uhr nach unten beordert, und punkt acht saßen sie am Frühstückstisch, frisch geschrubbt und putzmunter. John arbeitete sich methodisch durch das reichhaltige Angebot, und Sheffield aß bedächtig und mit Genuss eine Portion Rührei.

»Es gibt eine sogenannte *cuisine de famille*«, erklärte er Ruth gönnerhaft. »Und dies ist ein gutes Beispiel dafür. Wirklich recht passable Eier.«

Ruth wollte schon zu einer patzigen Antwort ansetzen, als Jane ihr beschwichtigend die Hand auf die Schulter legte. Aus Ruperts Mund war das ein Kompliment. Phryne atmete auf. So früh am Morgen hatte sie nicht die Nerven für erzieherische Maßnahmen.

»Probier mal den Honig«, riet sie John. »Apfelblüte, ganz exquisit.«

»Hm, stimmt.« Als er nickte, entdeckte Phryne an seinem Hals einen neuen Knutschfleck, der den jüngst von ihr hinterlassenen überlagerte. Da meldete jemand Besitzansprüche an.

Beim Abschied küsste John sie zum letzten Mal. Es war ein süßer Kuss. Sie lehnte sich noch ein wenig an seine breite Schulter, genoss seine Wärme. Dann entließ sie ihn in die Obhut eines anderen. Zu ihrer Überraschung schloss Rupert sie ebenfalls in die Arme. Sein schlanker, sehniger Körper schien unter ihren Händen förmlich zu vibrieren.

»Je vous en prie, Madame«, wisperte er in ihr Haar. *»Embrassez-moi?«*

»Avec plaisir.« Sie küsste ihn. Er schmeckte nach grünen Kräutern und Sinnlichkeit.

Lächelnd zogen die beiden Männer von dannen, John auf Ruperts Arm gestützt. Sein steifes Bein war von Vorteil, wenn sie sich in der Öffentlichkeit berühren wollten.

Zum Glück war heute Waschtag, und Phryne begab sich nach oben, um schnell die Laken abzuziehen, bevor Dot sie zu Gesicht bekam. Sie waren in einem beklagenswerten Zustand. Phryne schmunzelte in sich hinein. So lebe denn wohl, Dr. Wilson. Es war schön, solange es währte.

Zum Glück hatten andere Mütter ebenfalls schöne Söhne. Aber bevor sie sich einen aussuchen konnte, musste sie erst den Mord an dem Chorleiter aufklären. Was nicht so einfach war.

Ach ja, und den Widerling Ratcliffe musste sie auch noch zur Strecke bringen.

Dafür brauchte sie jetzt erst einmal einen Café au Lait.

Und ein wenig von dem Rührei, das Rupert Sheffield so gnädig gelobt hatte. Sie kostete.

Für *cuisine de famille* wirklich gar nicht übel.

Im Bestreben, den Chor vor seinem Leiter zu beschützen, hatte Matthew eine spontane Probe einberufen, auf freiwilliger Basis, ohne dass Henry James davon erfuhr. Phryne erbot sich, für die Kosten aufzukommen. Sie war telefonisch darüber in Kenntnis gesetzt worden, dass es sich bei dem gesuchten Guido Calvi tatsächlich um den Onkel ihres Luigi Calvi handelte. Allerdings war er 1919 nicht mit seinem Bruder nach Australien ausgewandert, und es fand sich im ganzen Land keine Spur von ihm. Es wäre wohl sinnvoller, einfach Luigi zu fragen.

Obwohl der Chor bei Tag gegen einen höheren Lärmpegel von draußen ansingen musste, wirkten die Mitglieder sehr entspannt und locker. Matthew dirigierte anhand der Chornoten. Da der Professor seinen Portweinrausch noch nicht ausgeschlafen hatte, übernahm Giraffen-Daniel die Klavierbegleitung, und Josephine blätterte die Seiten für ihn um. Hoffentlich würde er sie endlich einmal bemerken, so dicht neben ihm, dass er sie fast mit der Nase anstieß, wenn er den Kopf drehte. Am Piano machte er sich ganz wacker, und der Chor schmetterte beschwingt: *»Baal, erhöre uns!«*

»Wende dich zu unserem Opfer«, sangen sie. *»Baal, erhöre uns!«*

Just als sie Baals Aufmerksamkeit hätten erringen sollen, verloren die Altistinnen den Faden, und die Sopranistinnen verpatzten ihren Einsatz.

»Gleich noch mal von vorn«, ermutigte Matthew sie. »Das klingt langsam richtig gut.«

Baal wurde abermals angerufen, diesmal schon akkurater. Gäbe es einen Baal, dachte Phryne, hätte er sie zumindest gehört. Ob er geantwortet hätte, war bei Göttern ja immer fraglich. Elias forderte die Propheten heraus – es seien ihrer viele, die ihre Gottheit anriefen; er aber sei nur einer, doch er rufe den wahren Gott an.

»Send uns dein Feuer, und vertilge den Feind!«, flehte das Volk.

Na, das hatte doch noch nie funktioniert. Beim Feinde vertilgen mussten sich die Leutchen schon selbst helfen. Immerhin hatten sie sich die Suppe auch selbst eingebrockt.

»Erhöre uns!«, rief der Chor. *»Erhöre uns!«*

Von der Tür her entgegnete Elias: *»Rufet lauter! Denn er ist ja Gott, er dichtet, oder er hat zu schaffen oder ist über Feld, oder schläft er vielleicht, dass er aufwache! Rufet lauter!«*

»Weiter!«, forderte Matthew, und der Chor wagte sich, von Aunty Marks Erscheinen angespornt, mit Verve an das Quartett.

»Baal erhöre uns!«, tönte der Bass. *»Baal erhöre uns!«*, schmetterte der Tenor. *»Baal erhöre uns!«*, sang der Alt. *»Baal erhöre uns!«*, stimmte der Sopran nun ein, mit emphatischer Betonung des G-Einstiegs. *»Wache auf! Warum schläfst du?«*

»Rufet lauter!«, ließ Elias sich spottend vernehmen. *»Er hört euch nicht! Ritzt euch mit Messern und mit Pfriemen nach eurer Weise. Hinkt um den Altar, den ihr gemacht habt, rufet und weissagt! Da wird keine Stimme sein, keine Antwort, kein Aufmerken!«*

»Baal!«, brüllten die Bässe auf. *»Baal!«*

Machtvoll wogte der Choral. Den konnten sie, und es fügte sich alles nahtlos zusammen, nun, da das Rezitativ eingeübt war. Sie gaben sich Mühe, um Auntys willen, der inzwischen mit konzentrierter Miene am Dirigentenpult lehnte. Phryne fand ihn sehr attraktiv. Aber intellektuelle Prozesse hatten sie schon immer fasziniert. Hier stand der professionelle Sänger und lauschte dem Chor wie ein Mechaniker einem Motor, um ein verdächtiges Störgeräusch herauszuhören. Und zugleich war er selbst Teil des Mechanismus. Wer war der Sänger, wer das Lied?

Im Chor zu singen war erhebend. Die Stimmen, das tiefe Atmen, das Hochgefühl, wenn alle Teile harmonisch zusammenpassten, wie ein musikalisches Puzzle, wie Sphärenklang (der nicht anders als vierstimmig sein konnte). *»Siehe, die Feinde verspotten uns!«*, sang das Volk, kurz bevor es die Seiten wechseln und zu Israeliten werden musste.

»Kommt her, alles Volk«, sang Mark. *»Kommt her zu mir!«*

Während Elias sein Gebet vortrug, musterte Phryne die Gesichter der Singenden. Keines wirkte zornig. Sogar Leonard hörte Aunty hingerissen zu. Aunty Mark war jedermanns Liebling. Warum hatte Phryne dann trotzdem ein mulmiges Gefühl? Alle verehrten Mr Henty, den berühmten Bariton. Sie riss sich zusammen und vertiefte sich wieder in ihr Notenheft.

»Herr Gott Abrahams«, sang Mark, *»Isaak und Israels, erhöre mich, Herr, erhöre mich! Dass dies Volk wisse, dass du Herr Gott bist …«* Er hustete, hielt inne, winkte Matthew zu. »Entschuldigung. Macht ihr weiter mit *Wirf dein Anliegen …*«

Der einzige Choral im Oratorium, den alle mochten und alle kannten; sie fanden sich mit Leichtigkeit hinein. *»Wirf dein Anliegen auf den Herrn, der wird dich versorgen«*, sangen sie, fast perfekt notengetreu. Phryne dachte an all ihre Soldaten und hoffte, dass auch sie versorgt waren: all die Verlorenen, Verwundeten und seelisch Versehrten. Warum die Last nicht auf dem Herrn abladen? Dafür war er schließlich da.

»Und wird den Gerechten nicht ewiglich in Unruhe lassen. Denn seine Gnade reicht so weit der Himmel ist.«

Hoffentlich stimmte das. Die Lage wurde allmählich brenzlig, mit diesem sadistischen Bandenchef auf dem Kriegspfad. Menschen, die ihr am Herzen lagen, waren in Gefahr. Und sie selbst natürlich auch. Aber die Musik war wirklich wundervoll.

»Und keiner wird zu Schanden, der seiner harret!«, verkündete der Chor.

Matthew ließ die Arme sinken, der Chor verstummte. Der Druck, der sich angestaut hatte, wich einem Lachen der Erleichterung.

»Das war ja richtig gut!«, staunte Tommy. »Natürlich ist es keine Chorpartie, sondern ein Quartett für Solisten, aber es klang fabelhaft! Vielleicht lässt er es uns singen.«

Calliope nickte. »Wir haben das Zeug dazu.«

»Teepause«, sagte Matthew. »Gut gemacht, Freunde. Wenn wir den Rest des Werks genauso gut hinkriegen, können wir uns beglückwünschen.«

»Tee«, brummte Aunty Mark. »Ich rühr das Zeug nicht an. Ruiniert die Stimme. Einen anständigen Schampus, das ist es, was ein Sänger braucht. Ich wusste gar nicht, dass ihr heute probt – wieso habt ihr mir nichts gesagt?« Er klang ein bisschen eingeschnappt.

»Ach, wir haben uns bloß eingesungen. James ist so …«

»Eine fiese Type«, warf Tommy ein.

»… dass wir uns noch besser vorbereiten wollten.«

»Vielleicht mit einem Hackebeilchen?«, meinte Mark. »Oder wie wär's mit Steinigen? Das würde das Werk auf jeden Fall bereichern. *Greift die Propheten Baals …*«, sang er, und der Chor fiel jauchzend ein.

»*Dass ihrer keiner entrinne!*«

»Seht ihr?« Er grinste.

Daniel hatte Josephines Hand ergriffen und drückte ihr verstohlen einen Kuss darauf. Hinreißend. Es machte solchen Spaß, den Chor zu beobachten. Sie waren alle so beseelt.

Jemand drückte sich von hinten an sie. Ah, ihr ständiger Bewunderer.

»*Ciao, Luigi*«, riet Phryne.

»*Ciao, bella!*«, gurrte er in ihren Nacken.

»*Dove è Zio Guido?*«, fragte sie.

»*Zio Guido è morto*«, antwortete er, ohne die heiße Hand von ihrer Hüfte zu nehmen. Phryne drehte sich ein paarmal hin und her, um sie abzuschütteln. Sie wandte den Kopf nach ihm um. Nichts als krude Begierde in seinen feuchten braunen Augen.

Er wollte gerade fragen, woher sie seinen Zio Guido kannte, als sie zurück auf die Bühne mussten und Mark das Rezitativ der nächsten Strophe anstimmte.

»*Der du deine Diener machst zu Geistern und deine Engel zu Feuerflammen, sende sie herab!*«

Der Chor setzte so kraftvoll ein, dass es Phryne kaum überrascht hätte, wenn die Notenhefte in Flammen aufgegangen wären. Noch eine Fuge: Alt und Sopran zusammen, Bass und Tenor. Sie waren das gottesfürchtige Volk, welches *allegro con fuoco* dem rettenden Wunder beiwohnte.

»Das Feuer fiel herab!«

Phryne hätte sich nicht gewundert, wenn es tatsächlich so gekommen wäre, sehr zum Verdruss der Scots Church. Was hätte deren Versicherung dazu gesagt? Höhere Gewalt?

Als Phryne wieder zu Hause war, gönnte sie sich und ihrer Stimme erst einmal eine heiße Zitrone mit Honig und einem großzügigen Schuss Whisky und ließ sich das Neueste vom Tage berichten. Es war nichts weiter Aufregendes passiert, umso besser. Sie hing ein bisschen in der Luft. Ihr Liebhaber war fort, Lin Chung kam erst in zwei Wochen aus Hongkong zurück, und sie wusste nicht wohin mit ihrer inneren Unruhe. Ihr Körper hatte sich an die allabendliche, einfühlsame Zuwendung gewöhnt wie an eine Droge. Nun war ihr Bett leer. Fast wünschte sie, Ratcliffe würde endlich zum Angriff übergehen.

Phryne seufzte. »Ach, pfeif drauf.« Sie schnappte sich Molly und brach zu einem kleinen Spaziergang auf. Friedlich schlenderte sie, ihren Sonnenschirm nachschleifend, den Bürgersteig entlang, ein Bild der Unschuld. Ein Bild, das sich förmlich als die perfekte Zielscheibe darbot.

Sie freute sich wie ein Schneekönig, als das Kartoffel-Kartoffel-Geknatter der Harley an ihr Ohr drang. Sie hörte, wie der Mörder merklich abbremste – vermutlich, weil er mit einer Pistole bewaffnet war und sie aus der Nähe abfeuern wollte –, machte einen Schritt zur Seite, rammte ihm den Schirm zwischen die Speichen und verpasste ihm einen kräftigen Stoß. Das Motorrad bockte, der Fahrer flog. Phryne stürzte sich auf ihn, schleifte ihn von der Straße und kniete sich auf seine Brust. Molly fletschte knurrend die Zähne.

Phryne riss ihm den Pilotenhelm und die Schutzbrille ab und blickte in ein Paar schreckgeweitete Augen. Männlich, picklig, jung.

»Sagst du mir, warum du mich umbringen wolltest, oder soll Molly dir an die Kehle gehen?«, fragte sie freundlich.

Wie auf Kommando schlug die Hündin ein noch gefährlicheres Knurren an. Sie hatte wirklich beeindruckende Zähne. In Panik erstarrt, wagte der Mordbube nicht, sich zu rühren. Der Fluchtreflex seiner urzeitlichen Vorfahren befahl ihm, sich, auf welche Weise auch immer, vor dem bösen Wolf in Sicherheit zu bringen. Er dachte nicht einmal daran, nach der Pistole zu greifen, die an einer Schnur um seinen Hals hing.

»Sie … Sie können nicht …«

»Oh doch«, versicherte Phryne ihm.

»Sie würden nicht …«

»Oh doch.«

»Neiiin«, schrie er auf.

Es war besser, die Sache schnell zu beenden, ehe er ihr noch vor Angst in Ohnmacht fiel.

»Ich lasse dich laufen.« Sie erhob sich von seinem Brustkorb, die Pistole im Anschlag. »Du hebst jetzt dein Motorrad auf und verziehst dich. Und Mr Ratcliffe kannst du von mir bestellen, wenn er sich mir oder meinen Freunden noch einmal nähert, vernichte ich ihn. Wiederhol das.«

Nach einigen Fehlstarts gelang es ihm, die Botschaft Wort für Wort aufzusagen.

»Dann verschwinde«, sagte Phryne. »Ach ja, und richte ihm außerdem aus, dass er mir drei Pfund schuldet. Das war ein sehr guter Sonnenschirm.«

Er wuchtete das Motorrad auf die verbogenen Räder, zog den zerfetzten Sonnenschirm heraus und humpelte, die Maschine schiebend, davon. Molly bellte ihm nach.

»Das war jetzt aber lehrreich«, sagte Phryne zu ihr. »Braver Hund!«

Sie fühlte sich schon viel besser.

Die Chorprobe am Abend verlief noch schlechter als die am Abend zuvor. Phryne war beeindruckt. Sie hätte nicht geglaubt, dass es noch weiter bergab gehen könnte. Doch Henry James, der Chorleiter, tat nichts anderes als sich durch die fettigen schwarzen Haare fahren, am Finger lecken und den Chor zusammenstauchen. Selbst der Choral, den sie am Tag so gut gemeistert hatten, kümmerte dahin und erstarb unter seinem wildwütigen Dirigat.

»Ihr seid ein nutzloser Haufen von Dilettanten!«, brüllte er schließlich. Phryne fand, dass er reichlich grün im Gesicht aussah – so miserabel konnten sie doch nun wirklich nicht gewesen sein. Wieder brach er die Probe vorzeitig ab, stürzte wie gejagt hinaus und ließ den Chor in betretenem Schweigen zurück.

»Vielleicht wäre es besser, das Konzert abzublasen«,

sagte Julia. »Bye, bye, meine große Chance auf einen Solopart im Quartett!«

»Nein, verdammt, wir lassen uns von dem Mistkerl nicht die Petersilie verhageln«, widersprach Matthew. »Los, Leute, wir singen was, um uns wieder aufzuheitern, bevor wir zu Aunty Mark gehen.« »*Komm wieder!*«, stimmte er an.

Die anderen sahen sich zweifelnd an, aber dem Sog des Liedes konnten sie sich nicht entziehen.

»*Komm wieder! Süße Liebe lädt jetzt ein! Deine Anmut, die mich wiederholt entzückt …*«

Auch Phryne war entzückt davon, wie die Stimmen so rein und vollkommen im Takt zusammenklangen; es ließ sie in sinnlichem Behagen erschauern, ganz so wie ein duftendes Schaumbad, die Lippen eines Liebhabers oder ein Gläschen grüne Chartreuse.

»*Zu sehen*«, sangen die Sopranistinnen.

»*Zu hören*«, sangen die Altistinnen.

»*Zu fühlen*«, sangen die Tenöre.

»*Zu küssen*«, orgelten die Bässe.

»*Wieder mit dir zu sterben*«, sangen sie und kamen musikalisch zum Höhepunkt. »*In süßer Eintracht.*«

»*Komm wieder! Damit ich aufhöre zu klagen, da du mich schnöde missachtest, jetzt verlassen und verloren …*«

»*Ich sitze*«, sang Julia.

»*Ich seufze*«, sang Calliope.

»*Ich weine*«, sang Josephine, Daniel anblickend.

»*Ich vergehe*«, sang Luigi, Phryne anschmachtend.

»*Ich sterbe in tödlicher Qual und endlosem Elend*«, sangen Lobelia und David einander hingebungsvoll an.

»Sanfte Liebe! Zieh deinen verletzenden Pfeil heraus. Du kannst nicht ihr Herz durchstechen. Das geb ich zu …«

»Durch Seufzer«, sang Tommy zu Caterina hin.

»Und Tränen«, sang Millicent zu Luke hin.

»Heißer als deine Pfeile«, sang Geneva zu Luigi hin, der kurz von Phryne abgelenkt war.

»Führest du in Versuchung«, sang Oliver zu Chloe hin.

»Während sie la-ha-hachend triumphiert«, sang Jenny zu Bones hin.

Wie aufs Stichwort prustete Caterina los.

Nach einem Augenblick der Verblüffung stimmten alle lachend mit ein. Gott segne John Dowland, dachte Phryne. Sie wünschte ihm alles Gute, hoch droben auf seiner Wolke, wo er hoffentlich mit Mozart in sphärischen Klängen schwelgte.

Auf dem Weg nach draußen, zusammen mit dem Chor einer von Aunty Marks kleinen Soirees entgegenstrebend, entdeckte sie auf einer Bank das Notenheft. Das tödliche Notenheft. Aus dem die bewussten Seiten herausgerissen waren. Ein Name stand nicht darauf. Die Frage nach den Fingerabdrücken erübrigte sich, da sämtliche Chormitglieder die Noten hätten benutzen können. Wieder eine Sackgasse. Mist.

Sie legte das Heft dahin zurück, wo sie es gefunden hatte.

Ein paar Meter vor ihr stritt Leonard mit Professor Szabo.

»Er ist der Chorleiter, also hat er unglücklicherweise das Sagen.«

»Er ist ein Leuteschinder«, knurrte der Alte. »Und er

hat keinen Respekt vor der Musik. Ebenso wenig wie euer Elias.«

»Nein, wirklich, Professor, er singt den Part doch ganz wunderbar«, protestierte Calliope. »Schade, dass Sie ihn heute mit dem Rezitativ in ›Baal, erhöre uns‹ verpasst haben. Diese Verachtung – einfach großartig.«

Der Alte beharrte auf seiner Ablehnung. »Er hat es gewagt, das Stück für den Piratenkönig zu unterbrechen. Das nenne ich Respektlosigkeit.«

»Wenn das Ihre Meinung ist ...«, sagte Calliope. »Kommen Sie mit auf die Party?«

»Nein.« Der Alte winkte ab. »Ich geh nach Hause.«

»Sieht ihm gar nicht ähnlich, sich ein Gratisbesäufnis entgehen zu lassen«, bemerkte Tommy, nachdem er sich verabschiedet hatte.

»Na wenn schon«, meinte Calliope achselzuckend. »Er ist eben ein bisschen vergrätzt. Los, auf geht's!« Leichtfüßig lief sie den anderen voran die Treppe hinab.

Phryne konnte sich nicht so recht entscheiden. Feiern? Singen? Heimgehen, mit der Aussicht auf einen sittsamen Abend und eine keusche Nacht?

Und schon war die Entscheidung gefallen.

Bei Aunty Mark stiegen immer die besten Partys. Phryne wurde kurz von Gawain beiseitegenommen, der ihren Rat suchte.

»Ich mache mir Sorgen um ihn«, sagte er. Sein gutmütiges breites Gesicht wirkte bekümmert.

»Warum?«, fragte sie. Mark sang aus voller Kehle, das Glas schwenkend, ein Bild dionysischer Prachtentfaltung.

»Er ist so unvorsichtig, regelrecht tollkühn.« Gawain erschauerte. »Er spielt mit dem Feuer.«

»Aber doch nur in vertrauter Gesellschaft«, entgegnete Phryne. »Wissen Sie was? Hier ist meine Karte. Wenn er in Schwierigkeiten gerät, rufen Sie mich an. Ich komme sofort.«

»Das ist sehr nett von Ihnen«, sagte Gawain dankbar.

»Immer gern.« Sie entschwebte, um sich noch ein Glas Schampus zu holen.

Seit Luigi sich von ihr fernhielt und stattdessen Geneva nachstellte, fühlte Phryne sich wie befreit. So konnte sie sich in aller Ruhe dem exzellenten Champagner, dem vorzüglichen Kaviar und dem Absingen liederlicher Lieder widmen. Nicht, dass alle unanständig waren. Zwar ging es in manchen tatsächlich sehr unverblümt um die Abenteuer von Gesellen auf der Walz, um schlafende Mägdelein oder die Reize knospender Rosen, viele waren aber auch nur ausgelassene Trinklieder, von durch den Alkohol enthemmten Sängern geschmettert.

»*Wunderdinge für Damen! Billig, erlesen, kostbar und neu! Klingender Münze wert, doch Geld sei nicht mein Begehr*«, sang Aunty Mark in glaubwürdigem Falsett.

»*Ich halte Schönes feil, allein nur für die Schönen*«, antwortete der Chor. »*Freigiebig mag der Bettelmann wohl in der Liebe sein.*«

Dann sangen alle zusammen: »*Sind alle meine Waren auch Tand, so ist das Herz doch treu, das Herz doch treu, das Herz doch treu.*«

»*Gute Gaben sind List und Tücke, schaut nach Gaben noch und noch*«, sang Luigi zu Geneva hin.

Und weiter ging es, immer weiter, Strophe um Strophe. Aunty Mark, der die Sopranstimme mit Bravour meisterte, amüsierte sich königlich. Als sie die letzte Strophe anstimmten, fand Phryne sich neben Matthew wieder. Sein Gesicht war leicht gerötet, seine Lippen weich und rot, und der tiefe Grund seiner wasserklaren Augen verhieß sinnliche Freuden.

»*Doch in diesem Herzen, wo Schönheit dient und liebt*«, sang Matthew zu Phryne hin.

»*Gurrt wie zwei Turteltauben ein himmlisch Zwillingspaar*«, sang Phryne zu Matthew hin.

Bei diesem geselligen Zusammensein stammte ein Großteil der Dialoge von John Dowland.

»*Glücklich der Mann, den nie das Fernweh plagt, den nie das Fernweh plagt.*«

Phryne rückte noch ein wenig näher an Matthew heran. Der Junge konnte unmöglich ein Mörder sein. Doch just als sie nach der Devise »erst küssen, dann denken« zur Tat schreiten wollte, flog krachend die Tür auf und Leonard kam völlig aufgelöst hereingestürzt.

»Henry James ist tot!«, rief er. »Jetzt werde ich Chorleiter!«

Alle scharten sich um Leonard, die Gläser in der Hand, und bestürmten ihn mit Fragen.

»Tot! Bist du dir sicher?«, fragte Calliope.

»Ja«, japste Leonard. »Ich wollte ihm einen Besuch abstatten, um ihn … zur Rede zu stellen, weil er dem armen Mendelssohn solche Gewalt antut. Die Zimmertür stand offen, und er lag auf dem Boden.«

»Tot?«, fragte Chloe.

»Wirklich?«, quiekte Julia. Tommy hatte sich vorsichtshalber hinter sie gestellt, um sie aufzufangen, falls ihr die Sinne schwanden, wie es sich für einen Kavalier alter Schule gehörte. Aber sie war viel zu gespannt, um in Ohnmacht zu fallen.

»Henry James tot?«, tönte Mark mit seiner sonoren Elias-Stimme.

»Aber ja, ich hab ihn selbst gesehen«, blubberte Leonard. »Jetzt muss ich Chorleiter werden!«

Alle sahen ihn an.

»Ich muss!«, beharrte er mit fast überkippender Stimme. »Ich bin dran!«

»Das wird sich alles finden.« Phryne drängte sich in die vordere Reihe durch. »Aber was haben Sie gemacht?«

»Wer? Ich?« Leonard wich erschrocken zurück.

»Ja. Als Sie ihn tot aufgefunden haben. Haben Sie die Polizei gerufen? Einen Arzt? Haben Sie das Hotel benachrichtigt?«

»Nein, ich bin gleich rauf zu euch, um euch zu sagen, dass ich der neue Chorleiter …«

»Verstehe.« Phryne wechselte einen entnervten Blick mit Mark und Matthew. »Mark, behalten Sie ihn hier. Geben Sie ihm noch was zu trinken. Bones, Tabitha, Sie kommen mit. Was hat er für eine Zimmernummer?«

Leonard sagte sie ihr. Jemand drückte ihn in einen Sessel und reichte ihm ein volles Glas, das er kaum zu halten vermochte, so sehr zitterten seine Hände.

»Ich verstehe, warum Sie Bones dabeihaben wollen, er ist schließlich Medizinstudent. Aber wieso mich?«, fragte Tabitha. Trotzdem ließ sie ihr Glas und ihren Verehrer stehen und folgte Phryne zur Tür.

»Sie sind Tierärztin«, antwortete sie. »Sie sind nicht zimperlich. Und ich brauche zwei verlässliche Zeugen, falls es … sich so zugetragen haben sollte, wie ich vermute.«

»Was vermuten Sie denn?«

»Das wird sich noch zeigen«, sagte Phryne. »Kommen Sie. Vielleicht hatte er nur einen Anfall, und dieser Idiot hat ihn da am Boden liegen lassen.«

Doch als sie das Zimmer des Chorleiters erreichten, war es klar, dass Leonard zwar in mancherlei Hinsicht ein Idiot sein mochte, aber durchaus in der Lage war, einen Toten zu erkennen, wenn er einen vor sich hatte. Noch dazu einen, der anscheinend auf höchst qualvolle Weise zu Tode gekommen war. Überall waren Spuren heftigen Erbrechens zu sehen. Der Raum stank. Tabitha und Bones schauten von der Tür aus zu, wie Phryne auf Zehenspitzen hineinging und am Hals des Mannes seinen Puls tastete.

»Tot«, konstatierte sie. »Noch warm. Am besten, wir schließen erst mal die Tür und informieren die Direktion, damit die Polizei verständigt wird.«

»Wozu brauchen wir die Polizei?«, fragte der Medizinstudent. »Sein Tod könnte viele Ursachen haben.«

»Wovon die offensichtlichste wäre?«, entgegnete Phryne mit hochgezogenen Augenbrauen.

»Vergiftung«, sagte Tabitha. »Das versteht sich doch von selbst, Bones! Und zwar durch ein sehr starkes Gift. Kein Strychnin. Vielleicht Digitalis? Die meisten Gifte führen zum Erbrechen, da der Körper versucht, sie wieder auszuscheiden. Pferde können nicht erbrechen, deshalb sind die Folgen einer Vergiftung bei ihnen oft tödlich.«

»Ach so.« Bones war merklich blass um die Nase geworden.

»Geh du lieber wieder zu den anderen«, riet Tabitha ihm freundlich. »Wir übernehmen hier den Rest.«

Tabitha war vollkommen unerschrocken und pragmatisch, genau die richtige Begleitung, wenn man die Direktion eines renommierten Hotels davon in Kenntnis setzen musste, dass einer ihrer Gäste wahrscheinlich durch Mord oder Selbstmord aus dem Leben geschieden war.

Man nahm die Nachricht zur Kenntnis und leitete die notwendigen Schritte ein.

Als Tabitha und Phryne in die Suite zurückkamen, hatte die Party viel von ihrem Schwung verloren. Aunty Mark warf Phryne einen fragenden Blick zu. Sie nickte. Auf der Stelle verkündete er: »Jetzt ist der Moment für einen richtig guten Klagegesang: Schaut doch und seht.«

Matthew nahm sich einen Löffel und fing an zu dirigieren.

»Schaut doch und seht, schaut doch und seht, ihr Menschen, ob ein Schmerz meinem gleicht«, sang der Chor.

Der Komponist John Bennet musste eine wahre Frohnatur gewesen sein.

Phryne grübelte. Wer mochte Henry James umgebracht haben? Das Problem war, dass so viele als Täter infrage kamen. Womöglich war er sogar noch verhasster als Hedley Tregennis gewesen. Sie hatte selbst einen Anflug von Mordlust verspürt, obwohl sie nie zu Gift gegriffen hätte. Sie hätte ihn am Dirigentenpult über den Haufen geknallt, während er den Korrepetitor zusammenstauchte. Das wäre mehr nach ihrem Geschmack gewesen.

Keiner kam hier in besonderer Weise als Mörder infrage, bis auf den Idioten, der sich grinsend an seinem zweiten Glas Gin festhielt. Hätte Leonard tatsächlich Henry James umgebracht, um die Chorleitung an sich zu reißen? Vorstellbar wäre es.

Nun stimmten sie Mozarts *Ave verum corpus* an, eines der schmerzlich schönsten Klagelieder aus seiner Feder.

»Ave verum corpus«, sang Tabitha neben ihr. *»Natum de Maria Virgine …«*

Phryne war nicht ganz bei der Sache. Erst als der Gesang zu *»in cruce pro homine«* anschwoll, überließ sie ihre Gedanken sich selbst und fiel inbrünstig mit ein.

Detective Inspector Robinson wurde von den ernsten, getragenen Klängen des *Requiem aeternam* empfangen, als er am Tatort eintraf. Dabei war noch keineswegs sicher, ob sich überhaupt ein Verbrechen ereignet hatte. Die Durchsuchung des Zimmers hatte nichts erbracht, kein Gift und auch keinerlei Behältnis, in dem sich welches hätte befinden können. Doch als ihm Phryne Fisher aus der Suite mit der Musik entgegenkam, schwante ihm nichts Gutes.

»Dann war es also Mord«, sagte er.

»Anzunehmen«, entgegnete sie. »Ich schlage vor, Sie nehmen sich mal Leonard March zur Brust. Er will um jeden Preis Chorleiter werden.«

»Das scheint mir aber kein ausreichendes Motiv für zwei Morde«, wandte der Inspector ein.

»Ist es natürlich auch nicht. Aber wir wissen doch, dass

Leute schon wegen ein paar Pennys oder einem schiefen Grinsen getötet worden sind.«

»Nur zu wahr.« Er nickte düster. »Sollen sie halt weitersingen, ich befrage sie dann einen nach dem anderen. Hauptsache, Ihr Leonard geht mir nicht stiften.«

»Weiß man denn, wie lange unser Chorleiter schon tot ist?«

»Erst ein paar Stunden«, antwortete Jack Robinson.

»Weil er bei der Probe heute Abend schon ein bisschen grünlich aussah und sie dann auch vorzeitig abgebrochen hat.«

»Also hätte er das Gift irgendwann auf der Chorprobe zu sich nehmen können?« Er knirschte mit den Zähnen. Sänger! Es gab kaum etwas Schlimmeres, als Sänger zu vernehmen.

»Während der Probe hat er weder etwas gegessen noch getrunken, das hätten wir gesehen. Und er ist schon vor dem Tee auf und davon. Er könnte das Gift höchstens selbst mitgebracht haben.«

»Tja, vielleicht war es ja doch Selbstmord – aber wir haben keinen Abschiedsbrief gefunden.«

»Er hätte sicher einen hinterlassen«, meinte Phryne. »So nach dem Motto: ›Welch ein Künstler geht mit mir zugrunde!‹«

»Nero«, entgegnete Jack. »Letzte Worte.«

Phryne schmunzelte. »Sie sind doch immer wieder für eine Überraschung gut, mein lieber Jack.«

15

Wie ein rosa Rabbi verfolgte ich –
verfolg ich noch – den Ursprung und den Gang
der Liebe. Doch wusste ich bis heute nicht,
dass Flatterndes solch scharfen Schatten wirft.

Wallace Stevens
Le Monocle de Mon Oncle

Phryne war spät – und allein – nach Hause zurückgekehrt. Die Vernehmung der Chormitglieder hatte sich als ebenso fruchtlos erwiesen, wie von Robinson vorhergesehen, aber er hatte sie trotzdem grimmig über die Bühne gebracht. Jeder gab jedem vage ein Alibi – »Also, bei dem Stück *Er sprach das Wort* waren es fünf Tenöre.« Alles in allem ein Schlag ins Wasser.

Die Polizei durchsuchte den Gemeindesaal der Scots Church und das Hotelzimmer nach einem Giftfläschchen oder einem anderen Behältnis. Erfolglos. Leonard March hatte freiwillig seine Taschen geleert, wobei ein Schnupftuch und ein paar lose Mentholpastillen zum Vorschein kamen, sowie ein gefaltetes Papier, das ein Pulver hätte enthalten können. Ihm fiel keine Erklärung dafür ein, weil er viel zu betrunken war. Robinson hatte ihn für die Nacht erst einmal in einer Arrestzelle untergebracht.

Würde wirklich jemand zwei Dirigenten aus dem Weg räumen, um selbst den Chor zu übernehmen?

Sehr unwahrscheinlich. Aber wo Miss Fisher involviert war, konnte der Unwahrscheinlichkeitsquotient schnell über das statistische Mittelmaß hinausschießen.

Robinson fuhr nach Hause, um sich für vier Stunden aufs Ohr zu legen, Mark beruhigte die Chormitglieder und schickte sie heim. Phryne hätte noch etwas Verruchtes unternehmen können, aber sie war nicht in der Stimmung für schwüle Genüsse. Sie wünschte sich nur noch eine Tasse Kakao, ein Bad und ein weiches Bett.

Ihr Haushalt befand sich längst im Tiefschlaf. Molly gab nur ein kurzes »Wuff« von sich und bettete den Kopf gleich wieder auf ihre Pfoten. Langsam stieg Phryne die Treppe hinauf, vergaß den Kakao, begnügte sich mit einem Schluck Brandy und fiel ins Bett.

Zu erschöpft, um gleich einzuschlafen, ließ sie noch eine Weile die Gedanken schweifen. Der Tod von Tregennis, zum Beispiel: Seine Geliebte hatte ihm die Droge verabreicht, aber ein zufällig Hinzugekommener hatte ihn mit den Seiten aus dem Notenheft erstickt. Dann Henry James: ein grausamer, dummer Mensch ohne Manieren oder Mitgefühl mit viel mehr Feinden als Freunden. Als Mordopfer boten sich die beiden regelrecht an, sie waren die idealen Kandidaten. Aber wäre Leonard March tatsächlich fähig, nacheinander beide Männer umzubringen, um ihren Platz einzunehmen? Bei dem Mord an Tregennis hatte jemand die günstige Gelegenheit beim Schopf gepackt, doch der Mord an James setzte Planung voraus. Wollte man sich zum Beispiel Arsen beschaffen, musste man den Ankauf im Giftregister quittieren. Das sah das Gesetz so vor. Sobald der Gerichtsmediziner herausgefunden hatte, um welches Gift es sich handelte, würde Robinson erfahren, was genau zu James' Ableben geführt hatte. Dann wüsste sie auch bald Bescheid.

Der nächste Tag würde schon die ersten Antworten bringen. Sie drückte das Kopfkissen an sich und schmiegte sich in die frischen Laken. Als sie endlich einschlief, träumte sie von Musik.

Geweckt wurde sie von Dot mit Kaffee und Croissant und der Nachricht, dass Detective Inspector Robinson sie kurz sprechen wolle.

»Ich bleibe heute Vormittag im Bett, Dot; das habe ich mir versprochen. Wenn er mich nur kurz sprechen will, kann er ja raufkommen.«

»Nun, Sie sind vorzeigbar genug, Miss«, stimmte Dot zu. Phryne hatte einen extravaganten rotseidenen Morgenmantel übergeworfen, der ihr viel zu groß war, doch er roch noch ein wenig nach John Wilson, und sie mochte den Duft. Dot mochte die goldenen Drachen, mit denen er bestickt war.

Sie übermittelte die Nachricht per Haustelefon und goss Phryne noch eine Tasse Kaffee ein. Kurz darauf kam auch schon Jack Robinson die Treppe heraufgestapft.

»Wie sieht es aus?«, fragte Phryne.

»Der Gerichtsmediziner hat eine akute Vergiftung festgestellt, höchstwahrscheinlich mit Arsen.« Er ließ sich in einen Sessel fallen, und Dot schenkte ihm ebenfalls Kaffee ein. Er sah aus, als ob er ihn brauchen könnte.

Jack Robinson kannte eigentlich nur Bushell's Kaffee-Essenz – halb Bohnenkaffee, halb Zichorie – mit dem Flaschengeist auf dem Etikett. Der frische Aufguss traf seine Geschmacksnerven wie ein Schock. Er leerte die Tasse in einem Zug.

»Also vielleicht auch Antimon, Rattengift, so etwas in der Art?«, fragte Phryne.

»Ja.« Robinson nickte. »Sind Sie sich sicher, dass er während der Chorprobe nichts gegessen oder getrunken hat?«

»Ja, ich hatte ihn immer im Blick«, sagte Phryne. »Er war besonders ekelhaft zu den Sopranistinnen – sonst hatte er es eher auf die Altstimmen abgesehen. Und weil ich auch ein Sopran bin, habe ich besonders gut auf ihn geachtet. Um meinen Einsatz nicht zu verpassen. Und auch um zu sehen, wo genau man ein Stilett platzieren müsste, damit es blitzschnell seine tödliche Wirkung entfaltet«, gab sie zu. »Er war schon der zweite Kerl, der praktisch darum gebettelt hat, auf möglichst widerwärtige Weise umgebracht zu werden.«

»Ja, widerwärtig war es allerdings«, meinte Robinson. Er lehnte sich in dem weichen Sessel zurück und schloss die Augen. Nur für einen Moment.

»Sagst du in der Küche Bescheid, dass wir noch eine Kanne Kaffee brauchen, Dot? Schlafen Sie mir jetzt nicht ein, Jack. Das hat keinen Sinn, solange sie höchstens ein paar Minuten die Augen zumachen können.«

Dot waltete ihres Amtes. Phryne ließ Robinson dösen, bis der frisch gebrühte Kaffee kam. »Dot, schenkst du dem Inspector bitte ein? Er braucht ganz viel Zucker. Trinken

Sie, lieber Jack, trinken Sie, und Ihre Augen werden wieder aufklappen.«

»Himmel«, ächzte Robinson, nachdem er das bitterschwarze, viel zu stark gesüßte Gebräu gekippt hatte. »Sie haben recht. Wo war ich stehengeblieben?«

»Sie wollten wissen, ob er während der Chorprobe auch bestimmt nichts zu sich genommen hat.«

»Ach ja, ich erinnere mich.« Robinson erlebte gerade den ersten Koffeinrausch seines Lebens. Ein seltsames Gefühl, aber angenehm. Er musste unbedingt herausfinden, wie man so einen Kaffee kochte. Es konnte nur eine Frage der Zeit sein, bevor das Zeug als verbotene Droge eingestuft wurde. »Und Sie sind sich ganz sicher?«

»Absolut. Aber nach einer Weile sah man ihm schon an, dass es ihm nicht gutging. Er wurde grün im Gesicht, brach die Probe unter Verwünschungen ab und stürzte hinaus.«

»Aber wo hat er das Gift dann verabreicht bekommen?«

»Vielleicht wurde ihm ja aus natürlichen Gründen schlecht. Er wirkte auf mich nicht wie ein Kostverächter. Vielleicht hat er mittags zu reichlich gegessen und ist schnell ins Hotel gelaufen, um ein Magenmittelchen zu schlucken, das ihm sonst immer geholfen hat – nur dass diesmal Gift darin war.«

»Gut, aber in seinem Zimmer fand sich keine Spur davon.«

»Dann hat der Mörder es eben wieder mitgenommen. Henry James war noch nicht lange tot, als ich ihn gesehen habe, Jack. Kein Puls, keine Atmung, aber noch warm.«

»Er könnte nicht noch am Leben gewesen sein?«

»Nein.« Phryne wickelte sich fester in den Morgenmantel. »Der Tod kann mir nichts vormachen.«

Jack Robinson nickte. »Und? Haben Sie eine Vermutung, wer es getan hat?«

»Wenn es nicht Leonard war, weiß ich es auch nicht. Der Mann war allgemein verhasst. Aber Giftmorde sind immer schwierig. Der Täter kann längst über alle Berge sein, wenn der eigentliche Mord passiert.«

»Ja, das ist verdammt ärgerlich. Hat sich an der anderen Front noch etwas getan?«, wollte er wissen.

»Gestern habe ich einen Halbstarken auf einer Harley in die Flucht geschlagen. Seitdem ist alles ruhig geblieben.«

»Sie haben ihn doch nicht verletzt?«, erkundigte sich Jack, während er aus dem Sessel aufstand.

»Nein, ich habe ihm nur angedroht, Molly auf ihn zu hetzen. Und sie hat großartig mitgemacht, muss ich sagen. Manche Hunde haben wirklich schauspielerisches Talent. Wieso fragen Sie?«

»Die Harley und ihr Fahrer sind heute Morgen im Fluss gefunden worden, in die Kette der Fähre verheddert. Mit durchgeschnittener Kehle.«

»Das war ich nicht«, beteuerte Phryne, die Hand auf dem goldenen Drachen über ihrem Herzen.

»Natürlich nicht. War nur eine Frage.«

»Aber hier …« Phryne öffnete eine Schublade. »Hier ist sein Revolver. Er hing an einem Band um seinen Hals. Ein British Army Webley Mark VI. So einen habe ich mir im Krieg mal ausgeliehen.«

»Davon müssen noch Tausende im Umlauf sein«, meinte Jack.

»Anzunehmen. Lassen Sie mich dann wissen, was bei der Obduktion herausgekommen ist?«

»Jawohl.« Jack verabschiedete sich und ging, leicht benommen von der ungewohnten Koffeindosis.

Phryne lehnte sich in die Kissen zurück und nippte ihren Kaffee. Mr Ratcliffe war ein gestrenger Boss und hatte offenbar noch nie gehört, dass es unklug war, den Überbringer der schlechten Nachricht abzumurksen. Jetzt würden sich noch weniger Leute für diese Aufgabe hergeben, und ein Bandenchef musste doch wissen, was gespielt wurde.

Sie hatte den Tod des jungen Mannes so sicher herbeigeführt, als ob sie ihn selbst erschossen hätte.

Da sie davor im Fall des Falles nicht zurückgeschreckt wäre, ließ sie es sich nicht weiter verdrießen. Sie bewaffnete sich mit *Bleakhaus* von Charles Dickens, kuschelte sich ein und las sich in den Schlaf. Erst mittags wurde sie von Dot mit der Nachricht geweckt, dass sie ihr ein Bad eingelassen habe und der halbe Chor eine Audienz begehre.

»Wer denn genau?«, fragte sie schlaftrunken.

»Matthew, Calliope, Bones, Caterina, Tommy, Tabitha und Oliver«, las Dot von ihrer Liste ab.

»Na gut, sie können bleiben, aber sie müssen warten, bis ich gebadet habe. Biete ihnen eine Erfrischung an, Dot. Ich bin dann auch gleich unten. Ich habe heute weiter nichts vor, deshalb muss ich mich nicht groß ankleiden. Und danke doch bitte Mrs B für den ausgezeichneten Muntermacher. Ihr Kaffee würde Lazarus von den Toten erwecken.«

Dot schaute leicht gequält ob dieser Blasphemie. »Aber nicht doch, Miss«, protestierte sie.

»Na gut, dann richtest du ihr aus, dass er einen scheintoten Polizisten wieder munter gemacht hat«, lenkte Phryne ein. »Der arme Jack. Nichts als Ärger. Sag mal, Dot, ist dir irgendjemand aufgefallen, der das Haus beobachtet?«

»Nein, niemand.« Dot bekreuzigte sich. »Gott sei Dank.«

»Und was machen die anderen?«

»Tinker und Jane sitzen im Garten und spielen Schach, Molly bewacht das Gartentor, Ruth sitzt im kleinen Salon und bastelt an einem Rezeptbuch, und ich bin hier bei Ihnen«, sagte Dot. »Ember drückt sich in der Küche herum, weil Mrs Butler eine Fischpastete backt.«

»Ihre Fischpastete ist ein Gedicht«, sagte Phryne und schlüpfte aus dem Morgenmantel. Wenn sich der Duft, der noch im Stoff hing, nach ein paar Tagen verflüchtigte, wäre John Wilson für immer aus ihrem Leben verschwunden. Er würde ihr fehlen.

»Das findet Ember auch«, nickte Dot. Ember war ein geschickter Dieb. Mrs Butler wäre gut beraten, den Fisch unter einem schweren Deckel abkühlen zu lassen.

Phryne badete in aller Ruhe, schlüpfte in ihr aquamarinfarbenes Hauskleid und stieg die Treppe hinab. Die Chormitglieder saßen totenstill im Salon. Wenn sie zu angespannt waren, um in Gesang auszubrechen, musste es wirklich schlimm um sie stehen.

»Die Polizei glaubt, dass Leonard der Mörder ist!«, empörte sich Matthew.

»Und was glauben Sie?« Phryne setzte sich, von seegrüner Seide umflossen. Matthew konnte sich kaum noch konzentrieren. »W-wir …«, stammelte er. »Wir wissen es nicht.«

»*Du* weißt es nicht, wolltest du wohl sagen«, fauchte Tabitha. »Der Verdacht ist absolut blödsinnig. Gut, er will unbedingt Chorleiter werden, das ist bei ihm regelrecht zur Manie geworden …«

»Zur fixen Idee?«, fragte Phryne.

»Ja, genau.«

»Taugt er denn etwas als Dirigent?«, fragte Phryne.

Sie wechselten Blicke untereinander.

»Nein«, antwortete Tommy.

»Er übertreibt so maßlos«, erklärte Calliope. »Leonard muss die Geschichte jeder einzelnen Note durchleuchten und nimmt alles viel zu genau. Auf die Weise kommt man nicht voran. Er lässt einem auch nicht den kleinsten Patzer durchgehen.«

»Dann ist er also nicht dazu bestimmt, ein großer Dirigent zu werden?«, fragte Phryne.

»Auf keinen Fall.« Matthew schüttelte traurig den Kopf. »Leider.«

»Aber deswegen ist er noch lange kein Mörder«, beharrte Tabitha.

Oliver fuhr sich durch das struppige rote Haar. »Woher weißt du das so genau, Tab?«

»Ich weiß es eben.«

»Das ist aber kein Beweis«, bemerkte Bones. »Wenn man eine Manie hat, würde man alles tun, um sein Ziel zu erreichen. Ich habe zwar noch keine Psychiatrie-Erfahrung, aber so steht es im Lehrbuch. Ich hab's nachgeschlagen.«

»Also wirklich! Die beiden Morde ähneln sich doch

noch nicht mal. Der erste war eine spontane Tat, jemand stieß zufällig auf Tregennis und gab ihm den Rest, als er schon im Sterben lag. Der zweite war offenbar geplant«, argumentierte Tabitha.

»Genau das habe ich heute Morgen auch Detective Inspector Robinson gesagt«, meinte Phryne. »Dafür bieten sich zwei Erklärungen an. Erstens – es könnte sich um zwei Täter handeln.«

Caterina nickte. »Henry James haben auf jeden Fall genug Leute zum Teufel gewünscht.«

»Aber damit hätten wir zwei Mörder in einem Chor!«, protestierte Oliver. »Das ist ja nicht gerade sehr wahrscheinlich!«

»Die ganze Situation spottet jeder Wahrscheinlichkeit«, sagte Matthew. »Nicht wahrscheinlich heißt nicht unmöglich.«

»Sehr wahr. Was kommt dabei heraus, wenn man die Sherlock-Holmes-Maxime anwendet?«, fragte Phryne. »Entweder zwei Mörder mit zwei vollkommen unterschiedlichen Motiven in einem Chor oder ein Mörder, der Tregennis am Boden liegend vorfand, wahrscheinlich mit offenem Mund nach Luft röchelnd, und ihm aus einem Impuls heraus die Notenblätter in den Hals gestopft hat. Plötzlich wusste er, dass er zu so einer Tat fähig ist. Worauf er dann minutiös den Mord an James geplant hat. Wenn ich meinen Lieblingspolizisten das nächste Mal sehe, erfahre ich, welches Gift verwendet wurde. Welche These erscheint Ihnen als die plausiblere?«

»Nur ein Mörder«, sagte Matthew. »Zwei Täter wären der Gipfel der Unwahrscheinlichkeit.«

»Gut. Aber wenn es nicht Leonard war, wer dann?« Phryne hielt inne, während Mr Butler den Servierwagen hereinschob. Die Choristen schenkten sich Tee mit Milch und Zucker ein, kosteten die Petits Fours und grübelten.

»Wer hat James am meisten gehasst?«, fragte Tommy.

»Eigentlich alle«, antwortete Calliope. »Er hat uns doch alle andauernd zur Schnecke gemacht. Bis auf die Favoritin des Tages, natürlich, was immer peinlich war, besonders für die Favoritin. Wenn er beispielsweise Caterina nach vorne kommen und den Sopranpart vorsingen ließ, lobte er sie über den grünen Klee und beschimpfte die anderen Sopranistinnen dafür, dass sie nicht Caterina waren.«

»Wobei Caterina am liebsten im Boden versunken wäre«, ergänzte Caterina mit Nachdruck. »Aber bei uns hatte er keine Zeit mehr, seine Favoritinnen im Chor gegeneinander auszuspielen.«

»Dafür hat er sich umso mehr auf die Altstimmen eingeschossen«, bemerkte Bones. »Er hatte prinzipiell etwas gegen sie. Vielleicht hat ihn eine Altistin gekillt.«

»Sehr witzig«, sagten die beiden anwesenden Altstimmen wie aus einem Mund.

»Wir wissen es einfach nicht«, gestand Bones. »Ich finde immer noch, es könnte Leonard gewesen sein. In dem Fall wäre er nicht zurechnungsfähig. Er könnte den Rest seines Lebens in einer gemütlichen Klapsmühle verbringen und den Irrenchor dirigieren.«

»Du bist aber wirklich ein herzloser Hund«, fuhr Calliope ihn an.

»Er ist Medizinstudent«, erklärte Phryne. »Wenn er es

erst mit echten Menschen zu tun bekommt, wird er sein Mitgefühl schon wiederfinden.«

»Und wenn nicht?«, fragte Matthew, der schnell von Begriff war.

»Dann wird er Chirurg«, sagte Phryne. »Apropos medizinische Kenntnisse: Wie steht es denn mit Ihnen, Bones? Könnten Sie sich eine Substanz wie Antimon beschaffen?«

»Aber ja, kein Problem, das haben wir im Labor. Arsen, Strychnin … alles frei zugänglich. Aber zufällig bin ich es nicht gewesen.«

»Und Sie?«, wandte Phryne sich an Tabitha.

»Es ist ein Bestandteil von Rattengift«, entgegnete sie. »Und natürlich weiß ich, wie man vergiftete Tiere behandelt. Aber ich war es nicht, ich würde so etwas nie tun, danke bestens«, setzte sie hinzu und nahm sich noch eins von den Petits Fours.

»Matthew?«

»Nein, ich war's auch nicht. Ich weiß nichts über Gifte.« Er wirkte vollkommen ungerührt.

»Calliope?«

Die junge Frau lief vor Ärger rot an. »Nein! Wie können Sie so was nur fragen? Ich benutze nicht mal Rattengift, ich habe mir gerade einen tüchtigen Kater angeschafft. Er heißt Orion, wie der große Jäger. Ach, da ist ja noch einer … Du bist sicher auch ein ganz gefährlicher Rattenfänger, was, mein Schöner?«

Ember, der in der Küche nicht zum Zuge gekommen war, sprang auf den Tisch, um zu sehen, ob vielleicht irgendwer ein bisschen Milch oder Sahne übrig hätte. Er stupste Calliope freundlich mit dem Köpfchen gegen die

Wange, als sie sich zu ihm herabbeugte. Er kannte diesen säuselnden Tonfall, der Futter und Streicheleinheiten bedeutete.

Calliope konnte Henry James auf keinen Fall umgebracht haben; das stand für Phryne in der Sekunde fest, als die Sängerin von ihrem Gebäck einen Klecks Sahne auftupfte und sich von Ember vom Finger schlecken ließ.

»Tommy?«, fuhr Phryne mit der Fragerunde fort.

»Ich kenne mich mit Gift nicht aus, und wenn ich James hätte umbringen wollen, hätte ich ihm eins über den Schädel gegeben.« Die Statur dafür hatte er. Der Chorleiter wäre mit Sicherheit nicht wieder aufgestanden.

»Oliver?«

»Um Gottes willen, nein.«

»Caterina?«

»Sie war es nicht«, platzte Tommy heraus.

»Ich kann für mich selbst sprechen.« Caterina schüttelte die Hand ihres selbsternannten Beschützers ab. »Nein, ich war es nicht. Ich bin zwar Italienerin, aber ich heiße Caterina, nicht Lucrezia.«

»Da haben Sie recht. Ich war es übrigens auch nicht«, sagte Phryne. »Wollen Sie denn mit dem Konzert weitermachen?«

»Wahrscheinlich«, antwortete Matthew. »Wir brauchen das Geld. Ich kann so lange bei den Proben einspringen, bis wir einen neuen Chorleiter haben. Wir werden langsam besser«, fügte er hoffnungsvoll hinzu. »Und Aunty Mark ist für das Konzert doch extra aus Sydney angereist.«

»Und euer neuer Chorleiter wird definitiv nicht Leonard heißen? Selbst wenn er seine Vorgänger nicht umgebracht hat?«

»Nein«, sagte Matthew. »Der Arme. Er wird schrecklich enttäuscht sein.«

»Kann man nicht ändern«, meinte Phryne. »Halten Sie mich doch bitte auf dem Laufenden. Und passen Sie auf sich auf, Matthew! Irgendwer hat Ihre Chorleiter auf dem Kieker. Wir wollen doch schließlich nicht, dass Ihnen etwas zustößt, so einem … reizenden jungen Mann.« In ihrer Stimme schwang Verheißung mit.

Matthew nickte. »Ich nehme mich in Acht.«

Phryne lächelte. »Dann ist es ja gut.«

Sie ließ die Gesellschaft hinauskomplimentieren. In ihrem Hinterkopf regte sich eine Idee, die sie nicht recht zu fassen bekam. Sie brauchte Zeit zum Nachdenken.

Zwanzig Minuten angestrengten Grübelns förderten nichts als die Erinnerung an das Renaissanceportrait einer blassen, traurigen Edelfrau zutage. Phryne gab auf und beschloss, sich etwas Ablenkung zu verschaffen.

Leider war niemand zugegen, der dafür hätte sorgen können. Von Schach verstand sie nicht genug, um die Partie zwischen Jane und Tinker zu verfolgen. Mrs Butler war beschäftigt, wie immer. Schließlich gesellte sie sich im kleinen Salon zu Ruth und half ihr, Rezepte aus Zeitschriften auszuschneiden und in ein Album zu kleben, immer wieder unterbrochen von Schwärmereien für kommende Tafelfreuden. Phryne fand ihre Gesellschaft beruhigend.

John Wilson saß in seinem Hotelzimmer und versuchte, mit sich und seinen Gedanken ins Reine zu kommen. Die letzten Tage waren ein einziger Wirbelwind der Gefühle gewesen, und er kam sich vor, als wäre er in unzählige Stücke zersplittert, die, nachdem auch noch ein Elefant auf ihnen herumgetrampelt hatte, mit starkem Leim geklebt und zu einer komplett anderen Form wieder zusammengesetzt worden waren. Er hatte eine Geliebte verloren, Phryne, und einen Geliebten gewonnen, Rupert Sheffield. Er fühlte sich gleichermaßen geehrt und verunsichert. Wie würde Sheffield von nun an mit ihm umgehen, da er ihn als seinen Herzbuben auserkoren hatte? Hatte Sheffield jemals zuvor geliebt? Und wenn ja, was hatte er dem oder auch der Betreffenden angetan? Lagen sie als Gebrochene in fremder Erde? Wie konnte er ihn danach fragen? Aber wissen musste er es. Wenn Sheffield »für immer« sagte, wie lange sollte das sein? Bis nächste Woche? Nächstes Jahr? Bis Rupert sich langweilte? Bis sie seinetwegen beide daran glauben mussten?

Wenn schon, dann wohl eher, bis er, John, für ihn ins Gras biss. Aber egal. Er musste es trotzdem wissen. Phryne wusste, dass es ihm, falls sie sich verrechnet hatte und Rupert ihn zurückwies, das Herz brechen würde. Wahrscheinlich war es sowieso schon in tausend Stücke zersprungen, seit er wusste, wie es sich anfühlte, die ganze Nacht in seinen Armen zu liegen: als wäre er gestorben und in den Himmel gekommen.

John rief sich zur Ordnung. Immerhin war er ja auch noch Arzt – ein harter Hund, der die Schlacht an der Somme überlebt hatte. *Land of Hope and Glory* summend, öffnete er die Verbindungstür zum Nachbarzimmer. Auf der anderen Seite stand Rupert, nach der Klinke greifend.

»Ah!« John ergriff die ausgestreckte Hand.

»Komm rein«, sagte Rupert. »Hast du Bedenken? Einfach wird das nämlich nicht. Wir haben ein sittenwidriges Verhältnis. In der Öffentlichkeit müssen wir uns vorsehen.«

»Ich weiß«, antwortete John. »Nein, ich habe keine Bedenken.«

»Aber du hast Fragen.« Die lavendelblauen Augen sahen ihn forschend an. »Frag, und ich antworte.«

»Ich würde mich gerne setzen.« Das lädierte Bein drohte unter ihm wegzubrechen. Sheffield schloss die Tür ab und legte sich aufs Bett. Er streckte die Arme aus. »Komm her«, sagte er ruhig.

John legte sich neben ihn und drehte sich so, dass er ihm ins Gesicht sehen konnte.

»Frag«, sagte Rupert.

»Wenn du ›für immer‹ sagst, Liebster, was meinst du damit?«

Rupert hob eine Augenbraue. »Wirklich, John, ich dachte, du beherrschst deine Muttersprache«, begann er. »Ich meine auf ewig, bis an unser Ende, deins und meins. Du bist mein, ich bin dein.«

»Und wenn du dich mit mir langweilst?«, fragte John vorsichtig. Er durfte sich auf keinen Fall zu früh freuen.

»Unmöglich. Du bist ein unendlich faszinierender Mensch.«

»Aber Rupert, warst du denn überhaupt schon einmal verliebt?«

»Nun …«, sagte er bedächtig. »Es hat schon Leute gegeben, die etwas von mir wollten. Aber ich wollte nichts von ihnen wissen. Ein Mädchen hat mir mal einen Zungenkuss gegeben – ich habe mich so geekelt, ich glaube, mir ist schlecht geworden. Ich war sechzehn. Das habe ich nie wieder probiert. Frauen sind … schwammig. Sumpfig.«

»Also keine Frauen. Aber Männer?«

»In Athen wollten mich ein paar verführen«, sagte Rupert sachlich. John taten die armen Kerle sofort leid. Wahrscheinlich hatten sie ein lebenslanges Trauma davongetragen und der fleischlichen Liebe für immer entsagt. An ihrer Stelle hätte er sich schnurstracks auf den Berg Athos begeben und wäre ins Kloster eingetreten.

»Dann wurde ich gefangen genommen.« Zum ersten Mal klang Ruperts Stimme brüchig. John nahm ihn in den Arm, und er vergrub das Gesicht an seiner Hemdbrust. »Sie ließen mich wissen, was sie alles mit mir machen wollten. Ich hatte noch nie geliebt, und ich dachte, das Thema hätte sich ein für alle Mal für mich erledigt, wenn sie mit mir fertig wären. Als sie der Schläge langsam überdrüssig wurden …«

»Das war doch bestimmt nicht alles, was sie mit dir gemacht haben, oder?« John strich ihm sanft über die Locken.

»Nein, das war nicht alles. Nein.« Ruperts Stimme klang rau. »Ich habe mich wie wild gewehrt. Ich habe gebissen und gekratzt und gebrüllt wie ein Tier, bis es mir tatsächlich gelungen ist, mich loszureißen. Und dann bin ich geradewegs ins Meer gerannt. Ob ich ertrinken würde, war mir egal. Ich bin weit hinausgeschwommen. Mein Rücken brannte. Ich fror, ich hatte keine Kraft mehr, ich ging unter. Ich weiß noch, wie ich zu den Sternen aufsah. Kalt, fern, schön. Yanni, ein griechischer Fischer, hat mich aus dem Wasser in sein kleines Boot gezogen. Er nannte mich Meermann, *thalassandros*. Er hat mich abgetrocknet, mir den Rücken mit Olivenöl eingerieben und mir Wein zu trinken geben. Und als er mir die Hand aufs Bein legte und *parakaló* sagte, bitte, sagte ich *ne*, und das heißt ja. Weil ich immer noch sterben konnte, aber nicht sterben wollte, ohne zu wissen, wie sich die Liebe anfühlt.«

»Und wie fühlte es sich an?«

»Mir war kalt, mir tat alles weh, und doch war es … schön. Er fuhr mir durchs Haar und sagte *thespinis*, Jungfrau. Wir lagen die ganze Nacht vor Piräus und warteten auf die Flut. Er hatte nur eine Decke und wärmte mich mit seinem Körper. Ich stand unter Schock, konnte nicht aufhören zu zittern. Yanni mochte mich, nannte mich *adelphé mou*, mein Bruder. Am Morgen legten wir im Hafen an, und Compton war stinksauer auf mich.«

»Was ist aus Yanni geworden?«, fragte John liebevoll.

»Er wurde getötet. Ein U-Boot. Ich habe ihn nie wiedergesehen.« Rupert Sheffield vergrub den Kopf im Kissen und weinte um Yanni, den jungen Fischer, während John ihm übers Haar strich. »Ich war so traurig, ich dachte, nie wieder. Wenn das Liebe ist, dann ist der Schmerz die Freude nicht wert. Darum wollte ich nie mehr etwas damit zu tun haben. Bis ich dich kennengelernt habe. Und bis ich dich mit Miss Fisher sah.«

»Warst du eifersüchtig auf sie?«, neckte ihn John.

»Hoffnungslos eifersüchtig.« Rupert nickte. »Du gehörst mir.«

»Und ich habe einen großen Fleck am Hals, der das besiegelt.«

Rupert lockerte seinen Kragen und legte die Kehle frei, fast wie ein Wolf zum Zeichen der Unterwerfung.

»Du kannst mich beißen, wenn du möchtest«, sagte er mit seinem geschliffenen Akzent.

John lächelte. »Das wird nicht nötig sein.«

Rupert riss die lavendelblauen Augen auf. »Und wenn ich dich höflich bitte? Beißt du mich dann?«

Von wilder Leidenschaft überwältigt, warf John sich auf ihn. Er drückte ihn in die Laken und knurrte: »Du gehörst mir!« Und biss zu.

Rupert Sheffield lachte laut. Er war gezeichnet. John hatte ihn in die Halsbeuge gebissen, als Zeichen des Besitzes, jedoch nicht sichtbar für jedermann, wie Miss Fisher es bei John gemacht hatte.

John dachte an alles. Er musste um jeden Preis beschützt werden, denn er schwebte nach wie vor in Gefahr, weil er sich jederzeit opfern würde. Das musste ein Ende haben. Mitchell glaubte, dass Sheffield ihn wiedererkannt hatte und nicht zögern würde, ihn der Polizei auszuliefern.

Aber wenn Rupert ihm einen Handel vorschlug – sein Schweigen gegen Johns Sicherheit –, würde der ehemalige Waffenschieber bestimmt darauf eingehen. Es wäre eine vernünftige Lösung.

John durfte allerdings nichts davon wissen. Er würde sich Sorgen machen. Er würde sich einmischen. Sheffield musste dieses kleine Abkommen allein aushandeln.

16

Ich verhelfe mir selbst zu Stofflichem und Unstofflichem,
Kein Wächter kann mich aussperren,
kein Gesetz kann mich hindern.

Walt Whitman
Gesang meiner selbst

Da niemand direkt vor Ort gestorben war, erlaubte ihnen die Scots Church, die abendliche Chorprobe im Gemeindesaal abzuhalten. Matthew sprang als Chorleiter ein. Leonard befand sich immer noch in Polizeigewahrsam. Zum Glück hatte er die Nerven verloren und dem Beamten, der ihn festnehmen wollte, eins auf die Nase gegeben. Also wurde er wegen Widerstands gegen die Staatsgewalt belangt, und da er das Geld für die Kaution nicht aufbringen konnte, blieb er vorläufig in Haft.

Die Chormitglieder versuchten, pietätvolles Bedauern an den Tag zu legen, was ihnen jedoch nicht sonderlich gut gelang. Also sangen sie stattdessen »*Denn er hat seinen Engeln befohlen über dir* …« Es klang schon annähernd perfekt.

Phryne war beeindruckt. Mit Engelsmusik kannte Mendelssohn sich aus. Tinker war der gleichen Ansicht. »… *dass sie dich behüten auf allen deinen Wegen.*« Es wurde meist von Solostimmen im Doppelquartett gesungen, aber im Harmony Choir sangen es traditionsgemäß alle gemeinsam. Matthew hatte es Phryne erklärt: »Damit alle auch mal bei den schönen Stellen drankommen.«

»Sehr gut bis dahin«, sagte Matthew. »Jetzt müssen wir noch ›Aber der Herr sieht es nicht‹ hinkriegen. Schön langsam, und achtet auf die Dynamik. Es muss fließen.«

»Aber es ist *allegro vivace*«, sagte Professor Szabo.

»Stimmt schon. Lasst es uns trotzdem erst einmal langsam angehen. Schneller können wir immer noch werden. Wir müssen alle Noten aussingen.«

»Mendelssohn«, grummelte Caterina. »Zu viele Noten.«

»Als Erste setzen die Bässe ein.« Matthew hob den Taktstock, und die Bässe dröhnten: *»Aber der Herr sieht es nicht!«*

Kein Wunder, dass Leonard Chorleiter sein wollte. Es war eine echte Machtstellung. Man hob die Hände, und alle sangen. Eine abgehackte Bewegung, und alle verstummten.

Matthew dagegen war nicht an Macht oder Überlegenheit interessiert, was Phryne sehr attraktiv fand. Ihm ging es allein um den Wohlklang der Musik. Und seine Hingabe war ansteckend. Mochte der Chor auch nervlich noch so zerrüttet sein, langsam begann er, sich zu sammeln und zur Einheit zu finden. Musik besaß wahrlich Zauberkräfte. Weil Phryne sich nicht sicher war, wann der Sopran einsetzen sollte, beschloss sie, sich einfach an Chloe zu halten. Die hatte eine starke, wunderschöne Stimme und traf jede Note.

Chloe, die den Part der Witwe innehatte, führte sie in das Sopransolo: *»Was hast du an mir getan, du Mann Got-*

tes?« Lässig polierte sie sich die Nägel, während sie mit wunderbarer Klangreinheit und präziser Intonation sang. Wenn sie dann irgendwann endlich ihren Brustpanzer anlegte und sich aufs Ross schwang, würde sie als Walküre Helden übermannen, die in ihren Armen nur noch ächzen konnten: »Oh weh, was traf mich«, was die letzten Worte der meisten Helden waren.

Die Witwe flehte Elias um das Leben ihres einzigen Sohnes an, bis Chloe plötzlich merkte, dass sie allein sang. Elias schlief noch seinen Rausch aus, vermutlich in sehr angenehmer Gesellschaft.

»Entschuldigung.« Nervös blätterte sie in ihrem Notenheft.

»Nein, das war wunderbar«, sagte Matthew. »Wirklich. Wenn wir nun mit ›Wohl dem, der den Herrn fürchtet‹ weitermachen könnten …«

»Der weder Tod noch Teufel fürchtet«, murmelte Phryne. Tabitha kicherte.

»… und auf seinen Wegen geht«, schloss Matthew mit Nachdruck. »Seid ihr so weit?«

Er hob die Hände. Sie sangen. Nach einer Stunde harter Arbeit waren sie im Allegro weit genug fortgeschritten, um sich an das Vivace von *»Aber der Herr sieht es nicht«* wagen zu können, und sogar Professor Szabo war zufrieden. Der Chor machte eine Teepause, und der Alte fing an zu klimpern.

Er spielte bezaubernd. Phryne vergaß den Tee und setzte sich so, dass sie ihm auf die Hände sehen konnte, die wie beflügelt über die Tasten glitten, so greisenhaft, gebeugt und trunksüchtig der Gnom auch sein mochte, und eine unfassbar schwere Liszt-Etüde mit wunderbarer Leichtigkeit meisterten. Selbst auf dem Probenraum-Piano, einer alten, ausgeleierten Schindmähre, klang die Musik großartig.

»Er ist so ein fabelhafter Pianist«, flüsterte Matthew ihr ins Ohr, während er ihr eine Tasse Tee anbot. »Es ist ein Jammer.«

»Was hat ihn denn zur Trunksucht getrieben, wo er doch solche Musik in sich hat?« Phryne nahm die Tasse entgegen. Milch und ein Stück Zucker. Genau wie sie ihn mochte. Entweder konnte er ihr die Wünsche von den Augen ablesen, oder er war einfach nur ein äußerst aufmerksamer junger Mann. Beides sehr vielversprechende Talente.

»Der Alkohol war sein Schicksal«, sagte Tommy traurig. »Der arme Alte. Orchester können nur nüchterne Pianisten brauchen. Soweit ich weiß, ist er mehrmals rausgeflogen, dann hat er einen Job auf einem Kreuzfahrtdampfer ergattert und kam nach Australien. Hier gefällt es ihm, er verträgt keine Kälte. Sagt er jedenfalls.«

»Du magst ihn, ja?«, meinte Caterina.

»Stimmt.« Tommy errötete verlegen.

»Ich finde das sehr nett von dir«, sagte sie.

Tommy stammelte etwas vor sich hin. Caterina konnte die Tasse gerade noch auffangen, bevor er sich den heißen Tee über die Hose schüttete.

Calliope lächelte. »So gelöst spielt er nur, wenn er glücklich ist, der arme Alte. Und das kommt nicht oft vor. Anscheinend haben wir es ihm heute genau recht gemacht.«

»Na ja, Matthew dirigiert Mendelssohn eben ganz genau so, wie es in der Partitur steht, und er respektiert die Tempi. Was Mendelssohn betrifft, ist der Professor Purist.«

»Umso besser«, meinte Tabitha. »Ich halte nichts von Experimenten. Der Komponist wusste doch, was er tat.«

»Hört, hört«, warf Tommy ein.

Nachdem er Liszt beendet hatte, begann der Professor mit einer Chopin-Etüde. Er spielte die ganze Pause lang, und als der Chor sich wieder aufstellte und Matthew bei *»Öffne den Himmel und fahre herab!«* einsetzen ließ, leitete er ohne Innehalten dazu über.

Damit verging der Rest der Probe. Als sie es endlich hinbekamen und den Chorsatz nicht nur fehlerfrei, sondern auch *andante sostenuto* durchsangen, krachte ein Donnerschlag, und es fing an zu regnen.

Der Chor brach in haltloses Gelächter aus. Vor Heiterkeit schluchzend, mussten sie sich aneinander festhalten, Professor Szabo saß über die Tasten gebeugt und lachte Tränen.

Aufgekratzt standen sie an der Tür und blickten in den strömenden Regen hinaus. Hinter Phryne stimmte jemand den Solopart des Knaben an, Caterina. In dem Regenrauschen entfaltete ihre Stimme eine ganz eigene, unmittelbare Dramatik.

»Es gehet eine kleine Wolke auf aus dem Meere, wie eines Mannes Hand. Der Himmel wird schwarz von Wolken und Wind; es rauschet stärker und stärker!«

Und das Volk sang: *»Danket dem Herrn, denn er ist freundlich«*, anfangs noch verhalten, in dem ehrfürchtigen Wispern derer, denen ein Wunder widerfuhr, dann allmählich anschwellend zu triumphierendem Jubel: *»Dank sei dir, Gott, du tränkest das durst'ge Land!«*

»Die Wasserströme erheben sich, sie erheben ihr Brausen«, sang auch Phryne, während die Rinnsteine überliefen und die Passanten die Beine in die Hand nahmen, um sich irgendwo unterzustellen. *»Die Wasserwogen sind groß, und brausen gewaltig!«*

»Dank sei Gott, dass er das durst'ge Land tränket«, sagte Matthew, als der erste Teil des Oratoriums zu Ende war, und das Volk wieder schwieg. »Wer hat einen Schirm dabei? Und kommt ihr alle noch mit zu Aunty Marks Party?«

Dicht gedrängt unter fünf Schirmen schafften es die Choristen halbwegs trockenen Fußes bis zum Windsor Hotel, wobei sie sich mit einem ironischen, aber unbeirrt frohgemuten »Der Mai ist gekommen« bei Laune hielten.

Phryne wusste noch immer nicht, wer Tregennis erstickt hatte, und wer Henry James vergiftet hatte, war ihr genauso schleierhaft (auch wenn die Chormitglieder allesamt ein Motiv besaßen), doch im Moment war ihr alles egal. Falls es doch Leonard war, dann befand er sich jetzt in sicherem Gewahrsam, sodass zumindest Matthew kein Unheil drohte. Leicht würde es dem Harmony Choir gewiss nicht fallen, einen neuen Dirigenten für diesen *Elias* zu finden, der so nachhaltig mit einem Fluch belegt zu sein schien.

Andererseits gab es auch Schlimmeres. Sie hatte damals in Frankreich bei einer hastig auf die Bretter gebrachten Amateurproduktion von *Die Gondolieri* mitgewirkt. Während der Aufführung waren sie unter Artilleriebeschuss geraten, und zwar just in dem Augenblick, als der Herzog von Plaza-Toro sein berühmtes Solo anstimmte. Und er? Hatte unbeirrt weitergesungen. Dem Publikum waren Teile vom Dach um die Ohren geflogen. So etwas war in Australien Gott sei Dank nicht möglich.

Aufgekratzt von ihrem Spurt durch den Regen, trällerten die Choristen ein albernes Liedchen nach dem anderen. Der Abend war eindeutig der leichten Muse gewidmet.

Aunty Mark, in einem breiten Sessel thronend, der wahrscheinlich für einen Monarchen auf der Durchreise gedacht war, hob an: *»Mein Papagei frisst keine harten Eier, er ist ein selten dummes Vieh …«*

»Er ist der schönste aller Papageier, doch harte Eier, die frisst er nie«, fielen die Übrigen ein.

»Er ist ganz wild nach Brustbonbons und Kuchen, er nimmt selbst Kaviar und auch Sellerie«, fuhren die Tenöre fort.

»Auch saure Gurken, die sah ich ihn versuchen, nur harte Eier frisst er nie«, tirilierten die Sopranistinnen eine Oktave höher.

Phryne hatte ihre helle Freude an dem Klamauk. Zum Glück gab es über der Royal Suite keine weiteren Stockwerke. Selbst das Windsor hätte so einen Lärm in einem der unteren Zimmer wohl kaum geduldet.

Am Ende des Liedes angelangt, herrschte einen Moment lang vollkommene Stille. Dann lachten sie und redeten wieder alle durcheinander. Aunty Mark verkündete, dass er es am nächsten Abend einmal ruhig angehen lassen wolle, nur mit ein paar Drinks und einem guten Buch. Sein Freund Gawain errötete.

Bevor es allzu spät wurde, ließ Phryne sich ein Taxi kommen, gab Matthew einen Abschiedskuss und fuhr nach Hause. Wo sie die Nachricht von Fanshawe vorfand, im Büro anzurufen.

Am anderen Ende der Leitung meldete sich die beruhigende Stimme von Mrs Thomas. »Ah, Miss Fisher. Und? Hatten Sie einen schönen Liederabend? Ratcliffe bereitet in seinem Lagerhaus irgendetwas vor. Einer seiner Männer hat heute Munition besorgt, .455er.«

»Für einen Webley«, sagte Phryne.

»Sieht ganz so aus. Also passen Sie auf sich auf, mein Kind. Ratcliffe ist stets von acht Schlägertypen umgeben. Er hat einen seiner Motorradkiller umlegen lassen, weil ...«

»Ja, das habe ich schon gehört«, sagte Phryne. »Er wurde aus dem Fluss gezogen. Mitsamt dem Motorrad. Was für eine Verschwendung.«

Mrs Thomas seufzte. »Diese Verbrecher aber auch! Mr Fanshawe hat gesagt, Sie bekommen alles, was Sie brauchen, wann Sie es brauchen. Wissen Sie vielleicht schon Näheres?«

»Vermutlich zwei bewaffnete Männer, vermutlich bei dem Lagerhaus, und bestimmt auch schon sehr bald, wie ich diesen Wahnsinnigen kenne.«

»Stimmt, Leute von seinem Schlag haben meist nicht viel Geduld. Ich kommandiere zwei unserer Männer zu dem Lagerhaus ab, mein Kind. Parole Schwarze Katze. Die können Ihnen helfen – auch beim Aufräumen, falls es dreckig wird.«

»Danke. Ich sehe zu, dass die Sache nicht allzu sehr aus dem Ruder läuft.«

»Gut, mein Kind. Unter dieser Nummer hier können Sie immer jemanden erreichen, wenn Sie uns brauchen. Geben Sie gut auf sich Acht.«

»Mach ich, danke. Und frohes Stricken noch.« Phryne legte auf.

In der Post befand sich eine Karte von John Wilson, der sie für den nächsten Tag zum Lunch ins Windsor einlud. Phryne schmunzelte. Natürlich würde sie der Einladung folgen. Am liebsten hätte sie Jane mitgenommen, die Sheffield im Schach geschlagen hatte, oder Ruth, die von den Speisen begeistert wäre, oder Dot, die sich an dem Dekor nicht würde sattsehen können, oder Tinker, für den Schockeffekt. Doch es stand nur ihr Name auf der Karte, also musste sie wohl ohne häusliche Hilfstruppen auskommen.

Aber dadurch hatte sie wenigstens freie Hand bei ihren Aktionen. Und das Essen im Windsor war es allemal wert.

Jetzt aber ab in die Federn! Gebadet und im frischen Nachtgewand, kramte Phryne aus den Tiefen ihres Kleiderschranks Lambie hervor und nahm das alte Schmusetier mit ins Bett. Doch als sie träumte, träumte sie nicht von John Wilson, dem (für sie) unwiederbringlich Verlorenen. Nein, sie träumte von Matthew. Und erwachte mit dem Gefühl, dass der Tag voller Verheißung war.

Das Gefühl hielt den ganzen Vormittag an. Dot vermeldete, dass keinerlei Späher vor dem Haus gesichtet und keine verdächtigen Motorräder gehört worden waren. Tinker berichtete, Molly habe die ganze Nacht neben seinem Bett gelegen, ohne auch nur mit den Ohren zu zucken.

Dot hatte vor, mit den jungen Leuten in den Zoo zu gehen. An der Tür drehte sie sich noch einmal um: »Sie werden aber doch vorsichtig sein, Miss?«

Phryne umarmte sie und versicherte ihr ohne Skrupel, sie brauche sich wirklich keine Sorgen zu machen.

»Wer so lügt wie Sie, kommt in die Hölle«, bemerkte Bert, der wie üblich durch die Küche hereingekommen war.

»Ich halt dir einen Platz frei«, fuhr sie ihn an. Er hatte sie erschreckt.

»Abgemacht, Genossin. Wird bestimmt gemütlich da unten, wenn ich meine ganzen alten Kumpel wiedertreffe. Wir haben Ihnen die Pläne mitgebracht«, sagte Cec.

Längst bereute Phryne ihre Patzigkeit. »Kommt, setzt euch doch, die anderen sind auf dem Weg in den Zoo. Dot mag die Affen, Tinker die Raubkatzen, Ruth möchte gern die Bären füttern und auf dem Elefanten reiten, und Jane ist von den Schlangen angetan.«

»Hätt ich mir denken können«, brummte Bert.

»Zeigt mir die Pläne«, bat Phryne, während Mr Butler das Bier brachte.

»Bay Street.« Bert fuhr mit der flaschenlosen Hand über die Karte. »Hier sind die Lagerhallen. Die hintere stand ewig lange leer, aber jetzt tut sich da irgendwas. Ein Kommen und Gehen von Männern, die wer weiß was verladen. Keiner quatscht, und alle sind nervös.«

»Ist das ein Drahttor?«, fragte Phryne.

»Ja, aus Maschendraht. Und da ist noch eins, aus ziemlich altem Holz, da könnte man durchbrechen … aber nicht in Ihrem schicken Wagen.«

»Schade, dass ich nicht daran gedacht habe, einen Panzer zu ordern. Sind die Tore bewacht?«

»Ja, bewaffnete Posten, rund um die Uhr. Wenn denen da die Polente draufkommt, gibt's Ärger«, prophezeite Bert.

»Hast du jemanden gesehen, der die Halle beobachtet?«, fragte Phryne.

»Einen Kerl mit Fernglas. Die Sonne hat sich darin gespiegelt«, meinte Cec. »Keine Ahnung, für wen der arbeitet.«

»Für mich«, sagte Phryne. »Eigentlich sollten es zwei sein. Falls ihr ihnen über den Weg lauft, müsst ihr meine Parole verwenden. Schwarze Katze.«

»Passt zu Ihnen.« Bert streckte blind die Hand aus, und Cec drückte ihm eine frische Flasche hinein. Sie waren erstaunlich gut eingespielt. Bestimmt wussten sie immer, was der jeweils andere dachte. Kein Wunder, hatten sie sich doch in der Schlacht von Gallipoli kennengelernt.

Phryne schluckte. Der Krieg ließ einen niemals los, sosehr man auch versuchte, ihn zu verdrängen. Sie hoffte, dass sie in diesem Bandenkrieg eine bessere Strategin sein würde als General Haig im Weltkrieg. Ach was – selbst ein Schulkind wäre ein besserer Stratege als General Haig. Und es war schon lange her, seit sie die Schulbank gedrückt hatte.

»Also gut«, sagte sie. »Wir gehen folgendermaßen vor.«

Bert und Cec hörten sich ihren Plan an, und sie waren einverstanden.

Als ihre Familie vollgestopft mit Zuckerzeug und Limonade heimkam, übersprudelnd vor Geschichten von Bären und Giftschlangen und ungezogenen Affen, wies

Phryne allen ihre Rollen zu. Sie wussten, worum es ging. Besonders Tinker war froh, in die Aktion mit einbezogen zu werden.

John Wilson sollte seinen Liebsten nicht verlieren. Und am Leben bleiben. Phryne hatte sich entschieden.

Phryne und Lambie schliefen den Schlaf der Unschuldslämmer, auch wenn sie vielleicht keine waren.

Strahlend brach der Morgen an, doch Phryne nahm nichts davon wahr. Sie befand sich in elegischer Stimmung, badete ausgiebig, verbrachte den ganzen Vormittag in träger Ruhepose wie eine Odaliske, ehe sie sich zum Lunch ins Windsor begab. Ihr Leben schien sich dieser Tage ausschließlich in jenem Teil der Stadt abzuspielen.

Ein Blick auf Rupert und John genügte, um zu sehen, dass sie zusammengehörten. Endlich, dachte Phryne. Johns Augen leuchteten. Er wirkte wie der John Wilson, den Phryne an der Somme kennengelernt und in ihren Sanitätswagen gezerrt hatte, nur sauberer und weniger versehrt. Irgendwie sogar jünger. Auf jeden Fall glücklicher. Die Frage, was Rupert mit »für immer« gemeint hatte, schien geklärt. Auch sprach der Knutschfleck an Johns Hals dafür, dass alles zum Besten stand.

Rupert sah aus wie Ember, wenn er sich die Schlagsahne von den Schnurrhaaren geputzt hatte. Und zwar genau die Schlagsahne, die man extra außerhalb seiner Reichweite auf ein hohes Regalbrett gestellt hatte.

Phryne beugte sich zu ihm hinunter und küsste ihn auf die Wange. Seine Haut war weiß wie Porzellan und fühlte sich seltsam kühl an.

»Meine Schätze«, sagte sie und strahlte sie an.

John strahlte zurück, Rupert wandte den Blick ab.

»Lunch«, sagte John.

Ein Ober erschien mit der Speisekarte und einer Weinempfehlung. Rupert bestellte für John mit.

»Sag mal, Phryne, war das dein Chor, der da in der Royal Suite gesungen hat? Schöne Stimmen«, bemerkte John.

»Ja, das ist mein Chor. Wir werden von Morden heimgesucht, zuletzt eine Vergiftung – Arsen – auf eurem Stockwerk. Henry James. Ein Mann, der so viele Feinde hatte, dass es der Polizei schwerfallen wird, seinen Mörder zu finden. Jeder käme als Kandidat infrage, sogar ich. Ein schrecklicher Mensch.«

»Willst du ihnen denn nicht helfen?«, fragte John. »Als ich dir nach all den Jahren wieder begegnet bin, hast du gesagt ...«

Sie nickte. »Meine bescheidenen Talente stehen ihnen zur Verfügung.« Darüber musste sogar Sheffield schmunzeln. Er sah aus wie ein Engel, der barmherzige Taten guthieß.

»Ihre Talente, Miss Fisher, sind alles andere als bescheiden.« Rupert, der sich als Sieger fühlte, gab sich großzügig. Nett von ihm. Oder?

»Arsen?«, sagte John. »Ziemlich dumm, heutzutage ein so altmodisches Gift zu verwenden. Das kann man sehr leicht nachweisen.«

»Mit der Marshschen Probe, nicht wahr?«

»Genau. Und an den Einlagerungen in den Haaren kann man erkennen, wie lange die Person dem Gift ausgesetzt war. Ich nehme an, in dem Fall ging es sehr schnell?«

»Ja, er war innerhalb von zwei Stunden tot.«

»Also eine akute Arsenvergiftung. Es löst sich sehr leicht in schwacher Säure auf – Zitronensaft, zum Beispiel, den man in den Tee gibt.«

»Ich weiß, aber es wurde weder eine Flasche noch ein Glas gefunden, aus dem er getrunken haben könnte. Wahrscheinlich hat der Mörder – oder die Mörderin – das Behältnis wieder mitgenommen. Aber das ist kein schönes Thema für ein gepflegtes Tischgespräch. Gefällt es Ihnen denn hier im Windsor?«, wandte sie sich an Sheffield.

»Ich glaube, es wird immer eins meiner Lieblingshotels bleiben«, antwortete Rupert. »Trotz der Singerei. Allerdings«, setzte er schnell hinzu, als John die Stirn runzelte, »habe ich ›Das Liebesleben des Kamels‹ selten so hinreißend vortragen gehört.«

»Es ist eins unserer Lieblingslieder«, gestand Phryne.

Zum Lunch gab es Tomatensuppe, ein gelungenes *bœuf en croûte* und zum Abschluss das australischste Dessert von allen – eine Pavlova. Sie hatten noch nicht ganz aufgegessen, da wurde Sheffield ans Telefon gerufen.

»Könnte sein, dass das jetzt der Startschuss ist«, meinte Phryne. »Lass Rupert heute Nacht nicht aus den Augen. Das dürfte dir wohl nicht schwerfallen.«

John beugte sich vor und packte sie am Arm, so fest, dass seine Knöchel weiß hervortraten. Obwohl sie wusste, dass sie einen blauen Fleck davontragen würde, zog sie ihm den Arm nicht weg, sondern nahm seine freie Hand in die ihre. Er kannte diesen Griff. Er bedeutete Sicherheit. So hatte sie die Hand der sterbenden Jungen im Niemandsland gehalten. »Lass nicht zu, dass er umgebracht wird!«, sagte er mit kehliger Stimme. »Versprich es mir!«

»Ich verspreche es«, antwortete Phryne. »Und du, denk daran: Lass ihn nicht aus den Augen, und ruf mich an. Ich habe alles vorbereitet.«

»Gut.«

»Schnell, lass mich los, er kommt zurück, und du verknitterst mir den Ärmel.« John lachte. Er machte sich über die Baisertorte mit Sahne und Früchten her, und als Sheffield mit verkniffener Miene vom Telefonieren kam, plauderte er ganz unverfänglich über die Vorzüge verschiedener tropischer Früchte. Die Tafel wurde dann bald aufgehoben.

Zu Hause blieb Phryne in Hörweite des Telefons, ständig darauf gefasst, dass der Ärger losging. Was aber nicht hieß, dass sie irgendjemandem erlaubte, das Abendessen ausfallen zu lassen. Dot, die keine Kämpfernatur war, bekam die Passwörter und Fanshawes Telefonnummer ausgehändigt, um ihn anrufen zu können, falls Phryne bis zum Morgen nicht zurück war.

Weil alle nervös und angespannt waren, spielten sie lautstark ein paar Partien Mensch-ärgere-dich-nicht, bis gegen acht Uhr plötzlich das Telefon klingelte.

Es war John Wilson, und er sagte nur ein Wort: »Los.«

»Okay«, sagte Phryne. »Auf geht's, Hilfstruppen, werft euch in eure Verkleidung. Ich muss schnell noch Bert und Cec, Fanshawe und Dr. MacMillan Bescheid sagen. Also, meine Süßen, ruhig Blut bewahren, und lasst euch nicht von verirrten Kugeln erwischen. Alles klar?«

»Jawoll«, krähte Tinker.

»Ja, Miss Phryne«, antworteten Ruth und Jane artig.

Phryne tätigte ihre Anrufe. Dann ging sie nach oben und zog sich um. Bert fuhr draußen mit seinem Taxi vor. Cec hatte irgendwo einen asthmatischen Jeep aufgetrieben, einstiges – oder vielleicht auch noch gegenwärtiges – Eigentum der Armee. Phryne gab Dot zum Abschied ein Küsschen und stieg in den Jeep. Die Hilfstruppen stapelten sich in Berts Taxi.

Dot setzte sich in ihren gemütlichen Sessel, nahm den Stickrahmen zur Hand und rückte sich die Lampe heran. Es würde eine lange Nacht werden. Bevor sie das Garn einfädelte, zog sie ihren Rosenkranz hervor und begann, für Miss Phryne zu beten.

17

Der Trompete Geschmetter
Reizt uns zum Kampf
In Kanonengewitter
Und Pulverdampf.
Der Doppel-Doppel-Doppelschlag
Von der Trommel schreit:
»Jetzt ist es so weit,
Der Feind kommt, greift an!«

John Dryden
Ode auf den Tag der heiligen Cäcilie

Rupert Sheffield hatte John schlafend im gemeinsamen Bett zurückgelassen, überzeugt, ihn bald wiederzusehen. Mitchell hatte angerufen und ein Zusammentreffen verlangt. Rupert konnte ihm glaubhaft versichern, dass er gar nicht wisse, wer Mitchell sei, dass Mitchell also unbehelligt bleiben würde und seine Meute zurückpfeifen könne. Falls aber nicht, würde Rupert sich an die örtlichen Gesetzeshüter wenden. Mitchell würde seinem Rat Folge leisten, und Rupert wäre wieder zurück, ehe John aufwachte; da war er sich ganz sicher.

Kaum klickte die Tür ins Schloss, sprang John auf und fuhr in die Kleider, bewaffnete sich mit seinem Armeerevolver und spähte durch den Türspalt. Er konnte Sheffield gerade noch am Ende des Ganges sehen. Auf leisen Sohlen schlich er ihm nach, wie der ausgehungerte Wolf nach einem langen Winter seiner Beute.

Er hielt sich in sicherer Entfernung, bis er Sheffield zum Portier sagen hörte: »Bay Street, Port Melbourne.« Dann rief er Phryne mit dem Codewort von der Lobby aus an und nahm in einem zweiten Taxi die Verfolgung auf.

Der Taxifahrer war gesprächig. Er nahm John den vorgeblichen Grund für seinen nächtlichen Besuch des übel beleumdeten Hafenviertels vielleicht nicht ab, aber Geld war Geld, und der Fahrgast war ein sympathischer Kerl, der sich mit Kricket auskannte, wie von einem Briten auch nicht anders zu erwarten.

Am Ziel angelangt, sah John Sheffields wehenden Mantel um die Ecke einer Lagerhalle verschwinden. Er setzte ihm nach und holte ihn ein.

»Was willst du denn hier?«, zischte Rupert.

»Ich werde immer da sein. An deiner Seite. Um dir Rückendeckung zu geben.«

»Ich wollte nur schnell etwas mit jemandem besprechen. Du solltest nicht hier sein.«

»Oh doch.« John drehte Ruperts Kopf zu sich, sodass der ihm in die Augen schauen musste. »Genau das ist es, was ›für immer‹ bedeutet, mein Schatz. Du begibst dich nicht allein in Gefahr. Nie wieder.«

»Ach«, sagte Sheffield. »Das hatte ich nicht bedacht.«

»Dann bedenk es bitte jetzt.«

»Ich wollte verhindern, dass dir etwas passiert.«

»Und wenn du dabei ums Leben kommst, werde ich dir auf der Stelle folgen«, sagte John.

Rupert fuhr mit dem Finger an Johns Hals hinunter bis zu dem Fleck, der sein Werk war.

»Na gut, gehen wir«, nickte er. John folgte ihm mit gezücktem Webley, getrieben von der verzweifelten Hoffnung, dass Phrynes Pläne ausgereifter wären als die von General Haig.

Hinter dem unversperrten Tor, das sich vor Rost kaum aufdrücken ließ, war es dunkel und still. Aber von der gegenüberliegenden Seite der Lagerhalle drangen dumpfe Schläge und Schreie herüber. John sah sich angespannt nach Wachposten um, konnte aber nicht viel erkennen. Sicher hatte dieser Mitchell – den Phryne Ratcliffe nannte – angeordnet, Rupert ungehindert passieren zu lassen. Was allerdings nicht hieß, dass in diesem höllischen Halbdunkel nicht überall Scharfschützen verborgen waren.

»Mr Sheffield«, tönte eine Stimme aus dem Finstern.

»Mr Mitchell«, sagte Sheffield. »Ich kenne Sie nicht, und ich brauche Sie auch nicht zu kennen. Was Sie hier machen, geht mich nichts an. Sie können mich getrost vergessen. Sie wissen doch, dass ich Ihr Gesicht nie gesehen habe?«

»Dann belassen wir es wohl besser dabei«, sagte Mr Mitchell. Ein kultivierter englischer Akzent.

Sheffield war sofort im Bilde. »Geboren in Leeds, wahrscheinlich in einem Arbeiterhaushalt, per Stipendium nach Eton und Cambridge gelangt. Naturwissenschaftliches Studium. Wichtigster Antrieb: Geld.«

»Geld ist Macht«, kommentierte Mitchell.

»Gewiss, eine bestimmte Art von Macht«, räumte Sheffield ein. »Also, jetzt bin ich hier. Was haben Sie mit mir vor?«

»Sie umbringen.«

»So etwas habe ich mir schon gedacht.«

»Möchten Sie auch wissen, warum?«

»Ich glaube, das weiß ich schon«, antwortete Rupert. »Die Waffengeschäfte – nicht mehr viel los mit Ihrem Verein, nachdem Compton und ich mit der Organisation fertig waren. Ihre Bosse sind alle tot oder im Knast. Und in griechischen Gefängnissen soll es ja ganz schön ungemütlich sein.«

»Das auch«, sagte Mr Mitchell. »Aber der Grund, weshalb ich Sie nicht bloß über den Haufen schießen, sondern mir mit Ihrem Ableben so richtig schön Zeit lassen will, ist ein Mann namens Andreas Katzis. Erinnern Sie sich an ihn?«

»Aber ja.« Rupert vergaß nie jemanden, der versucht hatte, ihn mit einem Fischernetz zu erdrosseln.

»Sie haben ihn getötet«, knurrte Mr Mitchell, dessen Cambridge-Akzent mehr und mehr abblätterte.

»Nun, zu meiner Verteidigung könnte ich anbringen, dass er mich ja ebenfalls töten wollte«, gab Rupert zu bedenken.

»Scheißegal!«, brüllte Mr Mitchell. »Er war mein Sohn!«

Rupert antwortete nicht.

»Wollen Sie mir nicht was vorlügen, um Ihr elendes Leben zu retten? Wollen Sie nicht wenigstens so tun, als ob es Ihnen leidtäte?«

»Wenn Sie darauf bestehen«, sagte Rupert ruhig. »Aber

da wir hier ja ganz unter uns sind, wie Sie mir versichert haben, sehe ich eigentlich keinen Sinn darin.«

»Ich bin nicht allein hier.«

»Ich allerdings auch nicht«, entgegnete Rupert und trat schnell in den Schatten zurück. »Wollen wir es jetzt auf einen Schusswechsel ankommen lassen?« Er klang fast gleichgültig, zu angestrengt lauschte er darauf, wo in der Halle noch jemand atmete. Zu seiner Linken, das wusste er, befand sich John. Aber weiter rechts und in einiger Höhe – ein Scharfschütze? Sicher nicht. Doch irgendwer hatte mit den Füßen gescharrt. Allmählich dämmerte ihm, dass ihm womöglich eine riesige Fehlkalkulation unterlaufen war. Er hätte auch ein paar Revolverhelden mitbringen sollen. Aber dafür hätte er den unerträglichen Fanshawe oder Miss Fisher mit ins Boot holen müssen. Und er war überhaupt nicht auf die Idee gekommen, dass er Hilfe brauchen könnte.

»Zuerst erschieße ich Ihren Freund John Wilson. Er kennt Sie in- und auswendig. Allerdings kann ich mir nicht vorstellen, warum sich so ein ehrenwerter Mann mit Ihnen abgibt. In meiner Branche gehört es dazu, dass man als Erstes potenzielle Rächer ausschaltet. Dann kommen wir zu Ihnen. Ich kann es kaum erwarten. Sie haben meinen Sohn getötet und meine Organisation zerstört. Ich bin nach Australien ausgewandert, wollte so weit weg wie nur möglich, und wem muss ich hier über den Weg laufen? Ihnen!« Mitchells Stimme bebte vor Hass.

»Und wissen Sie, was das Witzige dabei ist?«, fragte Rupert. »Dass ich überhaupt nicht nach Ihnen gesucht habe und noch nicht einmal weiß, wie Sie aussehen. Dr. Wilson müssen Sie nicht erschießen. Er weiß rein gar nichts von meinen Geheimdienstzeiten. Ich kenne ihn erst, seit ich außer Dienst bin und mich nur noch mit reiner Mathematik beschäftige. Sie können die Sache immer noch auf sich beruhen lassen.«

»Nein«, grollte Mitchell. »Tut mir leid um Dr. Wilson. Sie haben mein Leben zerstört, und dafür bringe ich Sie um. Und Sie sollen leiden. Ich verpasse Ihnen einen Bauchschuss. Da können Sie schön langsam dran verrecken, jede Sekunde eine Höllenqual.«

Er hob die Pistole und zielte.

»Nein!«, schrie John Wilson. Doch es war zu spät. Er konnte nicht verhindern, dass Mitchell den Finger um den Abzug krümmte und abdrückte. Als der Schuss losging, warf er sich schützend vor seinen Geliebten. Der fing ihn in seinen Armen auf. Ein Gesicht, das er noch nie gesehen hatte, starrte auf ihn herunter. Er wartete auf den Tod.

In einiger Höhe schnaubte es wütend. Im nächsten Augenblick schwang sich ein Bursche in weiten Hosen, ausgefranstem Pullover und Schirmmütze von oben herab und trat dem praktisch unsichtbaren Mr Mitchell mit voller Wucht ins Gemächt.

»Diese Großmäuler sind ja so schrecklich öde«, sagte der Junge. Er schnappte sich die Waffe und schoss dem ehemaligen Waffenschmuggler in die Schläfe. »Wenn Sie einfach das Maul gehalten und Sheffield umgelegt hätten, wäre die Sache längst erledigt«, belehrte er den Toten. »Aber nein, Sie mussten ja erst lang und breit darüber schwadronieren, was Sie mit ihm vorhaben. Jetzt sind Sie tot, und das geschieht Ihnen recht.«

Während Sheffield noch hektisch dabei war, John nach Verletzungen abzutasten, wurde sein Kopf auf einmal von einer kleinen Hand an den Haaren hochgezogen. Grüne Augen versenkten sich flackernd in lavendelblaue.

»Stehen Sie auf!«, befahl Phryne Fischer. »Und heben Sie John auf, ich glaube, er ist ohnmächtig geworden. Er kann es nicht vertragen, angeschossen zu werden. Sie Idiot, das ist alles ganz allein Ihre Schuld. Und ich erwarte von Ihnen, dass Sie mir wenigstens dankbar sind für Ihre Rettung.«

Das namenlose Entsetzen hatte Sheffield nicht gelähmt. Er rappelte sich hoch, mit John in den Armen. John ächzte – er blutete!

»Wie …?«

»Das erzähl ich Ihnen später, Schätzchen.« Sie ließ dem Toten ein zusammengefaltetes Blatt Papier in den Schoß fallen. Dann wischte sie die Pistole ab, legte sie ihm in die Hand und schloss seine Finger darum. »Nehmen Sie John, und dann nichts wie weg hier. Ich habe ein paar Freunde dabei, die die anderen ablenken, aber das kann auch nicht ewig gutgehen. Kommen Sie, hier entlang.«

Rupert hievte sich den bewusstlosen John auf die Schulter – der berühmte Feuerwehrtragegriff –, hielt ihn an Arm und Bein fest und hastete hinter dem Jungen mit der Kappe her, durch ein hohes Tor und geradewegs auf die Ladefläche eines Lieferwagens, der augenblicklich losfuhr. Rupert setzte sich, den schlaffen Körper in den Armen und den Kopf auf seiner Schulter. Phryne knöpfte Johns Jacke auf. Er blutete, aber nicht so stark, dass es nach einer ernsthaften Wunde aussah.

»Na, ein Glück«, sagte Phryne. »Dafür, dass ihr zwei solche Idioten seid, ist es ja noch mal gutgegangen. Er wird es überleben und kann weiter idiotische Sachen anstellen. Hier, drücken Sie fest. Es schadet Ihnen gar nichts, wenn sein Blut an Ihren Händen klebt, schließlich ist das alles Ihre Schuld.«

»Warum haben Sie dann eingegriffen?«, fragte Sheffield, bestürzt über das Blut, voller Mitleid bei dem Gedanken an die Schmerzen, die John haben würde, wenn er wieder zu sich kam. Das Gefühl war neu für ihn, seltsam und quälend. Er biss sich auf die Lippen, vielleicht um ein Schluchzen zu unterdrücken. Phryne nahm die Mütze ab und schüttelte ihr Haar frei. Sie steckte sich eine Zigarette an, die den Wagen mit dem süßen Duft von Virginiatabak erfüllte und den Geruch von Schafwolle, Rohzucker und Gummi der vorherigen Ladung überdeckte. Und auch den metallischen Metzgereigeruch nach Blut an Ruperts Händen.

Phryne redete eindringlich auf Sheffield ein, als müsste sie unbedingt etwas loswerden, bevor John aufwachte. »Weil John mein Freund ist und Sie aus irgendeinem Grund anbetet, weil Sie zusammen so ein schönes Paar abgeben und weil Sie sein Leben aufs Spiel gesetzt haben.« Sie blies einen Rauchring. »Sie sind offenen Auges in eine Falle gelaufen, Sie Irrer.«

»Ich wusste ja nicht, dass John auch da war«, verteidigte sich Rupert.

»Wo sollte John denn sonst gewesen sein? Sie sagten doch ›für immer‹, ich habe es selbst gehört.«

»Für immer und ewig«, wisperte Rupert und drückte die Wange an Johns Stirn.

»Ganz recht. Aber anstatt um Hilfe zu bitten, marschieren Sie in einer Stadt, die Sie nicht kennen, in eine finstere Lagerhalle, als wollten Sie sich selbst zum Opfer darbringen …« Phryne erinnerte sich an den Alabasterleib auf ihrem Bett. Sie nahm noch einen tiefen Zug und wünschte sich, sie hätte einen Flachmann mit Whisky dabei. »Was glauben Sie eigentlich, wer Sie sind – Sexton Blake?«

Rupert Sheffield erstarrte, doch bevor er einen beleidigten Flunsch ziehen konnte, stöhnte John auf und griff nach seiner Hand. Er beugte sich zu ihm und küsste ihm die fiebrige Wange.

In ihrer Burschenkluft, die Zigarette in der Hand, bot Phryne Fisher einen unvergesslichen Anblick. Sheffield wurde es ganz anders bei dem Gedanken, dass er jeden Zoll ihres Körpers kannte, sonst aber absolut nichts von ihr wusste. Eine wertvolle Lektion – in Zukunft würde er sich von Frauen fernhalten. Sie waren einfach zu unberechenbar. Sie redete. Er hörte zu.

»Sie können John nicht mehr einfach irgendwo zurücklassen; er ist jetzt ein Teil von Ihnen, und wenn ich Ihnen auch noch so gerne eins mit dem Rohrstock überziehen würde, er kann nicht ohne Sie leben. Und wenn er stirbt? Was meinen Sie, wie lange Sie ohne ihn am Leben bleiben würden?«

»Ach! So gesehen …« Sheffield stockte. Daran hatte er überhaupt noch nicht gedacht. »Ich glaube … ich würde auch nicht ohne ihn leben wollen. Tatsächlich war ich fast erleichtert, als ich in die Mündung der Pistole geblickt habe. Wenn John tot war, wollte ich mit ihm sterben. Ausgesprochen unlogisch.«

Phryne schnaubte und knuffte ihn.

»Idiot! Nun gut. Ich musste jedenfalls dafür sorgen, dass Ihr Mr Mitchell, also mein Mr Ratcliffe, Sie in den Hinterhalt lockt und mir dadurch in die Falle geht, bevor er ein schreckliches Unheil anrichten konnte. Außerdem wollte ich auf Nummer sicher gehen, dass er in Zukunft keine Bedrohung mehr darstellt.«

»Und zwar wie?«, fragte Sheffield. John zitterte am ganzen Leib. Er brauchte dringend Wärme und ärztliche Zuwendung. Phryne drückte ihre Kippe aus und zündete sich die nächste Zigarette an.

»Indem ich dafür gesorgt habe, dass er keine Zukunft mehr hat. Ich glaube, ich muss mein abschätziges Urteil über die Bösewichte bei Sexton Blake revidieren. Der Knabe hat tatsächlich das gleiche wirre Zeug von sich gegeben und Ihre Ermordung so lange hinausgezögert, bis er mit seinem Gequatsche fertig war, sodass ich genügend Zeit hatte, ihn zu erschießen.«

»Die Kunst folgt eben doch der Natur.«

»Davon brauchen Sie John aber nichts zu erzählen. Er glaubt sowieso schon, dass ich ein Ungeheuer bin.«

»Nein«, hauchte John, halbwegs aus der Ohnmacht erwacht. Er hob den Kopf von Sheffields Brust. »Nein, du doch nicht, Phryne.« Er versuchte sich aufzurichten, den Arm vertrauensvoll um Sheffields Hals geschlungen. »Hast du ihn erledigt?«

»Aber ja doch. Oder wolltest du den Rest der Flitterwochen mit einem wildwütigen Waffenschieber auf den Fersen verbringen?«, fragte Phryne. »Ah, wir sind da. Gut. Dr. MacMillan steht auf Abruf bereit.«

Leichtfüßig sprang sie aus dem Wagen und blickte sich forschend nach allen Seiten um, bevor sie die beiden Männer ebenfalls aussteigen hieß. Rasch winkte Phryne sie in einen hübschen kleinen Vorgarten. Der Wagen fuhr davon, hinter ihnen schloss sich das Gartentor. Es roch nach frisch gemähtem Gras, voll erblühten Rosen, Wasser und Blut. Als Phryne die Tür des pittoresken kleinen Cottage öffnete, fragte John, der sich, von Rupert gestützt, gerade noch auf den Beinen halten konnte: »Wo sind wir?«

»Hier züchtet Dr. MacMillan ihre Rosen, hier bettet sie ihr müdes Haupt. Komm, setz dich, John. Da ist ein Stuhl. Blute ihr nicht auf den Teppich.«

Als Dr. MacMillan hereinkam, bat sie Sheffield mit ruhiger Stimme, John hinters Haus zu bringen, wo in einer Gartenlaube eine lange Tafel als provisorischer OP-Tisch hergerichtet worden war. Die Laube war von dunkelroten Rosen überrankt. Samtige, duftende Blütenblätter regneten herab, während die maskulin wirkende Frau – die Art von weiblichem Wesen, die Sheffield am besten gefiel – die Wunde des Patienten freilegte, mit sanfter Hand säuberte, mit Jodoformpulver desinfizierte und vernähte. Mit elf Stichen, von denen sich für Sheffield jeder so anfühlte, als ginge er ihm durchs eigene Fleisch. Dann half sie John, sich hinzusetzen, um ihm den Verband anzulegen. Nachdem sie sich davon überzeugt hatte, dass die Wunde nicht durchblutete, verabreichte sie ihm noch eine Morphiumspritze. Während er mit Sheffields Hilfe langsam ins Haus zurückwankte und auf eine Couch gebettet wurde, schalt sie ihn wohlwollend in ihrem singenden Schottisch.

»Das Hemd taugt nur noch als Putzlumpen. Sie großer dummer Junge, haben Sie etwa deshalb den Krieg überlebt, um sich nach all den Jahren hier in Gefahr zu begeben? Sehnsucht nach den Schlachtfeldern, wie? So, Ihr Freund geht sich jetzt mal die Hände waschen, ist aber gleich wieder zurück, und ich kümmre mich inzwischen um den Tee.«

Als Rupert Sheffield sich mit Nagelbürste und Karbolseife Johns Blut von den Händen schrubbte, schwor er sich, dass so etwas nie, nie wieder passieren durfte. Sein Hemd war ebenfalls vollgeblutet. Er riss es sich vom Leib und warf es auf den Boden.

Als er ins Wohnzimmer zurückkam, hockte Phryne auf einem Stuhl, nippte an einem Whisky und kämmte sich mit den Fingern die Haare. Er setzte sich mit entblößtem Oberkörper auf die Couch und wickelte John und sich in eine Wolldecke. Als er seinem Freund den Arm um die Schultern legte, lehnte der sich dankbar an ihn.

Rupert hob den Kopf und blickte Phryne in die Augen. »Ich verspreche feierlich, dass ich John nie wieder in Gefahr bringen werde.«

»Und mich selbst auch nicht …«, sprach sie ihm vor.

»Und mich selbst auch nicht. Außerdem bin ich Ihnen für unsere Lebensrettung zu großem Dank verpflichtet.«

»Gern geschehen«, sagte Phryne. »Doch wir sind uns einig, dass ich Ihnen persönlich in den Kopf schieße, wenn Sie das noch einmal machen?«

Er zweifelte nicht daran, dass sie es ernst meinte.

»Wenn sich so etwas durch meine Schuld wiederholt, werde ich Sie sogar darum bitten.«

»Einverstanden«, sagte Phryne. »Und wenn Sie ihm das Herz brechen, schneide ich Sie in so kleine Fitzelchen, dass sie keiner mehr wiederfindet. Dass das klar ist.«

»Ja, das auch.« Sheffield nickte.

»Die Haie hier in der Gegend schätzen meine Hafenarbeiterfreunde als gute Futterlieferanten«, erklärte Phryne.

»In Ordnung. Aber was, wenn John mich verlässt?«

»Niemals. Er ist eine ehrliche Haut und hat ein treues Herz. Das heißt, er hatte es. Bis er es Ihnen geschenkt hat. Wenn Sie sterben, stirbt er auch.«

John schmiegte sich in seinem Arm enger an ihn, wie um die Wahrheit dieser Aussage zu bekräftigen. Sheffield konnte sich nicht vorstellen, dass sein John ihn je verlassen würde, außer im Tod. Verzweifelt versuchte er, an etwas anderes zu denken.

»Wollen Sie mir nicht erklären, wie Sie das arrangiert haben? Sie scheinen über eine äußerst effiziente Organisation zu verfügen.«

»Ich habe mir ein paar Leute von Fanshawe ausgeliehen«, erklärte Phryne.

»Fanshawe ist ein Trottel.«

»Das stimmt nicht«, widersprach sie. »Er ist nützlich. Es wird Zeit, dass Sie den Unterschied begreifen lernen, mein Freund. Soll ich fortfahren?«

»Bitte«, sagte Rupert.

»Ich wollte Fanshawes Leute dabeihaben, falls wir eine offizielle Absicherung brauchten, als Rückendeckung. Aber dann hatten wir die Hilfe doch nicht nötig. Meine Freunde vom Hafen haben sich am Tor aufgebaut und Mr Ratcliffes Helfershelfer abgefangen. Mit Hilfe einer Schrotflinte. Auf kurze Distanz eine sehr ernüchternde Waffe. Meine Adoptivkinder waren unsere Späher. Cec hat den Wagen gefahren. Bert war in der Lagerhalle, um etwaige Verwundete rauszutragen. Bewaffnet war er außerdem. Wir hatten mindestens drei Alternativpläne. Zum Glück hat schon Plan A funktioniert.«

»Und der schicke Pulli?«, kicherte John, aus dem Morphiumnebel auftauchend.

Phryne erhob sich, die Hand wie ein Mannequin elegant in die Hüfte gestemmt. »Ist das nicht der letzte Schrei? Habe ich mir von Tinker ausgeborgt. Er wird mir wohl etwas gram sein, weil in der Hitze des Gefechts noch mehr Löcher reingekommen sind.« Sie zupfte an einem traurig herabhängenden graublauen Wollfaden. »Meinst du, ich kann die Aktion jetzt abblasen, Elizabeth?«

»Ich glaube nicht, dass wir noch etwas zu befürchten haben. Wenn überhaupt, sind sie hinter dem Lieferwagen her, und Cec ist gewiss sehr geschickt darin, Verfolger abzuschütteln«, meinte Dr. MacMillan.

»Außerdem hat ihr Boss sich ja selbst gerichtet«, stellte Rupert fest.

Phryne nickte. »Eben.«

»Das nimmt den meisten Banden gleich den Wind aus den Segeln«, sagte er.

»Ganz genau.«

»Wie praktisch, dass der Abschiedsbrief beiliegt.«

»Ich habe ihn selbst gesehen«, bestätigte Phryne.

»Und natürlich stimmt die Handschrift mit allen verfügbaren Schriftproben überein?«

»Aber selbstverständlich.«

»Ein Schuss in die rechte Schläfe«, überlegte Rupert. »Das heißt also, dass er Rechtshänder war. Und auf der Waffe, die er noch in der Hand hält, befinden sich seine Fingerabdrücke.«

»Richtig«, sagte Phryne.

»Und wenn es besser gewesen wäre, ihn verschwinden zu lassen, hätte das ebenfalls arrangiert werden können?«, wollte er wissen.

»Die Zementfabrik befindet sich gleich nebenan.«

»Ich habe mich bei Compton über Sie erkundigt«, gestand Sheffield.

Phryne schmunzelte. »Und? Was hat er gesagt?«

»Die gefährlichste Frau der Welt«, zitierte Rupert. »Und was hat er gesagt, als Sie sich nach mir erkundigt haben?«

»Genie und Idiot. Betonung auf Genie. Betonung auf Idiot.«

»Klingt ganz nach Compton«, meinte Rupert.

»Hat er unrecht?«, fragte Phryne.

Rupert blickte auf John hinab, der verletzt an seiner Brust ruhte, verletzt durch seine Schuld. Er schluckte. »Nein, er hat recht. Auch was Sie betrifft.«

»Sehr freundlich«, lächelte Phryne und ging zur Haustür, um ihre Familie hereinzurufen. Man hörte Getrappel im Flur, dann bekam Rupert den Spähertrupp zu Gesicht.

Als Ersten einen zerlumpten junger Kerl, offensichtlich Besitzer des grausigen Pullovers, da er den gleichen in Beige trug. Blitzende Augen, speckige Tweedkappe. Als Zweite ein langbeiniges Mädchen in kurzem Kleidchen, mit langen Zöpfen und tief ins Gesicht gezogenem Glockenhut, einen Korb unterm Arm. Als Dritte noch ein Mädchen, in überlangem Kleid, Schürze und Schal, die einen Jutesack hinter sich herschleifte. Phryne stürzte sich auf den Sack und zog Kleidungsstücke und ein paar Sandalen daraus hervor. Als sie sich bückte, um die Schnürstiefel auszuziehen, ächzte sie laut. Ihre Prellungen taten weh. Sofort kniete sich der Junge vor sie hin und löste ihr die verknoteten Schnürsenkel. Rupert begriff: Miss Fishers Hilfstruppen dienten ihr aus Liebe. Phryne tätschelte Tinker die Wange, als sie die Stiefel und die ausgeleierten Socken endlich los war, und wackelte befreit mit den Zehen, als sei sie erfreut, sie endlich wiederzusehen.

»Am besten nagelst du diese gruseligen Socken am Boden fest, Tink«, riet sie ihm. »Nicht auszudenken, was sie anrichten würden, wenn sie entkommen.«

»Jawoll, Miss.« Tinker grinste zu ihr hoch. Phryne ließ die Hosen fallen, zerrte sich den Pulli über den Kopf und verschwand ins Bad.

Rupert konnte nicht umhin zu bemerken, dass sie ihre übliche seidene Unterwäsche trug. Wer diesen Bengel entkleidet hätte, wäre wohl ganz schön verblüfft gewesen.

Und es hätte demjenigen wohl eine Kugel in den Kopf oder mindestens einen kernigen Stiefeltritt eingetragen.

»Sie ist es wirklich«, murmelte John schläfrig, an Ruperts Schlüsselbein geschmiegt.

»Was?«

»Die gefährlichste Frau der Welt.« Schon war er wieder eingenickt.

»Stimmt genau.« Das Mädchen mit dem Glockenhut beugte sich vor, um ihn sich von ihrer Freundin vom Kopf rupfen zu lassen – ohne Rücksicht auf reißende Nähte. »Wir können froh sein, dass sie auf unserer Seite ist.«

»Und welche Seite ist das?«, wollte Rupert wissen.

Jane, die ihre und Ruths Sachen aus dem Sack kramte und ihn dann an Tinker weiterreichte, sah ihn an.

»Miss Dot sagt, sie steht auf der Seite des Lichts«, gab sie zurück. »Ein religiöses Konzept.«

»Habe schon davon gehört«, nickte Rupert.

»Statt Licht könnte man auch Ethik sagen.« Jane nahm den Schal ab und schüttelte ihre kurzen blonden Haare. »Als sie mich zum Beispiel aus den Fängen eines Hypnotiseurs befreit hat, hätte ich Ruthie in der schrecklichsten Knechtschaft zurücklassen müssen, also hat sie uns einfach beide bei sich aufgenommen.«

»Und mich hat sie auf Bewährung aus Queenscliff geholt«, erklärte Tinker, während er sich unbefangen auszog und in Hemd und kurze Hosen schlüpfte, die ihn mit einem Mal wie einen respektabler Internatszögling aussehen ließen. Rupert blinzelte verdutzt.

»Dich habe ich doch schon einmal gesehen«, wandte er sich an Tinker.

»Das ist korrekt«, antwortete Tinker wohlerzogen, um dann in seinem angestammten Akzent hinzuzusetzen: »Klar, Mann.«

»Und dich auch«, sagte Rupert zu Jane. »Mit dir habe ich Schach gespielt. Du hast dich recht geschickt angestellt.«

»Danke«, gab Jane zurück. »Sie wirken irgendwie verändert.«

»Wie denn?«, wollte Rupert wissen.

»Weicher«, antwortete Jane, womit sie sich von ihrer Schwester einen Rippenstoß einhandelte. »Nein, ich bin nicht unhöflich, Ruthie«, protestierte sie. »Sieh doch selbst. Du weißt, Miss Phryne hält uns immer an, genau hinzusehen.«

»Aber doch nur, wenn es nicht taktlos ist«, sagte Ruth, das artige Musterkind.

»Ach, das macht ihm nichts aus. Er hat uns ja auch beobachtet. Da ist es nur fair, wenn wir uns revanchieren, nicht wahr?«

Sheffield nickte. »In der Tat.« In Jane erkannte er eine verwandte Seele, die ebenso direkt war wie er selbst, auch wenn sie sicher zu größerer Rücksichtnahme erzogen worden war. »Und? Was schließt du aus deinen Beobachtungen?«

»Mathematische Beweise kann ich allerdings keine liefern«, meinte Jane. »Also gut: Am Anfang waren Sie arrogant und mochten keine Menschen leiden. Nicht bloß uns. Und auf Miss Phryne waren Sie eifersüchtig. Sie waren unglücklich und wollten alle anderen auch unglücklich machen. Und Sie wollten uns beweisen, wie viel schlauer Sie sind als der Rest der Welt.«

»Jane!«, rief Ruth erschrocken.

»Er wollte es doch hören.«

»Und jetzt tut's ihm bestimmt leid.«

Ein mitfühlendes Herz. Rupert hatte das immer für eine verächtliche Schwäche gehalten. Was war er doch für ein Idiot. Compton hatte ganz recht.

»Sprich nur weiter«, ermutigte er Jane.

»Jetzt raunzen Sie uns nicht mehr an, und Sie spielen

sich auch nicht mehr auf. Vorher sind Sie vor jeder Berührung zurückgeschreckt, sogar vor meiner Hand, als ich Ihnen die Schachfiguren hingehalten habe. Jetzt aber berühren Sie Dr. Wilson, Sie umarmen ihn sogar. Gerade so, als ob Sie ihn lieben.«

»Und er schmiegt sich richtig an Sie, als ob er Sie auch liebt!« Ruth klatschte aufgeregt in die Hände. »Es ist genau wie in einem Liebesroman, bloß mit Männern.«

»O nein«, ächzte Tinker, der für Liebesromane nicht viel übrighatte.

Rupert hatte Mitleid mit ihm. »Dr. MacMillan hat Tee und Kekse für uns in der Küche«, sagte er, und Tinker folgte seinem Wink auf der Stelle. Sheffield zuckte ein wenig zurück, als Jane sich vor ihm aufbaute und ihm tief in die Augen sah. Ihrem scharfen Blick würde so leicht nichts entgehen.

»Kein Zweifel«, sagte sie kühl. »Sehr viel weicher. Die Muskulatur ist entspannter, die Züge nicht so eckig und kantig.«

»Ja, geradezu skulptural geformt«, sagte Phryne, die in einem fließenden grünen Hemdkleid hereinkam, modisch vermutlich der allerletzte Schrei. »Was machst du denn da mit Mr Sheffield, Jane?«

»Er wollte es wissen«, verteidigte sich das Mädchen, leicht gekränkt, dass alle ihre Motive missverstanden. »Er hat mich nach meinen Schlussfolgerungen gefragt.«

»Habe ich«, bestätigte Rupert.

Phryne lächelte. »Und hast du noch mehr auf Lager, Jane?«

Abermals durchbohrte ihn der mitleidslose, unbeteiligte Blick. Es war, als starre man in einen Suchscheinwerfer.

»Er hat dunkle Ringe unter den Augen: wahrscheinlich von einem Schock. Eine Hand hat er besonders heftig geschrubbt, sie zittert noch. War da Blut dran? Aber nicht sein Blut; er ist nicht verletzt. Dr. Wilsons Blut. Das Blut eines Feindes hätte ihn nicht so verstört. Er hat keine Schmauchspuren am Arm, hat also keinen Schuss abgefeuert. Miss Phryne hingegen schon.« Jane fasste nach ihrer Hand. »Aber nicht mit Ihrer üblichen Beretta, es war eine größere, schwerere Waffe. Sie haben sich die Haut zwischen Daumen und Zeigefinger eingeklemmt.«

»Und kannst du auch erraten, auf wen ich geschossen habe?«, fragte Phryne.

»Den Bösewicht.« Jane lächelte sie vertrauensvoll an. »Wen sonst?«

»So, das reicht jetzt.« Dr. MacMillan kam herein, gefolgt von Tinker, der den Servierwagen schieben durfte. »Du wirst gewiss mal eine gute Diagnostikerin, mein Spatz. Es hapert bloß noch ein bisschen am ärztlichen Einfühlungsvermögen.«

Als John aufwachte, fand er sich im Kreis von Phrynes kleiner Familie wieder, neben sich – und das war das Wundervollste – Rupert Sheffield, der ihm stark gesüßten Tee einflößte. Er trank alles aus, ohne sich über den vielen Zucker zu beklagen. Rupert stellte die Tasse ab und küsste ihn sanft.

Er schloss die Augen.

Als er zum zweiten Mal zu sich kam, war er verwirrt, und er hatte Schmerzen.

»Die Wirkung des Morphiums ist abgeklungen«, meinte Rupert. »John? Weißt du, wo du bist?«

»Du? Hier?«, seufzte John, unendlich erleichtert. »Ich dachte, ich hätte nur geträumt.«

»Nein, du bist bei Dr. MacMillan. Du wurdest …«

»Angeschossen«, stöhnte John. »Ich kenne das Gefühl. Es ist scheußlich, wenn du es genau wissen willst. Ich erinnere mich. Die Lagerhalle. Und du? Bist du unverletzt?«

»Gänzlich. Kannst du dich aufsetzen, wenn ich dich stütze, ein paar Schluck Wasser trinken und diese Pillen nehmen? Die sind von Dr. MacMillan. Gegen die Schmerzen.«

»Gut, die kann ich brauchen. Wie lange habe ich denn geschlafen?«

»Vier Stunden. Es ist noch Nacht. Du solltest noch etwas schlafen.«

»Dafür, dass ich dich hier bei mir habe, lasse ich mich jederzeit gern wieder anschießen.« John tastete nach Ruperts Hand. »Das ist es mir wert.«

»Nein«, erwiderte Rupert scharf. »Nichts ist das wert. Wie kannst du so etwas sagen? Du hast eine klaffende Fleischwunde. Dein Blut ist unter meiner Hand hervorgesprudelt. Bitte sag so etwas nie wieder.«

»Ja, ist gut, mein Schatz.« John spülte die Tabletten hinunter. Morphium, er erkannte den bitteren Geschmack. »Es dauert eine halbe Stunde, bis sie wirken«, sagte er. »Würdest du dich … bis dahin neben mich legen? Wenn man Schmerzen hat, fühlt man sich so … einsam.«

Sheffield entledigte sich der Schuhe und der Hose und

kroch zu ihm unter die Decke, peinlichst darauf bedacht, nur ja nicht an den Verband zu stoßen. John lag auf der Seite, und Sheffield legte behutsam die Arme um ihn. Wie aus einer Kältestarre auftauend, entspannte John sich langsam in seiner Wärme. Die Wunde brannte. Egal, er hatte schon Schlimmeres mitgemacht, allerdings noch nie in so exquisiter Gesellschaft.

»Erzähl mir was«, bat er. Ruperts schöne Stimme würde ihn auf andere Gedanken bringen. Wie hatte Phryne sein Timbre beschrieben? Irish Coffee. Nur wenn er mit John sprach, war es Irish Coffee mit Single Malt Whisky, dunkler Schokolade und Sahne.

»Was soll ich dir denn erzählen?«, raunte Rupert ihm ins Ohr.

»Wie findest du Phrynes Kinder?«

»Beindruckend. Der Junge ist ein Fischer. Hat einen schwarzweißen Hund. In Armut aufgewachsen. Vater verschollen. Möchte, glaube ich, Polizist werden, verehrt Sexton Blake, weshalb er Tinker genannt wird, nach dem pfiffigen Straßenjungen aus den Romanen. Auf den Namen wurde er sicher nicht getauft – wenn überhaupt. Ruth, das Mädchen mit den Zöpfen, hat ein sanftes Gemüt und ist bestimmt eine gute Köchin. Hatte Mehl am Zopf. Kräftige Hände vom Teigkneten. Verschlingt Liebesromane. Sie findet, wir geben ein schönes Paar ab. Und Jane? Eines Tages wird ihr die Welt gehören. Daraus, wie ich mir die Hände geschrubbt hatte, hat sie messerscharf geschlossen, dass es dein Blut gewesen sein muss.«

»Clever«, stimmte John zu. Eine falsche Bewegung ließ ihn aufstöhnen. »Findest du sie sympathisch?«

»Sie macht mir Angst«, gestand Rupert.

»Mir geht's genauso.« John unterdrückte ein leises Lachen.

»Keiner von ihnen fand irgendwas dabei, dass wir zusammen sind«, sagte Rupert. »Na gut, Tinker hat sich in die Küche verdrückt, aber nur, weil er was gegen Gefühlsduselei hat, und nicht etwa, weil wir ihm … zuwider sind.«

»Ein Kind, das in Phrynes Haushalt lebt, kommt garantiert in den Genuss einer äußerst liberalen Erziehung. Wenn ihnen in den ersten zwei Wochen nicht der Kopf platzt, sind sie wahrscheinlich für den Rest ihres Lebens gegen Überraschungen gefeit.«

»Schade, dass ich nicht so liberal erzogen wurde«, meinte Sheffield. »Ich habe geglaubt, fleischliches Begehren sei verwerflich und sündhaft und Liebe ein Zeichen von Schwäche.«

Im Haus war es vollkommen still. John ächzte. Er konnte die Standuhr im übernächsten Zimmer ticken hören. Daran, dass er fast erschossen worden wäre, würde er noch lange zu knabbern haben. Aber es hätte schlimmer kommen können. Er hatte noch nicht mal eine gebrochene Rippe. Alles würde wieder heilen, Rupert könnte sich eine neue Narbe einprägen. Der wunderbare Rupert, der ihn, John, auf immer und ewig liebte, war unversehrt. Langsam begannen seine Gedanken zu verschwimmen.

Rupert nahm seine Hand. »Es tut mir so leid«, murmelte er beschämt. »Ich habe mich falsch verhalten und hätte fast deinen Tod verschuldet.«

»Ja«, sagte John. »Aber so schnell wirst du mich nicht

los.« Er lachte einmal kurz auf und musste die Zähne zusammenbeißen. Er drückte Ruperts Hand.

»Wirkt das Morphium immer noch nicht?«, fragte der besorgt. »Soll ich die Ärztin holen?«

»Es ist nur eine Frage der Zeit, und ich werde die liebe Lisbet sicher nicht um ihren wohlverdienten Schlaf bringen. Sie kann sehr sarkastisch werden, wenn sie grundlos geweckt wird. Und ich bin schon verletzt. Nein, nein, es geht mir bestimmt bald besser.« Er lehnte sich in Ruperts Armen zurück, bis die Körperwärme seines Geliebten jede einzelne seiner Zellen durchströmte. »Bleib bei mir. Bis ich wieder aufwache, ja?«

»Dann verzeihst du mir?«, wisperte Rupert.

»Ja, mein Schatz, aber sicher …« John versank in einen tiefen, traumlosen Schlaf.

18

War das der Blick, der tausend Schiffe trieb
In's Meer, der Trojas hohe Zinnen stürzte?
O mache mich mit einem Kuss unsterblich.
Ihr Mund saugt mir die Seel' aus – Sieh, da fliegt sie!

Christopher Marlowe
Doktor Faustus

Phryne und ihre braven Helferlein kamen erst zu nachtschlafender Zeit wieder nach Hause, genauer gesagt, um drei Uhr in der Früh. Während Tinker, Ruth und Jane ausgehungert das amerikanische Kühlgerät plünderten und Dot von ihrem Abenteuer erzählten, gab Phryne der unerschütterlichen Mrs Thomas telefonisch einen kurzen Lagebericht. Die seufzte: »Ja, ja, die Welt ist schlecht«, und berichtete dann ihrerseits, dass der vorgebliche Selbstmord genau die richtige Taktik gewesen sei, denn nun würden sich Maginnis' Leute und der führerlose Rest von Ratcliffes Bande im Lagerhaus an der Bay Street gegenseitig an die Gurgel gehen, nachdem man sie über – vermutlich kommunistische – dunkle Kanäle dorthin gelotst habe.

»Eine saubere, straff durchgezogene Operation, Miss Fisher«, lobte Mrs Thomas. »Ich habe den Eindruck, dass die Geschichten, die man sich über Sie erzählt, tatsächlich wahr sein könnten.«

»Bitte sagen Sie doch Phryne. Und richten Sie Mr Fanshawe morgen meine besten Grüße aus. Gute Nacht.«

»Gute Nacht, mein Kind, wünsche wohl zu ruhen«, erwiderte Mrs Thomas honigsüß.

Als Phryne in die Küche kam, war sogar noch etwas von der Quiche Lorraine übrig. Sie aß zwei Stücke, bevor Tinker sich über den Rest hermachte.

Am nächsten Tag schliefen sie aus, das späte Frühstück zog sich fast bis zum Lunch. Als es an der Tür läutete, spitzten sie gespannt die Ohren, bis Mr Butler mit einer opulenten Pralinenschachtel und einem Orchideenstrauß ins Zimmer kam. Phryne arrangierte die herrlich duftenden, mehrfarbigen Blüten sogleich in einer hohen Glasvase.

Ruth las das Kärtchen vor: *»Der ganzen Familie Fisher, von John und Rupert, unseren herzlichsten Dank.«*

»Sehr anständig von ihnen«, kommentierte Phryne und ließ die Schachtel herumgehen.

Der Haushalt zerstreute sich, und jeder ging seinen üblichen Pflichten nach. An ihre Überlegungen vor dem nächtlichen Sexton-Blake-Intermezzo anknüpfend, erinnerte Phryne sich plötzlich wieder an das Portrait der traurigen Renaissance-Dame, nahm sich die *Encyclopædia Britannica* vor und schlug unter B nach. Beim Lesen ließ sie langsam eine Kirschlikörpraline im Munde zergehen.

Eine halbe Stunde später rief sie Jack Robinson an. Wieder eine Stunde später ließ sie sich von dem Polizeiwagen, der sie abgeholt hatte, vor der Gerichtsmedizin absetzen.

»Wie sind Sie bloß darauf gekommen?«, fragte Robinson.

»Sie konnten keinen Behälter für das Arsen finden. Alle Tassen und Gläser waren sauber und unbenutzt. Und Sie sind ja sehr gründlich, Jack, Ihnen wäre gewiss nichts entgangen. Das kam mir komisch vor. Eine Sängerin aus unserem Chor antwortete mir auf eine Frage in Bezug auf Gifte, ihr Name sei Caterina, nicht Lucrezia. Früher, als es noch keine Forensik gab, war Arsen ein beliebtes Mittel, sich lästiger Verwandter zu entledigen. Erbschaftspulver, hat man es damals genannt. Reinweiß, in jeder schwachen Säure löslich, und absolut tödlich.«

»Was wäre denn wohl eine schwache Säure?«, fragte Robinson.

»Tee ist Tanninsäure, Essigsäure erklärt sich von selbst, Orangensaft ist Zitronensäure. Es gibt eine Menge Säuren, die allgemein gebräuchlich sind. Lucrezia Borgia, von der Sie bestimmt schon gehört haben, trug einen Fingerring mit einem Hohlraum, aus dem sie heimlich Arsen in ein Getränk streuen konnte. Man hat Arsen auch mit Fett gemischt und in Leder eingerieben, um vergiftete Handschuhe zu fabrizieren. Es ist ein sehr anpassungsfähiges Gift, und früher starben die Leute ja recht häufig an Typhus oder Cholera. Die gleichen Symptome. Kann bei Langzeitgebrauch in minimalen Dosen zu einer chronischen Toxizität führen …«

»Und Sie machen mal wieder meine Arbeit für mich, Phryne?«, fragte der alte, aber rüstige Dr. McLaren. Als emeritierter Chemieprofessor der Universität von Melbourne wurde er immer dann hinzugezogen, wenn die Polizei auf unlösbare forensische Probleme stieß. Äußerlich ein Gnom, klein, zusammengeschnurrt und kahlköpfig, war Professor McLaren voller Tatkraft, und seine Augen blitzten vor Lebenslust. Als Hobby züchtete er Siamkatzen.

»Aber nicht doch«, sagte Phryne, die vor dem alten Mann großen Respekt hatte. »Nur ein bisschen Recherche vorab.«

»Na, da haben Sie mir aber ein schönes Rätsel aufgegeben«, schmunzelte der Alte. »Obwohl ich glaube, dass Lucrezia Borgia gar nicht so schlecht war wie ihr Ruf. Sie konnte doch nur zu dem Geschöpf werden, das ihr Vater und ihr Bruder aus ihr gemacht haben. Im reifen Alter von dreizehn Jahren verheiratet – das arme Mädchen. Aber wie meine geschätzte Kollegin Miss Fisher schon sagte …« Er ging voran ins Labor. »Der Gebrauch von Arsen war weit verbreitet. Seit wir einen zuverlässigen Test dafür haben, wird das Gift nicht mehr so oft für Mordzwecke benutzt. Um es nachzuweisen, muss man bei einem Todesfall aber überhaupt erst einmal Verdacht schöpfen und gezielt danach suchen. Sonst könnte man es ebenso gut mit einem von Sherlock Holmes' farblosen, geruchlosen, nicht nachweisbaren südamerikanischen Pfeilgiften zu tun haben.«

Jack nickte. »So sieht's aus.« Labore machten ihn nervös. Er rechnete immer damit, dass sie früher oder später in die Luft fliegen würden, eine Befürchtung, die durch ein Erlebnis aus seiner Schulzeit untermauert wurde, wo bei einer durch ein misslungenes Experiment mit Natrium und Wasser hervorgerufenen Explosion die halbe Decke des Chemiesaals heruntergekommen war.

Die Orchesterpartitur lag auf dem Labortisch. Professor McLaren klopfte mit der Hand darauf. »Diese Noten waren verschwunden?«

»Ja«, antwortete Phryne. »Höchstens vierundzwanzig Stunden lang.«

»Und als sie wieder auftauchten, waren sie etwas feucht?«

»Genau.«

»Und Ihr Chorleiter pflegte sich den Finger anzulecken, bevor er umblätterte?«

»Das war leider seine widerwärtige Gewohnheit.«

»Gut. Ich nehme an, ich kann die Partitur nicht einfach auseinanderschneiden?«, fragte er.

»Noch nicht, aber das ist ja vielleicht auch gar nicht nötig. Es müsste ja nicht unbedingt die ganze Partitur vergiftet worden sein. Nur die oberen rechten Ecken. Wo er mit dem nassen Finger immer hingegriffen hat.«

»Dann wollen wir doch mal sehen.« Der Professor zückte ein Skalpell und schnitt ein paar Ecken ab.

»Worum geht es hier eigentlich genau, Miss Fisher?«, ließ sich Robinson vernehmen.

»Die Borgias.« Die Papierschnipsel landeten in einem Erlenmeyerkolben, das der Professor unter eine Abzugshaube stellte. »Gifte waren sozusagen das Spezialgebiet der Familie. Vergiftete Getränke, Messer, Handschuhe und Bücher. Eine besonders gemeine Spielart bestand darin, jemandem ein pornographisches Buch mit vergifteten Seiten zu schicken. Immer wenn der Betreffende mit angelecktem Zeigefinger umblätterte, bekam er eine kleine

Dosis von dem Gift ab. Je nach Stärke seiner Libido siechte er entweder langsam dahin oder erhielt schon bei einer Sitzung die tödliche Dosis. Das Ende war in beiden Fällen das gleiche. Arsen reichert sich im Körper an. Und was wir hier sehen, ist die Marshsche Probe auf Arsen.«

»Ich sehe bloß Papierschnipsel in einer Art Wasserbad.«

»Warten Sie's nur ab. Das destillierte Wasser ist frei von jeglichen Verunreinigungen. Achten Sie auf das Glas«, rief der Professor aufgeregt.

»Durchsichtig«, sagte Jack. »Oder nein, warten Sie, es verfärbt sich.«

»Sehr richtig, mein Junge«, sagte McLaren, der innerlich nie den Hörsaal verlassen hatte.

Der dünne rauchige Belag verdichtete sich und weitete sich aus. Er war von schwärzlich-bräunlicher Farbe, mit einem metallisch glänzenden, kreisförmigen Fleck in der Mitte.

»Man nennt das den Arsenspiegel«, sagte Phryne.

»Das ist Arsen?«, fragte Jack.

»Arsen oder Antimon, Halbmetalle aus der fünften Hauptgruppe des Periodensystems. Beides sind Gifte. Aber wenn wir eine schwache Chlorkalklösung hinzugeben, wissen wir es.«

Er goss eine weitere farblose Flüssigkeit hinein. Jack beschloss, sich in nächster Zukunft von farblosen Flüssigkeiten fernzuhalten. Bier erschien ihm als gute Alternative.

Der schwärzliche Spiegel klärte sich wie durch Zauberhand.

»Arsenik, keine Frage.« Professor McLaren strahlte. »Danke Ihnen.« Er küsste Phryne auf die Wange. »Ich habe mich lange nicht mehr so gut amüsiert. Ich wusste nicht, dass es heutzutage noch so einfallsreiche Mörder gibt.«

»Wie viel Arsen enthält denn die Partitur?«, fragte Jack.

»Genug, um einen Elefanten zu töten, mein Bester – wenn nicht mehrere. Ich weiß nur nicht, wie Ihr Mörder an reines Arsen gekommen ist. Handelsübliches Arsen wird mit Ruß oder Indigo eingefärbt. Hier aber gibt es keinerlei Farbträger, und auch keine Spur irgendeines Zusatzes.«

»Also kein Rattengift?«, fragte Jack.

»Nein.« Der Professor schüttelte den Kopf. »Es hat mich sehr gefreut, aber die Zeit drängt. Meine Princess Regina of Alphington steht kurz vor der Niederkunft. Ich muss unbedingt da sein, um Geburtshilfe zu leisten.«

»Alles klar«, sagte Jack.

Auf dem Weg zum Polizeiwagen nahm Phryne sich vor, dem Chor eine neue Orchesterpartitur zu besorgen. Die Musikalienhandlung Allen's hatte bestimmt eine auf Lager.

»Und wie ist der Täter nun vorgegangen?«, fragte Jack.

Phryne wedelte mit der Hand. »Ach, es war ganz einfach. Aber niederträchtig. Zeugt von einem rachsüchtigen Geist. Man nimmt die Partitur mit nach Hause, verdünnt das Arsen in heißem Wasser und Zitronensaft und pinselt es oben auf die Seiten. Was ein bisschen dauert, weil man ja immer warten muss, bis eine Seite getrocknet ist. Daher war die Partitur auch ein bisschen feucht, als ich sie gefunden habe.«

»Aber wer könnte das gewesen sein?«, fragte Jack. »Sie kennen diese Leute doch alle.«

»Der gesamte Chor«, entgegnete Phryne. »Jeder Einzelne hatte ein Motiv. Am besten wäre es, Sie fänden das Arsen. Reines Arsen wird vielfach industriell genutzt – in Farben, zum Beispiel, oder bei der Glasherstellung. Irgendwer müsste doch die eine oder andere Unze vermissen.«

»Das kann ja heiter werden.«

Robinson ließ Phryne nach Hause bringen. Jane zeigte sich sehr beeindruckt, als sie ihr von den Gelagen der Borgias erzählte – und weshalb man damals besser nicht daran teilnahm.

»Wie schmeckt denn Arsen eigentlich?«, fragte sie.

»Angeblich ist es geschmacklos. Vielleicht schlägst du es in der Enzyklopädie nach. Und ich verbiete dir kategorisch, Rattengift auszuprobieren. Dabei käme sowieso nichts heraus, weil es aus mehreren Wirkstoffen besteht.«

»Außerdem haben wir keins.« Jane klang enttäuscht. »Mrs Butler duldet kein Gift im Haus. Die Mäuse fängt Ember, den Küchenschaben rückt sie mit Natron zu Leibe, gegen die Fliegen nimmt sie Minzöl und gegen die Mücken Zitronella.«

»Umso besser.«

Phryne ging sich ein Weilchen hinlegen. Sie musste nachdenken. Wenn Leonard der Täter war, hatte er einen Einfallsreichtum bewiesen, den sie ihm nicht zutraute. Gab es unter den Chormitgliedern vielleicht Geschichtsstudenten, die von dieser Mordmethode gelesen und beschlossen hatten, sie an James auszuprobieren? Um zu überleben, hätte er nur die widerliche Angewohnheit ablegen müssen, seinen Finger anzulecken, bevor er die Seiten der Partitur umblätterte. Ansonsten wurde er mit dem Tod bestraft.

Alles in allem eine recht extreme Lektion in guten Manieren.

Ohne Henry James gestaltete sich die Probe sehr entspannt. Sein Geist funkte nicht dazwischen, als sie sich ihre letzten großen Chorpassagen erarbeiteten. *»Und der Prophet Elias brach hervor wie ein Feuer«* klang zwar noch etwas holprig, aber in adäquatem *moderato maestoso*. Matthew war zufrieden, und Professor Szabo spielte in der Teepause Menuette. Fast alle fingen an zu tanzen.

»Darf ich um diesen Tanz bitten, schöne Frau?«, fragte Matthew und nahm ihre Hand. »Weniger halsbrecherisch als der Charleston.«

»Aber gern.« Phryne ließ sich mit Grazie durch die Figuren des Menuetts geleiten, das eigens dafür komponiert schien, jedem im Saal zu zeigen, wer mit wem tanzte und was man anhatte. Es war sehr geruhsam. Sie tanzten verschiedene Versionen des gleichen Stücks, alle sehr dekorativ, wenn auch nicht unbedingt regelkonform. Caterina brachte Tommy mit bewundernswerter Geduld die Schrittfolge bei. Ein rührender Anblick. Daniel tanzte mit Josephine, und beide waren so überaus konzentriert bei der Sache, dass sie den Größenunterschied zwischen sich fast vergessen machten. DavidundLobelia dagegen tanzten eng umschlungen wie in einem Nachtlokal – was sich in einem solchen Etablissement meistens dadurch erklärte, dass die Tanzpartner zu betrunken waren, um sich ohne Stütze aufrecht zu halten.

Nach der Pause bewältigten sie die abschließende Chorpartie »Alsdann wird euer Licht hervorbrechen«, mit den letzten Worten des Oratoriums: »*Herr, unser Herrscher, wie herrlich ist dein Name in allen Landen, da man dir danket im Himmel*«, gefolgt von einem Amen, das sich durch bemerkenswerte Kürze auszeichnete. Sie hielten inne und atmeten tief durch, alles in allem sehr mit sich zufrieden.

»Schön!«, sagte Matthew. »Also, da Aunty Mark heute Abend gemütlich im Hotel bleibt, schlage ich vor, wir gehen alle nach Hause und tun es ihm gleich. Wir machen wirklich Fortschritte, Freunde. Und ich habe auch noch eine gute Nachricht: Pat Bells Engagement in Ballarat ist beendet, und er trifft am Mittwoch ein, um die Chorleitung zu übernehmen.«

»Wunderbar!«, rief Calliope. »Er ist so ein netter Kerl. Aber du warst auch sehr gut.« Sie lächelte Matthew an.

Als er das Dirigentenpult zum letzten Mal verließ, verabschiedete ihn der Chor mit freundlichem Applaus. Er revanchierte sich mit einer eleganten Verbeugung.

»Tut es Ihnen leid, dass Sie abgelöst werden?«, erkundigte sich Phryne.

»Mir? Gott, nein!« Sein breites Gesicht spiegelte ehrliche Erleichterung. »Es ist so eine riesige Verantwortung, alle Stimmen herauszuhören und sie perfekt aufeinander abzustimmen. Und die Fehler auszubügeln. Wenn ich den Chor jetzt übergebe, sehe ich ihn mit guten Chancen, bis zum Zeitpunkt der Aufführung so etwas wie Konzertreife zu erlangen. Das ist gut genug für mich!«

»Was für ein sympathischer Mensch Sie doch sind.«

»Äh … danke«, stammelte er verlegen.

»Schade, dass ich Sie nicht mit heimnehmen und vernaschen kann«, sagte Phryne lächelnd. »Aber leider muss ich ja noch herausfinden, wer die beiden Chorleiter umgebracht hat. Sie jedenfalls dürften jetzt aus der Schusslinie sein.« Damit ließ sie ihn stehen.

Matthew kam sich vor, als hätte sie ihn wie ganz nebenbei an die Wand genagelt. Mit glühenden goldenen Nägeln. *Was* hatte sie da gerade gesagt? Er würde sie am Mittwoch fragen, was sie damit gemeint hatte. Oder vielleicht lieber doch nicht. Sie war eine Frau, die genau wusste, was sie wollte. Und noch wusste wirklich niemand, wer Tregennis und Henry James getötet hatte. Zwar sprach in den Augen der meisten viel dafür, dass Leonard der Täter war, aber für die Polizei war der Fall noch nicht gelöst. Der Inspector ermittelte weiter.

Und jetzt – schnell nach Hause. Er musste für seine Großmutter kochen und wollte nicht zu spät sein. Sie konnte sonst sehr ungemütlich werden. Und die lieben Tierchen mussten auch gefüttert werden.

Im Zustand angenehmer Verwirrung stieg er in die Trambahn nach Carlton.

Als Phryne nach Hause kam, pünktlich zu einem leichten Nachtessen, waren weitere Tribute eingetrudelt. Ein kleines, aber feines Bouquet Gardenien von Peter Fanshawe. Eine sündhaft teure Flasche Rosenöl, ohne Zollstempel, adressiert an den Oberbefehlshaber, ohne weitere Angaben. Ein offenbar handgepflückter Strauß Gartenrosen von Dr. MacMillan, der mit einem Stück Mullbinde zusammengehalten wurde – sie züchtete wirklich wunderbare

Rosen. Es waren die dunkelsamtigen Black Boy, die sich um die Laube rankten, in der sie John Wilson operiert hatte. Sie dufteten berauschend schön. Auf dem beigefügten Kärtchen stand *»Wahre Augenweiden«*, was sich vermutlich nicht auf die Blumen bezog. Aber wenn Rupert nicht wortbrüchig geworden war und John irgendwie verletzt hatte, in welchem Fall sie ihn erschießen würde, und sei er noch so schön, mussten die beiden eigentlich auf einem guten Weg sein. Es machte Phryne immer noch zu schaffen, dass Rupert nicht wirklich zu schätzen wusste, was für ein großartiger Mensch John war, aber das würde mit der Zeit schon noch kommen.

Wehe, wenn nicht!

Das Essen war köstlich, und Lambie und sie schliefen den Schlaf der Gerechten.

Der nächste Vormittag war angefüllt mit Haushalt, Frisör, einer entrüsteten Schwester und einem besorgten Polizisten.

»Phryne!«, rief Eliza. »Die Genossen Bert und Cec haben mir drei Frauen gebracht, die sie aus den Klauen eines gewissen Ratcliffe gerettet haben.«

»Ja, ganz recht.« Eliza war das genaue Gegenteil von Phryne. Die eine zierlich, schmal, dunkelhaarig und dem männlichen Geschlecht zugetan, die andere groß, üppig, blond und allein der sapphischen Liebe verpflichtet. Trotzdem kamen sie sehr gut miteinander aus.

»Ja, ich habe ihnen gesagt, du könntest dich vielleicht um die befreiten Sklavinnen kümmern.«

»Weißt du, was dieser Unmensch mit ihnen gemacht hat?«, fragte Eliza empört.

»Nein«, sagte Phryne. »Und du musst es mir auch nicht erzählen, ich kann's mir vorstellen. Ich habe schon genug Schreckensbilder im Kopf. Kannst du jemanden finden, der sich ihrer annimmt?«

»Ich denke schon.«

»Und eine kleine Spende wäre wohl auch akzeptabel?« Phryne zückte die Brieftasche.

»Selbstverständlich.« Eliza blickte sie forschend an. »Genosse Bert sagt, dass Ratcliffe tot ist. Stimmt das? Die Mädchen müssen die Wahrheit wissen. So etwas habe ich noch nicht gesehen … Sklavinnen ist wirklich das passende Wort dafür … panisch vor Angst, dass er sie wieder einfängt und bestraft.«

»Er ist tot.« Phryne drückte ihrer Schwester einen Geldschein in die Hand.

»Und woher weißt du das?«

»Weil ich ihn getötet habe.«

Eliza zuckte nicht mit der Wimper. »Alle Achtung. Gut gemacht. Ich wünschte nur, du könntest ihn wieder zum Leben erwecken.«

»Wieso das denn?«

»Damit du ihn noch einmal töten könntest.«

Der Inspector war erschöpft und mit den Nerven am Ende.

»Dieser Fall macht mich fertig«, gestand er.

»Mich auch«, sagte Phryne. »Wir kennen das Wie, also sollten wir eigentlich auch wissen wer. Aber ich kann mir beim besten Willen nicht vorstellen, dass sich Leonard March diesen Borgia-Trick ausgedacht hat. Ich bezweifle, dass er etwas anderes liest als Noten. Und die Geschichtsstudentin, die darüber Bescheid wissen könnte, Caterina, war diejenige, die den Namen Lucrezia ins Spiel gebracht hat. Aber sie hat keinen besonderen Groll gegen Henry James gehegt. Und ich nehme doch stark an, dass die beiden Morde zusammenhängen.«

»Und wenn nicht?« Jack nahm eine Teetasse entgegen. »Danke, Mr B. Was, wenn Tregennis von irgendeinem Chormitglied umgebracht wurde, das die Gelegenheit beim Schopf gepackt und die ganze Sache dann irgendwie verdrängt hat? Eine reine Impulstat? Während der Mord an James von langer Hand geplant war?«

»Das kann nicht sein. Bevor Tregennis getötet wurde, wusste ja keiner, dass wir James als Chorleiter bekommen würden. Aber nehmen wir mal an, James hätte einen heimlichen Feind im Chor gehabt, der es nicht ertragen konnte, ihn in dieser Machtposition zu sehen, und daher beschloss, seinen langgehegten Plan in die Tat umzusetzen. Und wenn ich ›der Feind‹ sage, könnte es natürlich auch ›die Feindin‹ heißen. Gift wird ja gern von Frauen verabreicht.«

»Das könnte sein«, nickte Jack. »Leider gibt es viel zu viele Leute, die den Mistkerl gehasst haben.«

»Ja, und wie steht es mit der Herkunft des Arsens?«

»Wir sind dem nachgegangen«, erklärte Jack. »Aber in der Farbenindustrie wird es fast überall eingesetzt, und sie gehen nicht gerade vorsichtig damit um. In manchen Gießereien genauso. Man könnte einfach reinmarschieren und sich die Taschen damit vollmachen, ohne dass irgendjemand was merkt. Sie nutzen das Zeug auf so alltäglicher

Basis, dass sie vergessen, wie tödlich es ist. Und hier geht's nur um das weiße Pulver, das Arsenik. In Drogerien haben sie zudem ein Giftregister für die Arsenpräparate, die man ganz legal erwerben kann. Bisher sind aber keine uns bekannten Namen darin aufgetaucht.«

»Ich halte weiter die Augen offen«, versprach Phryne. »Irgendetwas wird schon dabei herauskommen. Jedenfalls werde ich in diesem *Elias* mitsingen; es wird ganz großartig. Morgen bekommen wir einen neuen Chorleiter. Er heißt Patrick Bell und soll nett sein. Das wäre mal eine angenehme Abwechslung.«

»Das glaube ich«, sagte Jack. »Aber seien Sie vorsichtig.« Mit dieser Warnung verabschiedete er sich. An der Tür drehte er sich noch einmal um. »Was ich noch fragen wollte ... Sie hatten nichts mit dem Aufruhr letzte Nacht in der Bay Street zu tun, oder? Wo Ratcliffe sich umgebracht hat und Maginnis von Mutter Higgins' Kopfschlächtern aufgeschlitzt wurde? Die Spezialeinheit stolpert immer noch über Leichen – die Sache scheint radikal aus dem Ruder gelaufen zu sein.«

»Aber was soll ich denn damit zu tun haben?« Phryne faltete die Hände vor der Brust, ein Bild der Unschuld.

Jack Robinson lächelte grimmig. Er nickte. »Hab ich's mir doch gedacht.«

Phryne beschloss, später noch auf Aunty Marks Party zu gehen. Falls sie dort Rupert Sheffield antraf, könnte sie ihm noch das eine oder andere über den unendlichen Wert seines Liebsten mitteilen. Rupert hatte ihn nie so gesehen, wie Phryne ihn aus Kriegszeiten kannte: mutig, aufopfernd, sanft zu den Verwundeten, denen er nicht mehr helfen konnte, flink und geschickt mit Skalpell und Nadel. Zum Glück würde Rupert diese Fertigkeiten wohl auch nie zu Gesicht bekommen.

Aber vorher war noch Zeit für ein Nickerchen. Heute Abend musste sie jeden Einzelnen im Chor genau im Auge behalten, und das versprach anstrengend zu werden. Lambie wartete treu in ihrem Bett, umschlungen von Ember. Phryne kuschelte sich an beide.

Das Windsor war mit Aunty Marks permanenten Partys offensichtlich nicht überfordert. Während Phryne majestätisch die breite Treppe emporschwebte, kam ihr John Wilson entgegen.

»Wie geht es dir, Lieber?«, fragte sie, einen sicheren Abstand wahrend.

Er ergriff ihre Hand. »Ich bin überhaupt nicht so schwer verletzt, Phryne. Es war bloß ein Streifschuss. Aber den armen Rupert hat es ganz schön durchgeschüttelt.«

»Wohl wahr«, sagte Phryne. Hoffentlich hatte es ihn auch von seinem hohen Ross runtergeholt.

»Er lässt mich kaum noch aus den Augen. Ich muss mal ein bisschen an die frische Luft, einen Spaziergang durch den Park machen. Er schläft schon, ich habe mich rausgeschlichen. Du siehst übrigens zauberhaft aus.« Phryne warf sich für ihn in Pose. Sie trug ein tief ausgeschnittenes Kleid mit kleiner Schleppe, Goldbrokat auf dunkelblauem Grund. In ihrem goldenen Haarnetz steckte eine Pfauenfeder. John war hingerissen.

»Ich gehe zu Aunty Mark«, erklärte sie.

»Viel Spaß, kann ich da nur sagen. Wir wohnen fast genau unter ihm, auf Nummer Siebzehn. Könnt ihr nicht vielleicht ein paar Madrigale singen? Die gefallen Rupert ganz besonders.«

»Mal sehen, ob ich das deichseln kann.«

Phryne blickte ihm nach, die Treppe hinunter, das eine Bein nachziehend und die verletzte Seite schonend. Sicher tat ihm die Naht noch weh, kein Wunder. Aber er war gesund, die Wunde würde verheilen. Und außerdem hatte er die Liebe gefunden. Alles in allem ein sehr befriedigendes Ergebnis.

Wenige Stufen weiter wurde sie von Tommy abgefangen, der ihr den Arm bot, am anderen hing schon Caterina.

»Von zwei Schönheiten eingerahmt«, schmunzelte er. »Ein Dorn zwischen zwei Rosen.«

Phryne und Caterina lächelten sich an. Sie wussten, wie schön sie waren. Und Tommy war so ein liebenswürdiger Mensch. Wenn Caterina ihn wollte, konnte sie ihn haben.

Im zweiten Stock begegneten sie Rupert Sheffield, der beim Aufwachen vergeblich nach »seinem« John gesucht hatte. Er sah besorgt aus und sogar fast ein bisschen zerzaust.

»Er ist spazieren gegangen«, sagte Phryne. »Im Park, gleich gegenüber vom Hotel.«

Rupert bewies, dass er tatsächlich Manieren gelernt hatte, denn er blieb stehen, küsste ihr die Hand und murmelte: *»Madame est magnifique«*, bevor er Johns Verfolgung wieder aufnahm.

Aunty Mark hatte sich für seine Party das antike Griechenland als Motto ausgesucht und begrüßte seine Gäste in einer kurzen Tunika und einem wallenden weißen Überwurf aus einem Bettlaken, der ziemlich offenherzige Einblicke erlaubte. Er lümmelte sich auf seinen »Thron« und befahl seinen »Sklaven«, ihm etwas vorzusingen. Die Sklaven kamen seinem Wunsch freudig nach, solange der Champagner nicht ausging. Jemand hatte sich aus dem Fenster gelehnt und eine Efeuranke abgerissen, um die Teilnehmer damit zu bekränzen. Ein Bacchanal. Wie ergötzlich.

»König Marcus, ich fürchte, ich habe mich ein bisschen übertrieben in Schale geworfen«, bemerkte Phryne.

»Ach, dem kann abgeholfen werden.« Er grinste wölfisch. »Es fehlt nicht an Freiwilligen, um Ihnen beim Entkleiden zur Hand zu gehen.«

»Vielleicht später«, versprach Phryne. »Dürfen wir ein paar Madrigale vortragen, Majestät?«

»Warum nicht? Auf, ihr Sklaven: ›Tanzlied im Maien‹.«

Während sie »Nun strahlt der Mai im Herzen, da muntre Knaben scherzen« anstimmten, holte Phryne sich etwas zu trinken und setzte sich ans Fenster. Sie blickte hinaus auf die hell erleuchtete Straße, wo gerade John und Sheffield am Standbild von General Gordon vorbeikamen, John auf Sheffields Arm gestützt. Sie waren gut gekleidete Gentlemen, und kein Polizist wäre auf die Idee gekommen, dass John sich deswegen so fest an den Arm seines Freundes klammerte, weil er ihm in krimineller Leidenschaft verfallen war. »Ihr seht, aber ihr beobachtet nicht«, murmelte Phryne vor sich hin.

Plötzlich stand Mark neben ihr. »Hm? Was beobachten Sie denn da?«

»Turteltauben.«

»O.« Seine sinnlichen Lippen bildeten ein perfektes O. »Sind das nicht der Wichtigtuer und sein Schatten? Haben sie endlich zusammengefunden? Wie nett.«

Die Party nahm ihren Lauf. Phryne knöpfte sich alle Chormitglieder einzeln vor, sogar Julia, fand dabei aber nichts nennenswert Neues heraus. Professor Szabo meinte, Matthew sei ein recht ordentlicher Chorleiter, von diesem Patrick Bell jedoch habe er noch nie gehört. Einige warfen ein, Pat Bell sei ein exzellenter Musiker, außerdem auch ein netter Mensch, doch der Professor war nicht so leicht zu überzeugen. Mit dem geradezu gottgleichen Dirigenten Thomas Beecham, unter dem zu spielen er die Ehre gehabt habe, könne er sich vermutlich nicht messen. Worauf ihm keiner mehr zuhörte, wie immer.

Phryne war eben im Begriff, ihren Gin-Tonic auszutrinken und sich zu verabschieden, einigermaßen zufrieden, wenn auch nicht gerade erleuchtet, als plötzlich ein Tumult entstand. Jemand packte sie so fest am Arm, dass es sicher einen blauen Fleck geben würde. Es war Gawain, vollkommen aufgelöst.

»Schnell!«, schrie er. »Mark!«

Er zerrte Phryne durch das Gewimmel der verdutzten Sangeskollegen hinter sich her in das Prunkbad, wo Mark angezogen in der riesigen Wanne lag, den Efeukranz noch auf dem Kopf. Er schien zu schlafen. Aber mit dem Gesicht unter Wasser.

Phryne übernahm das Kommando. »Tommy, Oliver, hebt ihn raus. An den Schultern und Füßen. Beeilung! Gawain, laufen Sie nach Zimmer siebzehn, es liegt fast genau unter uns, und bringen Sie John Wilson her. Sagen Sie ihm, ich habe Sie geschickt. Los! Laufen Sie! Alle anderen, bitte zurücktreten. Wir brauchen mehr Platz.«

»Sollen wir ihn auf die Couch legen?«, fragte Tommy, der die Last ohne Mühe trug.

»Nein, auf den Boden – er hat Wasser in der Lunge. Das muss erst raus.«

Sie legten ihn vorsichtig ab.

Mit zwei Fingern fühlte Phryne ihm am Hals den Puls. »Er lebt noch. Wo bleibt Gawain mit dem Arzt?« Sie kniete sich neben Mark und öffnete ihm den Mund. Ein Rinnsal Wasser lief heraus.

Sie beugte sich hinunter, verschloss ihm den Mund mit ihren Lippen und spendete ihm ihren Atem.

Sein Brustkorb hob und senkte sich, ein einziges Mal. Warum nur wusste sie nicht mehr, was zu tun war? Sie gab nicht auf und atmete für ihn weiter. Heben, senken, Ende. Heben, senken, Ende.

Irgendwann kniete sich jemand neben sie. »Weiter so, Phryne, du machst das gut. Ihr Jungs, nehmt seine Arme, bewegt sie rauf und runter. Pumpen, eins, zwei, eins, zwei. Gut so. Nicht nachlassen.«

»John, Gott sei Dank.« Gawain, außer sich vor Eifersucht und Sorge, stieß Phryne beiseite und übernahm selbst die Beatmung. Als sie blindlings die Hand ausstreckte, um sich aufhelfen zu lassen, fand sie sich in Rupert Sheffields Armen wieder, der John fasziniert bei der Arbeit zusah. Phryne war außer Atem, ihr schwindelte. Obwohl Rupert sie sicher stützte, hatte er nur Augen für die Lebensrettung, die sich zu seinen Füßen abspielte. John ermutigte alle im Umkreis, sich nach Kräften zu beteiligen.

Das war immer schon seine Stärke gewesen. Phryne erinnerte sich, wie er mitten im Kampfgetümmel auf die Leichtverwundeten einredete, sich um die Schwerstverwundeten zu kümmern, während über ihnen der Himmel zerbarst.

»War er als Feldarzt schon genauso?«, fragte Rupert. »Ganz genauso«, antwortete sie. »Entschuldigen Sie, dass ich mich so bei Ihnen anlehne, aber mir ist ein bisschen flau.« Darauf er, mit abwesender Miene: »Aber nein, keine Ursache. Ich wusste gar nicht, dass er so … charismatisch sein kann.«

»Nur, wenn er Menschenleben rettet«, sagte Phryne, die ebenso gebannt zusah wie er. Sie hätte sich wieder allein auf den Beinen halten können, aber sie fühlte sich wohl in Rupert Sheffields Armen. Trotz seiner schlanken Statur war er ziemlich stark. Nur mit Hemd und Hose bekleidet, machte er einen lässigen Eindruck und war nicht – wie sonst im Anzug – die Korrektheit in Person. John und er waren wohl beim Zubettgehen gestört worden.

»Ich kann gut verstehen, warum Sie ihn in Ihren Sanitätswagen gezerrt haben«, murmelte er versonnen.

»Er hat es Ihnen erzählt?«, fragte sie überrascht.

Sheffield lächelte. »Keine Geheimnisse mehr.«

»Na bitte, so ist's brav«, konstatierte John befriedigt. Mark holte endlich selbstständig Luft. Rasch drehten ihn die Helfer auf die Seite, und ein Wasserschwall ergoss sich auf den Teppich. Er würgte und röchelte.

»Alles gut, mein Bester«, sagte John. »Sie sind im Bad

ohnmächtig geworden. Aber Phryne war hier und hat Ihnen das Leben gerettet.«

»Also, eigentlich waren das Gawain, Tommy, Oliver – und vor allem John«, berichtigte Phryne ihn.

Rupert drückte sie unbewusst.

»So, jetzt richten wir Sie noch ein bisschen her. Keine Angst, es wird alles wieder gut. Bestell uns doch bitte jemand einen Tee mit Zitrone und Honig.« John half Mark, sich aufzusetzen, und stützte ihn mit dem Arm ab. Er legte ihm das Ohr an die Brust und horchte. »Gut. Keine Geräusche. Sie können nicht lange unter Wasser gewesen sein.« Er blickte in die Runde. »Wo ist sein Schlafzimmer?«

Oliver und Tommy bildeten mit den Armen eine Sänfte und trugen Mark hinüber. Der war schon wieder fast der Alte und verabschiedete sich mit einem königlichen Winken. Gawain, Phryne und Rupert folgten ihnen. John sperrte die anderen aus.

»Ziehen Sie ihn aus, trocknen Sie ihn ab und rubbeln Sie ihn warm«, wies der Arzt Gawain an.

Als Mark, frisch eingekleidet, im leuchtend rotvioletten Pyjama in den Kissen thronte und seinen Tee schlürfte, fühlte John ihm noch einmal den Puls. »Sie dürfen nicht baden, wenn Sie nicht ganz nüchtern sind«, ermahnte er ihn. »Das hätte böse enden können, wenn Phryne Sie nicht rausgeholt hätte.«

»Aber ich habe gar nicht gebadet«, protestierte Mark. »Da würde ich mich doch auch vorher ausziehen.«

»Was ist denn dann passiert?«, fragte John. »Sie hatten jede Menge Wasser in der Lunge.«

»Keine Ahnung. Ich wollte nur schnell aufs Klo, dann weiß ich nichts mehr. Als Nächstes lag ich auf dem Boden, wurde von Gawain abgeknutscht, und ein paar Rüpel rissen an meinen Armen. Es fühlte sich an, als ob ein Elefant auf meiner Brust hockt.«

»Aha«, nickte Phryne.

Rupert wechselte einen Blick mit ihr. Grüne Augen trafen auf lavendelfarbene.

»John, wirf mal einen Blick auf seinen Hinterkopf«, sagte Rupert.

John tastete zwischen den Locken. Tatsächlich. Eine Beule.

»Ein gezielter kleiner Schlag«, vermutete Phryne. »Heftig genug, um ihn auszuschalten, ohnmächtig in die Wanne zu wuchten und den Hahn aufzudrehen.«

»Woher weißt du das?«, wunderte sich John. »Woher wusstet ihr beide das?«

»Deduktion«, sagte Rupert. »Er sagt, er badet nicht angezogen. Sein Blick ist noch etwas getrübt. Und so ein kräftiger Kerl wie er würde sich wohl kaum überreden lassen, sich freiwillig zum Ertrinken hinzulegen.«

»Danke, mein Engel«, sagte Mark. Er lief schon wieder zu alter Form auf. »Das stimmt. Ich würde mich nie ertränken lassen. Und zu den königlichen Bädern hat nur ein sehr exklusiver kleiner Kreis Zutritt.«

»Aber er hat nicht nur Wasser geschluckt«, bemerkte Phryne.

»Ach, nein?«, sagte Rupert verwundert.

»Nein, da habe ich Ihnen gegenüber einen Informationsvorsprung«, erklärte sie. »Ich habe mit der Beatmung angefangen und ihn deswegen als Erste ›abgeknutscht‹. Entschuldigung!« Das galt Gawain. »Er hat nach Champagner geschmeckt!«

»Den Sie doch wohl auch getrunken haben«, vermutete Rupert.

»Nein, ich hatte einen Gin-Tonic. Und es war auch nicht irgendein Champagner, sondern ein Pol Roger. Ein unvergessliches Bouquet.«

»Von dem ich nun die Nase voll habe«, murmelte Mark.

»Demnach hätte ihm jemand eins übergezogen, ihn in die Wanne gestoßen, das Wasser einlaufen lassen und ihm Champagner eingeflößt, bis er ertrank«, fasste John zusammen.

»Genau.« Rupert nickte. »Haben Sie eine Ahnung, wer Sie am liebsten tot sehen würde?«

»Eigentlich nicht«, antwortete Mark betrübt. »Ich dachte, ich wäre hier unter Freunden.«

»Machen Sie sich auf Kopfschmerzen gefasst«, sagte John. »Aber Sie haben keine Gehirnerschütterung. Nehmen Sie ein paar Aspirin. Ruhen Sie sich aus. Wenn es Ihnen morgen nicht besser geht, lassen Sie mich rufen. Ich wohne auf Zimmer siebzehn.«

»Zwei Aspirin einwerfen und am nächsten Morgen anrufen?« Mark fing hilflos an zu lachen. Gawain stimmte leise prustend mit ein.

»Ganz recht«, sagte Rupert und geleitete John hinaus, ohne irgendjemanden eines Blickes zu würdigen. Sie hatten die Suite noch nicht ganz verlassen, da tuschelten sie schon miteinander.

»So, das war's für heute, Kinder«, verkündete Phryne.

»Aunty Mark braucht seinen Schönheitsschlaf. Nehmt euch ruhig eine Flasche mit heim. Und packt auch das Essen zusammen. Wäre schade drum, es verkommen zu lassen.«

»Ihr könnt alle noch mit zu mir«, bot Tommy an. »Es ist nicht weit von hier. Mein Dad ist nicht da, ich habe sturmfreie Bude.«

Munter schwatzend, plünderte der Chor das Buffet, radikal wie eine Ameisenhorde, die sich ungehindert über ein Picknick hermacht. Phryne sah sie sich genau an, als sie die Suite verließen. Keiner von ihnen hatte nasse Ärmel, wie der Mörder sie hätte haben müssen. Ehe sie hinausging, vergewisserte sie sich noch, dass niemand zurückgeblieben war.

Wie interessant! Jemand hatte versucht, Mark Henty umzubringen. Dabei hatte er keine Feinde. Auch war er kein Chorleiter. Und Leonard saß noch im Gefängnis.

Das Gute war, dass Sie John Wilson mal wieder in Aktion hatte erleben dürfen. Und auch Rupert war Zeuge seines Könnens geworden. Nie wieder würde er seinen Liebsten von oben herab behandeln.

Ein lohnender Abend. Wenigstens waren alle noch am Leben.

19

Ist in der Hölle der Tod mehr Tod als im Himmel?

Wallace Stevens
For an Old Woman in a Wig

»Also muss der Mörder früh gegangen sein«, sagte Robinson. »Keiner von denen, die Sie gesehen haben, hatte nasse Sachen an.«

»Nein. Es war recht früh am Abend, alle waren noch halbwegs korrekt gekleidet. Und weiter will ich mich darüber gar nicht auslassen.«

»Schade eigentlich.« Jack Robinson schmunzelte. Er durfte gar nicht daran denken, worüber sie lieber den Mantel des Schweigens breitete.

»Nur Mark war kostümiert. Er trug eine Tunika. Die hatte er noch an, als er in der Badewanne lag. Er war wohl mit dem sprichwörtlichen stumpfen Gegenstand bewusstlos geschlagen und dann in die Wanne gehievt worden. Dafür braucht es weder besonders viel Kraft noch eine überdurchschnittliche Körpergröße. Um einen reglosen Körper zu bewegen, bedarf es nur einer gewissen Technik. Die mir wohlbekannt ist.«

Jack Robinson unterdrückte ein neuerliches Schmunzeln.

»Das ist sicher ein sehr nützliches Wissen«, sagte er. »Aber ich kann mir trotzdem nicht vorstellen, dass Sie einen Dreizentnermann durch die Gegend wuchten.«

»Legen Sie sich mal auf den Boden«, befahl Phryne.

Ein Blick genügte, und er wusste, sie meinte es ernst. Er tat, wie ihm geheißen, streckte sich auf dem Boden aus und hoffte, dass jetzt keiner von ihrer Familie hereinkäme.

Aber natürlich kamen sie herein – Dot, Jane, Ruth und Tinker. Sie blieben wie angewurzelt stehen, starrten ihn an. Er versuchte, sich hinzusetzen.

»Liegenbleiben«, befahl Phryne. »Sie haben gerade eins übergezogen bekommen und sind außer Gefecht gesetzt. Ich muss mich beeilen, Sie zu ertränken, bevor Sie wieder aufwachen. Stellen Sie sich vor, das Sofa hier ist die Badewanne. Alles klar?«

»Ja«, sagte Jack, mit dem unbehaglichen Gefühl, vier Paar neugierige Augen auf sich gerichtet zu wissen.

»Ich kann Sie nicht heben: Sie sind zu schwer und ich bin nicht stark genug. Also bediene ich mich Ihres eigenen Körpers, um Sie hochzustemmen. Hier haben wir einen stabilen Hebel, vom Knie bis zu Hüfte. Den kann ich mir zunutze machen ...« Sie drückte sein Knie seitlich nach unten und schob. Der Körper rollte mit. »Dann nehme ich Sie bei der Schulter, die mit der Wirbelsäule verbunden ist – Ihr ganzes Skelett fungiert praktisch als Rahmen – und ... ta-taa!«

Noch ein Schubs, und er rollte aufs Sofa. Die Familie klatschte Beifall.

Jack setzte sich auf. »Na gut, ich hab's nicht glauben

wollen, aber Sie hatten recht. Wo in aller Welt haben Sie das nun wieder her?«

»Vom Verwundetentransport an der Westfront«, sagte Phryne. »Es nennt sich *point d'appui.* Der Dreh- oder auch Angelpunkt. Wie Sie sehen, könnte es jede oder jeder gewesen sein. Ich muss nur herausfinden, wer die Party vorzeitig verlassen hat, und zwar in stark angefeuchtetem Zustand. Irgendwer könnte es mitgekriegt haben, obwohl die Chormitglieder ziemlich aufeinander fixiert sind.«

»Wie haben Sie das gemacht, Miss Phryne?«, fragte Jane. »Können Sie es mir auch zeigen?«

»Bei deinen Anatomiekenntnissen sollte es dir ein Leichtes sein«, meinte Phryne. »Aber nicht jetzt und nicht mit dem armen Detective Inspector Robinson. Er hat schon genug aushalten müssen.«

»Ach nein, keineswegs«, sagte Jack errötend. »Glauben Sie, dieser Mordversuch könnte vielleicht der Tatsache geschuldet sein, dass Mr Henry … dass er …«

»Gleichgeschlechtlich orientiert ist?«, fragte Phryne. »Bestimmt nicht. Wer sich daran stört, würde wohl kaum auf seine Partys gehen. Und vermutlich auch nicht im Chor mitsingen. So beliebt, wie er ist.«

»Aber diese Methode, ihm Champagner in den Hals zu schütten, das ist doch …«

»Ziemlich intim?«, ergänzte Phryne. »Ja, das sehe ich genauso. Dabei sitzen ihm, soweit ich weiß, keine verschmähten Liebhaber im Nacken.«

»Was, wenn er mit jemandem anbandeln wollte, der nicht vom anderen Ufer ist und der sich dann …«

»… aufs Grausamste an ihm gerächt hat?« Phryne überlegte. »Möglich. Aber nicht sehr wahrscheinlich. Aunty Mark weiß eigentlich immer genau, was er will. Nämlich jemanden, der ihn auch will. Er würde nie einen Annäherungsversuch machen, wenn er sich bei seinem Gegenüber nicht sicher wäre. Er könnte sich sonst allzu leicht erpressbar machen. Denken Sie doch nur an das Schicksal von Oscar Wilde. Für Leute wie ihn ist das Leben doch immer ein Ritt auf der Rasierklinge. Und es waren auch nicht nur handverlesene geladene Gäste übrig, so weit war der Abend noch gar nicht fortgeschritten. Aber ich werde drüber nachdenken.«

»Gut«, sagte Jack. »Kann ich jetzt wieder aufstehen?«

»Selbstverständlich, mein Lieber.« Phryne streckte ihm die Hand hin. »Ich glaube, wir können Sie jetzt als gründlich ertränkt betrachten.«

Worauf Ruth sich aufschluchzend in Robinsons Arme warf. »Hauptsache, Sie ertrinken nicht wirklich!«

Jack tätschelte ihr die Schulter. »Aber Ruthie, was ist denn in dich gefahren?«

»Ich hab Sie wirklich ertrunken vor mir gesehen, als Miss Phryne das eben gesagt hat. Es könnte in echt passieren. Und ich mag Sie doch so.«

Gerührt drückte er sie an sich. »Ich mag dich auch.« Er reichte ihr sein Taschentuch. »Hier, wisch dir die Tränen ab. Ich verspreche dir, dass ich nicht ertrinken werde.«

»Niemals?«

»So weit es in meiner Macht steht«, versicherte er.

Angesichts solcher Gefühlsduselei flüchtete Jane sich derweil in den Salon. Tinker, der vor Verlegenheit nicht wusste, wohin mit sich, schickte Ruth den Hund, um sie zu trösten. Sie musste lachen, als ihr Mollys warme Zunge über das Gesicht schlabberte. Dann nahm Dot sie mit in die Küche, auf eine Tasse Tee und ein paar Löffel Eisentonikum, für alle Fälle.

Phryne fächelte sich Luft zu.

»Was war das denn?«, wunderte sich Robinson. »Die arme Kleine!«

»Sie hat so ein weiches Herz, und als sie sich vorgestellt hat, Sie wären ertrunken, ist ihre Fantasie mit ihr durchgegangen«, erklärte Phryne. »Ruth hat Sie gern, deshalb ist sie so erschrocken. Sie haben vollkommen richtig reagiert, Jack. Meine Familie und ich, wir legen es heute aber auch wirklich darauf an, Sie in Verlegenheit zu bringen, nicht wahr? Muss ich mich entschuldigen?«

»Dafür, dass Sie mich wie einen Sack Kartoffeln behandeln und ein süßes Mädchen meine Leiche beweint? Ich glaube kaum!«, lachte Robinson.

»Schön.« Phryne nickte. »Tee oder Bier?«

»Wohl besser Tee«, sagte er. »Oder hätten Sie vielleicht ein Tässchen von dem guten Kaffee da?«

»Also Kaffee. Ich nehme auch einen.« Mr Butler zog sich dezent zurück.

»Die Sache ist die«, bemerkte Robinson. »Das war jetzt der dritte Mordanschlag in Verbindung mit dem Chor. Wäre es nicht besser, das Konzert abzusagen?«

»Wenn wir das machen, finden wir nie heraus, wer dahintersteckt.« Phryne nippte an ihrem Glas. Hausgemachte Limonade mit Eis, wunderbar. »Wir proben heute mit dem neuen Chorleiter, Patrick Bell. Ich werde ihm eine Leibwache zur Seite stellen.«

»Aber Sie können doch keinem aus dem Chor trauen«, wandte Jack ein.

»Von zweien weiß ich mit Sicherheit, dass sie unschuldig sind, und von einem weiteren nehme ich es stark an. Von denen hätte keiner Mark Henty attackiert. Und sie sind alle von eindrucksvoller Statur. Wenn sie ihn die ganze Zeit beschatten, dürfte ihm nichts passieren. Und wir fassen vielleicht obendrein noch den Killer. Andernfalls müsste der Chor sich auflösen, was eine Schande wäre. Außerdem möchte ich unbedingt das Oratorium singen.«

»Wie Sie wollen«, seufzte Robinson. »Halten Sie mich auf dem Laufenden, ja?«

»Natürlich.« Phryne nickte.

Robinson trank. Dieser Kaffee war wirklich ein Muntermacher. Und es war doch schön zu wissen, dass bei seinem Begräbnis jemand weinen würde.

»Also, dann wollen wir mal«, sagte Patrick Bell, ein schmaler, mittelgroßer Mann mit kurzgeschnittenem braunen Haar und einer gewinnenden Art. Phryne war sogleich von ihm eingenommen. Er dirigierte nach der Chorpartitur, wie es sich gehörte, er fuhr sich nicht durch die Haare, und seinen Zeigefinger leckte er auch nicht an.

Er ließ die tiefblauen Augen kurz über den Chor schweifen. »Ich weiß nicht, was Sie bisher aus diesem Werk gemacht haben, doch aus meiner Sicht stellt es sich folgendermaßen dar: Sie sind zwar ein kleiner, aber, wie ich höre, auch ein feiner Chor mit ausgezeichneten Sängern. Darum macht es auch nichts, dass wir keine Rieseninszenierung à la Sir Thomas Beecham veranstalten wollen.« Seine schmalen Lippen verzogen sich kurz zu einem Lächeln. »Ich glaube auch gar nicht, dass Mendelssohn so etwas im Sinn hatte. Der *Elias* ist ein Werk aus Licht und Schatten. Wie Sie sicher bemerkt haben, sind die Rezitative sehr knapp bemessen und voller Kunstpausen. Hätte er Rezitative im Stil von Händel schreiben wollen, dann hätte er es getan; er wusste, wie es ging. Aber er wollte etwas anderes. Ich kenne Solisten, die in gespielter Verzweiflung die Hände ringen, während sie seine Rezitative singen, und das ist Unsinn. Bei Mendelssohn müssen Sie die Stille mitsingen. Es gibt Momente der Heiterkeit, Momente der Wildheit und Choräle von himmlischer Seligkeit. Ich möchte, dass Sie ›Denn er hat seinen Engeln befohlen‹ und ›Wer bis an das Ende beharrt, der wird selig‹ singen, als ob Sie alle kleine Englein wären. Bitte mit möglichst wenig Vibrato. Und wenn Sie das so singen können, wie Mendelssohn es meiner Ansicht nach gewollt hat, dann probieren wir vielleicht auch noch ›Wirf dein Anliegen auf den Herrn.‹ Das wird zwar meist als Bravour-Quartett gesungen, aber ich sehe es viel lieber als Engelschor. So, dann lassen Sie mal hören: ›Wer bis ans Ende beharrt‹.«

Aha, ein Mendelssohn-Purist. Der Chor blickte in die Noten, holte tief Luft und legte los.

Matthew hatte gut daran getan, sie immer wieder die holprigen Stellen üben zu lassen. Die Einsätze waren noch ein bisschen wacklig, aber die meisten Noten wurden zu Gehör gebracht, und zwar an der richtigen Stelle. Der Dirigent unterbrach sie nur selten, allenfalls, um ein längeres Stück noch einmal zu wiederholen, sodass sich die Änderungen gut in das Ganze einfügten und insgesamt Sinn ergaben. Er fluchte nicht. Er schimpfte nicht. Er schrie sie nicht an. Er verzog höchstens hin und wieder schmerzlich das Gesicht. Sein Taktschlag war klar und gleichmäßig wie ein Metronom. Er wusste genau, was er wollte, und war fest entschlossen, es zu erreichen.

Ja, Phryne war mit Patrick Bell zufrieden. Genau wie der Professor. Während der Teepause spielte er Schubert-Lieder. Tabitha und Caterina sangen unter allgemeinem Applaus »Die Forelle«.

»Hallo.« Patrick Bell kam auf Phryne zu. »Miss Fisher, nicht wahr? Freut mich, Sie kennenzulernen.«

»Ganz meinerseits.« Phryne schüttelte ihm die Hand. Der Chorleiter wurde von den Hünen Tommy und Oliver flankiert, zwischen denen er sich etwas eingezwängt zu fühlen schien.

»Sagt mal, müsst ihr mich die ganze Zeit so in die Zange nehmen, Jungs?«, fragte er.

»Miss Fisher will, dass wir nicht von Ihrer Seite weichen«, sagte Tommy. »Also bleibe ich da.«

»Ich auch«, sagte Oliver. »Wir machen immer, was Miss Fisher will.«

»Ja, und ich will das, weil Sie ein ausgezeichneter Chorleiter sind«, erklärte Phryne. »Und es soll Ihnen nicht so ergehen wie Ihren beiden Vorgängern.«

»Ja, davon habe ich gehört«, sagte Patrick.

»Deshalb haben Sie diese beiden Leibwächter, die für Sie verantwortlich sind. Solange Sie bei uns sind, können Sie keinen Schritt ohne sie tun.«

»Ach.« Er staunte. »Das ist wirklich nett von Ihnen, Miss Fisher, aber ich kann sehr gut …«

»Auf sich allein aufpassen? Das konnten Tregennis und James auch. Und Mark Henty.«

»Ach Gott, ist Aunty Mark auch etwas zugestoßen? Die beste Stimme in ganz Australien! Und so ein netter Kerl – trotz seiner Orientierung. Ich hatte mich sehr auf seinen Elias gefreut, er ist unvergleichlich. Dieser warme Bariton mit Tenorqualität, fast wie eine Klarinette!«

»Keine Angst, er kommt wieder auf die Beine«, beruhigte ihn Phryne. »Aber gestern Abend hat tatsächlich jemand versucht, ihn umzubringen. Und er ist auch so ein Mann, der auf sich selbst aufpassen kann.«

Er nickte. »Verstehe, Miss Fisher«, sagte er kleinlaut.

»Gut, weil ich mich auch wirklich nicht weiter damit aufhalten wollte, es Ihnen klarzumachen. Sonst wäre ich vielleicht etwas schrill geworden, und das ist schlecht für die Stimme.«

»Genau wie ermordet werden«, warf Tommy ein.

»Stimmt«, sagte Oliver.

Zusammen bildeten sie einen Schutzwall aus Muskeln, den zu durchbrechen es schon einen Rammbock gebraucht hätte. Oder eine Wurfmaschine. Aber diese mittelalterlichen Belagerungsgeräte wären dem Mörder dann vielleicht doch zu sperrig gewesen. Phryne bemerkte, dass Leonard wieder da war. Er wirkte nervös, keiner redete mit ihm. Mit einer langen Liste voller Anmerkungen zu Mendelssohn in der Hand, sprach er Patrick Bell an und brach ein hitziges Streitgespräch vom Zaun. Aber Debatten endeten selten tödlich. Leonard war unbewaffnet, und Tommy oder Oliver würden ihn, wenn nötig, schnell zur Räson bringen.

Die Probe ging weiter. Doch schon nach wenigen Sekunden unterbrach Bell den Chor.

»Nein, nein«, sagte er. »Lassen Sie mich runde Vokale hören, klare, runde Vokale. Das Publikum soll die Botschaft verstehen. Und die Botschaft lautet, dass Glauben, Liebe, Wahrheit und Frieden obsiegen werden.«

Krachend landeten zwei Hände auf den Tasten des Klaviers, ein Akkord schepperte. Professor Szabo kam hinter seinem Instrument hervorgewankt. In der Faust hielt er ein Blasrohr, aus dem langsam ein langer spitzer Pfeil rutschte. Er taumelte vorwärts, fiel vor Patrick auf die Knie und ergriff seine Hand. Oliver und Tommy rückten näher. Phryne sprang vor, kickte die Waffe beiseite und zog ihre kleine Pistole.

»Ich konnte Sie nicht töten«, schluchzte Professor Szabo. »Sie haben Mendelssohn begriffen.«

Damit war die Probe zu Ende. Einigermaßen erschüttert musste Patrick Bell sich erst einmal setzen, genau wie Professor Szabo, während sich einige Chormitglieder auf die Suche nach einem Telefon machten, um Detective Inspector Robinson zu verständigen, der zweifellos zu Hause mit der liebevollen Hege und Pflege seiner Orchideen beschäftigt war. Diesen entscheidenden Augenblick würde er keinesfalls missen wollen. Phryne behielt für alle Fälle die Pistole in der Hand. Auch wenn der Professor momentan einen friedlichen Eindruck machte, hatte er es schließlich fertiggebracht, zwei gestandene Männer zu töten, weshalb es angeraten war, ihn im Auge zu behalten.

Der alte Mann wirkte alles andere als bedrohlich – zusammengesunken, betrunken und offensichtlich völlig am Ende.

»Sagen Sie, Professor ...« Sie tätschelte seine Hand. »Als Sie Tregennis gefunden haben, lag er sowieso schon in den letzten Zügen, nicht wahr? Außerdem war der Mann ein Schwein.«

»Ich habe ihm die Noten in den Hals gestopft. Er hat sich nie die Mühe gemacht, sie richtig zu studieren. Die Seiten waren aus meiner eigenen Partitur. Ich brauche sie nicht. Ich kenne die Musik in- und auswendig.«

»Gut.« Sie nickte. »Und dass Henry James ein dummer und grausamer Mensch war, habe ich selbst erlebt. Eine üble Kombination.«

»Er hat die Musik verhackstückt«, wütete der Professor. Einige der vorderen Chormitglieder wichen so erschrocken zurück, dass sie den hinter ihnen Stehenden auf die Zehen traten. Auf einmal fanden sie es gar nicht mehr so unvorstellbar, dass der alte Professor womöglich ein Mörder war.

»Da haben Sie recht«, stimmte Phryne ihm samtweich zu. »Wo hatten Sie das Arsen her?«

»Ich habe eine Zeitlang in einer Glasfabrik gearbeitet, nachdem ich ins Land gekommen war«, erklärte er, ohne Bells Hand loszulassen. Tommy behielt ihn genau im Auge. Sollte der Alte ein Messer ziehen, würde er wie der Blitz dazwischenfahren. Tommy sah sich gern als mutigen Helden. »Ich habe immer Arsen bei mir, für den Notfall, wenn es mir mal ganz schlecht geht. Alle sagen, es ist gefährlich. Also habe ich mir die Orchesterpartitur ausgeborgt und es auf die Seiten gepinselt. Wenn er den Finger nicht anleckt, bleibt er am Leben. Bis mir was Besseres einfällt. Aber er hat geleckt und geleckt, er war ein Schwein, und …«

»Verstehe«, sagte Phryne. »Aber was hat Mr Henty Ihnen denn getan? Er ist doch ein wunderbarer Sänger.«

»Ein Perverser«, knurrte der Alte. »Er hat das Oratorium verspottet mit seinem Piratenkönig. Und so einer sollte den Propheten singen, den Heiligen? Elias ist ein Prophet des Allmächtigen! Diese Musik ist heilig. Aber der mit seinen Partys und seinen Freunden und seinen … seinen …«

»Seinen Bewunderern?«

Professor Szabo bleckte die gelben Zähne.

»Was für ein Recht hat ein Perverser auf Bewunderer? Die Leute lieben ihn! Und er korrumpiert die Musik, die göttliche Musik!«

»Also haben Sie ihn bewusstlos geschlagen, ihn in die Wanne gehievt und ihm Champagner in die Kehle gegossen?«, fragte Phryne. Patrick Bell fühlte sich schon wieder beengt und bedrängt. Die klammernden Pianistenfinger waren heiß und überraschend kräftig.

»Jawohl!«, bekannte der Alte. »Ich habe es getan und ich bin stolz darauf! Aber Sie …« Er wandte sich an den Chorleiter. »Sie können mich verstehen. Ich wollte den Pfeil auf Sie abschießen. Keiner hätte gemerkt, wo er herkam. Dann wäre das Konzert abgesagt worden. Und niemand hätte seine schmutzigen Hände mehr nach meinem Elias ausgestreckt.«

»Aber mein Dirigat hat Ihnen doch gefallen«, sagte Patrick Bell.

»Ja! Sie begreifen Mendelssohn. Die Momente der Stille. Die Engel.«

»Deshalb konnten Sie mich nicht umbringen?«

»Nein«, gestand Professor Szabo. Und brach in Tränen aus.

Jack Robinson kam, wurde über den neuen Stand der Dinge unterrichtet und nahm den Professor mit. Der Chor saß im Saal und intonierte Madrigale. *»April ist im Antlitz meiner Gebieterin, und Juli steht in ihren Augen«*, sang Thomas zu Caterina gewandt. *»In ihrem Busen trägt sie den September, aber im Herzen einen kalten Dezember.«*

Sie lächelten einander an.

Ach ja, diese Sänger, dachte Phryne. Sie atmete auf. Das Rätsel, an dem sowohl sie selbst als auch Rupert gescheitert waren, hatte sich von selbst gelöst. Alle waren so an das unberechenbare Kommen und Gehen des Professors gewöhnt, dass niemand bemerkte, wie er sich, das nasse Hemd unter der Jacke, aus der Royal Suite davonstahl, bevor Aunty Mark halbtot in der Wanne gefunden worden war.

Calliope weinte, Bones tröstete sie.

»Mach dir keine Sorgen«, meinte der junge Mann. »Er kommt nicht ins Gefängnis, er ist ja unzurechnungsfähig.«

»Darum weine ich gar nicht«, entgegnete sie. »Aber egal, ich möchte trotzdem in den Arm genommen werden.«

Das ließ Bones sich nicht zweimal sagen.

»Ach du großer Gott«, seufzte Matthew und vergrub das Gesicht in den Händen.

»Wo drückt der Schuh?«, fragte Phryne.

»Jetzt stehen wir ohne Pianisten da«, sagte Matthew. »Bei den Proben kommen wir noch so zurecht, aber wer soll uns bei der Aufführung begleiten?«

»Zufällig befindet sich gerade ein konzertreifer Pianist in Melbourne, der mir einen großen Gefallen schuldet.«

»Aber der will doch bestimmt eine Gage!«

»Das lasst mal meine Sorge sein«, sagte Phryne.

Phryne rief John Wilson im Windsor an, sie müsse Rupert und ihn auf der Stelle sprechen.

»Aber selbstverständlich, Liebes. Geht es um einen weiteren medizinischen Notfall?«

»Nein, nur um die Aufklärung der beiden Morde, die weder Rupert noch mir gelungen ist. Freu dich schon mal auf sein Gesicht, wenn ich es ihm erzähle. Außerdem möchte ich ihn um einen Gefallen bitten.«

»Geht in Ordnung. Kommst du dann auf unser Zimmer?«

So schnell war es also schon »unser« Zimmer geworden.

»Bin gleich da«, antwortete Phryne. »Bestell mir schon mal einen großen Gin und ein kleines Tonic. Der Chor kommt auch gleich rüber, also mach dich auf eine laute Nacht gefasst.«

»Gut, dass ich Nerven wie Drahtseile habe«, sagte John schmunzelnd.

»Augenblick.« Patrick Bell gebot dem allgemeinen Aufbruch mit erhobenen Händen Einhalt. »Bevor wir uns zu Aunty Mark begeben, müssen wir noch entscheiden, was wir ihm sagen sollen. Wegen der Morde.«

»Wieso? Was denn?«, fragte Tabitha.

»Dass ein Wahnsinniger ihn umbringen wollte, weil er Mendelssohn mit dem Piratenkönig verhöhnt hat.« Bell sah ernst in die Runde. Sie nickten zustimmend. Niemand wollte Aunty Mark mit Professor Szabos ätzendem Hass konfrontieren.

»Aber …«, begann Leonard. Entrüstet drehte sich der Chor geschlossen nach ihm um. »D-die Wahrheit …«, stammelte er.

»Die Wahrheit überlassen wir Mendelssohn und Gott«, sagte Bell.

»Aber …« Leonard wand sich vor Unbehagen.

Tommy ließ ihm die Pranke auf die Schulter fallen. »Wir wollen Aunty Marks Gefühle nicht verletzen«, erklärte er. »Wenn wir ihn kränken, singt er nicht für uns. Außerdem haben wir ihn wirklich alle sehr gern. Klar?«

»Aber …«, murmelte Leonard starrsinnig. Eine derart pikante Information für sich zu behalten, würde ihm ein Magengeschwür einbringen.

Tommy beugte sich über ihn.

»Pass mal auf«, wisperte er. »Wenn Aunty Mark durch dich davon erfährt, schlage ich dich zu Brei.«

»Und ich helf ihm dabei«, raunte Oliver ihm von der anderen Seite zu.

»Ist ja schon gut!«, ächzte Leonard.

»Kein Wort, kein wissendes Grinsen, keine Grimasse,

keine erhobenen Augenbrauen, geschürzten Lippen, anonymen Briefchen oder Anspielungen jedweder Art?«, fragte Isabelle, die Rechtsanwaltsgehilfin war.

»Neiiin!«, kreischte Leonard.

»Gut«, sagte Patrick Bell. »Also, ich für meinen Teil brauche jetzt erst einmal einen Drink. Oder mehrere. Doppelte. Sind eure Proben immer so aufregend, Kinder?«

John ließ Phryne ein, Rupert reichte ihr einen Gin-Tonic, mit viel Gin und wenig Tonic. Zusammen geleiteten die beiden Männer sie zu einem Sessel.

»Sie haben den Fall gelöst?«, fragte Rupert mit ruhiger Stimme, in der höchstens ein leiser Hauch von Groll mitschwang.

»Ich nicht, nein«, gestand Phryne, der es weit weniger wichtig war, immer recht zu haben. »Ich hatte keine Ahnung, es war eine komplette Überraschung.«

Rupert atmete auf. »Nicht genügend Daten?«

»Genau, und jede Menge falsche Fährten, angefangen damit, dass bei Tregennis zwei verschiedene Mörder am Werk waren.«

»*Novus actus interveniens.*« Rupert ähnelte einem großen Kater, wie er da so lässig zurückgelehnt auf dem unbenutzten Bett saß und für John, der seinem Bein Ruhe gönnen musste, ein Kissen aufschüttelte. Ohne dass der ihn darum hätte bitten müssen. Phryne wurde nachdenklich. Wie es wohl wäre, einen Geliebten zu haben, der einem jeden Wunsch von den Augen ablas? Sicherlich rauschhaft, wie dieser Gin. Sie hatte das Gefühl, mit einer Übersetzung aufwarten zu müssen.

»Was, werter Kollege, so viel heißt wie ›ein neues Ereignis ändert alles‹. Juristisch beschreibt dieser Ausdruck die Unterbrechung des Ursachenzusammenhangs. Wäre die Geigerin die einzige Täterin gewesen, wäre der tot am Boden liegende Tregennis zweifellos für das Opfer eines Herzinfarkts gehalten worden, ausgelöst durch chronisch schlechte Laune. Vielleicht wäre sein Leichnam nicht einmal untersucht worden.«

»Möglich. Falls der Gerichtsmediziner etwas Besseres zu tun gehabt hätte«, warf Rupert ein.

»Ganz recht«, nickte Phryne. »Und dann Henry James. Ein unsympathischer Zeitgenosse. Feinde im Überfluss. Kaum jemand zu finden, der ihn nicht umbringen wollte. Aber Mark Henty? Ein Schatz. Allseits beliebt. Und der Mordversuch wirkte irgendwie persönlicher, noch niederträchtiger, noch …«

»Manischer«, ergänzte John. »Ein Ausbruch von rasendem Hass.«

»Genau. Die Tat eines Fanatikers. Ich konnte mir nicht vorstellen, wer das gewesen sein könnte, und Sie auch nicht, oder, Rupert?«

»Nein«, gab er zu. »Mit Deduktion kam man hier nicht weiter. Zu viele Variablen.«

»Eben. Mir ist auch nichts Besseres eingefallen, als dem neuen Chorleiter zwei Leibwächter an die Seite zu stellen, Tommy und Oliver, zwei Kleiderschränke, an denen so leicht keiner unbemerkt vorbeikäme.«

»Gute Idee.« John nickte. »Und was ist dann passiert?«

Phryne lachte und erzählte es ihnen.

John und Rupert hörten so gespannt zu, dass sie unwillkürlich immer näher zusammenrückten. Während John ein paarmal »Du lieber Gott!« rief, hatte es Sheffield anscheinend die Sprache verschlagen. Phryne leerte ihr Glas.

»Du hättest ihm nicht auf die Schliche kommen können«, meinte John. »Ihr beide nicht. Ihr hattet viel zu wenige Anhaltspunkte.«

»Ja, es waren nicht genügend Fakten«, stimmte Rupert ihm zu. »Sie hassen uns alle«, konstatierte er.

»Na ja, einige«, räumte Phryne ein. »Aber vor allem fanatische alte Pianisten mit einer Mendelssohn-Manie – also nur ein exklusiver kleiner Kreis.«

»Mag sein«, gab er lächelnd zurück. Er war jetzt noch schöner. Noch präsenter. Wie jene mythischen Göttersöhne, die zur Erde hinabgestiegen waren und sich in Menschen verliebten. Gewiss war Rupert einer davon.

»Und jetzt möchte ich Sie noch um einen Gefallen bitten«, sagte sie.

Am nächsten Morgen erwachte Phryne mit Kopfschmerzen – und dem Gefühl, etwas vollbracht zu haben. Und nicht nur vollbracht, sondern auch ordentlich verpackt, verschnürt und an die richtige Adresse verschickt.

»Unten warten Detective Inspector Robinson, Hugh und ein Riese, der sich als Tommy vorgestellt hat«, meldete Dot, als sie ihr den morgendlichen Kaffee und das Croissant brachte.

»Doch nicht schon wieder ein neues Problem? Ich habe keine Lösungen mehr parat, außerdem dröhnt mir der Kopf«, klagte Phryne.

»Hier, Ihr Aspirin, Miss. Die Herren frühstücken jetzt.

Werden Sie erst mal richtig wach. Es ist gestern sicher sehr spät geworden?«

»Es war eine wilde Party. Haben Sie schon gehört, wie die Geschichte ausgegangen ist?« Phryne schüttete das rettende Pulver in ein großes Glas Wasser und trank es in einem Zug aus.

»Ja, Miss. Hugh hat es mir erzählt. Und dass Mr Sheffield es auch nicht rausgekriegt hat.«

»Hauptsache, der Fall ist gelöst, Dot. Egal, von wem. Wenigstens ist es vorbei.«

»Ja, Miss, es ist vorbei. Der Festgenommene hat sich letzte Nacht in seiner Zelle vergiftet. Mit Arsen, das er in einem hohlen Knopf versteckt hatte. Er ist tot.«

»Das war's dann also. Der arme Alte. Aber ein Tod, der eines Giftmischers würdig ist. Ich glaube, ich springe schnell unter die kühle Dusche. Das belebt. Dann kann der Tag ruhig kommen. Warte mal, Dot – was wollen Jack, Hugh und Tommy denn hier, wenn Szabo tot ist? Außer, unsere Gesellschaft genießen, natürlich.«

Dot errötete. »Es geht um das Zimmer des Professors. Er hat seine ganze Habe diesem Tommy hinterlassen. Und Hugh sagt, Detective Inspector Robinson möchte da gern mal einen Blick drauf werfen.«

»Ich auch! Bin gleich zurück. Such mir inzwischen ein paar waschbare Sachen zum Anziehen raus, die sich zum Herumkramen in schmuddeliger Umgebung eignen.« Sie lief nackt ins Bad.

Als sie wieder herauskam, hatte Dot ihr ein weites dunkelblaues Baumwollkostüm herausgelegt, das Phryne noch nie besonders gemocht hatte.

»Sehr gut«, lobte Phryne und warf sich die Sachen achtlos über. »Wenn das Kostüm dabei draufgeht, ist es nicht schade drum. Bis später, liebe Dot.«

In letzter Zeit schien sich das ganze Leben nur noch in der Collins Street und Umgebung abzuspielen. Wie erwartet, war das Zimmer eine trostlose Absteige. Der Vermieter von Nummer Achtundachtzig lehnte im Türrahmen, verstohlen nach leicht beiseitezuschaffenden Wertsachen Ausschau haltend. Robinson befahl Hugh, mit ihm nach unten zu gehen und alles einzukassieren, was der Mann bereits »in sichere Verwahrung« genommen hatte. Der Vermieter seufzte. Polypen. Da musste er die gravierte Uhr, die zwei Pfund zehn und die Manschettenknöpfe wohl wieder rausrücken. Aber die sieben Shilling, die er außerdem noch abgezweigt hatte, würde er behalten. Man hatte ja schließlich seinen Stolz.

Das Zimmer stank nach schalem Alkohol, Elend und ungewaschenen Socken. Tommy brach mit schierer Körperkraft durch acht Schichten Lack und riss das Fenster auf. Zusammen mit dem Klingeln der Straßenbahnen drang ein Schwall Ozon herein.

Der Fußboden war mit leeren Flaschen übersät. Tommy, ein ordnungsliebender Mensch, packte sie in einen Karton, damit ja niemand darauf ausrutschte. Das Bett war in einem unbeschreiblichen Zustand. Vom Wäschewaschen hatte Professor Szabo wohl nichts gehalten. Phryne pfefferte das Bettzeug in den Schrank, gefolgt von einem verdreckten Hemd, grausiger Unterwäsche, löchrigen Socken, schrecklichen Hosen. Auf der Kleiderstange hing der Konzertanzug des Professors, noch in der Papierhülle von der Reinigung, mehr nicht. Darunter ein Paar schwarze Konzertschuhe, auf Hochglanz poliert, die durchgewetzten Sohlen mit Pappe geflickt.

Sonst nur Unmengen von Flaschen. Jack zog die Schubladen aus der Kommode und stellte sie auf die fleckige Matratze.

»Hallo, was haben wir denn hier?« Er hatte ein kleines grünes Kästchen gefunden.

»Einen Orden?«, fragte Phryne. Jack klappte es auf. Der Deckel brach ab. Das Kästchen war lange nicht geöffnet worden.

»Den kenne ich gar nicht«, meinte Tommy.

»Ein Eisernes Kreuz«, sagte Phryne. »Und hier ist auch die dazugehörige Urkunde.« Sie las sie sich durch. »Er war Arzt«, erklärte sie. »Er hat im Krieg unter Beschuss Verwundete gerettet. An der Westfront. Darum wusste er auch, wie man einen Bewusstlosen von A nach B bewegt. Er hieß Maximilian Schneider. Das passt. Szabo ist Ungarisch für Schneider. Bevor er zur Armee eingezogen wurde, war er Konzertpianist unter Beecham. Der Krieg hat ihn krank gemacht. Das kennen wir alle.«

»Armer Kerl«, sagte Tommy. »Den Orden sollte ich wohl seinen Angehörigen schicken. Hatte er überhaupt Familie?«

»Hier sehe ich sonst nichts. Nur Konzertprogramme – seht ihr? Da steht sein Name. Tatsächlich, unter Beecham. Maximilian Schneider. Er hat sie alle aufgehoben.«

»Stecken Sie sie hier rein. Ich passe darauf auf«, sagte Tommy.

Phryne packte die sorgsam gehüteten Hefte in die Stofftasche. »Ah, ein Brief. Oft gelesen, wie man an den brüchigen Faltkanten sieht. Ein Liebesbrief, vielleicht?«

»Für einen wunderbaren Pianisten, mit Dank für eine großartige Vorstellung«, las Tommy über Phrynes Schulter hinweg.

»Wohl der Begleitbrief für die hier«, sagte Hugh, der dem Vermieter seine Beute abgenommen hatte. Er klappte den Uhrdeckel auf. »*Für Maximilian Schneider, den großen Pianisten. Beecham.* Großer Gott!«, staunte Hugh.

Die Welt war ein unendliches Trauerspiel, bitter und herzzerreißend. Phryne erschauerte.

»Gut, sonst habe ich hier nur noch Rasierzeug, Zahnbürste, billige Seife. Und Sie?«, fragte sie Robinson.

»Nur zerfledderte Zeitungen – keine Briefe, kein Reisepass. Er muss wohl als blinder Passagier ins Land gekommen sein. Hatte sein altes Leben hinter sich gelassen.«

»Aber nicht die Musik«, meinte Tommy. »Die Musik kann man nicht hinter sich lassen.«

Phryne sah ihn überrascht an. Solche Tiefgründigkeit hatte sie ihm gar nicht zugetraut.

»Ich kann verstehen, was Caterina in Ihnen sieht«, sagte sie.

Er wurde rot. »Hm, ja. Hat noch jemand Zeit, einen trinken zu gehen? Ich hab hier zwei Pfund zehn.«

Jack lachte. »Und ich knöpfe dem Vermieter im Rausgehen noch den Rest von dem Geld ab.«

20

Ebenso wie meine Finger auf diesen Tasten
Musik machen, so machen dieselben Klänge
Auf meinem Gemüt auch eine Musik.

Musik ist also Gefühl, nicht Klang;
Und daher ist das, was ich hier in diesem Raum
Fühle, wenn ich dich begehre,

Wenn ich also an deine blaugetönte Seide denke,
Musik.

Wallace Stevens
Peter Quince am Klavier

John wusste, dass es keine leichte Aufgabe war, doch er war fest entschlossen, sie zu bewältigen, was auch immer Sheffield davon halten mochte. Ohne Phryne hätten sie nie zueinander gefunden, und darum schuldeten sie ihr einen Gefallen. So entschieden hatte Rupert ihn noch nie für etwas eintreten sehen. Er gab sich geschlagen.

Aber das hieß noch lange nicht, dass er es gern tat.

»Der alte Klimperkasten wird doch elendig verstimmt sein«, maulte er, als sie die Stadthalle betraten. Der Flügel, ein spiegelblank polierter Bechstein, stand auf der Bühne.

Und der Klavierstimmer spielte gerade einen flotten irischen Jig, um das Instrument zu testen.

»Na, da hast du dich wohl geirrt«, freute sich John. Die Gelegenheit, Sheffield diesen Satz zu sagen, bot sich allzu selten.

Von seiner kleinen Tochter an der Hand geführt, kam der Klavierstimmer mit klapperndem Blindenstock durch die Halle. Neben Rupert blieb er stehen. Das Mädchen flüsterte ihm etwas zu. »'tschuldigung, Kumpel«, sagte der Mann, nahm Ruperts Hand, legte sie auf die seine und kniff ihn in den Daumenballen. Rupert, der nicht an Australier gewöhnt war, erstarrte vor Schreck und Empörung. »Jau«, nickte der Alte. »Dat passt. Schönes Instrument. Gute Hände.«

Die Kleine lächelte schüchtern zu John auf und zog ihren Vater mit sich. Rupert wischte sich die Hand an der Hose ab, um die Bazillen loszuwerden.

»Er wollte bloß nett sein«, meinte John. »Er ist blind, da konnte er sich deine Hände ja nicht einfach nur anschauen. Komm, spiel mir was vor.«

»Ich bin schrecklich aus der Übung«, zierte sich Rupert. »Wahrscheinlich weiß ich gar nicht mehr, wie es geht.«

»Versuch's mal«, drängte John. »Ich bin nicht kritisch.«

Er wusste ganz genau, dass er das nicht hätte sagen dürfen. Und deswegen wirkte es besonders gut. Rupert stutzte kurz, schob die Manschetten zurück und legte die Hände auf die Tasten. Er schlug einen C-Dur-Akkord an. Dann spielte er alle Töne der Tastatur, einen nach dem anderen, ein langes geordnetes Durcheinander aus Kreuzen und B.

»Das dürfte gehen.«

Er schloss die Augen. Statt des auftrumpfenden Paradestücks, das John erwartet hatte, erklang eine zarte kleine Spieldosenmelodie von Couperin. Zauberhaft.

»Schön«, sagte John. »Noch eins, Schatz?«

»Wünsche?« Rupert dehnte seine Finger. Gute Hände, hatte der Blinde gesagt. Er hatte schon viel zu lange keine Tasten mehr berührt. Und jetzt durfte er für John spielen.

»Du bist doch der Kultivierte«, meinte John. »Wie wär's mit Mozart? Oder was von diesem Russen?«

»Mozart ist der Größte.« Rupert begann aus dem Gedächtnis mit dem Klavierkonzert, das er am liebsten mochte, KV 595. Den letzten Satz. Er fand es interessant, dass er Mozart liebte, und nun auch John. John zu lieben bedeutete nicht, dass er Mozart weniger liebte. Eigenartig. Er hatte allerdings nicht vor, dieser Liste noch jemanden hinzuzufügen. Mozart und John reichten ihm.

John hörte zu. Seit Franz Liszt hatte wohl kein so dekoratives Geschöpf mehr an einem Flügel Platz genommen. Groß, schmal, dunkle Locken, edle Blässe, elegantes Profil. Rupert war vollkommen auf die Musik konzentriert, die lavendelblauen Augen blicklos, wie in Trance. Seine Hände flogen über die Tasten. Die Musik umgab ihn wie eine goldene Klangwolke.

Angelockt von der Musik, hatten andere sich im Saal eingefunden. Putzfrauen stützten sich auf ihre Besen, die Kartenverkäuferin kam hinter dem Schalter hervor, der Schreiner ließ sein Werkzeug sinken. Zwanzig Musiker unterbrachen ihre Probe hinter der Bühne, schlichen sich in die Kulissen und lauschten gebannt.

»Wer ist der Kerl?«, fragte das Englischhorn die Trompete. »Wieso haben wir noch nie was von ihm gehört?«

»Das ist der Mathematiker, den der Harmony Choir für den *Elias* angeheuert hat«, sagte die Erste Geige, wobei sie sich unwillkürlich durchs Haar fuhr und den Rock glattstrich. Erste Geigen sind immer gut informiert. »Er ist hier, um den Flügel auszuprobieren. Das weiß ich vom Pförtner.«

»Verdammt, der ist gut«, nickte der Schlagwerker. »Die Harmonys können sich freuen, dass sie so einen Konzertpianisten ergattert haben.«

»Schwein gehabt«, meinte die Erste Geige. »Da reißen wir uns mal besser zusammen, dass wir den *Elias* anständig hinkriegen.«

»Ja«, stimmte die Erste Klarinette zu. »Der wäre bestimmt nicht entzückt, wenn wir Murks bauen. Hol doch mal jemand Greg her. Am besten proben wir gleich eine Runde zusammen mit dem Knaben. Wie heißt der überhaupt?«

»Sheffield«, sagte die Erste Geige. »Rupert Sheffield. Ist er nicht hinreißend?«

»Ja, er spielt virtuos«, stimmte die Erste Klarinette zu.

»Das meinte ich doch gar nicht, Jimmy«, flüsterte die Erste Geige, als der Mozart verklang. Rupert schüttelte seine Hände aus und strich sich das Haar aus den Augen; dann erst schien er zu merken, dass ihn Applaus umbrandete.

Er zog ein finsteres Gesicht, stand auf und verbeugte sich vor dem Personal. Und John. John erwiderte die Verbeugung.

»Gott, war das herrlich«, schwärmte er.

»Ich bin ein bisschen eingerostet. Elf Patzer!«

»Hab keinen gehört.« John ließ sich seine Begeisterung nicht nehmen.

»Wir auch nicht«, sagte die Erste Geige, die sich ganz ohne Begleitung auf die große, leere Bühne vorgewagt hatte. »Hallo«, setzte sie hinzu, ein wenig eingeschüchtert von dem durchdringenden Blick aus lavendelblauen Augen. »Wir sind das Orchester.«

Siebzehn, wenn nicht noch jünger, weiblich, spielt Geige (Hornhaut am Kinn), schüchtern, Australierin, hochbegabt, arm, einsam, das Orchester ist ihre Familie, analysierte Rupert.

Er lächelte. »Ein Ein-Frau-Orchester?« John atmete erleichtert auf. Geliebt zu werden hatte eine wundersame Wirkung auf Ruperts Umgangsformen.

»Wir sind zwanzig«, erklärte sie, als die anderen langsam auf die Bühne kamen.

»Ja, das sehe ich.«

»Und das ist unser Dirigent, Mr Kale.«

»Mr Kale.« Rupert nickte höflich.

»Habe Sie spielen hören.« Greg Kale war ein kurz geratenes Dickerchen mit rötlich blondem Haar. »Sehr schön. Musizieren Sie öfter mit Orchester?«

»Nein.« Dass es für ihn das erste Mal wäre, ließ Rupert lieber unerwähnt.

»Ach so, Sie sind wohl mehr als Solist aufgetreten? Wie wär's, wenn wir jetzt gleich einen Durchlauf vom *Elias* machen, dann kriegen wir ein Gefühl für das Zusammenspiel.«

»Ich habe die Klaviernoten nicht dabei.«

»Keine Sorge, Kollege, hier sind sie.« Flugs reichte ihm Mr Kale ein Heft von dem Stapel, den er unter dem Arm trug. »Also, die Aufführung vor Publikum wird Patrick Bell dirigieren, weil ich den Kürzeren gezogen habe, als wir darum geknobelt haben – er hat bestimmt geschummelt, ich verliere immer gegen ihn. Aber meine Jungs und Mädels sind gut. Manche sogar verdammt gut. Und ich will nicht, dass man sie übersieht, bloß weil sich die Heulbojen im Rampenlicht sonnen. Darum müssen wir das erstklassig hinbekommen.«

Rupert setzte sich wieder an den Flügel. John stellte sich neben ihn. Er beherrschte das Notenlesen nicht gut genug, um zu wissen, wann er weiterblättern musste, doch Rupert und er hatten sich ein Zeichensystem ausgedacht, das auf diskretem Kopfnicken basierte. John stützte sich bequem auf seinen Stock, bereit für den ersten Teil des *Elias*. Eigentlich hatte sich in ihrer Partnerschaft nur eins geändert, nämlich, dass sie sich nun endlich ihre Liebe eingestehen konnten.

»Sheffield?«, raunte er, während das Orchester noch damit beschäftigt war, Notenständer umzuwerfen, herumzufluchen und sich gegenseitig die Stühle wegzuschnappen. (Das Rätsel, wie die Paukenschlägel im Cellokasten gelandet waren, blieb ungelöst.)

»John?«, hauchte Sheffield.

»Ich glaube, ich bin noch nie im Leben so glücklich gewesen.«

»Ich auch nicht.« Rupert berührte ihn unauffällig am Bein.

Die Erste Geige, die die Geste zufällig mitbekam, seufzte wehmütig.

John sah ihr in die Augen. »Wie heißen Sie, mein Kind?«

»Jasmine«, antwortete sie, angelegentlich eine Saite stimmend.

»Auch Sie werden den Richtigen finden, Jasmine«, sagte er.

»Woher wollen Sie das wissen?«

»Weil auch ich den Richtigen gefunden habe, obwohl ich es nie erwartet hätte.«

Sie lächelte. Rupert murmelte etwas Zustimmendes.

Jasmine setzte den Bogen an und strich ein langes, klares, von Herzen kommendes A.

Von *So wahr der Herr, der Gott Israels lebet* über *Denn er hat seinen Engeln befohlen über dir*, von *Baal, erhöre uns!* über *Wer bis an das Ende beharrt, der wird selig*, bis hin zu *Alsdann wird euer Licht hervorbrechen* waren alle sich einig: das Konzert war ein Triumph.

Das Haus war bis auf den letzten Platz gefüllt, nachdem sich herumgesprochen hatte, dass Rupert Sheffield und Mark Henty auftreten würden. Jack Robinson hatte das Konzert sehr genossen, zumal der Mörder gefasst war, die Morde aufgeklärt und der arme Alte, der sie verübt hatte, sicher verwahrt im Leichenschauhaus lag und keine Angst mehr davor haben musste, gehenkt zu werden. Nun durfte er seine Taten dem Teufel schildern, der bekanntlich ein großer Musikfreund war.

Dot schätzte die biblische Thematik des Librettos, und Tinker mochte alles, was mit Engeln zu tun hatte. Ruth gefiel die elegante Aufmachung des Chors – die Frauen in langen schwarzen Röcken und weißen Blusen, die Männer in schwarzen Hosen und weißen Hemden –, von der die Solisten in liturgischen Farben abstachen: Chloe (Sopran) in Grün, Caterina (Sopran) in einem dunkleren Grün, Tabitha (Alt) in Lila, Oliver (Bass) mit einer goldenen Rosette am Revers, Matthew (Tenor) mit einer weißen.

Jane ließ die Musik kalt. Sie sorgte sich um Dr. Wilson. Hoffentlich strapazierte er seine frisch genähte Wunde nicht allzu sehr, wenn er so lange neben Sheffield stand, um ihm die Noten umzublättern. Wieso eigentlich umblättern? Konnte man nicht so etwas wie die Musikwalze beim mechanischen Klavier erfinden, auf der sich die Noten vor den Augen des Pianisten abspulten? Dann bräuchte keiner am Instrument zu stehen, sondern könnte sich hinsetzen und sein kaputtes Bein schonen. Sinnlose Kraftverschwendung war ihr zuwider.

Was Jane allerdings gefiel, war ihr Schachgegner, der in seinem schwarzen Anzug ungemein fesch aussah. Ringsum sie herum redete das ganze weibliche Publikum weder über die Musik noch über die Aufführung, sondern nur über den hinreißenden Pianisten. Jane verdrehte die Augen. Sheffield war doch in festen Händen. Sahen die dummen Gänse denn nicht, dass er nur Augen für den Mann an seiner Seite hatte? Der Rest der Welt war Rupert Sheffield egal.

Chor und Orchester strahlten vor Erleichterung, nach dem Motto: »Es ist vollbracht! Wir haben weit über unserem Niveau gesungen! Wo kam das denn auf einmal her?«

Im Orchester waren sie froh, dass keiner seinen Einsatz verpasst hatte. Dafür hatten sie dem sauberen Taktschlag dieses Thomas Bell zu danken, der gar kein so übler Dirigent zu sein schien. Sogar der Chor hatte größtenteils das Tempo gehalten. Die Pianobegleitung war praktisch fehlerfrei gewesen, und Jasmine hatte gegeigt, als wäre der Geist von Paganini in sie gefahren.

Alle verbeugten sich. Der Applaus riss nicht ab. Die Solisten gingen von der Bühne. Der Applaus nahm kein Ende. Die Solisten kehrten wieder. Phryne hörte, wie Mark sagte: »Drei Vorhänge, meine Lieben, dann bin ich aber weg, die Party ruft.«

Er hatte recht. Nach drei Vorhängen gingen die Solisten endgültig, gefolgt vom Orchester. Der Dirigent verbeugte sich ein letztes Mal und verließ die Bühne, gefolgt vom Chor.

»Das sollte uns locker über den Winter bringen«, wandte Matthew sich an Oliver. »Ausverkauftes Haus!«

»Na ja, ein bisschen liegt's auch an dem Engländer. Und an der Kleinen mit der Geige.«

»Wir waren aber auch nicht schlecht!« Calliope lachte und fiel Oliver um den Hals. »Und Patrick Bell erst!« Er wurde ebenfalls umarmt. Es war ein sehr herzerwärmender Abend. John, der sich endlich hinsetzen konnte, wehrte Janes besorgte Fragen bezüglich seiner Schmerzen im Bein ab.

»Ach, nicht der Rede wert. Ich bin nur ein bisschen müde. War das nicht ein großartiges Konzert? Nicht mal in London habe ich etwas Besseres gehört.«

»Geht es, John?«, erkundigte sich Rupert.

»Ich muss mich nur ein bisschen setzen, Lieber. Das war eine grandiose Darbietung.«

Rupert gab sich bescheiden. »Dafür, dass ich noch nie mit einem Orchester zusammengespielt habe ...« Die Locken klebten ihm am Kopf. Es war heiß unter den Scheinwerfern. »Berauschend! Ich habe ständig erwartet, dass irgendwas Fürchterliches passiert.«

»Aber ganz im Gegenteil, es klang fabelhaft!«, sagte Phryne. »Rupert, John, das Taxi wartet, um uns stilvoll ins Hotel zu kutschieren. Jane, Ruth, Tink und Dot, euer Taxi bringt euch nach St. Kilda. Wartet nicht auf mich, es wird spät. Kommt, Kinder!« Mühelos scheuchte sie die kleine Schar nach draußen. »Gute Nacht!« Sie winkte ihrer Familie hinterher. Cec öffnete die Tür des zweiten Wagens und trat zurück, während sich John, dem seine Behinderung längst nicht mehr so peinlich war wie früher, von Rupert hineinhelfen ließ. Phryne pflanzte sich neben Cec.

»Zum Windsor, Cec. Hat dir die Musik gefallen?«

»War klasse«, kommentierte Cec, ohne die Selbstgedrehte aus dem Mund zu nehmen. »Der Chor hat sich gut geschlagen, auch an der einen vertrackten Stelle, wo es wie ein Walzer klingt, wenn man nicht aufpasst. ›Dank sei dir, Gott, du tränkest das durst'ge Land.‹ Mendelssohn ist nicht süßlich. Gut gemacht, auch das Orchester war erstklassig, besonders die Kleine mit der Fiedel und der geleckte Bursche am Klavier.«

»Danke«, kam es matt von der Rückbank. Rupert würde sich nie an Australien gewöhnen.

»Die Fahrt geht auf mich«, sagte Cec, als er vor dem Windsor hielt. »Danke für die Eintrittskarte.«

»Gern geschehen«, lächelte Phryne. Cec ließ John in aller Ruhe aussteigen, schloss die Tür und fuhr davon. Rupert bot John den Arm.

»Ihr werdet euch erst umziehen wollen«, meinte Phryne.

»Mein Anzug ist der reinste Schwamm«, sagte Rupert. Er war wirklich menschlich geworden.

»Aber kommt ihr nachher noch auf die Party?«

»Sicher«, nickte John.

»Allerdings«, entgegnete Sheffield. »Ich möchte Mr Henty zu seiner glänzenden Leistung beglückwünschen.«

»Bis dann«, rief Phryne über die Schulter und lief die Treppe hoch, vorbei an Gruppen von Chormitgliedern, beflügelt vom Erfolg und wohl auch etwas atemlos. Phryne hatte eine Party in Aussicht, mit perlendem Schampus und den berühmten Windsor-Kanapees, und danach würde sie Matthew mit nach Hause nehmen. Der Mörder war tot, der Fall gelöst, John hatte seinen Rupert, und alles war eitel Freude und Sonnenschein.

Aunty Mark thronte wieder inmitten des Geschehens. Die Chormitglieder wuselten aufgeregt hin und her, noch immer ganz berauscht von ihrer Vorstellung. Der Einzige, der etwas angespannt wirkte, war Gawain, der Mark nicht mehr aus den Augen ließ, nachdem er ihn schon einmal fast verloren hatte. Er würde ihn mit Sicherheit nie mehr allein baden lassen.

Phryne holte sich etwas zu trinken. Offenbar hatte Mark die Champagnermarke gewechselt, es gab jetzt Veuve Clicquot, zufällig auch Phrynes Lieblingsbrause. Begreiflicherweise war ihm der Appetit auf den Pol Roger '97 vergangen, auch wenn es ein ausgezeichneter Jahrgang war. Völlig überdreht, ließ Caterina sich von Tommy huckepack nehmen und schmetterte einen Gassenhauer, während er mit einem Ausdruck hilfloser Verehrung ihre Beine festhielt. Phryne musste lachen, Tränen der Rührung in den Augen. Endlich frei! Frei, sich einen neuen Liebhaber zu suchen, frei von Angst und Besorgnis.

Sie musste dringend noch etwas trinken. Als sie sich, anonym in ihrer Chorkluft, im schwarz-weißen Gewimmel umdrehte, hielt ihr jemand ein beschlagenes Glas hin.

Matthew. Oh, wie süß er aussah. Stupsnase, breites Grinsen, strubbelige blonde Locken, wasserblaue Augen mit hoffnungsvollem Blick. Ein roter Mund, der förmlich danach verlangte, geküsst zu werden.

Also küsste sie ihn. Und gleich noch mal. Sie kippte ihren Drink hinunter.

»Kommst du mit zu mir nach Hause?«, fragte sie.

»Ich komme überallhin mit«, antwortete er.

»Eine sehr gute Antwort«, nickte Phryne. »Ohne Wenn und Aber.« Sie klopfte ihm auf die Brust und lächelte zu ihm auf.

An der Tür entstand Bewegung, als Sheffield und John Wilson hereinkamen. Alle jubelten ihnen zu. Rupert schlängelte sich durch die Bewunderer, um Mark zu gratulieren. Aunty legte den Kopf schief, unterdrückte ein Lachen und beglückwünschte Sheffield zu seinem Auftritt.

John suchte sich schmunzelnd eine Sitzgelegenheit. Sofort wurde er von eifrigen Chormitgliedern mit Häppchen und Drinks versorgt, denn als Teil des Publikums konnte er ihnen vorschwärmen, wie gut sie gewesen waren.

Und weil es Johns ehrliche Meinung war, tat er ihnen gern den Gefallen, was sie entzückte und beglückte.

»*Tu as joué du piano comme un ange.*« Du hast gespielt wie ein Engel, sagte Phryne zu Rupert.

»*Et tu as chanté comme un ange.*« Du hast gesungen wie ein Engel, antwortete er mit leuchtenden Augen.

»*Qu'en est-il de John?*« Was ist mit John?, fragte Phryne.

Er legte ihr die Hand auf die Schulter, eine freiwillige Berührung. »*Tout est bien pour John*«, sagte er. Mit John steht alles zum Besten.

»*Pourquoi?*«, fragte Phryne fasziniert.

»*Parce-que John est un ange incarné.*« Weil John ein wahrer Engel ist.

»*Tu l'as remarqué?*« Das hast du gemerkt? Phryne tätschelte ihm die Hand.

»*On me l'a signalé.*« Es wurde mir kundgetan, sagte Rupert mit einem verschwörerischen Lächeln.

»Singt mir was«, schlug John vor. »Das fände ich schön.«

Allmählich gingen ihm die Komplimente aus. Sie umringten ihn. Phryne, Matthew, Calliope, Caterina, immer noch auf Tommys Schultern, Oliver, Miriam, Lydia, Chloe, DavidundLobelia, Isabelle, Irene, Bones und Tabitha, Alison, Millicent, Annie, Mary, Geneva, Luke, Ophelia, Aaron, Emmeline, Maisie, Daniel Smith und Josephine, Leonard, Luigi und Julia (eine explosive Mischung, fand Phryne), Helen und Jenny.

»Was sollen wir denn singen?«, fragte Matthew.

»Etwas Fröhliches«, sagte John verzweifelt.

Sheffield half ihm aus der Patsche. »Habt ihr nicht gestern das Laudate gesungen?«, meinte er. »Christopher Tye.«

»Laudate nomen Domini, vos servi Domini« sangen sie, in bezaubernder, schwebender Vierstimmigkeit. *»Ab ortu solis usque ad occasum ejus. Decreta Dei iusta sunt, et cor exhilarant! Laudate Deum, principes, et omnes populi!«*

So priesen sie den Herrn. John und Rupert lächelten, prosteten ihnen noch einmal zu und begaben sich wieder auf Nummer siebzehn, zu ihren gemeinsamen Rhapsodien.

Danach glitt das Liedgut mehr und mehr ins Volkstümliche ab, wurde derber und derber, bis ins Vulgäre. Das Repertoire schien unerschöpflich.

Phryne kannte jedes einzelne Lied. Matthew war fast bis auf Tuchfühlung an sie herangerückt. Sie streckte die Hand aus: »Kommst du?«

Und er folgte ihr getreulich.

Wenn Phryne einen Plan hatte, setzte sie ihn immer in die Tat um, es sei denn, der Plan war wirklich zu irrwitzig; in dem Fall überlegte sie es sich vielleicht noch einmal. Doch der Entschluss, den sie an diesem Abend gefasst hatte, brauchte nicht revidiert zu werden. Matthew wurde eiligst durch die Nacht expediert, durch das stille Haus geführt und die Treppe hinauf in ein Boudoir geleitet, wie er es noch nie im Leben gesehen hatte.

Sie drehte ihn an der Schulter herum, sodass er sein Gesicht im Spiegel sah. Das Spiegelbild war mit Efeu bekränzt.

»Bist du eine Bacchantin?«, fragte er. Sie verschloss ihm den Mund mit einem Kuss.

Alle früheren linkischen Knutschepisoden waren vergessen. Phryne wusste genau, was sie wollte. Matthew auch.

»Knöpfe«, sagte sie, die Hände auf seiner Hemdbrust. Er versuchte, ihre Konzertbluse aufzuknöpfen. Ihre Knöpfe widersetzten sich seinen Fingern. Mit einer schnellen Bewegung hatte Phryne sie geöffnet, ließ Bluse und Mieder von den Schultern gleiten.

Ihre Brüste waren perfekt: Sie passten genau in seine Hände. Sie fühlten sich unbeschreiblich wunderbar an.

»Matt«, hauchte sie. »Denk dran, ich gehöre dir nicht. Ich gehöre niemandem. Und du gehörst mir nicht. Ich möchte nur mit dir ins Bett. Einverstanden?«

»Einverstanden«, flüsterte er. Natürlich gehörte sie ihm nicht. Jemand so … so Himmlisches konnte nur sich selbst gehören. Aber oh, sie ließ den Rock fallen, kickte die Schuhe weg, rollte die Strümpfe herunter. Er mühte sich mit seinen widerspenstigen Kleidungsstücken ab. Wie konnte eine Hose nur so viele Knöpfe haben? Wozu? Hatte er je darum gebeten? Schließlich gelang es ihm, sich der hinderlichen Sachen zu entledigen; er warf sich auf Phrynes Bett, wo sie seiner harrte.

Nackt war sie schön und neugierig. Sie drehte ihn auf den Bauch und musterte seine Rückseite, fuhr mit der Zunge seine Wirbelsäule hinunter, drehte ihn wieder um, glitt auf ihn wie eine zärtliche Katze, seidig und schnurrend. Er umklammerte einen Schenkel, eine Pobacke, drängte sich enger an ihr weiches Fleisch, ihre glatte Haut. Dann fand er sich in Wärme eingesogen und erstickte ein Stöhnen in ihrem Kuss. Nippel streiften über seine Brust. Finger wühlten sich in sein Haar. Er fühlte die seltsamsten inneren Muskeln ihn umschließen wie eine heiße, feuchte, samtene Hand. Er schrie auf.

Flach auf dem Rücken fand er sich wieder, nass, keuchend, verdattert, während Phryne bedächtig an seinem Ohrläppchen knabberte.

»Das war gut«, gurrte sie gedehnt.

»Ja!«, sagte er.

»Für den Anfang«, fügte sie hinzu. *»Baise-moi!«*

Als Matthew am Morgen unter dem missbilligenden Blick einer schwarzen Katze erwachte, die ihm nicht gehörte, hatte seine Welt sich vollkommen gewandelt. Zum Besseren.

Phryne schätzte es, wenn die Dinge ein gutes Ende nahmen.

Nachweise

John Donne, *Hymne an Gott meinen Gott in meiner Krankheit*, S. 299. Übersetzt von Sabine Roth.

Gilbert and Sullivan, *Trial by Jury*, S. 172. Übersetzt von Meinhard Saremba.

Christopher Marlowe, *Doktor Faustus*, S. 415, aus: ebd. Übersetzt von Wilhelm Müller. Eugen Rentsch Verlag 1911.

Thomas de Quincey, *Der Mord als eine schöne Kunst betrachtet*, S. 201, aus: ebd. Verlag J.C.C. Bruns, Minden/Westfalen, o.J. Übersetzt von Alfred Peuker.

Wallace Stevens, *Peter Quince am Klavier*, S. 462, aus: Wallace Stevens, *Teile einer Welt. Ausgewählte Gedichte*. Übersetzt von Rainer G. Schmidt. © 2014 Jung und Jung Verlag KG. Mit freundlicher Genehmigung.

Walt Whitman, *Gesang von der offenen Straße*, S. 247 und Walt Whitman, *Gesang meiner selbst*, S. 375, aus: Walt Whitman, *Grasblätter*. Übersetzt von Jürgen Brôcan. © 2009 Carl Hanser Verlag GmbH & Co. KG, München. Mit freundlicher Genehmigung.